*The Social World of
Hindustani Music and
Its Transformation
in Modern India*
*An Anthropological Study on
"Musicking"*

近代インドにおける古典音楽の社会的世界とその変容

"音楽すること"の人類学的研究

Masakazu TAMORI
田森雅一

三元社

謝 辞

　本書は、2011年6月に東京大学大学院総合文化研究科に提出した、同名の博士論文に加筆・修正を加えたものである。タイトルのほか章立てなどの全体構成や議論の流れはそのままで、本書出版に際しては補足的な加筆と部分的な修正のみに留めた。

　博士論文は、1987年のインド現地での音楽体験（音楽家の自宅に住み込んでの徒弟的な音楽の学習体験）に始まり、1995年から本格的に行った学術調査の集大成である。

　北インド古典音楽の音楽家や関係者に対する最終的なフィールド調査は1997年12月〜1998年1月、1998年7月〜8月、1998年12月〜1999年1月の3期に分けて都合6カ月間に集中的に行われた。このうち、1998年4月〜1999年3月の現地調査は財団法人・日本科学協会（1998年度・笹川研究助成金）の研究助成によって実現したものである。

　また、博士論文と本書には、2000〜2001年度の国立民族学博物館共同研究『南アジア音楽・芸能研究の再検討』（代表：寺田吉孝）、および2005年〜2009年度の人間文化研究機構・連携研究『ユーラシアと日本：交流と表象』「ユーラシアにおける音楽・芸能の交流とイメージ」（代表：寺田吉孝・笹原亮二）でのインド調査、この二つの研究会で発表した内容とそれに基づく論文の成果［田森 2004a, Tamori 2008］、および2010年度の人間文化研究機構・地域研究推進事業『現代インド地域研究』（国立民族学博物館拠点代表・三尾 稔）の研究報告会での発表とそれに基づく論文の成果［田森 2011］が含まれている。

　博士論文作成の段階においては、指導教官である東京大学大学院総合文化研究科超域文化科学専攻の船曳建夫教授（現名誉教授）に大変お世話になった。約3年間に渡り、2〜3か月一度の面談では各章に対する有益なコメントを頂いた。博士論文は、この定期的な面談が筆者のペースメーカーとなって完成に至ったと言っても過言ではない。また、寺田吉孝教授（国立民族学博物館・先端人類科学部）と名和克郎教授（東京大学・東洋文化研究所）からは、論文への貴重なコメントを頂き、本書出版にあたっての加筆・修正の際に参考にさせて頂いた。ここに記して感謝の意を表させて頂きたい。

　本書の出版は、日本学術振興会科学研究費補助金（研究成果公開促進費、平成26年度、課題番号265127）により可能になったものである。実際の出版に際しては、株式会社三元社の石田俊二社長に相談にのって頂きいろいろとお世話になった。

　最後に、インドでの現地調査に際しては、マンジュシュリー・チョウハーン教授（ジャワーハルラール・ネルー大学）に様々な形でお世話になったことに感謝したい。また、遅ればせながらこの場を借りて筆者の20年以上にわたるインド音楽の師匠であり、調査協力者の一人であったカリヤーン・ムケルジー教授（1943-2010）のご冥福を祈りたい。そして、快くインタビュー等に応じて下さった多くの音楽家・協力者の方々に、心よりお礼を申し上げる次第である。

凡 例

- 本書では、「 」および" "などのいわゆる括弧類を、他の文章や用語との区別を明らかにするための記号として用いる。他の文献からの引用文および用語の強調に際しては、主として「 」を用いる。一方、本論文における独自の用語の使用や強調については" "を付けて区別している。なお、写真および図表の指定には〔写真1〕のように、巻末資料については【巻末資料A】のように表記した。
- 本書では、サンスクリット語、ヒンディー語、ウルドゥー語など北インドにおいて用いられる言語は原則としてカタカナ表記を行い、主要用語についてはカタカナ表記の後にローマ字表記を記し、2回名以降は基本的にカタカナ表記のみとする。カタカナの表記法に関しては、『新訂増補・南アジアを知る事典』［辛島昇ほか 2002: 1002-1003］に従った。ローマ字の表記法は、『A Dictionary of Urdu, Classical Hindi and English』［Platts 1997(1884)］などに従い補助記号を用いた表記とした。
- 北インドにおける人名・地名などのカタカナ表記は、『新訂増補・南アジアを知る事典』［辛島昇ほか 2002］と、『イスラーム辞典』［大塚和夫ほか 2002］を参照した。人名・地名のローマ字表記は、補助記号なしの表記を原則とし、人名・地名などの固有名詞で日本語に定着したカタカナ表記があるものについてはその表記に従う。その際にはローマ字表記は省略した。なお、インド国内の都市名は2001年までの旧表記とした。
- 基本的な音楽用語などで、サンスクリット語、ヒンディー語、ウルドゥー語で表記が異なる場合には、現地でより一般的に用いられている表記を採用する。
- 本文中の人名のうち、主要人物にのみカタカナ表記の後にローマ字表記を施している。また、カラーマトゥッラー・ハーンのような人名の場合、二度目の使用からはカラーマトゥッラーとして、ラストネームに相当するハーンを基本的に省略し、尊称・敬称についても省略させていただいた。いずれも、カタカナ表記およびローマ字表記の多用や連続による冗長性を緩和することを目的としたものである。
- 本書では、ヒンドゥー教Hinduismの信徒をヒンドゥーHindu（教徒）、イスラームal-Islām（教）の信徒をムスリムMuslimと表記している。
- 参考文献の表記において、Khanをラストネームとして用いる著者の場合、例えばKaramatullah Khanであれば［Khan 1908］と表記すべきであるが、便宜的に［Karamatullah 1908］と表記することにする。巻末の参照文献リストも同様である。
- 本文中及び注記中の引用表現で、例えばPlatts 1997（1884）と表記した場合には、初めの年号が本論文で参照した版の刊行年を、二番目の括弧内の年号が初版あるいは原書（翻訳の場合）の刊行年を示している。
- 本論文の巻末には、巻末資料と主要用語集、人名索引が添付されている。

近代インドにおける古典音楽の社会的世界とその変容
"音楽すること"の人類学的研究

目次

謝辞 …………………… III
凡例 …………………… IV
図表・写真一覧 …………………… XIII

序論　音楽と社会をめぐって

(1). 問題の所在："音楽すること"の人類学的研究に向けて　1

 (1)-1.　はじめに　1
 (1)-2.　人類学および隣接諸科学における音楽研究の意義と課題　6
 (1)-3.　音楽学的アプローチから人類学的アプローチへ　10
 (1)-4.　音楽と社会をめぐる理論的実践の試み　18

(2). 先行研究と全体構成：インド音楽の社会的世界をめぐって　25

 (2)-1.　南アジアにおける人類学研究の潮流と本論文の位置づけ　26
 (2)-2.　音楽分類の制度的再帰性とナショナリズム　31
 (2)-3.　インド音楽のジャンルと研究対象　39
 (2)-4.　ガラーナーの先行研究と課題　43
 (2)-5.　調査資料と全体構成　46

❋　　❋　　❋

❋ 第Ⅰ部　ガラーナーとは何か ❋

第1章　ガラーナーの定義と適用範囲

1-1.　ガラーナーの物語から　53
1-2.　ガラーナーの定義：音楽スタイルと家族の威信　58
1-3.　ガラーナーの成立要件：日本の家元制度との比較　62
1-4.　ガラーナーの適用範囲：分析的視点と認識的視点　65

第2章　音楽財産をめぐる社会関係
　　　　　系譜、婚姻、師弟関係

- 2-1. 何が秘されたのか：音楽的実践知の秘匿と独占化　73
- 2-2. 誰に、どのくらい伝えられたか：親族のカテゴリーと弟子の
  カテゴリー　80
- 2-3. 社会関係からみたガラーナーの3つの次元：系譜、婚姻、師弟関係　83
- 2-4. ハーンダーンおよびビラーダリーとしてのガラーナー：出自と
  婚姻関係　87
- 2-5. グル・シシャ・パランパラーとしてのガラーナー：入門儀礼と
  師弟関係　90
- 2-6. どのように伝えられ、いかに学習されたか：模倣から即興へ　95
- 2-7. ガラーナーの外縁とその拡大：養子、パトロン、芸妓　99

第3章　ガラーナーによって"われわれ"を語ること

- 3-1. 音楽家の二つの言説：「ハーンダーン」と「バージ」　107
- 3-2. ガラーナー名をめぐる言説：その由来と意味　110
- 3-3. 北インドにおける音楽家の位置づけ：音楽ジャンルとカースト　114
- 3-4. ガラーナーの"名乗り"と"名付け"　118

第4章　ガラーナーの社会史①　ムガル帝国前期
中央宮廷における音楽的権威の形成

- 4-1. デリー諸王朝期におけるガラーナーの4つの起源
  （社会音楽的カテゴリー）　124
- 4-2. ムガル帝国前期における楽師カテゴリーの編成：中央宮廷への楽師の
  集中と安定　128
- 4-3. 音楽的権威セーニヤーの誕生とその系譜　136
- 4-4. ヒンドゥー教とイスラームの音楽観と楽師の改宗
  （なぜムスリムがヒンドゥー神讃歌を歌うのか）　141

第5章　ガラーナーの社会史②　ムガル帝国後期
地方宮廷への楽師の分散と定着

5-1. ムガル帝国後期における宮廷楽師の動向：地方宮廷への分散と
　　 ガラーナー形成　148
5-2. 地域における寺院音楽と宮廷音楽の動向：ラージャスターンを
　　 中心として　152
　　　5-2-1. ヒンドゥー寺院とその音楽への影響　153
　　　5-2-2. 地方宮廷の動向（1）：ジャイプルにおけるガラーナーの成立過程　155
　　　5-2-3. 地方宮廷の動向（2）：ジョードプルにおける女性楽師の系譜　159
5-3. 楽師カテゴリーの再検討：カラーワント、カッワール、ダーディー
　　 とは何か？　164

第6章　ガラーナーの社会史③　英領インド帝国期
芸能カーストの"結晶化"と"ナウチ関連問題"

6-1. ムガル帝国から英領インド帝国へ　172
6-2. 英領インド帝国期の国勢調査における音楽関係者の「カースト」と
　　 ミーラースィー　173
6-3. "ナウチ関連問題"と売春幇助者としてのミーラースィー　183
6-4. 「カースト」から"ガラーナー"へ　192

第Ⅱ部　近代におけるインド音楽の社会空間

第7章　インド音楽とガラーナーの近代化
植民地近代における古典音楽の再構築

7-1. S.M. タゴールの革新：植民地下における音楽のオリエンタリズムと
　　 ナショナリズム　199
7-2. バートカンデーの功罪：インド音楽の理論化と歴史の再構築に
　　 向けて　205
　　　7-2-1. 音楽的英知を求める旅路とその帰結　206
　　　7-2-2. ガラーナーの音楽財産の顕在化と共有化に向けて　208
　　　7-2-3. 「ヒンドゥー音楽」とヒンドゥスターニー音楽　213

  7-2-4. ヒンドゥーの理論とムスリムの実践の狭間で 217
7-3. パルスカルの実践：信仰と師弟関係に基づく音楽の実践 221
7-4. 音楽の近代化に抗するものとしてのガラーナー 225

第8章 音楽家の生活基盤の変化と適応戦略
新しいパトロンとしてのマスメディア

8-1. 音楽産業とラジオ放送の出現とその展開 232
  8-1-1. レコード産業の発展 233
  8-1-2. 映画産業の興隆 236
  8-1-3. ラジオ放送の開始 237
8-2. 全インド・ラジオ放送（AIR）における改革とその反響 239
8-3. "新しいパトロン"としてのAIRのインパクトと音楽家の適応戦略 244
  8-3-1. 音楽家の生活世界へのインパクト 244
  8-3-2. 音楽伝統や慣習に与えたインパクト 251
  8-3-3. 音楽家の社会的地位やイメージに与えたインパクト 252
8-4. 音楽放送と音楽産業がガラーナーに与えたインパクト 254

第9章 インド音楽とガラーナーの近代化の帰結
音楽家の社会空間と日常的実践、その定量的・定性的把握

9-1. テキストとしての『インド音楽家名鑑』とその分析 258
9-2. 『名鑑』の集計結果とその検討 260
  9-2-1. 音楽家の宗教・性別・世代分布 260
  9-2-2. 音楽家の分野別の宗教・性別分布 260
  9-2-3. 音楽家の職業分布・学位・音楽活動および宗教との関係 264
  9-2-4. 音楽家の専門分野の分布 265
  9-2-5. 専門分野別のガラーナーの所属 267
  9-2-6. 師弟関係と宗教、その相関と変化 269
9-3. 定量分析からの考察：近代における音楽環境とガラーナーの社会関係の変化 272
9-4. 定性調査からの考察：音楽環境の変化に対する音楽家の認識と適応戦略 277

❋ 第Ⅲ部 サロードのガラーナーをめぐって ❋

第10章　サローディヤーの歴史と伝承
系譜関係としてのガラーナー

10-1. サロードおよびサローディヤーとは何か？　290

10-2. サロードにおける「4つのガラーナー」の現況　296

10-3. アフガニスタンから北インドへ：パターン・サローディヤーの来歴　300

10-4. シャージャハーンプル・ガラーナーの系譜と伝承　306

    10-4-1. シンザイー派の人々　307

    10-4-2. ジャラールナガル派の人々　312

    10-4-3. パール派とビジリープラ派の人々　314

10-5. ラクナウ・ガラーナーの系譜と伝承　315

    10-5-1. バグラーシ派の人々　318

    10-5-2. ドールプル派の人々　325

10-6. グワーリヤル・ガラーナーの系譜と伝承　326

10-7. マイハル・ガラーナーの系譜と伝承　327

10-8. 歴史に埋もれたガラーナー　330

10-9. サローディからサローディヤーへ　332

第11章　婚姻関係と師弟関係の相関とその変化
婚姻連帯としてのガラーナー

11-1. 音楽財産の移動と婚姻関係　335

11-2. シャージャハーンプル・ガラーナー内の婚姻関係と師弟関係　339

11-3. ラクナウ・ガラーナー内の婚姻関係と師弟関係　342

11-4. 異なるガラーナー間の婚姻関係と師弟関係　347

11-5. 新たな婚姻連帯がもたらす演奏技法と音楽の変化　351

11-6.「形成期後期」から「ポスト形成期」にかけての社会環境と伝承形態の変化　354

第 12 章　実践共同体における学習とアイデンティティ
師弟関係としてのガラーナー

- **12-1.** 音楽的実践知の詳述困難性　359
- **12-2.** 音楽的実践知の身体化と音楽スタイルの再生産　362
- **12-3.** 音楽的実践知の学習プロセス：いつ、誰から、どのように学んだか　367
- **12-4.** 実践共同体の再生産と変容をめぐって　371
- **12-5.** 師弟関係の連鎖における歴史性とアイデンティティ化のプロセス　374
- **12-6.** 学習者の動機と後継者の問題　380

第 13 章　アイデンティティとポリティクス
イデオロギーとしてのガラーナー

- **13-1.** 出自とガラーナーの言説をめぐって　385
- **13-2.** バンガシュとドームの間：社会的カテゴリーと社会関係　392
- **13-3.** スティグマとアイデンティティ・ポリティクス　399
- **13-4.** 再帰的世界において"音楽すること"　402

第 14 章　新しい"ガラーナー"の可能性と音楽伝統における創造性

- **14-1.** 親族ネットワークの変化と 伝統的ガラーナーの衰退　407
- **14-2.** 非世襲音楽家による、新しい"ガラーナー"の興隆　410
- **14-3.** 新しい"ガラーナー"と再帰的で美的なアイデンティティ　416
- **14-4.** 伝統的スタイルと個人の創造性　422
- **14-5.** ガラーナーを超えて：音楽伝統と創造性の狭間で　427

❁　　❁　　❁

結論　近代インドにおいて"音楽すること"

1) 歴史の中のガラーナー：マクロ・レベルにおける音楽と社会の再生産　434

2）共同体としてのガラーナー：メゾ・レベルでの社会関係と学習過程　438
3）アイデンティティ化の源泉としてのガラーナー：ミクロ・レベルでの
　　実践と再帰性　442
4）結語にかえて：再帰的世界における音楽の創造性　448

　　巻末資料A：ラーガ音楽の楽曲構造と演奏形式 …………………………453
　　巻末資料B：フォーマル・インタビューの概要 ……………………470
　　巻末資料C：ヒンドゥスターニー音楽のガラーナー形成史 ………………………475
　　主要用語集 ……………………477
　　参照文献 ……………………481

あとがき ……………………510

　　主要人名索引 ……………………515

図表・写真一覧

序論
表1：インフォーマント（情報提供者）一覧　47

第1章
表1：ハヤールにおけるガラーナーの分類比較　68

第2章
図1：ダーガル・ガラーナーの家系図（例）　84
図2：ダーガル・ガラーナー内の婚姻関係例（ハーンダーン内婚の例）　84
図3：ダーガルとキラーナー・ガラーナー間の婚姻関係（ビラーダリー内婚の例）　84
図4：ガラーナーの3つの次元　86

第4章
表1：時代区分　123

第5章
表1：グニージャン・ハーナーの予算と人数　158

第7章
表1：ガラーナー形成史（概略）　198
図1：ヒンドゥスターニー音楽の記譜例　209

第8章
表1：インドにおけるラジオの普及　238
図1：1961年におけるAIRの放送ジャンルの内訳　243
表2：AIRデリー局の常勤と非常勤の人数（割合）　245
表3：AIRデリー局のグレード別／勤務形態別スタッフ数　246
表4：AIRデリー局、1969年における報酬体系　248
表5：AIRにおけるグレード別報酬とその変化（古典音楽／非常勤）　248

第9章
表1：音楽家の宗教　261
表2：音楽家の性別　261
表3：音楽家の世代分布（1968～1984年時点）　261
表4：音楽のジャンル　261
表5：音楽ジャンルと宗教：ムスリム音楽家123名の分布　261

表 6：音楽ジャンルと性別：女性 79 名の分布　262
表 7：北インド古典音楽家の職業　262
表 8：北インド古典音楽家と学位　262
表 9：北インド古典音楽家の音楽活動　262
表 10：北インド古典声楽のジャンル（声楽様式）別の音楽家の分布　266
表 11：北インド古典器楽のジャンル（楽器）別の音楽家の分布　266
表 12：ハヤールにおけるガラーナーの申告　266
表 13：ハヤール・ガラーナーの種類と音楽家の分布　266
表 14：器楽におけるガラーナーの申告　266
表 15：タブラー・ガラーナーの種類と音楽家の分布　268
表 16：主な旋律楽器におけるガラーナーの申告　268
表 17：セーニー・ガラーナーを名乗る音楽家（20 名）の音楽ジャンル　268
表 18：ドゥルパド（48 名）における師弟関係と宗教　268
表 19：ハヤール（406 名）における師弟関係と宗教　268
表 20：パカーワジ奏者（20 名）における師弟関係と宗教　270
表 21：タブラー奏者（91 名）における師弟関係と宗教　270
表 22：サロード奏者（20 名）における師弟関係と宗教　270
表 23：サーランギー奏者（25 名）における師弟関係と宗教　270
表 24：シタール奏者（67 名）における師弟関係と宗教　270
表 25：バートカンデー音楽大学のカリキュラムの一例（1997 年のシラバスより）　276

第 10 章
地図：ウッタル・プラデーシュ州と各県の 1911 年の配置（中央にラクナウとローヒルカンド）　305
図 1：シャージャハーンプル・ガラーナー（シンザイー派）の系譜　309
図 2：シャージャハーンプル・ガラーナー（ジャラールナガル派）の系譜　313
図 3：ラクナウ・ガラーナー（バグラーシ派）の系譜　317
図 4：ラクナウ・ガラーナー（ドールプル派）の系譜　325

第 11 章
図 5：シャージャハーンプル・ガラーナー内の婚姻：父方平行イトコ婚　340
図 6：シンザイー派とジャラールナガル派（弟子筋）の婚姻：母方交差イトコ婚　340
図 7：シンザイー派とジャラールナガル派の婚姻関係と師弟関係　342
図 8：ラクナウ・ガラーナー内の婚姻関係　344
図 9：バグラーシ派とドールプル派の婚姻関係と師弟関係　345
図 10：シャージャハーンプルとラクナウ・ガラーナーの婚姻関係　348
図 11：シャージャハーンプルとラクナウ・ガラーナーの婚姻関係と師弟関係　349
図 12：シャージャハーンプルとラクナウ・ガラーナーの婚姻関係と師弟関係の相関　356

第 13 章
図 1：グワーリヤル・ガラーナーの系譜　391
図 2：もう 1 つのグワーリヤル・ガラーナーの系譜　394
図 3：婚姻関係を考慮したグラーリヤル・ガラーナーの系譜　398

【写真一覧】

第 4 章
写真 1：グワーリヤルにあるミヤーン・ターンセーン廟　137
写真 2：ヴリンダーバンの森で、スワーミー・ハリダース（右）の歌を聴くターンセーン（中央）とその後ろに立つアクバル　138

第 6 章
写真 1：サロードを演奏するシャラン・ラーニー　190

第 7 章
写真 1：カラーマトゥッラー・ハーン（中央）　218

第 8 章
写真 1：演奏中のゴウハル・ジャーン　235

第 10 章
写真 1：サロードを演奏する、ナレンドラナート・ダル　291
写真 2：正面：ラバーブ（左）とサロード（右）　292
写真 3：側面：ラバーブ（左）とサロード（右）　292
写真 4：シャファーヤト・ハーン　309
写真 5-1：サカーワト・フサイン・ハーン　309
写真 5-2：サカーワト・フサイン（右）。今日では珍しい、パカーワジ（打楽器）の伴奏　309
写真 6：ヨーロッパ演奏時代（1930 年代）のサカーワト・フサイン（左端）　311
写真 7：ウマル・ハーン　311
写真 8：イリヤース・ハーン　311
写真 9：シャーヒド・ハーン　311
写真 10：イルファーン・ムハンマド・ハーン　311
写真 11：フィダー・フサイン・ハーン　313
写真 12：ムシャッラフ・フサイン・ハーン　313
写真 13：ニヤーマトゥッラー・ハーン　319
写真 14：カラーマトゥッラー・ハーン　319
写真 15：カラーマトゥッラー（左）とアサドゥッラー（右）の兄弟　319
写真 16：19 世紀前半までの初期のサロード（左）と、19 世紀後半以降に改良が加えられたサロード　320
写真 17：イシュティアーク・アフメド・ハーン　322
写真 18：ムフタール・アフメド・ハーン　323
写真 19：グルファーム・アフメド・ハーン　323
写真 20：ワリーウッラー・ハーン　324
写真 21：ヌールッラー・ハーン　324
写真 22：グラーム・サビール　325

図表・地図一覧　　XV

写真 23：ラヴィ・シャンカルとアリー・アクバルに稽古をつけるアラーウッディーン・ハーン　329

第 12 章
写真 1：サロード演奏の姿勢とチューニング。イルファーン・ハーン　364

第 13 章
写真 1：アムジャド・アリー（左）とタブラーのシャファート・アリー（右）　386
写真 2：若き日のハーフィズ・アリー・ハーン（右）と彼のベンガルにおけるパトロンの一人ライ・チャンド・バラル　397
写真 3：ハーフィズ・アリー（中央）、アムジャド・アリー（左から二人目）とその兄レフマト・アリー（右端）　403

第 14 章
写真 1：ラディカ・モーハン・モイトラ　412
写真 2：シタールの弟子に教えるカリヤーン・ムケルジー（中央）　419

| 序 論 |

音楽と社会をめぐって

（1）．問題の所在
"音楽すること"の人類学的研究に向けて

(1)-1．はじめに

　今日、弦楽器シタール *sitār* や打楽器タブラー *tablā* の演奏をはじめとするいわゆるインド音楽は、世界で最もポピュラーな「民族音楽」の一つとなっている[1]。しかし、一口にインド音楽といっても、それぞれの宗教に根差した儀礼音楽や地域で発達した民俗音楽、そして国民的な古典音楽から映画音楽に代表される大衆音楽まで多様なジャンルがある。

　本書は、南アジアを代表する北インド古典音楽の社会組織・流派とその集団概念の変化に焦点をあてつつ、近代のインドにおいて"音楽するこ

---

[1] 日本においてもインドから音楽家を招いてのコンサートは頻繁に行われており、現地で実際に音楽や舞踊を習って帰国し、演奏活動や教育活動で生計をたてている日本人もいる。インターネットでキーワード検索を行えば、その項目数や内容の豊富さに驚かされるであろう。また、"音楽そのもの"の内容や楽器の名前は知らなくても、映画音楽のバックグランドやコマーシャルの効果音として知らず知らずのうちにインド楽器の音色を耳にしていることも少なくない。なお、「古典音楽」や「民族音楽」の定義と分類に関する議論は後述する。

と[2]、すなわち音楽で生きる人々の日常的実践とその社会空間を探求しようとする人類学的試みである。日常的実践とは、個人的経験と社会的世界との関係のなかで遂行されるすべての人間的営みであり[3]、分析知と暗黙知の隙間にあって日常の広大な領野に作用している生活知にもとづく実践である[4]。そして、社会空間は日常的実践が遂行される社会歴史的な場の広がりを意味する。したがって本書の主たる関心は、〈音楽そのもの〉の理論的・技術的・美学的研究との連関を視野に入れつつも、近代という変化の激しい社会経済環境の中で、音楽演奏を生業とする人々がいかに語り・行為し、関係を結び、過去と現在を重ね合わせながら社会音楽的世界を構成しているのかという〈音楽すること〉の探究に向けられている。

2 　「音楽すること」は、スモール Christopher Small の著作名であり造語である『ミュージッキング Musicking』の邦訳として用いられることがある［スモール 2011(1998)］（本邦訳は、本書の元となった博士論文提出後の 2011 年 8 月に出版されたものである）。スモールはミュージッキングを「音楽する to music」という動詞の動名詞形として用い、音楽演奏には直接携わらない行為も含めた「あらゆる立場からの音楽への関与」［ibid.:30-31］と定義している。一方、本書において〈音楽すること〉とは、そのような広義の立場からの音楽関与ではなく「音楽を生きること」、すなわち「音楽を糧として生きる人々の日常的実践とその社会的世界」に限定している。このような相違はあるものの、音楽を行為として捉えるスモールに賛意と敬意を示しつつ、〈音楽すること〉の英訳に〈musicking〉を用いさせて頂く。
3 　このような日常的実践の概念は、人々の行為が規則や資源に従属することによって生み出されるのではなく、日常的に繰り返される慣習によって生み出されつつ、その反復は変化と差異を伴うとする田辺繁治の議論を念頭に置いている［田辺 2002:3］。
4 　分析知とは論理性と必然性を柱とし、すべてが言語化可能な知のあり方（言説知）である。一方、暗黙知とは言語化が困難な知のあり方（実践知）である。そして、生活知は生活の便宜をはかるために理屈抜きで行われる選択であり［松田 2006:402, n7］、分析知と暗黙知の間を揺れ動きながら構成される状況依存的な知のあり方である。

音楽は音楽する人々の行動の経時的な生産物である。楽譜の再現であれ、即興演奏であれ、"音楽そのもの"は祭りや演奏会や様々なメディアを通して聴衆に消費されてゆく。しかしそれらは単に消費されるだけではなく、聴衆や批評家の評価対象および専門家の研究対象となり、新たな文化概念・美的価値観の創出や社会経済的な発展に寄与する。このような音楽の創造と再生産のサイクルの中で、音楽を生業とし生活のための諸活動を行っているのが音楽家である。彼らは音楽を演奏するのみならず、音楽を語り、学習・教授し、文化社会的活動に参加しつつ"自己"あるいは"自分たち"の社会音楽的アイデンティティを模索している。

　特に近代においては、言語化が困難な暗黙知の習得と伝承に力点が置かれてきた芸道的徒弟社会であっても、言語行為を成立させる分析知と状況依存的な生活知のあり方が個人と集団のアイデンティティ形成に重要な役割を果たしているように思われる。そして、その語りの主語は時に"われわれ"であり、"彼ら"との差別化と共同体外部からの眼差しが意識されている。"彼ら"との差別化に際しては、他者を固定的なカテゴリーに分類あるいは名付けることによって自己のアイデンティティを確立しようとする「同一性の政治学 identity politics」[5]が見え隠れする。また、外部からの眼差しを意識化する背景には、メディア等による空間的な場の拡大のみならず、専門家の言説や諸活動の一部が音楽家の社会生活にまで還流し行為に影響を及ぼしている「再帰性 reflexivity」[6]の問題も無視できない。

5 　本書においては、他者を固定的なカテゴリーに分類あるいは名付けることによって自己のアイデンティティを確立しようとする戦略性についても日常的実践の一つのあり方としてとらえている［cf. サイード 1992, 1993(1978); 小田 1996］。

6 　例えば近代に特有な再帰性の一例としては、「さまざまな共同体が「文化」という語を用いてそれぞれの「われわれ」について語ること……（中略）。そこには、近代以前からさまざまな人間集団が「われわれ」について語ってきたというのとは異なった、共通の概念と共通の語り口がある。「われわ

これらの近代に特有な思考様式に巻き込まれた今日の音楽家の日常的実践とその背景となる社会空間、すなわち近代インドにおいて・音楽すること・の政治性や歴史性、そしてグローバル化されていく日常世界でのアイデンティティ形成のあり方や伝統音楽における個の創造性の問題を探ることが本書の主な目的である。
　このような目的のもと、本書は次の三つの貢献を視野に入れている。
　　　1）　音楽と社会をめぐる理論研究への貢献
　　　2）　南アジア世界の音楽・芸能を対象とする社会歴史的研究への貢献
　　　3）　「近代なるもの」[7]の布置と人々の日常的実践に焦点をあてた人類学的研究への貢献
　1）の音楽と社会をめぐる理論研究への貢献については、本序論の後半において明確にする予定である。2）の南アジア地域研究への貢献は筆者の二十余年にわたる調査の集大成としてインド音楽世界に関する民族誌的・社会歴史的な情報提供により、そして3）の人類学研究への貢献は本書のベースとなる調査資料のモニタリングと、音楽と社会の再生産モデルの検討を通じてなされる。特に後者では、近代に特有な思考様式と場の拡大、外部からの視点と現地の人々の反応という二つの視座から、音楽創造

　　れの文化」を語るそれぞれの集団は、たがいに他の集団の語りを参照しあい、模倣や剽窃さらには意識的な対照化や差異の創出がおこなわれる」［関本1994:9］などがあげられる。ただし、本書では「われわれ」の語り口の近代性を「文化」という用語に限定しない［cf. 福島1998:20-1, n5］。
7　ギデンズは、近代なるもの（モダニティ）を、「およそ17世紀以降のヨーロッパに出現し、その後ほぼ世界中に影響が及んでいった社会生活や社会組織の様式」［1993(1990):13］と非常に大まかに定義している。一方、インド史における近代の区分はムガル帝国が崩壊した1858年以降あるいは英領インド帝国が完成した1877年以降であり、本書もこの時代区分にそって論を進める。

に欠かせない音楽家の日常的実践と社会関係のあり方が、植民地期以降の社会環境の変化とどのような関係にあるかが論じられる。

　次に本書における具体的な研究対象と問題の所在について明らかにしておきたい。本書では、音楽家の日常的実践とその社会空間を探求するにあたり、北インド古典音楽の世界に特有なガラーナー *gharānā* に注目する。今日、北インドの古典音楽家は、ガラーナーという言葉・概念を用いて"われわれ"を語る傾向にある。ガラーナーは音楽スタイルと社会システムの二つの側面から定義される音楽の社会的単位で、声楽・器楽・舞踊の各ジャンルに複数認められる。本書で取り扱う主な事例は、器楽の中でシタールの次にポピュラーなサロード *sarod* という弦楽器のガラーナーである。

　ガラーナーという概念は、第Ⅰ部の後半で明らかにするように18世紀後半ころに胚胎し、20世紀に入ってから音楽家たちによって名乗られ語られるようになったと考えられる。このことは、それ以前に古典的な音楽演奏を生業とする人々の社会集団が不在であったことを意味しない。むしろ、ガラーナーの母体として多種多様な社会音楽的カテゴリーの職能集団（カースト）が想定される。それらの集団の一部が植民地近代における画一的なカテゴリー化あるいは名付けに反発するように別個にガラーナーの名乗りをあげ、自分たちの権威や正統性を主張するようになったとも考えられる。

　したがって、音楽家の語りを通して明らかにされるべきは個人や集団のアイデンティティ形成のプロセスであり、ガラーナーという概念を用いて"われわれ"を語る音楽家の実践とその歴史的背景、個人や集団の意識が形成される土台となった社会関係の構築とその変化のあり方、そのような変化が音楽と社会に与えたインパクトが示されるべきである。しかしながら、これらの点はこれまでのインド音楽を対象とする研究では十分に明らかにされては来なかったといえるであろう。このような問題意識のもと、

本書においては以下の3つの課題を設定している[8]。
> 1) それぞれのガラーナーに属する音楽家の語り・思考・行為などの日常的実践のあり方
> 2) それらの日常的実践が意味あるものとして社会関係や歴史的な広がりに接合されるそのされ方
> 3) そしてそのような再帰的な接合が行われる近代において、音楽家たちはいかに自己や集団のアイデンティティを構築し変容させながら生きているのか

これらの問題設定については、順を追って具体化し検討を加えていく予定だが、その前に人類学および隣接諸科学における音楽研究の意義と課題について明確にしておきたい。

先述したように、本書では水準の異なる3つの貢献を目指しているが、これらは上記の問題設定のもとに互いにリンクしている。この序論（1）においては、音楽と社会をめぐる理論研究の可能性を中心に追求し、続く序論（2）では対象を南アジア地域に限定して先行研究における問題の所在を明らかにし、それらに取り組むための本書の構成を明示する。

(1)-2. 人類学および隣接諸科学における音楽研究の意義と課題

現地でのフィールドワークに基づく民族誌による文化・社会の描出と、より大きな参照枠組みとしての理論構築・脱構築という往復運動を行ってきた人類学は、"音楽そのもの"と"音楽すること"をどのようなものとして位置づけ研究対象とすることが可能なのか、以下その研究意義と課題について検討する。

音楽研究の意義についてレヴィ＝ストロース Claude Levi-Strauss は、

---

[8] これらの課題は、いわゆる近現代に生きる人々の日常的実践を理解しようとする際に、19世紀末から今日の人類学において継承されてきた議論として田辺［2002:1-2］が整理した問題群と連動するものである。

「音楽は人文科学最後の謎」［レヴィ＝ストロース 2006（1964）：29］と言い、この謎に取り組むことが人文科学の進歩を促すとまで断言している。このマニフェストともとれる言明は、「音楽にささげる」という献辞ではじまる『神話論理Ⅰ 生のものと火を通したもの』の序曲においてなされ、感覚的なものの過程を跡づけ、感覚的なものに法則があることの証明を企図していた。ここで彼のいう感覚的なものとは神話に他ならないが、その本質を探る上で最も参考になるのは音楽であると推断し［レヴィ＝ストロース 2006（1964）：41］、音楽という個人的で内的な感覚の世界に、聴衆が共有する心的構造（普遍的構造）を想定していた。したがって、レヴィ＝ストロースの関心は音楽行動の生産物である"音楽そのもの"の内的論理とその「構造」の解明に向けられていたと言えるだろう。

　それに対してギアツ Clifford Geertz は、音楽などの芸術を文化システムとしてとらえた［ギアツ 1991（1983）：163-210］。彼もまた芸術の研究とは感受性の研究であり、そのような感覚的なものは本質的に集団的な形成物であるとするが、さらにその形成物の土台は社会にあると見定める[9]。そして、音楽を含む芸術研究のテーマを「美が力を持つという純然たる事実によって与えられる主要な問題は、どのようにしてそれを社会活動の他の諸形態のなかで位置づけるか、どのようにしてそれをある生活パターンの中に織り込むかということである」［ギアツ 1991（1983）：167］として[10]、人々の

---

[9] ギアツは、極端な審美主義や機能主義を排している。特に機能主義に対しては、「芸術作品は社会関係を定義したり、社会規範を維持したり、社会的価値を強めたりするための技巧的手段であるという見解からもとを分かつ」［ギアツ 1991（1983）：171］としている。

[10] ギアツは、構造主義的研究を「仮定の上では入念に検討されているが、実は目で見ることもできない現象についての形式化された概念だけがわれわれに残る」［ギアツ 1991（1983）：169］と批判している。また彼は芸術の記号論的研究法を提唱しているが、その研究法とは論理学や数学のような形式科学ではありえず、歴史学や人類学のような社会科学でなければならないとしてい

美的価値観あるいは美的経験を"音楽すること"との関連から記述すべきことを指摘した。しかしながら、ギアツのいう社会活動の諸形態が具体的にどのようなものであるのかは必ずしも明確ではない。

　ジェル Alfred Gell によれば、「芸術[11]の人類学」は対象作品を西欧的視点から評価を行う美学的研究ではなく、芸術が生産・流通・消費される社会的過程が交換・政治・宗教・親族などの社会関係といかに結びついているかを総合的に研究する領域であるという［Gell 1998:2-3］。彼は社会的行為主体 social agents が、相互交渉のなかで芸術なるものをいかに成立させているのかを分析するのが社会科学としての人類学と考えたのである[12]。このような芸術に対するジェルの社会人類学的アプローチは、音楽が再生産される社会的過程と社会関係の結びつきや、社会的行為主体としての音楽家のあり方を再考するための一つの可能性を示していると言えるだろう。また、"音楽そのもの"の西欧的視点による理論的・美学的研究から[13]、在地社会において"音楽すること"、すなわち再生産された社会関係によっ

　　　る［ギアツ 1991(1983):204-5］。
11　ただし、ジェルの言う「芸術」とは可視的 visible な分野、とりわけ絵画や彫刻・仮面などが中心で、これまで「プリミティブ・アート」と呼ばれてきたものを念頭に置いている。そのため、彼のアート・ネクサス理論は、音楽の分野にただちに適用できるものではなく、より詳細な検討が必要である。
12　音楽と社会について社会科学の立場から考察した嚆矢はマックス・ウェーバー Max Weber［1967］であろう。彼は未完の草稿「音楽の合理的社会学的基礎」（邦題『音楽社会学』）において、歴史社会学の視点から、近代ヨーロッパ音楽を合理化の産物と位置づけた。彼の関心の中心は音楽における和音和声法・十二平均律・記譜法というヨーロッパ独特の音組織の形成が近代の合理化といかに関係しているかにあった。ウェーバーの理論的限界については Blacking［1973］を参照。
13　その一方、音楽を含む芸術を対象とする人類学的研究を認識論的かつ人間の感性の領域に迫る作業としてとらえ、「芸術」概念の虚構性や西欧中心主義的なイデオロギーを批判する議論を見直そうという取り組みがあることも指摘しておかねばならない［e.g. 佐々木 2008］。

て限界づけられつつ、"音楽そのもの"に変化を与える音楽家の創造性に焦点を当てる本書の議論とも響き合う。しかし、そのようなマクロ－ミクロ系の連関に関する議論の前に、"音楽そのもの"を研究対象とする音楽学がその成り立ちからすでに内包していた西欧的視点、あるいはオリエンタリズム的思考について明らかにしておきたい。

音楽にも造詣が深いサイード Edward W. Said は、音楽学の仕事が批判的意識を欠いていることに触れ、「もし音楽を、社会的な状況の中に、いうなれば位置づけるなら、音楽研究は、いままで以上に面白くなることはあれ、決して味気ないものにはならない」とし[14]、その研究対象をイデオロギーや社会空間、権力、アイデンティティ形成などとの結びつきに拡大してゆくべきことを提起した［サイード 1995（1991）:8-10］。この発言の背景には、オリエンタリズム批判においてサイードが見通した「純粋な知識と政治的な知識との相違」［サイード 1993（1978）:34-47］の問題があると思われる。音楽学などを含めた人文科学を非政治的な「純粋な知識」とするのは西洋の願望にすぎず、高度に組織化された政治的諸条件を覆い隠しているものから目を背けさせてしまっているというのである。たとえ音楽それ自体は人間の内的で私的な世界に働く時間芸術であったとしても、サイードが言うように、いかなる知識の生産者であれ、その創造者が人間的主体として周囲の環境に巻き込まれていることを無視したり、否定したりはできない［サイード 1993（1978）:38］。"音楽すること"そして"音楽を研究すること"もまた、政治・経済的な文脈から切り離された「純粋な知識」としてその営みを続けることはできないであろう。

時間芸術の実践者であり、伝統的遺産の継承者である音楽家は、その音楽文化の媒介者でもある。そのような「彼ら」は、社会・歴史的環境の中で主体構築されると同時に、日常的実践を通して文化を創造しつつ変化を

14　サイードは主に西洋クラシック音楽を対象として語っているが、その主張の背景にはアラビア音楽を念頭に置いていることが読み取れる。

あたえ、社会の再生産に関与している。そして、「われわれ」が音楽文化の媒介者としての「彼ら」をどのように理解するかは、最終的には対象と「われわれ」についての認識論的問題と、「われわれ」が想定する音楽と社会の関係およびその分析のあり方と無関係ではない[15]。したがって、本書の立ち位置を確認する意味でも、「われわれ」が音楽と社会の関係をどのように想定してきたかを確認する上でも、これまでの音楽に対する研究アプローチの変遷を概観しておくことは無駄ではないだろう。

(1)-3. 音楽学的アプローチから人類学的アプローチへ

音楽を主たる研究対象とする学問領域に音楽学 musicology があることは言うまでもない。音楽を分析や考察の対象とする研究は世界各地に見られるが、今日、音楽学と呼ばれる学問体系は19世紀後半にヨーロッパにおいて成立し[16]、やがて日本やインドをはじめ非ヨーロッパ世界に波及した専門家システムの一分野である。ここで留意すべきは、音楽学はヨーロッパの芸術音楽、いわゆる「クラシック音楽」を研究対象としていたものが、近代の帝国主義／植民地主義とともに非ヨーロッパ世界に拡大したことである。

ギデンズ Anthony Giddens は「近代なるもの（モダニティ）」のもたらした枢要な帰結の一つとしてグローバル化をあげ、「西欧の諸制度を世界中に浸透させただけでなく、その過程で世界の文化を押しつぶしていった」［ギデンズ 1993(1990):216］というやや不穏な表現によって世界規模の

---

[15] ここでの「われわれ」とは、観察し分析する研究者の視点であり、音楽家自身が用いる"われわれ"と区別している。

[16] 音楽学の概要と歴史については *The New Grove of Music and Musicians* (second edition)［Sadie 2001(1980)］の該当項目を、また人類学における音楽研究の潮流については *Encyclopedia of Social and Cultural Anthropology*［Barnard and Spencer 2002(1996)］などの該当項目を参照した。

新たな相互依存関係の出現を示そうとしている[17]。19世紀後半以降における音楽学のグローバル化は、単なる「クラシック音楽」とその学問の輸出に留まらず、非ヨーロッパ世界に自分たちの音楽文化や音楽カテゴリーを再考する学問的機運を育み、ひいてはその後の音楽教育や文化政策などに大きな影響を与えたといえよう。しかし、音楽学のグローバル化は決して一方的なものではなく、異なる音楽や音楽体系との出会いと再帰的な学問形成をもたらしていったのである［Farrell 1997; Woodfield 2000］。その最も初期の例が、大英帝国の植民地であったインドであり、非ヨーロッパ音楽に関する最も初期の研究論文はインド音楽について書かれたものであった[18]。

このような非ヨーロッパ世界の音楽との出会いと研究の蓄積は新たな学問領域を生み出すことになる。ドイツのアードラー Guido Adler は、音楽学 musikwissenschaft の研究領域を体系的音楽学と歴史的音楽学に分け、前者の下位カテゴリーに世界各地の音楽を比較検討する分野 musikologie を位置づける論考を発表した［Adler 1885; Sadie 2001(1980):vol.17, 490］。この分野が後に比較音楽学 comparative musicology と呼ばれるようになる[19]。しかしながら20世紀前半までの比較音楽学においては、非ヨーロッ

---

[17] ギデンズは、その相互依存関係では、もはや「別の人たち」は存在せず、グローバル化という概念から見たモダニティは「西洋に特有なものではありえない」とも述べている［1993(1990):216］。一方、ロバートソン Roland Robertson は「グローバル化は近代化に先行していた」ことを指摘しつつも、ポスト・モダニティを再帰性の問題に帰着させるギデンズの議論に賛同を示しており［1997(1992):12-3］、筆者も同様の立場である。

[18] 1792年にジョーンズ William Jones によって書かれた、*On the Musical Modes of the Hindoos: Written in 1784, and since Much Enlarged, by the President*［Jones 1990(1792)］などがその代表例である。

[19] ちなみに、ハーバード大学に留学した伊澤修二が東京音楽学校の初代校長に就任したのもこのころ（1888年）である。日本における統治技術としての音楽教育のあり方や洋楽受容の歴史としては奥中［2008］などを参照。

パ社会の即興と口頭伝承を特徴とする音楽に対し、音楽の録音・採譜・楽音形式および博物学的な楽器収集・分類や分布研究などに重点がおかれ[20]、在地社会固有の文化や歴史といった視点はほとんど考慮されなかった。すなわち、この当時の比較音楽とは、非ヨーロッパ音楽の「音のテキスト（音の連なりとしての楽曲）研究」を超えるものではなかったのである。ボールマン Philip V. Bohlman が指摘するように「音楽テキストへの過剰な関心が、多種多様な集団や音楽の歴史の形成から目をそらさせていた」のであり［Bohlman 1991:266］、今日的視点から言えば、テキストを生産あるいは再生産するプロセスにおけるパフォーマンスへの注目度は極めて低かったと言えるであろう。19世紀末から20世紀前半にかけて、比較音楽学では、その研究対象とアプローチ法が議論の焦点となってゆく。

さて、この時期のインドにおける音楽研究に目を向けてみよう。英国植民地下においてナショナリズムが進展するなか、ヨーロッパで生まれた音楽学〜比較音楽学の影響をうけつつも、インド人によるインド音楽研究がなされるようになる［e.g.Tagore 1990(1882), 1990(1896); Bhatkhande: 1974(1916), 1990(1916)］。それは比較される周縁としてではなく自文化の中心に伝統的音楽を位置づけ体系化しようとする試みであり、ヨーロッパの学問体系に触発されつつ、それとは別のしかも遜色のない体系の発掘・理論化と独自の音楽教育制度確立への模索の始まりであったといえるだろう。

本書で具体的に扱う音楽家のカテゴリー化の問題や北インド古典音楽におけるガラーナー概念の強化・変容も、このような近代ヨーロッパを中心とする学問の成立と他社会への波及、それに対する在地社会の反応と新たな文化形成という視点と密接なつながりがある。このことは同時に、地方

20　音楽の採譜と比較を可能にしたのは、1877年のエジソンによる蓄音機の発明と、1885年のエリス Alexander John Ellis による半音を百等分する新しい音律表記法、すなわち1オクターブ12音を1,200に分割するセント法によるところが大きいであろう。

の民俗音楽や国内の少数民族の音楽を自文化の周縁に追いやることにもつながっていったことを指摘しておかねばならない。そしてこの過程には、オリエンタリズムのローカル版ともいえる「同一性の政治学」が見え隠れする。このようなインド独自の事情については、後の章で検討する。

　第二次世界大戦後、比較音楽学の対象とアプローチ法の議論が盛んになるなか、欧米で発展を遂げたのが民族音楽学 ethnomusicology である。1950年代、オランダのクンスト Jaap Kunst は比較音楽学が音のテキスト比較を中心に行う学問分野であることから脱却し、民族学のフィールドワーク手法と理論を取り入れ、その名称自体も民族音楽学[21]にすべきことを主張した［Kunst 1959; Nettl 1983:7-8］。このような動きはアジア・アフリカ諸国の独立時期と重なっており、当該地域の音楽をヨーロッパ音楽の理論概念を参照枠として研究することへの批判の高まりと、当該文化の内部からの理解という人類学的視点が求められたことに理由がある。

　この潮流は米国[22]において『音楽の人類学 The Anthropology of Music[23]』［Merriam 1964］として集大成をみる。メリアム Alan P. Merriam は音楽学的アプローチと文化人類学的アプローチの融合を目指し、民族音楽学理論の体系化を目指した。彼のいう音楽学的アプローチとは、それまでの比較音楽学を「文化のなかの音楽研究」に転換させ、音楽行動を生み出す人間の文化社会的文脈との関係において音楽を探求しようとするものであった。また、文化人類学的アプローチとは、ラドクリフ＝ブラウン

21　ただし、クンストは民族音楽学の対象からヨーロッパ芸術音楽と大衆音楽を除いている［Kunst 1959:1］。

22　西欧における比較音楽学的研究が植民地とのかかわりをもつのに対して、米国において音楽の人類学的研究が進展した理由として、ネイティブ・アメリカン文化の研究という固有の事情があげられる。

23　The Anthropology of Music の邦訳は『音楽人類学』とされているが、音楽人類学は Musical Anthropology の訳語の方が適切であると考えるため、本書ではあえて『音楽の人類学』とした。

Alfred R. Radcliff-Brown やマリノフスキー Bronislaw K. Malinowski の機能主義的人類学にハースコヴィッツ Melville J. Herskovits の文化変容・歴史主義・文化相対主義の視点を盛り込んだもので、人々のもつ音楽概念や行動様式、音楽が果たす社会的機能に焦点をあてつつ文化史としての音楽の歴史、すなわち音楽の変容や動態にも配慮したものである。

メリアムによれば音楽研究の目的と責務は3つあるという［Merriam 1964:14-16］。それは、

(1) 音楽構造の技術的で「内的」な探求、
(2) 音楽を生み出すのに必須な人間の「行動」の探求、
(3) 音楽研究と人文・社会科学との関係の探求、

である。(1) は音楽それ自体の記述と分析にかかわる深い知識・技術の探求であり、(2) は社会科学的調査をもとになされる音楽にまつわる身体行動・概念行動（概念化）・社会的行動・学習行動の探求である。本書との関連で言えば、(1) の記述は (2) との関連を除いては必要最小限度にとどめ、(2) に関する記述・分析を重視しつつ、(3) においては人類学を中心とする人文・社会科学への貢献を目指している。

メリアムの最も特筆すべき業績の一つは、音楽概念 conceptualization about music、音楽行動 behavior in relation to music、楽音 music sound itself の3パートからなる循環的分析モデルを提示したことである［Merriam 1964:32］。このモデルは、人々は音楽についての概念[24]に基づいて音楽行動をとり、その結果として構造や表現を有する楽音が生まれ、さらにその楽音に対する聴衆の評価が音楽概念を再形成するという、いわば

---

[24] メリアムのいう概念とは当該社会における音楽の定義と関係しており、「音楽とは本来どのような性格のものであり、生活の中の生きた現象の一部分として、どのように社会に適合し、また、それを利用し、創りあげてゆく人々によって位置づけられているか」に関心が向けられている［メリアム 1980 (1964):84］。

「音楽の再生産モデル」（以下、メリアム・モデル）とも言えるものである。メリアムは、このモデルの中に行動主義的心理学の視点を取り込んで、音楽の生産と消費にかかわる人間の行動を、身体行動・言語行動・社会行動の3つの視点から考察することを提唱した。身体行動は発声法や楽器演奏法にかかわる身体技法[25]であり、言語行動は音楽に関する概念・技術の言語化であり、社会行動は当該社会における音楽家の地位と役割に基づいてなされるものである。このようなメリアム・モデルは、音楽を西欧的視点からの鳴り響く音の連なり＝音楽的テキストの研究から、在地の文化システムを行為との関係から研究するための新たな視点を提供したと言えよう。

　本書においては、音楽で生きる人々の諸行動のみならず、そのために不可欠なアイデンティティ形成のあり方や社会関係を含んで"音楽すること"と定義している。すなわち、"音楽すること"は、パフォーマンスとしての音楽の生産・再生産にまつわる音楽家の日常的実践とその歴史的文脈および社会的世界を包括する。例えば、師から音楽を習い、演奏会に出演し、レコードやカセットを録音し、パトロンや聴衆にサービスし、自分たちの音楽の特徴やガラーナーの歴史をさまざまな人びとに語り、諸慣習にしたがい結婚し、弟子をとって入門儀礼を行い、子弟や内弟子にマンツーマンで音楽を伝授し、学校等で音楽の理論や歴史を多数の生徒に解説し、研究者やマスコミからインタビューを受けるなどのさまざまな行為が含まれる。

　さて、メリアムの著作はその後の音楽研究に大きな影響を与えると同時にいくつかの論争を巻き起こした。その一つに、比較音楽学者との間でなされたものがある。彼らの批判は、メリアムのアプローチは在地社会の文化を重視するあまり、比較的視点が欠如してしまっているというものであ

---

[25]　ただし、メリアムはモース［1976（1968）］の身体技法については参照していない。

る［e.g. Kolinski 1967; Lomax 1968］。このような「音楽の比較研究」か「文化の中の音楽研究」か、比較音楽学的アプローチか人類学的アプローチかという議論に収斂してしまったことを、後にメリアムは自戒をこめて、音楽学と音楽の人類学の両方の協力なくして真の民族音楽学は不可能であるとコメントしている[26]［Merriam 1975:59］。

メリアムの業績に対する吟味とより有意義な論争は、1980年代になって行われるようになる。『音楽の人類学』は音楽に対する人類学的アプローチの重要性を位置づけた記念碑的な業績ではあったが、彼の「文化のなかの音楽研究」は当時の機能主義的人類学の影響が強く、音楽は文化の一要素であり他の要素と影響しあうとしながらも静態的にとらえられすぎているという批判が起こった。例えば、ライス Timothy Rice は音楽に関連する概念・行動・楽音の3パートからなるメリアム・モデルの民族音楽学への貢献を十分に評価しつつ、その循環が一方向的で不可逆的であることから、より動態的な視点からのリモデリングを試みた［Rice 1987］。彼は、音楽の形成過程に注目し、「（象徴体系は）歴史的に構築され、社会的に維持され、個人的に受容される」［Geertz 1973:363-4］というギアツの主張を援用して「歴史・社会・個人の相互作用モデル」を提示した[27]。す

---

[26] 当時の音楽学的アプローチと人類学的アプローチの融合に関する議論は米国が中心であって、ヨーロッパでは音楽学者と人類学者は同じ土俵で論争することなく別個に研究が行われた。例えば、この時期の英国での民族音楽学は身体に関する人類学 anthropology of the body の一部と考えられ、音楽は身体活動とのかかわりから研究がなされた。Stokes［2002］によれば、その後のヨーロッパ大陸での民族音楽の研究は、レヴィ＝ストロースの理論をトランス状態に応用し、その状態における身体と音楽の象徴的関係を探求しようとする人類学的研究［Rouget 1985］や、西欧芸術音楽とは異なる東欧や南欧の音楽を対象とした民俗学的研究に分かれる。

[27] この当時ライスは、メリアムの『音楽の人類学』以降の20年間で、歴史と社会からのアプローチは充実して来たが、「個人」へのアプローチについては今後の課題としている［Rice 1987:475-6］。

なわちメリアム・モデルにギアツの解釈学的視点（厚い記述）を導入しようと試みたのである［Rice 1987:477-81］。本書においても、歴史・社会・個人という異なる水準間での相互作用のあり方に着目するが、これらを媒介する視点として学習の問題を重視する。特に近代において学習が行われる共同体が外部から完全には閉じられていることは困難で、より広い社会経済的関係の中に置かれていることを考慮すべきであろう。

　1980年を前後して、音楽がもつ文化的ダイナミズムや音楽が構築する社会関係に焦点を当てた研究が主流となるが、このような背景には人類学的手法と理論的潮流の影響が大きい。実際、ライスの動態的モデルにもギアツの解釈人類学の影響が色濃く見られた。音楽研究においても、都市生活やジェンダー、社会階層などとの関連を追及する人類学的な分析［それぞれの例として Koskoff 1989; Nettl 1978; Pena 1985 を参照］や、音楽パフォーマンスが多様な社会生活を創造し再生産するそのやり方に注目した音楽人類学 musical anthropology のアプローチが示された［Seeger 1987］。さらには音楽の大衆化における音楽産業やメディアの役割とインパクトに注目する研究も行われるようになった［e.g. Wallis 1984; Manuel 1993］。

　また、民族音楽学においても、インフォーマントと研究者そしてその二者間の関係についての反省性の問題が取り上げられるようになった［e.g. Feld 1990:239-268］。この潮流は、人類学者が自らの実践の省察を通して、対象としての「彼ら」の実践を理解するという、いわゆるポストモダン人類学派／ライティングカルチャー派[28]や、彼らに批判的なブルデュー Pierre Bourdieu の再帰的社会学［Bourdieu 1990; Bourdieu and Wacquant 1992］の影響下にある。ライティングカルチャー派の主張は多岐にわたっているが、民族誌が詩学やレトリックの問題であると同時に政治・権力

28　ここではクリフォード［2003(1988)］、クリフォード＆マーカス［1996(1986)］、マーカス＆フィッシャー［1989(1986)］等の議論をこの名で呼ぶことにする。

の問題と結びついていることを示し、その記述が客観的で科学的な営みの結果であるという信念に大きな疑問符を突き付けたことに衝撃力があった。一方、ブルデューは、民族誌の記述を「詩学であって政治学である」と決めつけるライディングカルチャー派の主張が相対主義のニヒリズムに陥っており、真の再帰的な社会科学の対極に位置していると批判している[Bourdieu and Wacquant 1992:72]。

　本書においては、これらの議論について十分に検討しつくすことは困難であるが、意識的であるべきと考える。ただし、こうした議論の吟味と同時に、人類学の対象である人々の思考や行為についてより注意を向けていきたい。すなわち、対象とそれを眺め語り記述する観察者の分離という単純な図式では賄いきれない近代の再帰的特性に注意を払いつつ、そのような特性の一端を人々の語りや行為を通して明らかにする必要があると考える。

(1)-4. 音楽と社会をめぐる理論的実践の試み

　これまで音楽および音楽と社会に関する人類学的および民族音楽学的アプローチについて概観してきた。『音楽の人類学』が登場して以来、音楽と文化・社会には何らかの関係があるという仮説が共有化されており、その特質がさまざまに探求されてきたのである。北インド古典音楽における音楽家の社会的世界を探求したニューマン Daniel M. Neuman によれば、その根底には三つの思考タイプがあるという [Neuman 1990(1980):27-8]。

　一つは、音楽は社会文化システムの構成要素であり、人々が生み出した芸術的所産のうちの一つとするもの。すなわち音楽は社会文化システムの一要素として他の要素に影響を受けると同時に影響を与えるという機能主義的な思考である。二つめは、音楽は社会文化システムの反映でありモデル、小宇宙であるというもの[29]。ここでは音楽は社会によって形成される

29　たとえばブラッキング John Blacking は、音楽システムは社会文化システム

ものであると同時に社会を映す鏡ということになるが[30]、音楽は社会文化システムの受動的な産物とみなされる。そして三つめは、音楽は社会の要素やモデルではなく、社会の構成員に語りかけ、参与者に対して意味の一部あるいはまとまった意味を提供する一種の釈義であるというもの。すなわち、音楽は比喩によって人々に「何かを語りかける」と同時に人々の「何かを語るメタコミュニケーション」であって[31]、社会文化システムに解釈を与えるという能動的な力とみなされる。

このうちの三つ目のアプローチにおいては、音楽が有する美的な力に関する解釈学的研究への広がりが示されている。しかしながらこのアプローチであっても、象徴体系としての音楽の解釈にとどまっており、音楽がもつ文化的ダイナミズムや社会的再生産との関係や、"音楽すること"が新たな社会関係や文化それ自体を作り出す社会音楽的活動の創造性をとらえることは困難であろう。

本節においては、先述したジェルの「芸術の人類学的理論」構築のための前提部分を共有しつつ [Gell 1998:1-5]、交換・政治・宗教・親族などの社会関係の中で主体性を有する個、すなわち社会的行為主体としての音楽家が相互交渉のもとでいかに学習し、婚姻し、後継者を育て、自分たち

の一部として考え、音楽の構造は文化的パターンの表れとして記述されるべきであるとしている [Blacking 1973]。

30 フリス Simon Frith は、大衆音楽を例にとり、音楽の学術的な研究は、「音が人々を何らかの形で'映し出す'か、あるいは'表現'しているはずだという仮定によって制約を受けてきた」[フリス 2001 (1996):187] と指摘し、作品そのものの分析ではなく、その作品を生み消費する社会的グループへの繋がりを辿ることが分析すべき問題の中心であると主張している。

31 ニューマンは、この視点をギアツ [Geertz 1973] とベイトソン [Bateson 1972] からヒントを得たものとしている [Neuman 1990 (1980):26]。同様に、ベイトソン Gregory Bateson を"音楽と「世界」"の関係性解明のための理論的基礎に位置づけようとする試みについてはスモール [Small 1998:50-63] を参照のこと。

を語り、音楽を創造し再生産しているのかという新たな視点から、メリアム・モデルの批評と再評価を行う。それにより、冒頭で設定した「音楽家の語り・思考・行為を中心とする日常的実践」「日常的実践が行われる社会関係や歴史との接合性」「再帰的近代におけるアイデンティティ構築」という三つの課題に対応する異なるレベルの分析とそれらの関係性を考察するための準備としたい。

　まず、メリアム・モデルの静態的な弱点を補完するためには、概念によって音楽行動が生まれ、その行動の所産たる楽音への聴衆の反応が概念の再生産を担うという一方向的な循環図式を、人々の日常的実践、とりわけ音楽家の主体的行為を中心に大きく転換させる必要がある。彼のモデルの難点は、音楽家の行動は常に概念にしたがい、概念は常に行動の所産たる"音楽そのもの"への聴衆の評価・批評を通してのみ変化するとされている点である。すなわち"音楽そのもの"の評価だけに限定されない行為主体間の相互作用や個人的創造性、行為主体が置かれた社会的状況・社会空間といった場の問題、さらには社会の外部との接続に関してはほとんど考慮されていないのである。ただし、この背景には時代的制約があったことも否めない。当時は、いわゆる「未開」社会や伝統社会の村落における音楽研究が中心であって、伝統社会であっても都市に生きる人々の音楽行動を扱ったケースは少なく、今日のようなグローバル化が進行する音楽状況は想定外であったろう。また、もう一つの問題は、彼の設定した音楽行動は反応と刺激という観察可能な外面に現れた行動のみを記述する行動主義心理学と近似しており［山田 2004］、歴史性を有する社会空間において日常的実践が生み出される重層的な過程は分析の枠外に置かれていたことである。

　近代の社会空間における日常的実践の重層的な過程を考察するにあたっては、ある行動や営みがめぐりめぐって「自ら」に立ち返ってくる再帰性の問題を避けて通ることはできないであろう。近代においては、"音楽すること"もまた再帰的な社会過程に他ならないとすれば、主体的行為

がその行為の社会的存在条件[32]に反映し影響を及ぼすレベルと、主体的行為が自らの行為に対して影響を及ぼすレベルを想定することが可能であろう。本書においては、ラッシュ Scott Rash にならって前者の自省的評価 reflexive monitoring を「制度的」再帰性、後者を「自己」再帰性[33]と呼ぶことにする［ラッシュ 1997(1994):215］。重要なのは、いずれの再帰性も一方では専門家システム[34]を介して、他方ではそうした専門家システムに反発する形で生じていくということである。そして「近代なるもの」の再帰性は、第一次媒体としての社会的行為主体と第二次媒体としての専門家システムによる「二重の解釈学」［ギデンズ 1992(1976):111; ラッシュ 1997(1994):216］を介してなされることに留意したい。関本の言葉を借りて言うなら、専門家が作り出す"彼らの文化"をめぐる言説が彼ら自身の言説の世界に還流する回路［関本 1994:8］がその一部にあたり[35]、対象とそれを眺め語る主体との分離という客観科学の図式にナイーブには還元できない近代の特色を示しているとも言えるだろう。

　これらの導入点・修正点の今日的必要性を確認した上で、あえてメリアム・モデルの再評価を行うとすれば、音楽行動が学習の結果であると同時に学習こそが音楽を生み出す過程をダイナミックに変化させるつなぎ目としての役割を指摘し、学習の問題を最重要視したことである［メリ

---

[32]　ここでいう存在条件とは、ギデンズのいう構造特性、すなわち「規則」と「資源」である。「規則」は成文化されたものだけではなく、言語化が困難な暗黙の実践的規則を含み、「資源」は有形物だけでなく地位や威信といった、権力の源泉となるものをも含んでいる［小幡 1993:246］。

[33]　「自己」再帰性はギデンズが指摘する自己の再帰的プロジェクトであり、その本質は「一貫した、しかし絶えず修正される生活史の物語」にあると思われる［ギデンズ 2005(1991):5］。

[34]　ここでいう専門家システムとは研究者や批評家などの専門家による言説やその産出物としての著作や学術資料などを含む。

[35]　本書においては「文化」のみならず、「歴史」や「出自（カースト）」なども含まれる。

アム 1980(1964):182]。彼は「概念レベルは人間の文化もしくは観念作用の側面と対応し、行動のレベルは社会的側面と、音楽作品は物質（楽音）と、そしてフィードバックは人格体系や学習理論に対応する」[メリアム 1980(1964):52] として、音楽作品から概念へのフィードバックにも学習の問題を置いた。また彼は文化の学習過程に注目し、それを制度的で意識的な学習過程としての社会化 socialization と区別するために、ハースコヴィッツの「文化化 enculturation」という概念を援用する。その上で、模倣が音楽学習の主要な位置を占めると同時に学習者は模倣を通して「文化化」され、刺激や反応の状況が変われば文化、すなわち概念も変わると結論づけている[36]。言い換えれば「文化化」とは慣習的な暗黙知の再生産過程あるいは変容過程ということができるであろう[37]。

ただしメリアムは、学習過程でのグループ活動を想定していたにもかかわらず、学習は個人に生起するものと限定して考えていたふしがある[38]。レイヴ Jean Lave やウェンガー Etienne Wenger の状況的学習理論によれば、学習はいわば参加という枠組みで生じる相互作用的な過程であり、個人の頭の中（大脳）でではない [Lave and Wenger 1991]。この定義では「学ぶ」のは共同体あるいは学習の流れに参加している人々である。彼ら

---

[36]　なおメリアムは、学習の特殊な側面として教育をあげ、「教育は方法と行為者と内容という3要素の相互作用を内包する」[メリアム 1980(1964):188] としている。

[37]　メリアムが学習過程の分析の際に援用した「文化化」の概念は、ブルデューのいうハビトゥス（実践されている状態において身体によって学習され、習得される後天的なシステム [1988(1980):117-118]）と極めて近いところにあり、「社会化」理論が主張する社会システムの持続と再生産は空論であるとするオートナーの批判 [Ortner 1984:154-55] に先行していたと思われる。メリアムは社会化を「文化化」の一側面ととらえていたと考えられる [メリアム 1980(1964):183]。

[38]　メリアムが「文化化は個人が文化を学ぶ際の過程を指している」[メリアム 1980(1964):183] と言うときがそうである。

は、学習を個人の認知・概念化の過程ではなく、共同体の中での役割の変化、周囲の人々や資源・道具（例えば楽器も含まれるであろう）との関係の変化、さらに学習者自身のアイデンティティの変化などの具体的な過程として提示するために実践共同体 community of practice という状況的学習モデルを設定した。この典型例の一つが徒弟制である。

　本書で扱う北インド古典音楽のガラーナーも実践知の伝承を担う芸道的徒弟制の範疇に位置づけることができるだろう。ガラーナーの場合はその中心にムスリムの父系的出自集団を有する親族共同体とも言えるが、血縁や婚姻関係によらない師弟関係の連鎖によって外延を広げ、時にはその外延から新たなガラーナーを生じさせることのできるネットワークでもある。そして、実践共同体としてのガラーナーは、他のガラーナーから差異化され、何らかの境界をもつことによって存続し、それ自身の固有のレパートリーを有することになる[39]。そのような差異化の流れの中で、音楽家は語り、思考し、行為するなどの日常的実践を通して具体的な社会生活の中で再帰的にアイデンティティを形成し再編してゆく。

　本書におけるアイデンティティの概念とは、学習と言語実践の場で生産あるいは再生産される過程的、流動的、折衝的なものであり、「行為主体がコミュニティのなかで行為遂行的に築いていく自己の位置とイメージ」［田辺 2002:17］に近く、「時間を超えた恒常性の創出、つまり、過去を予想される未来へと結び付けていくこと」［ギデンズ 1997(1994):151］に重なる。

　ウェンガーは、共同体の成員意識が醸成されていく「アイデンティティ化 identification」と、そこにおいて発生する意味[40]をめぐる「折衝

---

[39] ウェンガーは実践共同体における「レパートリー」には、共同体が生み出し、適応するようになり、実践の一部となったルーティン、言葉、道具、物事のやり方、物語、ジェスチャー、シンボル、ジャンル、行動、概念が含まれるとしている［Wenger 1998:82-83］。

[40] ここにおける「意味」とは固定的なものではなく［Wenger 1998:83］、歴史との結びつきや、社会的な関係性と相互行為的な実践の中で形成されるもの

negotiability」との相克のなかで、行為主体がダブルバインドに置かれている状況に注目した［Wenger 1998:207-8］。共同体内部において行為主体は学習の意味の拠り所を模索、すなわち折衝することによってアイデンティティ化の中に置かれることになるのである。しかしながら、田辺繁治が指摘するようにウェンガーらは共同体外部によって影響され、規定され、限界づけられる行為主体のアイデンティティ化の過程には関心が向けられていないように思われる［Lave and Wenger 1991:100; 田辺 2002:17-18］。ここでも、既述の「音楽の再生産モデル（メリアム・モデル）」における問題点との共通性、すなわち行為主体が置かれた社会的状況・社会空間といった拡大された場の問題、さらにはよりマクロな時間軸における共同体の変化に関する問題［ハンクス 1993(1991):9; 福島 2001:74］が残されているのである。

　本書では、ガラーナーという共同体内部における音楽家のアイデンティティ化と学習過程における意味の折衝のみならず、共同体外部からの眼差しを意識した行為遂行的な言語実践を取り上げ、マクロな社会空間との接合性に注目する。それによって、同時代に生きるインドの音楽家たちの再帰的なアイデンティティ化のあり方と、ガラーナーという概念を用いて"われわれ"を語る音楽家の主体的行為とその歴史性、個人や集団の意識が形成される土台となった社会関係とその変化のあり方を検討してゆきたい。

　これまでの議論を踏まえ、本書では、"音楽すること"にまつわる音楽家の日常的実践と社会空間の構成を、音楽家の言語行為、共同体における社会関係の変容、そしてインド音楽とガラーナーの近代化を通して考察するにあたり、ギデンズが策定した3つのレベルを援用して検討を試みる。ギデンズによれば、社会的再生産は相互行為の再生産、人間の再

である。そこでは、意味の所有あるいは解釈をめぐる権力関係と言説実践が焦点となる。

生産、制度の再生産という 3 つの時間的特性を有している［ギデンズ 1989（1979）:105］。そして、社会は時間の流れのなかで再生産される他はないが、その流れはミクロな相互行為が織りなす過程、社会を構成する人々が共同体のなかで再生産される過程、そしてマクロな構造の現れとしての制度が維持ないし変化する過程という 3 つのレベルをもつことになる。これは構造の重層的特性を示し、ミクロとメゾとマクロの各レベルでの社会過程が関連し合って社会空間を構成しているという視点につながる［cf. 宮本 1998:43］。本書との関係、すなわち「音楽の再生産モデル」との関係で言えば、ミクロ・レベルは音楽家が演奏し・語り・学習する／教える（聴衆が演奏を聴き・話を聞き・批評する）という日常的実践に、メゾ・レベルは婚姻関係・師弟関係・パトロン＝クライアント関係等によって生産・再生産される共同体の社会関係に、マクロ・レベルはガラーナーの歴史的成立過程、植民地近代〜ポスト植民地近代における学問・学校教育体系や国勢調査、文化政策やメディアの発展等に対応させて議論することが可能になる。冒頭で設定した 3 つの課題は、これらを個別に分析・検討しつつ、最終的にはそれぞれの接合性を探求するなかで明らかにされるであろう。

　続く序論（2）においては、南アジア（特に北インド）を対象とした人類学および音楽と文化・社会に関する先行研究について概観し、本書の中心をなす弦楽器サロードのガラーナー研究との連続性を明確にする。そして、本書の全体構成を、これまで論じてきた問題の所在との関連から明示する。

（2）．先行研究と全体構成：
インド音楽の社会的世界をめぐって

　序論（1）の「問題の所在」においては、人文・社会科学における音楽研究の意義と本書の課題に対する理論的枠組み（アプローチ法）について

明らかにした。20世紀後半以降、民族音楽学の発展は人類学の理論的潮流とパラレルな関係を有しており、『音楽の人類学』の誕生背景には機能主義があった。南アジアを対象とした音楽と社会をめぐる研究動向についてもこのような潮流の外にあるものではない。この序論（2）においては、南アジアを対象とした人類学的研究における本書の位置づけと課題、そしてその課題に取り組むための全体構成を明確にする予定である。

(2)-1. 南アジアにおける人類学研究の潮流と本書の位置づけ

　南アジア世界とくにインド社会の理解のために、これまで多くの人類学的な研究がなされてきた。そもそもインド独立前のインド研究は古典文献研究に比重が置かれ、民族学的調査といえば、英領インド帝国時代の国勢調査や地誌、在地の行政官の報告がほとんどであった[41]。それに対し、インド独立後においては、1950年代から1960年代にかけての機能主義的研究、1960年代後半から1970年代後半に行われた構造主義的研究、そして1970年代後半以降の象徴主義や解釈学的研究等を経て、今日の多様な研究に至っている。

　しかし、今日の南アジア研究においてなお色褪せない分析概念を提起し、インド独立後における実証的な機能主義的研究をリードしたのはシュリー

---

[41] 「民族誌学」「民族学」、そして「形質人類学」は、19世紀後半においては未だ新しい学問であったが、その重要性は植民地行政府の官僚のなかで、いちはやく認識されていた［藤井 1993:12］。リズリー H.H. Risley は各地の国勢調査の情報をもとに、主要なカーストとトライブの民族誌を編纂した。『ベンガルのトライブとカースト』［Risley 1981(1891)］がそれである。そしてその民族誌は、パンジャーブ［Ibbetson 1974(1916)］、北西州とアワド［Crooke 1896］、南インド［Thurston 1909］、中部州［Russell 1975(1916)］、ボンベイ［Enthoven 1920-22］など、後に州ごとに刊行されることになる一連のシリーズの先駆けとなった。しかし、ここで問題となったのは、インド社会を記述するにあたり、どのような概念カテゴリーを設定するかということであった。

ニヴァース Mysore N. Srinivas であった。彼は村落社会のフィールドワークを精力的に行い、「サンスクリット的ヒンドゥー Sanskritic Hindu」「サンスクリット化 Sanskritization」「浄・不浄 Purity/Impurity」などヒンドゥー社会を理解するための基本概念を提示した [e.g. Srinivas 1952; 1960 (1955)]。「サンスクリット的ヒンドゥー」とは「汎インド的ヒンドゥー」とも呼ばれ、古代よりインド文明の根幹を担ってきたサンスクリット語が伝えるヒンドゥー教のあり方で、インド全域で共有される普遍的な特質とされる。この文化の担い手は主としてバラモンである。これに対置されるのが、土着的な要素を多く含む村落レベルのヒンドゥー教で、地方における多様なカーストによって伝承され具現化される。また「サンスクリット化」とは、中位・下位のカーストがバラモン的慣行を採用するなどして社会的ランクを上昇させようとするカーストの動態といえる。さらに、彼はバラモン的価値観としての「浄・不浄」の観念がヒンドゥーの社会構造と密接に結びついていることを指摘し、その後のデュモン Luis Dumont らの議論にも大きな影響を与えた。そこで、これらの3つの概念のその後の展開とインドにおける音楽研究および本書との連関について言及しておきたい。

　まず、「サンスクリット的ヒンドゥー」は、レッドフィールド Robert Redfield の大伝統／小伝統の相互作用論 [e.g. Redfield 1950, 1956] をインド研究に持ち込んだマリオット Mckim Marriott やシンガー Milton Singer らの議論と呼応し [Marriott 1955; Singer 1959, 1972]、一方で普遍性を他方で局地性・多様性を有するヒンドゥー社会を理解するための基本的な分析概念として用いられるようになった。そもそも大伝統と小伝統とはどのように定義されていたのか。レッドフィールドの「文明には、内省的な少数による大伝統と、概して非内省的な多数による小伝統がある。大伝統は学校や寺院で培われるが、小伝統は村落共同体の無学な生活のなかで成立し存続していく。哲学者や文学者の伝統は、意識的につちかわれて伝えられていく一方で、庶民の伝統は当たり前のこととして受け止められ、

精緻な見直しの対象となったり、洗練や改善にゆだねられたりすることはない」[Redfield 1956:41-2] というよく知られた一節が、「サンスクリット的ヒンドゥー」と大伝統の重なり合いを示している。このような大伝統と小伝統の分離と相互作用論をインドに適応させようとする試みは、インドの音楽研究にも影響を与えた。そして、多種多彩なインド音楽をどのような基準で分類し、いかなる学問体系のもとに研究されるべきかという問題は、インドの知識人・研究者によって議論されるのみならず、音楽家の日常的実践および社会的世界にも少なからぬ影響を与えてきたと考えられる。インドにおける"文化の中の音楽研究"もまた大伝統と小伝統という階層的な関係にからめとられ、どちらの音楽伝統に帰属するかというカテゴリーの問題は音楽家としての地位・ランクとも響きあい、社会音楽的なアイデンティティ構築への影響も無視できないのである。このような状況の背景には近代における制度的再帰性の問題があると考えられる。

また、「サンスクリット化」は政治・経済的地位の上昇を宗教・社会的地位の向上に転化しようとするヒンドゥーの社会現象であるが、インドのムスリムを中心とする音楽家世界においても疑似カースト的な階層的カテゴリーがあり、相似的な上昇志向がみられる。この点についても、インドにおける音楽のジャンルと音楽家の社会的カテゴリーが、宗教やカーストといかに結びついて階層化がなされてきたかという視点から検討されるべきであろう。

一方、「浄・不浄」については、構造主義的視点から「浄・不浄の対立的補完論（イデオロギー論）」を発展させたデュモンのカースト社会論が注目されるが、本書との直接的な接点が見出されるわけではない。重要なのは、デュモンが設定したインド社会に対する全体論的視点の問題点を批判的に乗り越えるための議論が、近代インドにおいて"音楽すること"を考察する際の端緒の一つになることである。彼の代表作『ホモ・ヒエラルキクス』[Dumont 1980(1966)] は、村落レベルで経験的に観察される社会関係の地域的多様性とヒンドゥー社会の全体性の問題に統一的な解釈が求

められるなかで登場した。言い換えれば、デュモンは小伝統的共同体の観察による経験的理解から[42]、大伝統的古典籍の分析による理論的・包括的理解へとその焦点をシフトさせたといえるであろう。しかし、宗教階層的なインド社会の座標軸を「浄・不浄のイデオロギー」に求める彼の理論は、カースト（ヴァルナ）の頂点に位置されるバラモン中心の文献によるところが大きく、また歴史的動態的視点の軽視が指摘されるなど大きな論争を巻き起こした[43]。

　デュモンの浄・不浄論の根底には、インド社会の伝統的イデオロギーの抽出から西欧社会の近代的イデオロギーの解明に至る比較社会学的な戦略があったと思われる［デュモン 1997(1975); 田森 2004b］。一連の著作で彼は[44]、インド社会を全体論的社会、近代西欧社会を個人主義的社会として位置づけ、社会学で扱う「個人」を自律的な精神的存在とした上で、インド社会の「個人」は世俗外個人＝現世放棄者であると定式化し、近代西洋社会の世俗内個人と対比した［デュモン 1993(1983)］。その結果、全体論的なインド社会における世俗内個人は、「浄・不浄のイデオロギー」という包摂関係にからめとられた集合的存在（非自立的存在）ということになる。デュモンの関心がインド社会を参照点とし、「全体論的社会と表裏の関係にある世俗外個人からいかに近代個人主義が生まれたか」という西洋近代

42　レッドフィールドは農村文化の歴史を研究することで文明の歴史に近づけると考え［Redfield 1956］、マリオットは小さな共同体の宗教を研究することでインド文明の普遍化と局地化の両方の過程を理解できると考えた［Marriott 1955］。

43　『ホモ・ヒエラルキクス』に対する批判や、それ以後のインド研究の動向についてはFuller［1996］や田中・渡辺［2001:583-588］などを参照のこと。

44　特に『個人主義論考』は、「近代イデオロギーについての人類学的展望」という副題がつけられており、『インド文明とわれわれ』［デュモン 1997(1975)］からの比較社会学的関心のもとに著述されたものである。

イデオロギー成立の解明に焦点を絞った点は非常にユニークである[45]。しかしながら、インド社会の創造力の源泉を現世放棄あるいはイデオロギーからの超越性に求め、世俗内の人々の個人的行動やルールを問い直す自省的行為、また個々の感情や戦術性[46]といったものについて考慮しなかったことは検討を要する問題であろう［田森 1998, 2002, 2004b］。極論すれば、インドにおける内省的文化の担い手は大伝統に属するバラモンと現世放棄者であり、非バラモンは非内省的な小伝統のサバルタンとなってしまうからである。インド社会における宗教イデオロギーの解明を重視したデュモンにとって、個人の創造性や戦略性の問題は分析の枠外に置かれていたと言えよう。

　1980年代後半以降、南アジアを対象とした人類学的・歴史学的研究は、デュモン理論を相対化し乗り越えようとする試みによって一定の発展をみた。そして今日では、それぞれの文化・社会を全体論的視点からとらえようとするのではなく、社会システムと個人的実践の相互関係性の解明へと

---

[45] この点に関しては、関根の指摘するようにデュモンは対象知ではインドを対等に異質とみたが、分析知のレベルで西洋近代思考の内部にいるものと思われる［関根 1997:58n, 22］。ベテイユ André Béteille は、デュモンの位階的人間 homo hierardhicus と平等的人間 homo ecqualis のコントラストは、トクヴィルの貴族的社会と民主的社会の再定式化といえるが［Béteille 1979］、そこには大きな違いがあるという。それはデュモンの関心が空間的にも離れ、異なった歴史伝統を有する二つの社会の想像的な対比であるのに対して、トクヴィルの業績は貴族的社会から民主的社会がいかに生まれたかという歴史的な連続性の洞察に求められると分析している［Béteille 1986:123, 1991:221］。

[46] ド・セルトー Michel de Certeau は、エリートの行う「戦略」と区別して、民衆が日常生活において行う独特のやり方を「戦術」と呼んだ［ド・セルトー 1987(1980)］。本書における日常的実践との関連性で言えば、戦略は近代知・分析知と対応し、戦術は生活知・実践知と対応するものと位置づけている。

焦点がシフトして今日に至っていると言えるであろう[47]。本書においても序論（1）で既述したように、音楽家個人の日常的実践、とくに彼らの言語行為に注目し、行為遂行的な語りと社会歴史的世界との接合のされ方、および共同体内外の関係性によって条件づけられ再編されてゆくアイデンティティ化のあり方を探求することが主要なテーマとなっている。

なお本書においては、これまで概観してきた大伝統と小伝統に関する分析的視点は有用であると考えるが、その一方あるいは相互作用を「サンスクリット的ヒンドゥー」の視点から記述・分析しようとするものではない。大音楽伝統と小音楽伝統の相互作用の歴史が音楽家の語りと社会関係の連鎖の中にいかに立ち現われ、ガラーナーの再生産と差異生産にどのように関連しているのか、その再帰性に注目して論を展開する。

(2)-2. 音楽分類の制度的再帰性とナショナリズム

それでは南アジアの音楽と、その音楽を実践する社会集団・共同体を研究対象とするにあたって、どのような分類と対象化が有効なのか。大音楽伝統と小音楽伝統の定義と、それらに対応する音楽ジャンルをめぐる研究者の議論には矛盾とねじれがつきまとう一方で、本書の主要テーマの一つである近代のあり方、すなわち序論（1）でも指摘した再帰性と同一性の政治学のインド的あり方の一端が見えてくる[48]。まずは南アジアにおける音楽ジャンルの分類とそれらに対応する学問領域をめぐる議論について概観しておきたい。

南アジアは、東アジアおよび西アジアなどと並んでアジアにおける音楽

47　例えばベテイユは、デュモンの関心が伝統的なインドの構造、すなわちその全体性と階層性に集中しており、今日のインドについての多くの問題が考慮されないまま残されているとし、平等や個人に関する問題は憲法や法律、政治の問題と切り離せないと批判している［Béteille 1986:122, 1991:218］。

48　本書の7章も参照のこと。

文化圏を形成しており、その中心はインドにあると考えてよい。インドの伝統音楽は全地域に共通したものと、各共同体や民族固有のものとに分けられ、前者は専門家による芸術音楽、後者は民衆による民俗音楽という二分法がほぼ当てはまるとされてきた［田中 2002:119］。いわゆる芸術音楽は英語で classical music と呼ばれ[49]、その日本語訳には「古典音楽（通称クラシック）」という表現が定着している。インドの伝統音楽あるいは一般にインド音楽というと専門家による芸術音楽、すなわちメロディー（ラーガ *rāga*）とリズム（ターラ *tāla*）に関する理論を土台とする"古典音楽"を指す場合が多く、歴史的な記述はほとんどこのジャンルに限られていたといってよいであろう。

一方、音楽学はあらゆる種類の音楽を対象とする学問であると思われがちであるが、西洋の伝統的な宗教音楽や宮廷音楽の系譜に連なる芸術音楽、すなわち「クラシック音楽」の研究のために近代になって生まれた学問であり、今なお西洋古典音楽の楽理的・歴史的研究がその中心であることはすでに述べた。その結果、他の音楽ジャンルは音楽学の下位体系か別の学問分野で取り扱われることになる。例えば、西洋を起源とする大衆音楽は「ポピュラー音楽 popular music」として社会学などで、民謡や芸能に伴うローカルな音楽は「民俗音楽 fork music」として民俗学などで、インドやアラブなど非西洋の古典音楽は「民族音楽 ethnic music」の範疇にまとめられて民族音楽学や人類学で取り扱われる傾向にあった[50]。

---

[49] ちなみに、「音楽」という用語が日本において用いられたのは平安初期ごろからであるが、狭義には雅楽をさしており、音楽一般に用いられるようになったのは明治以降とされる［吉川 1984:44］。また、日本において芸術としての音楽という観念が一般的に定着したのは明治20年代末以降のこととされている［奥中 2008:213-4］。

[50] 「民族音楽」という用語は多義的で、その概念は曖昧である。「民族音楽」と「民俗音楽」が同義と解釈されることも少なくない。かつての文部科学省の学習指導要領では、「諸外国の民族音楽」「アジア諸地域の民族音楽」という

序論（1）でも検討したように、比較音楽学が植民地の「未開」音楽や伝統音楽を対象とし、西洋の音楽理論と記譜法を比較の中心＝尺度とするエスノセントリックな研究であった反省から民族音楽学が生まれた。にもかかわらず、その学問の成立時点からいわゆるクラシック音楽とポピュラー音楽は研究対象からはずされていたのである。このような分類法においては、いわゆるクラシック音楽は民族音楽学の対象外にある特別な立場に置かれて音楽学の研究対象となる一方、かつて「未開」や「不可触民」と総称されたグループの音楽は民族音楽学の研究対象として扱われることになる。そのため、インドの古典音楽が民族音楽学の研究対象となることに反発を覚えるインド人学者がいても不思議ではない［cf. Jairazbhoy 1993:274］。

　その一方、インドには古来よりインド独自の音楽分類法があり、それが音楽ジャンルのベースとなっているという主張もある。すなわち、西洋の分類概念が入ってくる植民地近代以前からインド独自の分類法があったというものである。

　インドにおいて音楽に対応する現地語は、サンスクリット語のサンギータ sangīta から派生したヒンディー語のサンギート sangīt である。インドにおける音楽理論の記述は古く、紀元4世紀ころまでに成立したとされる『ナーティヤ・シャーストラ Nātya-śāstra』（演劇規範書）にさかのぼる[51]。その中で、サンギータという言葉は演劇のための統合体、すなわち声楽（歌謡：gītam）・器楽（vādyam）・舞踊（nṛttam）の3要素から

　　　表現で、西洋のクラシック音楽とポピュラー音楽以外の諸民族の伝統音楽を「民族音楽」と呼んでいたが、2002年の第七次学習指導要領からは姿を消している［柘植 2007:13］。一方、あらゆる音楽ジャンルを包括する用語として「世界音楽 world music」があるが、これについても別途議論が必要であろう。

51　ナーティヤ・シャーストラについては、Tarlekar［1991(1975)］などを参照のこと。

なる総合芸術の意味で用いられていた[52]。一方、サンギータ分類の嚆矢は、8〜9世紀ころまでに書かれた『ブリハッデーシー Bṛhaddeśī』（偉大なる民俗伝統）に登場するマールガ mārga とデーシー deśī という用語に求められる傾向にある。字義的にはマールガは「探求すること」あるいは正道などを、デーシーは「地方・地域的なもの」あるいは部分を意味するが、著者のマタンガ Mataṅga Muni は一曲の構造・理論が示されるアーラープ ālāp を有するものがマールガであり、アーラープが示されずに歌われるものがデーシーであると定義している［Sharma 1992:5-7］[53]。一方、13世紀にシャールンガデーヴァ Śārṅgadeva によって書かれた『サンギータ・ラトナーカラ Saṅgīta Ratnākara』（音楽の宝）[54]では、繁栄を願って神々によって創造され、神々のために演奏されるものがマールガ・サンギータ mārga saṅgīta であり、人々を楽しませるために各地で演奏されるものがデーシー・サンギータ deśī saṅgīta であるとして、二つの音楽を区別している［Shringy and Sharma 1991:10］。

　このような古来のマールガとデーシーの二分法に従う今日の音楽研究者は、「デーシーはその土地の民俗によって育成され発展を遂げた音楽であり、その土地の芸術音楽であって、社会のより低層で流行っている音楽とは異なる」と解釈する傾向にある［Sambamoorthy 1952］。ここで

---

[52] この点において、サンギータは、音楽を意味する英語のミュージック、ドイツ語のムジーク、イタリア語のムージカなどの語源にあたるギリシャ語のムーシケーに近い。古代ギリシャにおいてムーシケーは、歌謡（詩）と器楽と舞踊の三要素が一体となった包括概念であった［ヴェーグナー 1985:7］。

[53] より詳細には、シャルマ Prem Lata Sharma による注［Sharma 1992:150, n28-30］も参照のこと。

[54] 音楽理論書『サンギータ・ラトナーカラ』は7巻からなり、それぞれ音組織、旋律の構造、言語の問題、プラバンダと呼ばれる歌曲形式の楽理、拍節法、器楽演奏の方法、舞踊技術について体系的な解説がなされており、イスラーム音楽の影響を強く受ける以前のインドの芸術音楽を知る上での貴重な資料となっている［cf. Shringy and Sharma 1991］。

の「社会のより低層で流行っている音楽」については必ずしも明確ではないが、農村の生活歌・民謡や少数民族の音楽などが想定されていると思われる。また、インド音楽を「洗練されたもの cultivated」と「そうでないもの uncultivated」に分類しつつ、前者に古典音楽、後者にトライブ音楽[55]と民俗音楽を対応させ、その中間領域として「洗練された民俗音楽 cultivated folk-music」[56]を定義する3分類説がある［Bhattacharya 1968:chap.2 ; 1970:68-9］。さらには、古典（芸術）音楽、民俗音楽、未開（トライブ）音楽、大衆音楽の4つに分類するものもある［Ranade 1985:6-9］。この分類の特徴は、"生み出す側"の認識や行為よりも"生み出されたもの"それ自体の特徴に応じて、「未開」音楽と民俗音楽を定義していることである。すなわち未開音楽を機能的儀礼的特質、舞踊との関連、メロディーよりもリズムの強調、文学的特質の欠乏、象徴財との密接な結びつきなどを特徴とする音楽とする一方、民俗音楽を口頭伝承、感情的充足、特定の地理的空間との結合などを特徴とする音楽と定義づけたのである。この分類はその前提において"生み出されたもの"のみが対象となっており、"生み出す側"のアイデンティティや生産・再生産にかかわるプロセスの分析は研究の枠外に置かれてしまっている。すなわち、西洋の分類基準に反応し対抗する形でなされた分類そのものが、そもそも西洋の分析知・近代知の延長線上にあり、自らの文化内に中心と周縁を設けるのみ

---

[55] 村落の音楽伝統とは区別されるトライブ音楽とはどのようなものか。ここではインドにおけるトライブの定義が大きな問題となる。「トライブ」という言葉をインドで最初に用いたのは初期の英国植民地行政官であり、地理的・文化的にインドの主流社会から孤立したエスニック・グループをさしていた。それ以来、トライブと非トライブ農民カーストの類似と相違を決定することは、インド村落共同体を研究する人類学者の中心問題の1つであり続けた［Babiraki 1991:72］。

[56] 例としてキールタン *kīrtan* やバジャン *bhajan* などの宗教歌が挙げられている［Bhattacharya 1968:15］。

ならず、観察者の視点を無批判に優越させてしまっていると言えよう[57]。

このような分析においては、構造や概念に変化を与える行為主体の問題は考慮されず、全体論的社会研究のように研究者の視点によって"彼ら"の音楽概念が表象され、分類・階層化されることになってしまう。そもそもマールガは「探求」「正道」を、デーシーは「地域」「部分」を意味するが、マールガ・サンギータは汎インド的で共通性のある音楽の意味で[58]、デーシー・サンギータは地域的で多様性のある音楽の意味で用いられてきた。このような中世からのマールガとデーシーの区別は、理論的で内省的な「学問的な音楽」を意味するシャーストリーヤ・サンギート *shāstrīya sangīt* と実践的で非内省的な「地方の音楽」を意味するローク・サンギート *lok sangīt* という、インドでより広く用いられる分類概念に置きかえられて今日に至っている［Babiraki 1991:71］。キャプウェル Charles Capwell は、シャーストリーヤ／ロークの二分法は古典 classic ／民謡 fork というヨーロッパの分類概念と近似し、しかもロークが都市におけるある種の「洗練された民謡」[59] あるいは「民謡をモチーフにした古典音楽」を包括するという点まで類似していると指摘している［Capwell 1986:38-39］。

このようなマールガとデーシーの解釈における変化が自然に起こったものか、19世紀後半以降に西洋の影響を受けて起こったものかどうかという点は興味深い[60]。少なくとも西洋における古典／民謡の分類、および音

57　あるいは西洋の近代知・分析知に触発されつつ行われた、伝統の再発見・再解釈とみることもできる。

58　古代から今日までにおいてヴェーダ等の聖典の朗唱がサンギータとして現地の人々に認識されていたかどうかは不明である。

59　キャプウェルはその例として、ベンガルのタッパー Bengali *ṭappā* やタゴール・ソング *robīndrosoṅgīt* などを挙げている［Capwell 1986:38-39］。

60　レッドフィールドは、高文化と低文化、古典文化と民俗文化、聖と俗の対立的概念の総合として大伝統と小伝統を定義しており［Redfield 1956:41］、このような分析概念が戦後のインド研究およびインドの音楽研究に持ち込まれ

楽学／民族音楽学というエスノセントリックなカテゴリー化と、インド近代におけるマールガ／デーシーからシャーストリーヤ／ロークへという二分法モデルの展開とはパラレルな関係にあり、西洋の分類概念に対する反応と自文化（ヒンドゥー音楽[61]）の再構築という植民地近代における制度的再帰性と無関係ではないと思われる。これらの問題は、インド音楽とガラーナーの近代化との関係から本書の第II部であらためて検討する。

　マールガとデーシーをめぐる分類と解釈は、南アジアの音楽を対象とした人類学的研究においては大音楽伝統と小音楽伝統の相互作用として議論されてきた。そもそも大伝統と小伝統の相互作用によるインド文明の探求は、既述のようにレッドフィールドを嚆矢とし、マリオットやシンガー、そしてシュリーニヴァースなどの人類学者によって1950年代から展開されてきたものであった。都市や宮廷、学校、寺院など地理的な中心を有する大伝統は、教育を受けた一部のエリート集団によって維持される。また大伝統はサンスクリット語やペルシャ語などの文字によって記録され、ヒンドゥー教、イスラームなどの正統的な教義によって支えられる。それに対して、地理的言語的にも多様な小伝統は主として村落で育まれ、人口の大多数を占める農民や職人によって維持され、標準化されることなく口頭によって伝承される。このようなインド文明の大伝統／小伝統モデル

た可能性は少なくないと思われる。

61　S. M. タゴールは、18世紀末からの「東洋学」の時代に英語で書かれたインド音楽に関する論考を編集し、『ヒンドゥー音楽 Hindu Music』のタイトルのもとに1875年に第1版を、1882年に改訂2版を出版した。タゴールのいうヒンドゥー音楽とは古代からの理論を受け継ぐヒンドゥー教徒中心の音楽を意味しており、中世においてインド音楽の実践的継承を担ったムスリム音楽家の貢献は少なくともそのタイトルからは捨象されている。S. M. タゴールは、ラビーンドラナート・タゴールとは遠縁にあたる同時代の人物で、裕福なバラモン家庭に生まれ英語教育を受けた。それまで、西洋からの観察の対象であったインド音楽を、インド人の目から記述した最初の人物の一人である（第7章参照）。

は、今日のインド音楽の古典音楽（シャーストリーヤ）／民俗音楽（ローク）という二分類ときれいな対応関係にあるように見える。留意すべきは、1970年以降になってもインド人研究者自らが西洋の概念モデル、特に植民地時代に発達した分類モデルを音楽研究のために独自に適応しようと試みてきたことである。すなわち、これまでも見てきたように、インド世界における音楽学と民族音楽学の研究対象についてこだわり続けてきたのである。インドにおける民族音楽学の研究対象は「高度な発展を遂げた古典音楽」ではなく、非ヴェーダの音楽であり非古典音楽であるべきなのである［cf. Chauhan 1973:27-29］。同様にラーナデー Ashok D. Ranade は民俗音楽と未開音楽を研究対象とする学問をそれぞれ民俗学と民族音楽学とに割り当てる一方、古典音楽の理論研究を「比較音楽学」に位置づけている［Ranade 1986］。彼らの定義には多少異なったニュアンスはあるにせよ、音楽ならびに学問領域における対象の分離（二分法）を再生産している点において共通性を有していると言えるだろう［Babiracki 1991:84］。

　大音楽伝統と小音楽伝統そして古典と非古典という西洋的視点による区分は、マールガとデーシーそしてシャーストリーヤとロークというインド古来の伝統的カテゴリーの"再発見"を刺激しつつ、西洋を中心とするエスノセントリックな音楽学への反発と自文化への適用・再解釈というねじれた思考のもと、インドにおけるヒンドゥー・ナショナリズムの再生産と、ムスリムによって継承されたラーガ音楽の「サンスクリット化」に手を貸してきたように思われる。関根によれば、「インド・ナショナリストの思考様式は、オリエンタリズムの発想の枠組みは変えずに価値づけだけを逆転させたものであり、結局オリエンタリズムと同型の思考様式を温存している」［関根 1997:325］ことになり、サイードが帝国主義的文化活動の核心として指摘した「同一性の政治学」が潜んでいることになる。

　問題は、音楽家、とくに大都市に居住する音楽家もまたこのような音楽分類の議論あるいは制度的再帰性の枠外にいることはできず、音楽的ヒエラルキー（音楽ジャンル）と社会的ヒエラルキー（音楽家カテゴリー）と

いう"二重の階層化"の中で社会音楽的アイデンティティの模索を余儀なくされているということである。ただし、本書の目的は音楽伝統の分類に関する矛盾やねじれを記述し、整理し、批判しようとするものではない。むしろ、そのような矛盾やねじれの中で行われる再帰的で絶えることのないアイデンティティ構築のあり方、すなわち音楽家たちが何を拠り所とし、拒絶し、世界を構築しようとしているのかという、"音楽すること"の日常的実践の解明に関心が向けられている。

(2)-3. インド音楽のジャンルと研究対象

　ここで本書が扱う音楽ジャンルと研究対象について明確にしておきたい。本書が扱う音楽ジャンルは北インド古典音楽であり、研究対象となるのはガラーナーと呼ばれる音楽の社会組織（流派）である。このガラーナーという用語・概念によって音楽家たちが"われわれ"を語る行為は、これまで検討してきた社会音楽的"二重の階層化"と密接な関係にあると思われる。そのため、北インド古典音楽に特有なガラーナーとその先行研究について検討する前に、古典音楽というジャンルとその特色について触れておきたい。

　インドの古典音楽は、その歴史的成立過程と音楽的特徴の相違から、南インド古典音楽と北インド古典音楽に分類される。現地においては、それぞれカルナータカ Karnataka 音楽とヒンドゥスターニー Hindustani 音楽と呼ばれる。カルナータカは古くはマハーバーラタに出現する地域名で、現在ではインド南部諸州のうちデカン高原と西海岸にまたがる州名として用いられているが、インド音楽の文脈においてはヒンドゥー教色の濃い南インド古典音楽が支配的な地域を示す言葉として広く用いられている。それに対しヒンドゥスターニーはペルシャ語でインダス河流域の土地を意味するヒンドゥスターンを語源とし[62]、地理的空間としてはパキスタンやバ

62　ヒンドゥスターニーの語幹であるヒンドゥー Hindu は、インダス河の名称

ングラディシュ、ネパールなどを含むインド亜大陸の北部一帯をさす。インド音楽のコンテクストではイスラーム音楽の影響を強く受けた北インドの古典音楽をヒンドゥスターニー音楽と呼んでおり、実際、中世における宮廷楽師の大多数はムスリムであった。このカルナータカとヒンドゥスターニーという二つの古典音楽の音楽的特性の違いを端的に表せば、前者はどちらかと言えば再現性重視の音楽であるのに対して、後者は即興性の高い音楽ということになるだろう[63]。

　繰り返しになるが、本書の主たる研究対象となるのはヒンドゥスターニー音楽である。北インド古典音楽を意味するこの言葉を最も初期の段階で用いた外国人はイギリス人のウィラード N. Augustus Willard であろう。彼は、1834年に発表した『ヒンドゥスターン音楽の考察』の中で、北インドで演奏されているラーガに基づく音楽をヒンドゥスターニー音楽と呼んでいた［Willard 1990(1834):37］。本書でも北インド古典音楽を意味する言葉としてヒンドゥスターニー音楽を用いる。

　今日では、ヒンドゥスターニー音楽の理論および歴史に関する研究書・概説書は数多くあり、その詳細については他書に譲る［e.g. Ahmad 1984; Deshpande 1973; Jairazbhoy 1995 (1971); Prajinanananda 1981; Srivastava 1980］。ただし、"音楽そのもの"が有する特徴が"音楽すること"とどのように

　　に起源をもつペルシャ語で、インダス河流域（サンスクリット語でシンドゥ Sindhu）に住む人々を意味していたが、インド亜大陸に侵入したムスリムが自分たちと宗教を異にする彼らをヒンドゥーと呼び、やがて「インド人」を意味するようになった。これが、英語などのヨーロッパ語に採用され、ヒンドゥーの人々の宗教・文化を指すヒンドゥイズム Hinduism という語となり、ヒンドゥー教と邦訳されて今日に至っている［cf. 前田 2002:608］。また、Yule and Burnell ［1996(1886):201］も参照のこと。

[63]　S. M. タゴールは、19世紀末の著作のなかで、ヒンドゥスターニー音楽と区別されるカルナータカ音楽の特色として「古典籍に示された規則により多く準じている」［Tagore 1990(1896):67］と記述している。

関係し合っているのかを多少なりとも検討しておく必要があり、そのためにはヒンドゥスターニー音楽の理論と実践、すなわち音楽様式および演奏枠組みについて触れておくことが不可欠である。

　インド古典音楽の歴史について研究したスリヴァスタヴァ Indurama Srivastava によれば、インドの古典音楽はガーンダルヴァ gāndharva とガーナ gāna に二分される［Srivastava 1980:2-3］。前者はいわゆる音楽主体で、ラーガ rāga[64]（旋律）、ターラ tāla（拍節）、パダ pada（歌詞）の順に重視される声楽であるのに対して、後者は言葉・歌詞が主体となるいわゆる歌謡である。同様な視点からインド音楽の分類を行ったクレーシー Regula B. Qureshi に従えば、北インドにおけるラーガ主体の古典声楽様式はドゥルパド *dhurpad*、ハヤール *khyāl/khayāl* などが、パダ主体の準古典声楽様式にはトゥムリー *ṭhumrī*、カッワーリー *qawwalī* などが該当する［Qureshi 1986:46-7］。なお、これらの分類は声楽を中心としたものであるが、シタールやサロードなどの旋律を中心とする器楽演奏もいずれかの古典声楽様式を基本として発展したものである。本書においてヒンドゥスターニー音楽という場合は、広義には準古典・軽古典 light classic に分類されるトゥムリーやカッワーリーも含めるが、狭義にはラーガの演奏を主体とするドゥルパドとハヤール様式の音楽のみを意味している。なお、それらの音楽様式の相異については、ここでは古典の方が準古典・軽古典よりラーガの取り扱いが厳密であるという特徴に言及するにとどめる。

　ヒンドゥスターニー音楽は基本的にラーガと呼ばれる音階や旋律構成上の枠組みと、ターラと呼ばれる拍節的枠組みを逸脱することなく行われる即興演奏である[65]。それぞれの旋律の型には、例えばラーガ・メーグ Raga

---

64　北インド古典音楽とラーガの関係については Jairazbhoy［1995(1971)］を参照のこと。ラーガ一曲の構成については巻末資料Aを参照のこと。

65　ヒンドゥスターニー音楽においてラーガは「一曲を通して一貫して流れる旋律の型」というだけでなく、演奏すべき時間帯や季節などの制約、そして演

Megh のような名前があり、実際の演奏ではその法則を段階・発展的に提示していくパート（アニバッダ *anibadda* 形式：アーラープ *ālāp* とも呼ばれる）と、定まったリズム周期のもとで主題とその変奏が展開されるパート（ニバッダ *nibadda* 形式：器楽ではガット *gat* と呼ばれる）の二部構成になっている場合が多い[66]。ヒンドゥスターニー音楽における一回の演奏、特にガットの部分は完全な即興演奏というより、定まったリズム周期のもとであらかじめ作曲され繰り返し演奏される主題部分と、さまざまな変奏パターンが交互に展開されるものである。この部分は旋律奏者とリズム伴奏者の掛け合いとなることもあり、しだいにテンポを増してスリリングな展開になることも多い。ヒンドゥスターニー音楽のより詳細な情報は【巻末資料 A】を参照のこと。

　このような即興的なラーガ演奏上の知識と技術はすべて師匠から弟子への口頭伝承および身体技法として伝承され、それによって音楽と音楽家の正統性が担保されてきた。そのためか、音楽家自身が様々な形式の談話において強調するのは、個人の演奏技術や熟練度あるいは革新性といったことよりも、むしろガラーナーの伝統や師匠との関係性である。

　注目すべきは、ガラーナーはヒンドゥスターニー音楽の世界に特有なもので、カルナータカ音楽にはガラーナーという用語・概念を用いて自分たちを位置づける集団は存在しないということである。その理由を問うことは"ガラーナーとは何か？"という問いと等しく、前節において検討した音楽ジャンルと音楽家の社会的カテゴリーをめぐる社会歴史的な問題が潜んでおり、ガラーナーの定義とともに議論されるべきである。また、ガ

　　奏に適した感情（*rasa*）や音の本質力（*prakrtī*）などの観念的側面によっても支えられている。

66　北インド古典音楽にはいくつかの演奏様式がある。本記述は声楽の中でも最もポピュラーなハヤール形式およびシタールやサロードなどの演奏形式を想定したものである。

ラーナーを研究することは、単に音楽家とその集団やネットワークに光を当てるだけでなく、インドにおける宗教（改宗を含む）やカースト、婚姻関係や師弟関係、また歌舞と関係する女性（売春）との関連をも問題にすることになる。ここではガラーナーをヒンドゥスターニー音楽に特有な、音楽的、歴史的、系譜的に異なる「音楽の社会的単位」と仮に規定し、その定義と適応範囲などについては本章に続く第Ⅰ部において包括的に検討する。

(2)-4. ガラーナーの先行研究と課題

　すでに述べたように、本書はヒンドゥスターニー音楽それ自体ではなく、その音楽ジャンルと結びつく社会組織・流派を研究対象としている。ガラーナーについては、1960年代以降のインド音楽に対する世界的な関心の高まりとともに、文化史や音楽学・民族音楽学からの研究がなされるようになり［e.g. Mujeeb 2003(1967); Deshpande 1973; Kippen 1988; Miner 1997(1993)］、さらに各ガラーナーの系譜、師弟関係や婚姻関係、音楽家と彼らを取り巻く社会環境の変化、そしてそれらへの音楽家の対応などに注目した人類学的研究もなされて今日に至っている［e.g. Erdman 1978, 1985; Neuman 1978, 1990(1980); Owens 1983; Silver 1976, 1984］。

　インドの社会史をイスラームの視点からまとめたムジーブ Mohammad Mujeeb は、インドの芸術音楽が今日あるのはガラーナーによる音楽実践の賜物であるとし［Mujeeb 2003(1967):519］、古典声楽の主流となっているハヤールについて研究したデーシュパーンデー Vamanarao H. Deshpande は「北インドの古典音楽とはガラーナー音楽に他ならない」［Deshpande 1973:3］とまで言い切っている[67]。また、打楽器タブラーのラク

---

[67] ムガル帝国期から英領インド帝国期にかけての中世社会においてはガラーナーによって古典音楽が保持されてきた一方で、20世紀以降の近代社会ではガラーナーが古典音楽の大衆化を妨げてきたという批判もある［e.g.

ナウ・ガラーナーに関して民族音楽学的視点から調査したキッペン James Kippen は、ヒンドゥスターニー音楽に関するほとんどの著作においてガラーナーという概念に触れていないものはまずないとして、音楽の社会組織研究におけるガラーナーの重要性を指摘した［Kippen 1988:63］。すなわち、即興性を重視するヒンドゥスターニー音楽の演奏においては、それぞれのラーガの規則や属性を遵守しつつラーガを表現することが求められるが、音楽家はいずれかのガラーナーに属すること、あるいは師匠（*guru*）との親密で全人的な関係構築を通してでしか、独自のレパートリーや音楽的展開方法、演奏技法などの伝統的な音楽的知識を修得することができなかったのである。そして、このようなガラーナーごとの音楽伝統と師弟関係の連鎖の中で技芸を習熟させてゆくことが、実践共同体としてのガラーナーの再生産と差異生産の原動力となってきたのである。

　このようなガラーナーの"出自"については、古代に遡るというものから 20 世紀に入って新しく生まれたとするものなど諸説ある。前出のデーシュパーンデーは 18 世紀前半の声楽のハヤールの成立に起源を求めた［Deshpande 1973:93］。しかし、社会学的視点からヒンドゥスターニー音楽の成立について考察したムケルジー Dhurjati P. Mukerji は、封建社会の終焉とともに音楽家が都市に移動を始めた時代［Mukerji 1948:151-5］、すなわち英領インド帝国が完成した 1880 年前後以降にその出現を求めているようである。また、歴史人類学的視点から、地方宮廷における王室と音楽家の雇用関係および音楽家のカテゴリーの変遷を検討したアードマン Joan L. Erdman もまた、19 世紀後半以降、音楽家の移動が活発化する中で、ガラーナーはその発祥地以外の場所においてのみ、いわゆる"ブランド"的なものとして機能したことを指摘している［Erdman 1978:365］。一方、デリー・ガラーナーの社会組織について社会人類学的な調査を行ったニューマンは、今日知られているガラーナーは、19 世紀前半以前に遡る

　　Nayar 1989］。

ものではなく、20世紀に入る前までその用語は流通していなかったと主張している［Neuman 1978:187, 1990(1980):146］。

　音楽家たちの語りにおいてはガラーナーが超時間的な概念として用いられる傾向にあるが、その言葉によって自分たちを語るようになったのはニューマンらが指摘するように、20世紀に入ってからと考えてよいだろう。もちろん、ガラーナーという言葉で示される概念や集団が突然出現したわけではなく、異なる言葉や概念で示されてきた音楽スタイルや社会集団と何らかの連続性を有していることは間違いない。これらの点については、本編においてあらためて考察する予定である。

　さて、それでは共同体としてのガラーナーはどのようにして成立したのであろうか。ニューマンはガラーナーの成立過程を、

　　a）　主奏者のカテゴリーと伴奏者のカテゴリーの社会音楽的地位に基づく階層化、
　　b）　音楽家のカテゴリー化に伴う異なる内婚サークルの形成、
　　c）　歌舞の伴奏を主たる生業とする民俗芸能者の村落部から都市部への流入と古典音楽への参入による社会音楽的地位の再編成、

などに求めている［Neuman 1978:197］。すなわち、ガラーナー以前の音楽家のカテゴリーを複数想定し、それらの集団の再編成のプロセスに「音楽スタイルを有する社会単位としてのガラーナー」の成立を見ているのである。また、彼はガラーナーを成立させた中核家系が常にムスリムであった理由を、「北インドのヒンドゥーにおいてはあらゆるタイプのイトコ婚は厳しく禁じられている一方、ムスリムにおいては許される。実際、ムスリム音楽家の間では内婚が選好されるが、その理由として彼らは家族内に音楽的知識を維持するための戦略であることを明らかにしている。音楽的スタイルの蓄積の上に成り立つガラーナーにおいては、外部への音楽的知識の散逸を防ぐためにも、このような内婚関係が重要であった」［Neuman 1978:197］として、ムスリム音楽家世界における内婚的連帯が音楽的知識の管理・伝承に不可欠の戦略であったと結論づけている。

一方、北インド古典声楽の中で最も古典的とされるドゥルパドのダーガル・ガラーナーについて研究したオーウェンス Naomi Owens は、親族以外の部外者には教授されることのない音楽的実践知を「排他的家族財産 (the exclusive property of the lineage)」［Owens 1983:162］と呼び、その財産内容と伝承形態についてインド独立前後における変化と連続性という視点から素描を試みた。

　このように、部外者には閉ざされ、婚姻の際に贈与交換の対象ともなった音楽的実践知はガラーナーの"音楽財産"と呼べるものであり［Meer 1980:131］、彼らの指摘はガラーナー研究に"音楽財産"の管理を担う社会組織の維持と変化という視点を切り開く先駆であったといえるであろう。しかし、これまでの研究では婚姻関係と師弟関係がどのように結びついてガラーナーを形成し、"音楽財産"を管理・伝承してきたのか、その学習プロセスはどのようなものか、そして、それらの社会関係や学習形態が近代においてどのように変化したのかという問題について、具体的事例によって十全に明らかにされてきたとは言い難い。また、変化する社会経済環境の中で、音楽家はいかに再帰的にアイデンティティ構築を行っているのかという問題についても具体的な言説をもとに検討する必要があるだろう。

(2)-5. 調査資料と全体構成

　本書では、シタールとならぶヒンドゥスターニー音楽の代表的弦楽器であるサロード[68]のガラーナーを事例とし、序論で設定した課題に取り組むことにする。そこで本書では、音楽家と生活を共にしながら音楽を学んだ十余年にわたる断続的な参与観察、各種の文献資料や伝記、口頭伝承や言説などに加え、異なるサロードのガラーナーに属するインフォーマント

---

[68] サロードは、ギターのように横に抱えて演奏する弦楽器である。楽器の詳細は第 10 章参照。

表 1 : インフォーマント（情報提供者）一覧

	名前	性別	生年	宗教	カースト	ガラーナー	世襲	師匠	定型調査
1	シャーヒド・ハーン Shahid Khan	男	1940	M	P	L=S,S	Yes	父・叔父	○
2	イルファーン・ハーン Irfan Muhammad Khan	男	1954	M	P	L=S,S	Yes	父・叔父	○
3	イドリース・ハーン Idris Khan	男	1958	M	P	L=S,S	Yes	父	
4	アキール・ハーン Aqueer Khan	男	1966	M	P*	L=S,S	Yes	父・叔父	
5	ヌールッラー・ハーン Nurullah Khan	男	1938	M	P	L=S, L	Yes	父・叔父	○
6	グラーム・サビール Gulam Sabir	男	1948	M	P	L=S, L	Yes	父	○
7	グルファーム・アフメド・ハーン Gulfam Afmed Khan	男	1956	M	P	L=S, L	Yes	父・叔父	
8	アムジャド・アリー・ハーン Amjad Ali Khan	男	1945	M	P	G	Yes	父	
9	ナレンドラナート・ダル Narendra Nath Dhar	男	1954	H	B*	G-S, G	No	RMM,Amjad Ali など	○
10	ビスワジット・ローイ・チョウドリー Biswajit Roy Chowdhury	男	1956	H	B	G, M, J	No	RMM,Amjad Ali など	○
11	ブッダデーブ・ダース・グプタ Buddhadev Das Gupta	男	1933	H	V	G-S	No	RMM	
12	カリヤーン・ムケルジー Kalyan Mukherjea	男	1943	H	B	G-S	No	RMM	○
13	プラッテューシ・バネルジー Prattyush Banerjee	男	1969	H	B	G-S	No	BDG	○
14	シャラン・ラーニー Sharan Rani Backliwal	女	1929	H	K	M	No	Allauddin Ali Akbar	○
15	アニンディヤ・バナルジー Anindya Banerjee	男	1958	H	B	M	No	Ali Akbar など	
16	シュリー・ガンゴパッディヤイ Shree Gangopadhiyay	女	1952	H	B	L, M	No	父	○

（表記の順番は、第10章でのガラーナーの登場順とし、同ガラーナーでは年齢順とした）

【略号】宗教（M：ムスリム、H：ヒンドゥー）、カースト（P：パターン、B：バラモン、V：バイディヤ、K：カーヤスタ、*：未確認）、ガラーナー（L=S：ラクナウ・シャージャハーンプル、L：ラクナウ、S：シャージャハーンプル、G：グワーリヤル、M：マイハル、J：ジャイプル（ハヤール）。なお、G-S は G から分岐した S 派を表す）、師匠（RMM：ラディカ・モーハン・モイトラ、BDG：ブッダデーブ・ダースグプタ）

16名とのコミュニケーションから得られたフィールド調査の結果（語りや会話、演奏実践やその解説、資料提供など）を資料として用いる〔**表1**〕。

フィールド調査には、インフォーマルで非定型的な会話や具体的演奏法などに関する質疑応答と、質問票を読みあげる形でなされた定型的な聞き取り調査（定型調査、フォーマル・インタビュー：FI）の結果の両方が含まれる。このうち、フォーマル・インタビューは、事前に許可を得てカセット・テープレコーダーやビデオを回し、その回答や派生的な会話を記録したもので、その記述に際しては基本的に実名を用いている。より詳細な定型調査の概要については、【巻末資料B】を参照されたい。

今日、サロード・ガラーナーは4つの集団に代表されるが、本調査においてはそのうち最も伝統的と考えられる2つガラーナーの全構成員（ムスリムの世襲音楽家8名）をカバーし、それ以外のガラーナーの代表的な音楽家（ヒンドゥーの非世襲音楽家8名を含む）についてもフォローしている。

本書では、このようなフィールド調査の結果を含む各種の資料をもとに、既設の課題に取り組むため、以下のような三部構成をとっている。

　　　第I部：ガラーナーとは何か
　　　第II部：近代におけるインド音楽の社会空間
　　　第III部：サロードのガラーナーをめぐって

第I部は全6章からなり、"ガラーナーとは何か"という問題について多角的に検討する。その目的は、ガラーナーという概念と実態を明確にしつつ、音楽家がガラーナーという用語・概念を用いて"われわれ"を語ることで何を得、何に抵抗しているのか、立場や諸属性、状況等によって異なるその語り口の戦略性と、それらの言説が生まれる歴史的背景との接合のされ方を考察することにある。第1章ではガラーナーの定義と適用範囲について、第2章ではガラーナーの成員性についてそれぞれ分析的視

点から、第3章では音楽家の認識的視点から検討する。そして、第4章から第6章においては、音楽家の語りを中心とするミクロ・レベルの日常的実践が、ガラーナーを成立させるに至ったムガル帝国期から英領インド帝国期の歴史とどのような接合性を有しているかを議論する。

　第II部は第7章から第9章までの全3章となっており、"近代におけるインド音楽の社会空間"と題し、第I部のガラーナーの社会歴史的背景と、第III部の事例研究を結びつける役割を担っている。20世紀に入って加速されたインド音楽とガラーナーの近代化およびその帰結としての今日の音楽家の社会空間について明らかにする。英領インド帝国下のガラーナーの「形成期後期」から独立運動を経て「ポスト形成期」に至る20世紀前半【巻末資料C参照】、ナショナリズム全盛のこの時代になされた宮廷音楽の国民音楽化と、その過程で行われた北インド古典音楽の理論化、全国的音楽会議での論争、学校教育におけるカリキュラム化（暗黙知の形式知化）、そしてマスメディアの発達による音楽家たちの社会経済的基盤の変化などを事例として取り上げる。

　第III部は第10章から第14章までの全5章からなっており、第I部と第II部の議論を土台としつつ、弦楽器サロードのガラーナーに関する検討を行う。第10章から第12章の各章においては、第I部の第2章で検討する音楽財産の伝達媒体としてのガラーナーの3つの次元、すなわち父系的な"系譜関係"、女性が重要な役割を果たす"婚姻連帯"、そして必ずしも血縁・婚姻関係によらない"師弟関係"の視点から、親族共同体と実践共同体という二つの側面を有するガラーナーのあり方とその変化を検討する。特に第11章では、婚姻関係と師弟関係の相関に焦点を当て、この二つの相関がガラーナーの歴史的学習過程を支えてきた基盤であることを明らかにする。そして、そのような相関関係の変化が音楽財産の継承と発展、そして後継者問題にどのような影響を与えて来たのかを考察する。また、第12章では師弟関係の連鎖としてのよりミクロな学習過程における社会音楽的アイデンティティ形成について議論する。そして、第13章

と第 14 章においては、上記のような社会システムとしてのガラーナーに対する音楽家の語りの政治性と再帰的なアイデンティティ化のあり方、また音楽スタイルの変化に対する音楽家の語りから伝統的システムと個人的創造性との関係について考察する。

　そして最終的に、メリアムの「音楽の再生産モデル（循環的分析モデル）」［Merriam 1964］を、音楽形成の歴史、共同体における社会関係、音楽家の主体的行為という異なる水準・時間軸の相互作用として捉えるために、ギデンズの「社会の再生産モデル（3 つの時間性）」［ギデンズ 1989 (1979)］を援用して議論をまとめ、近代インドにおいて"音楽すること"とはいかなることなのか、本書の結論を述べる。

❃ 第Ⅰ部　ガラーナーとは何か ❃

| 第 1 章 |

ガラーナーの定義と適用範囲

　これまで、北インド古典音楽研究におけるガラーナー *gharānā* の重要性が民族音楽学および人類学の立場から指摘されてきた［e.g. Deshpande 1973:3; Kippen 1988:63; Meer 1980; Neuman 1990(1980)］。ガラーナーの研究は"音楽そのもの"の理論的美学的研究に留まらず、音楽を成立させる音楽家の日常的実践と社会的世界との関係、すなわち"音楽すること"の探究に欠かせない視点を提供しているといえるだろう。

　しかしながら、"ガラーナーとは何か"、"ガラーナーと呼べる集団とはどのようなものか"という定義とその適用対象については研究者の間でも議論があり、必ずしも細部まで統一的な見解はえられていない。北インド古典音楽のどのジャンルにガラーナーがあり、その音楽はどのようなカテゴリーの集団によって支えられているのか。また、「ガラーナーとして認知されること（ガラーナーの要件）」と「ガラーナーの成員であること（ガラーネーダール *gharānedār* の要件）」はどのように条件づけられ、音楽家のアイデンティティ形成に影響を及ぼしているのか。これらの問題を探求するには、まずガラーナーという用語・概念についての整理と検討が必要になる。

　第Ⅰ部1章（本章）においては、最初にガラーナーの定義に関する研究者の分析的視点と音楽家の認識的視点を整理する。続く第2章では、本書において注目するガラーナーの社会組織としての特質とその成員性につ

いて検討する。そして第3章では、インドにおける音楽家の位置づけとガラーナーという用語・概念によって"われわれ"を語る音楽家の自己と他者の認識を明らかにしてみたい。

1-1. ガラーナーの物語から

そもそもガラーナーは、家、住居、家族、世帯などを表すサンスクリットのグリハ*griha*を語源とし[69]、ヒンディー語のガル*ghar*から派生した言葉とされている［Dhar 1989:6］。また、北インドの共通言語として最も流通しているヒンドゥスターニー語[70]についてまとめたプラッツ J. T. Platts の辞書（*A Dictionary of Urdu, Classical Hindi and English*）においても、ガラーナーは家・家族・家系を意味し、さらに出自・家系・王朝などを表すペルシャ語起源のハーンダーン *khāndān* とほぼ同義であると説明されている［Platts 1997(1884):932］。今日、ガルやハーンダーンという言葉はヒンドゥー、ムスリムの別なく日常的に用いられる傾向にあるが、ガラーナーという用語・概念が音楽以外の文脈で用いられることは稀である。ガラーナーの使用は、音楽それも北インド古典音楽（ヒンドゥスターニー音楽）の世界にほぼ限定されているといってもよいだろう。それでは、ヒンドゥスターニー音楽の分野においては、ガラーナーを「ハーンダーン（出自・家系）に基づく音楽の社会的単位」と単純に定義してよいのだろうか。

ガラーナーの定義および成立要件を検討するにあたり、その特質が垣間見える物語に注目してみよう[71]。

---

[69] *A Sanskrit-English Dictionary* の該当頁［Monier-Williams 1995(1899):361］を参照した。

[70] ここではほぼ共通の文法に基づく古典ヒンディー語とウルドゥー語を中心に北インドで用いられている言語カテゴリーをヒンドゥスターニー語と呼んでいる。

[71] レイヴが指摘しているように［レイヴ 1993:91-93］、徒弟的な実践共同体に

・ガラーナーの物語（1）血の継承と音楽性の継承[72]

　シンデ・ハーンは、父の親友であった声楽の巨匠に呼び出された。宿に出向いたとき、その巨匠は目を閉じたままベッドで休んでいた。シンデ・ハーンは、彼に挨拶し、その傍に座って自分の父の名前を告げた。すると彼は目を閉じたまま、'君が私の親友の息子であることを証明してほしい'という。シンデ・ハーンは、'もし目を開けて頂ければ、すぐにわかりますよ。私の顔は父にそっくりですから'と告げたが、彼はベッドから身を起こすことなくこう言った。

　'私は君の顔をみたいわけじゃない。私は君の音楽が、父上の音楽とどんなふうにつながっているかを知りたいのだ'

　そこでシンデ・ハーンは歌い始めた。二つの小作品（*chīj*）を歌い終えたところで、その巨匠はようやく身を起して言った。'今の歌で君が私の親友の息子であることが確信できた。いま君の顔がお父さんとそっくりであることがよくわかる'。［Deshpande 1973:x］（強調部分筆者）

　この物語は、それぞれのガラーナーには音楽的スタイルあるいは音楽的同質性、すなわち現地の用語・概念ではバージ *bāj* と呼ばれているものがあることを前提としている。そして、ガラーナーの継承者・構成員であることは生物学的な系譜関係としてのハーンダーンに基づくというだけでなく、いかにバージが継承されているかという点に重きが置かれていること

---

[72] おいては、物語が成員性と結びつく重要な役割を果たしていると思われる。邦訳にともない、本書の内容とは直接関係のない人名を省略するなど一部改変・短縮した。この逸話は、声楽（ハヤール）の巨匠であったバルクリシュナブアが、近代におけるインド音楽のパイオニアの一人であるパルスカルが組織したガーンダルヴァ音楽学校設立の際の最初の会議（1917 年）に出席するためにボンベイに出向いた時の話とされる［Deshpande 1973:x］。パルスカルについては、第 7 章を参照されたい。

が理解できる。さらに、この物語におけるバージの核心は、チージ *chīj* という歌詞を伴う小作品とその歌い方であった。ヒンドゥスターニー音楽は即興性の高い音楽とされるが、即興を展開する上でのベースとなるのがこのチージやバンディッシュ *bandiś* と呼ばれる、あらかじめ作曲された部分なのである。

・**ガラーナーの物語（2）家族の宝**[73]

貫禄のある老人がボンベイのバートカンデーの家に立ち寄り、ある人物の名前を挙げ、彼から習ったという音楽を聞かせて欲しいと頼んだ。バートカンデーは手帳を引っ張り出してきてそれを見ながら歌い始めた。するとその老紳士は怒りに体を震わせその人物をなじり始めた。

'あいつは宝石で満たされていた私の家を空っぽにした。**家族の宝を他人に分け与えるくらいなら、飢えて死ぬべきものを**'

バートカンデーは、彼がその人物の父であることを知るに至り、老紳士の足もとに跪いてこう言った。

'お許しください。非難されるべきはあなたの息子ではなく、彼の経済的困窮につけこんだ弟子のこの私です。しかし、彼から学んだ音楽は決してないがしろにしません。私はあなたを尊敬し、あなたに大きな恩義を感じています'

バートカンデーの誠実な対応に老紳士は落ち着きをとりもどし、嵐はおさまった。［Ratanjankar 1967:14］（強調部分筆者）

---

[73] 邦訳にともない、本書の内容とは直接関係のない人名などを省略するなど一部改変・短縮した。ある人物とはアーシュク・アリー（d.1919）、その父はハヤールのジャイプル・ガラーナーの巨匠ムハンマド・アリー（d.1905）である。彼らの没年から19世紀末から20世紀初頭のころの出来事と推測される。

この物語は、ガラーナーの音楽は基本的に部外者に閉ざされたものであり、門外不出の一種の財産（家族の宝）として扱われてきたことを示している。インド音楽の近代化に尽力した音楽学者バートカンデー Vishnu Narayan Bhatkhande[74] は、生活に困窮していたある人物に経済的援助を与える代わりに、その「家族の宝」を学ぶことができた[75]。「家族の宝」とは、物語（1）で示された小作品とその歌い方であったと推測される。バートカンデーは口頭伝承によって保持されてきた「家族の宝」を、消滅の危機にあると考え、またインドの共有財産として扱われるべきものと考え、採譜によって記録し書承化に努めたのである[76]。

・ガラーナーの物語（3）同門と師弟関係[77]

　1930年代のことである。ラージャスターンのジャイプル藩王国に属するある地方の領主は、大の音楽愛好家だった。彼は、毎年自分の誕生日には必ず音楽会を催し、インド各地からすぐれた音楽家たちを呼び寄せた。その年は、伝説的楽聖ターンセーンの子孫たちも招待されていた。演奏会は3日間にわたって行われ、いつ誰が歌い楽器を演奏するかは予め決まっていた。よくあることだが、予定されていた音楽家たちの演奏がいつも好評のうちに終わるとは限らない。その日がまさにそうだった。たまたま、ある地域で有名なシタール奏者も来ていた。そのシタール奏者は実に素朴で純真な人

---

[74] バートカンデーについては第7章で詳述する。
[75] 近代・北インド古典音楽の理論形成に最も大きな貢献をした音楽学者の一人バートカンデーは、さまざまなガラーナーの著名な声楽家から伝統的な音楽作品（歌詞と楽曲）を採譜・収集していった。
[76] このようなバートカンデーの試みの是非あるいは批判については第7章であらためて検討する。
[77] 邦訳にともない、本書の内容とは直接関係のない人名・地名などを省略するなど一部改変・短縮した。

だった。演奏会が好評でなかったために、演奏予定のなかった彼に白羽の矢が立った。その要請に対して彼はこう答えた。

　'我々のガラーナーにはある伝統と決まり事があります。**彼ら（ターンセーンの子孫たち）が許可してくれない限り、私は演奏することができません。彼らの許しがあった場合にのみ、演奏することができるでしょう。なぜなら彼らは、私の師匠筋（guru-bhāī）にあたります。**私が今日あるのも彼らのおかげなのです'

　この言葉を聞いて、ターンセーンの子孫の一人は自分のいた場所から立ち上がり、彼を温かく抱擁した。この後、彼はラーガ・マルカウンスを演奏した。その演奏はすばらしく、その音楽を聞いた者は未だに彼のことが忘れられない。[Sharma 1982:37]（強調部分筆者）

　この物語では、拡大家族的なガラーナーのあり方とそこでの礼儀作法（アーダーブ ādāb）というものがテーマとなっている。すなわち、家元筋・師匠筋への配慮とそれに基づくガラーナーの結束が示されると同時に、同門間の倫理観や美徳といったものが、やや情緒的な表現のもとに示されているといえるだろう。

　これらの物語が示しているのは、ガラーナーは系譜（ハーンダーン）を中心とする親族共同体あるいは音楽スタイル（バージ）の伝承媒体としての実践共同体というだけではなく、師匠筋に対する礼儀作法（倫理観・美徳）を共有する美的共同体という側面も有していることである。ただし、このようなガラーナーがいかなる特徴を有し、どのような要件によって成立する音楽集団・社会組織かということについてはより具体的な検討が必要である。

1-2. ガラーナーの定義：
音楽スタイルと家族の威信

　古典声楽のハヤールとその音楽スタイルについて研究したデーシュパーンデーは、ガラーナーはあらゆる音楽家のアイデンティティと結びついているにもかかわらず体系的に研究されたことはないと断じた［Deshpande 1973:8］。その理由として彼は、ガラーナーの探究には容易には答えられない問いがつきまとうとして、次のような例を挙げている。

・ガラーナーとは何か
・ガラーナーを特徴づけるものは何か
・ガラーナーが従っている美的原理はどのようなものか
・ガラーナーはどのようにして生まれたか
・ガラーナーの貢献は何か
・ガラーナーの限界は何か

　その上でデーシュパーンデーは、「ガラーナーとは何か」という最初の問いに答えるにあたり、共通のスタイルに影響を受け、共通の伝統様式から生み出された芸術家集団を「流派（school）」と呼ぶのなら、ガラーナーは「流派」ではないと主張する［Deshpande 1973:8］。そして、ガラーナーのより派閥的な側面、すなわち血縁関係に基づく「家族の威信」によって成立する点を強調した。

　また彼は、少なくとも三世代にわたって優れた音楽家を輩出していなければガラーナーとは言えないと主張した［Deshpande 1973:11］。念のため確認しておくと、今日ではガラーナーの重要な要件の一つとして受け入れられているこの三世代継承説は、単純に判で押したような同一の音楽スタイルの継承を意味するものではない。代々の継承者はガラーナーの音楽的同質性の維持と同時に、ガラーナーの演奏スタイルに新たな革新をもたらすような個人的な貢献が求められてきたのである［Deodhar 1973:x; Sen 1988:44-5］。なぜなら、即興的な演奏を特徴とするヒンドゥスターニー音

楽において、三世代に渡って同じような演奏がなされれば新鮮味を欠くことになり、パトロンや聴衆に飽きられてしまうからだ。

シルバー Brian Silver は、ガラーナーは音楽の知識や技術だけではなく、その他の文化的データが口承によって次の世代に伝達されるような、血縁のあるいは象徴的な意味での音楽家の系譜であると考えた。そして、血縁関係者以外の弟子であっても儀礼的な親子関係＝師弟関係を結ぶことにより、その音楽的知識と演奏技術が教授されることを示した［Silver 1976:27］。ミール Wim van der Meer もまたガラーナーの中心に中核的家族を置きつつも、家族以外の成員の存在を認めている［Meer 1980:129］。さらに、オーウェンスは血縁関係のみに限定されない師弟関係の連鎖としてのガラーナーの可能性を以下のように表現している［Owens 1983:161］。

　　（ガラーナーの）中核となる血縁家族からの教えを必要としなくなった成員は、通常、自分の家族の外部からも弟子をとるが、もし、これらの"外部"の生徒が音楽に習熟し、信頼関係が生まれれば、本当の弟子として真剣に面倒をみる。このようにしてガラーナーは弟子とその家族にまで拡大される。

このように師匠は血縁および非血縁からなる数人の弟子をもち、さらにその弟子たちが独り立ちすると今度は彼らが弟子をとる。そしてあらたな結節点となる音楽家たちは大小の集団を樹状的に形成していくが、その構造は基本的に拡大家族のそれと似ている。インドの文化伝統の多くは師弟関係の連鎖のもとに口頭伝承によって管理・伝承されてきたが、音楽の発展に実際的な役割を果たしてきたのは共通の教えやスタイルを同じくする拡大家族的なネットワークの活動であったと考えられる。

そのような音楽的同質性を有する社会集団は 13 世紀ころにはサンプラダーヤ *sampradāya* と呼ばれ、ドゥルパドが盛んであった 16 世紀にはその歌唱様式の違いからヴァーニー *vāṇī* と呼ばれていたものが、18 世紀後

半以降に新しい声楽様式であるハヤールの興隆とともにガラーナーの基礎が築かれるようになった［Meer 1980:128; Sen 1988:44-64］。ハヤールが主としてドゥルパドを基礎として発展したことから、ハヤールのガラーナーも四種類あったドゥルパドの声楽様式ヴァーニーのいずれか、またはそれらが複合した歌唱様式を継承していることは間違いない。しかしながらガラーナーは、それまでの音楽集団の概念には収まりきれない次のような特徴があるとミールは主張している［Meer 1980:129］。

① ガラーナーは複数の家族からなる近親集団であったこと
② ガラーナーの音楽は交換の対象であり、注意深く守られるべき商品[78]と考えられたこと
③ ガラーナーは家族を中心とする閉鎖的な集団で、その成員は相互の利益を増進するギルドのような組織を形成したこと
④ ガラーナーは競合しあう母体であり、地方の支配者（パトロン）の威信財的な機能を有していたこと

このようにミールはまず、ガラーナーが婚姻関係を有する複数の集団からなる近親集団であると主張している。このことは、ガラーナーの中核家族がムスリムであり、内婚的集団を形成する一種の婚姻サークルであることを明らかにしたニューマンの指摘と重なる［Neuman 1978:197, 1990 (1980):126］。さらにミールは、その音楽を交換の対象ともなりえる「商品」と位置づけ、その商品を維持し成員の利益を増進させるために結束するギルド的な社会組織の側面を強調すると同時に、デーシュパーンデーが指摘したガラーナーの「家族の威信」が「パトロンの威信」とも結びついていたことにも言及している。

ガラーナーの名前は、デリー Delhi やグワーリヤル Gwalior、アーグラー Agra などかつての藩王や太守が治めていた地域の中心都市（宮廷）

---

[78] 原文ではコモディティ commodity と表現されている［Meer 1980:129］。「財産 property」と区別するため「商品」と訳した。

の名前に由来するものがほとんどである。かつて音楽のパトロンの頂点にいた藩王や太守らは自らの宮廷楽師を「威信財」とみなし、より評判の高い楽師を召抱えようとした。その一方で、有力な楽師たちはパトロンに対して大きな影響力をもったことが知られている［e.g. Azizuddin 2000］。パトロンは古典音楽の愛好者であるだけでなく、自らが音楽を学び演奏することも少なくなかった［e.g. Azizuddin 2000:39; Roy Choudhury 1966:116; Qureshi 1987］。そのため、宮廷において上席に位置づけられた楽師は、パトロンの好みを知りつくし、パトロンに直接的に音楽を教えることによって親密な関係を築くことが可能だったのである。

　そのような宮廷楽師のなかにはパトロンが寵愛する歌妓・芸妓に音楽を教えることにより、パトロンに対する間接的な影響力を有する者たちもいた［e.g. Erdman 1985:88-9］。歌妓・芸妓に対する音楽の教授は、サーランギー奏者やタブラー奏者など声楽や舞踊の伴奏に甘んじていた低位の楽師の宮廷における地位を一時的に向上させたとも考えられる［Meer 1980:130］。教え子の歌妓・芸妓がパトロンの寵愛を受けることは、経済的な恩恵を得る機会を増大させることにつながったのである。しかしその一方で、サーランギーやタブラーなどの伴奏者と歌妓・芸妓との結びつきは、宮廷文化が斜陽を迎えた英領インド帝国期の一般社会において、音楽を生業とする人々のイメージを悪化させる要因となっていった［Sorrell and Narayan 1980:13］。このような歌妓・芸妓と音楽家をめぐる歴史的関係は、今日の音楽家のガラーナー・アイデンティティにも大きな影響を及ぼしている［田森 2011］。この点に関しては、ガラーナーの母体となった音楽集団および社会環境の変化との関係から、第4章で明らかにしてみたい。

　宮廷楽師たちは、音楽を通してパトロンへの影響力を維持する一方、宮廷における自分の後継者を育成する必要があった。世襲の楽師にとって音楽は唯一の生活の糧であることから、音楽的実践知は家族の宝＝財産として扱われた。それ故に、外部の者に自由に教えられることはなく、そのレパートリーや演奏技術はガラーナーの成員以外には教えられない一種の

"秘伝"として血縁関係者を中心に継承されたのである。師匠／父は弟子／息子に経時的に音楽財産を分与し、優れた後継者として育成することで、自分とガラーナーの名声が永続的なものになることを知っていたといえよう。

このように音楽スタイルの形成は、流祖からの音楽財産の蓄積と秘匿によってなされ、少数のガラーナーによるラーガ音楽の寡占化と競合によって促進されたと考えられる。

1-3. ガラーナーの成立要件：日本の家元制度との比較

それでは、伝統的ガラーナーとして広く認知されるためには、どのような要件が求められるのだろうか。デリーを中心に古典声楽ハヤールと擦弦楽器サーランギーの音楽集団について人類学的な研究を行ったニューマンは、ガラーナーの定義と成立要件について検討した［Neuman 1974, 1990 (1980)］。以下は、キッペン James Kippen によるニューマンの成立要件（条件）の整理を参照しつつ［Kippen 1988:63-4］、その要点をさらにまとめ直したものであり、本書における定義の出発点に置いている（要約と強調は筆者）。

1. **流祖条件**：ガラーナーにはカリスマ性のある流祖がいなければならない
2. **系譜条件**：ガラーナーにはその音楽伝統を次の世代の弟子へと伝えてゆくための中核となる音楽家の家族（ハーンダーン）がなければならない
3. **直系条件**：ガラーナーは流祖からの直系子孫かつ生存する成員によって代表されなければならない
4. **三代継承条件**：ガラーナーの音楽伝統を代表する著名な音楽家が、少なくとも三代にわたって輩出されていなければならない

5. **継承者生存条件**：ガラーナーには生存する著名な音楽家がいなければならない
  6. **音楽性条件**：ガラーナーは他とは区別される独特の音楽スタイルがなければならない

 このように、ある音楽集団がガラーナーと呼ばれるためには、まずカリスマ性をもった流祖がおり、その音楽伝統すなわち独自の演奏スタイルが"正統に継承"されていることが条件とされている。この正統性を担保するものが血統と威信であり、その集団を代表する長老あるいは権威の継承者がハリーファ *khalīfa* である。ハリーファとは、継承者・権威者を意味するペルシャ語起源の言葉で、北インドにおいては専門知識・技術を有する集団の長を意味することから［Platts 1997(1884):493］、日本語においては「家元」と訳出してよさそうである。すなわち、流祖から少なくとも三代およそ数十年〜100年にわたって家系が維持され、独自の演奏スタイル（音楽の専門知識）の管理・継承・発展を担う社会組織がガラーナーとして認知されるというわけである［Neuman 1990(1980):144］。

 このように見てくると、ガラーナーの定義と成立要件を検討するにあたっては、日本の芸道的徒弟制における家元制度との比較が有効になるかもしれない。かつて西山松之助は『家元制度の研究』の中で、家元制度を次のように定義づけた［西山 1959:19］。

  (1) 流祖以来の代々にわたり、伝統的な家芸または芸能血脈の正統を伝え、その家芸または血脈の正統たることによって保有する一切の権利を独占している家である。
  (2) 二人以上の集団を必要とするような文化領域で、教える側の者すなわち師匠と、教えられる側の者すなわち弟子とが存在し、その弟子が無制限に増加することによっても、なんらの痛痺を感じないばかりか、そのことによって一層繁栄するような文化領域に成立する。そうしていかに膨大な家元社会を構成しても、それはきわめて恒久的な封鎖性をもっている。

(3) 知性による論理によって解明され、それが公開された共有の文化財となりうるような文化領域ではなく、経験的感性によって錬磨する技能を主体とする芸能文化の領域で、しかもその技能を秘密にすることができ、それが無形文化であるところに成立する。

　また、法社会学の立場から戦後の家元制度を分析した川島武則は、『イデオロギーとしての家族制度』の中で、「家元制度とは、おどり、能、狂言、いけ花、長唄、常磐津、清元等々の日本藝能の師匠と弟子との連鎖によって構成された主従関係のヒエラルヒー的な派閥集団であって、家父長制的家族集団に擬制せられたものである」［川島 1957:322］と規定した。また、家元制度の構造として、

　　(1) 師匠と弟子との主従関係を要素としている点
　　(2) この主従関係の連鎖によってヒエラルヒー的派閥集団を構成している点
　　(3) その集団が家元という家父長的権力によって統率されている点
　　(4) その集団が家父長制的大家族集団として「擬制」されている点

の4つを指摘している［川島 1957:323］。

　とくに、家元の家父長制的な師弟関係の成立事情が、内弟子徒弟制度と芸の修得法、ならびに家元名人芸の超凡人的性格がカリスマ的権威を作り出し、それがやがて世襲的なカリスマに転化していくが、この過程に「秘曲」や「秘伝」が成立すること、また派閥集団の組織や機能、身分の序列などが考察されている点が特筆に値する。

　ガラーナーもまた、師弟関係の連鎖からなる拡大家族的・家父長的な共同体の中で秘伝の形成と伝承が行われるという芸道的徒弟制の特質を有している。そして、その師弟関係の中心には流祖のカリスマ性＝音楽的スタイルを引き継ぐ家族がおり、その家族から三代以上わたって著名な音楽家を輩出していることがガラーナーの要件といえる。

　本書はインド社会におけるガラーナーと日本における家元制度の比較分

析を主眼とするものではないが、流祖からのカリスマ的権威、師弟関係を中心とする組織構成、秘曲・秘伝の継承などの共通する特徴が多く含まれていることは注目に値する。ただし、広範な諸芸の分野にみられる日本の家元制度とは異なり、北インド古典音楽におけるガラーナーは声楽・器楽・舞踊という音楽とその関連領域に限定されて用いられるものであり、宗教や親族体系を含む社会歴史的背景の異なる社会で成立した概念であることから、成立要件の単純な比較によってなんらかの結論づけが可能になるものとも思われない。芸道的徒弟制として共通の特性を有する社会組織としてのガラーナーと家元制度の変化と今日的あり方が、身体化された暗黙知の学習や再帰化された語りとどのような関わりをもち、成員の日常的実践の中に立ち現れてくるのか、その比較研究は興味深いところであるが、まずはインドにおけるガラーナーの定義とそれが適用される範囲について明らかにしておきたい。

1-4. ガラーナーの適用範囲：
分析的視点と認識的視点

　ガラーナーはヒンドゥスターニー音楽のどのジャンルに成立し、どれくらいの種類があるのだろうか。ニューマンは、ガラーナーと呼べる集団を数え挙げてリスト化しようとする試みは、カーストを分類・序列化しようとする試みと同じくらい困難であり、「誰がガラーナーであるか否かの判定を下すのか」という疑問を投げかけている［Neuman 1978:188］。しかし、その一方で彼は、「古典的」で「定着した」ガラーナーと、そうではないガラーナーがあるとも断じている［Neuman 1978:189, 215-6］。例えば、ガラーナーの適用に際しては、次のような3つのケースが想定されるだろう。

　　A）すでに大多数の研究者、聴衆、メディア、そして様々な音楽家たちからガラーナーとして広く認知されて定着している場合
　　B）ガラーナーとして認知する者とそうでない者がおり、ガラー

ナーとして完全には定着していない場合。また、自分達が主張する（名乗る）ガラーナー名と他者から呼ばれる（名付けられる）ガラーナー名とが必ずしも一致しない場合

C) その集団の成員の主張（名乗り）にもかかわらず、他の音楽家たちや研究者、メディアなどからガラーナーとして認知されていない場合

　ガラーナーの適用に際しては、このような複数のケースを考慮した上で、研究者の分析的視点と音楽家の認識的視点という両方の視点から総合的に議論されるべきであろう。しかし、ここでは音楽家の認識的視点との関係から"名乗り"[79]について注目してみたい。そして、この"名乗り"の問題については、「民族」[80]範疇の生成に関する議論から得るものが少なくないと考えられる。内堀基光によれば、「民族」範疇は最終的には「名」の問題に帰着し、「名」は最も根本的なところでは物質的なものを持たない「民族」に与えられる最も効果的な物質代替物であるが、社会的世界においては「名乗り」という実践がない限りその物質代替性は発揮できない［内堀 1989:35］。そして、「名乗り」の実践は社会的地位の単なる表現にとどまらず、社会的地位を形成するという点で構成的な行為であり、それが目指すものは集合性の意識であるという点においても、ガラーナーの"名乗り"と通底するロジックを有しているものと思われる。しかしながら、ガラーナーという用語・概念を「民族」という言葉に単純に置き換えるわけにはいかないのは自明のことである。ここではガラーナーの"名乗り"は集合的な実践であり、事実確認的というよりは行為遂行的な実践と

79　本書ではガラーナーについての"名乗り"と"名付け"と、「民族」範疇についての内堀の議論［内堀 1989］における「名乗り」と「名付け」を区別して用いることにする。民俗範疇および「名乗り」と「名付け」に関する更なる議論については名和［2002:30-55］を参照のこと。

80　内堀は、「民族」という語を便宜的に最も包括的な社会範疇として用いるとしている［内堀 1989:28］。

いう点に言及するに留め、より具体的なガラーナーの"名乗り"と"名付け"のあり方については第3章において検討する。

　さて、今日の北インドにおいて、ガラーナーは古典音楽の世界に限定されて用いられているが、すべての古典音楽のジャンルにガラーナーが認められているわけではない。そこでまず、ガラーナーと音楽ジャンルの関係について検討しておきたい。

　デーシュパーンデーは、その系譜と演奏スタイルの明確さから、ガラーナーは古典声楽の主要ジャンルであるハヤールにのみ存在すると考えた［Deshpande 1973:9］。ハヤール以前の、より古典的な声楽様式であるドゥルパドにガラーナーはなく、ヴァーニーと呼ばれる歌唱様式のみが認識されていた。今日のハヤールのガラーナーのいくつかはドゥルパドを歌っていた者たちの末裔であり、4つあったヴァーニーのいずれか、あるいは複数を融合させることにより自分たちの音楽スタイルを形成していった。そのため今日では、歴史的に最も早くガラーナーが成立した音楽ジャンルがハヤールであることに異論を唱える者はいない。しかし問題は、ハヤールの集団のうち、どこまでをガラーナーとして扱うのかという点については、研究者の間でも必ずしものコンセンサスが得られていないことである〔表1〕。ガラーナーの定義とその適用の場面には常に解釈の問題が寄り添うのである。

　ソレル Neil Sorrell とナーラーヤン Ram Narayan は、ガラーナーは主にハヤールの分野に存在することを認めつつも、器楽のガラーナーについて次のように述べている［Sorrell and Narayan 1980:18］。

　　　　ガラーナーは主として声楽のハヤールの分野に認められ、その名
　　　前は宮廷名や都市名に由来する。器楽の分野においてもガラーナー
　　　について語られ、特にタブラーが顕著であるが、時にはシタールや
　　　サロード、サーランギーにおいても使用されている。しかし、タブ
　　　ラーの演奏スタイルに適用されるべきではなく、タブラーの場合は

表1：ハヤールにおけるガラーナーの分類比較

Deshpande 1973	Sharma 1993	Gautam 1980
Agra	Agra	Agra
	Atrauli	Atrauli
	Bhendi Bazar	Bhendi Bazar
	Delhi	Delhi
		Fatehpur Sikri
Gwalior	Gwalior	Gwalior
Indore	Indore	
Jaipur	Jaipur	Jaipur
Kirana	Kirana (Shaharanpur)	Kirana
		Khurja
Patiala	Patiala(Punjab)	
		Qawwal Bache
	Sahaswan/Rampur	Sahasvan/Rampur
		Shaharanpur

(Deshapande 1973, Sharma 1993:297-303, Gautam 1980:93-125 より作成)

バージ *bāj* と呼ぶべきと考える者もいる。　サーランギーの場合、ガラーナーを名乗る者は少ないが、自分の家系をガラーナーとして確立したいと願う者は、その名前をハヤールのガラーナー名と同一化する傾向にある。

　ここで問題となるのは、シタールとサロードが主奏楽器（いずれも撥弦楽器）であるのに対して、サーランギー[81]（擦弦楽器）とタブラー（打楽器）は基本的に伴奏楽器ということである。彼らはタブラーに対するガラーナーの適用を避けつつ、サーランギーのガラーナーについての適用可能性を示唆している。しかし、このような主張に対して、サーランギーなどの伴奏楽器にはハーンダーンはあってもバージはないという見解もある［Neuman 1974:200-1］。

---

[81] サーランギーについては Bor［1987］が詳しい。また世襲のサーランギー奏者へのインタビューについては Qureshi［2007］を参照のこと。

ヒンドゥスターニー音楽におけるサーランギーの役割は、ハヤールなど歌の伴奏として始まった［Sorrell and Narayan 1980:20-21］。それ以前は、ラージャスターンやパンジャーブなど地方の民俗音楽の演奏に主として用いられていたのである。サーランギーは弓で弦を擦る擦弦楽器であるが、中国の胡弓などとは異なり、多くの共鳴弦を有している。サーランギーの音色は他の楽器と比べて人間の声に近く、その演奏技法は声楽を模倣するのに適していた。そのため、形式性が求められるドゥルパドの伴奏から、より自由度の高いハヤールの伴奏に用いられるようになったと考えられる。
　歌手が歌ったと同じ旋律をワンテンポ遅れてなぞることによって、歌手の息継ぎを助けると同時に音楽の深みと彩りを増すことができたのである。このことは、サーランギー奏者がラーガの展開や歌唱者の演奏スタイルを自然に習得することを可能にした。彼らは声楽の旋律を、サーランギーという楽器に置き換えて演奏することに長けていたのである。ガラーナーを名乗るサーランギーの家系が、ハヤールと同名のガラーナーを名乗ることが多いのはそのためであろう。しかしながら、模倣は模倣である。サーランギーが伴奏楽器にとどまっている限り、その音楽は声楽のガラーナーの模倣であり独自のスタイルではないと言われることになる。
　今日、インドで最も伝統的な楽器として敬われるビーン bīn（ヴィーナー vīnā）もまた、かつてはドゥルパド歌謡の伴奏楽器であった。ドゥルパドは、ハヤールに先行し、今日では最も古典的な声楽様式とされている。ビーンは声楽中心の時代にあっては伴奏楽器の地位に甘んじていたが、18世紀に入ってから独奏楽器としての地位を確立した。その背景には、セーニヤー（後述）という音楽権威による器楽形式の成立があった。そして、ビーンの地位はシタールやサロードに受け継がれていった。すなわち、シタールやサロードはドゥルパド様式という、より古典的な演奏様式を受け継いだ独奏楽器として認知されたのに対して、サーランギーはハヤールという新しい声楽様式の伴奏楽器にはなり得たものの、さらに進んで独

奏楽器としての地位は確立することができなかったのである[82]。そのため、ニューマンは、声楽のみならず器楽演奏の分野においてもガラーナーはあるが、それはシタールやサロードなどの主奏者のそれに限られるとしたのである［Neuman 1974:200-1］。すなわち、サーランギーなどの旋律伴奏者の集団はハーンダーンとしてのガラーナーは成立するが、主奏者の補助に回るために、独自の演奏スタイルが確立しておらずガラーナーとは呼べないというのである。また、タブラーの場合においてもガラーナーの主張がなされているが、ガラーナーの成立要件を満たしておらず適用は困難としている［Neuman 1978: 216, n4］。

　キッペンは、ニューマンがタブラーにおいても独自の演奏スタイル（バージ）があることを認識していたにもかかわらず、伴奏者の音楽集団にガラーナーを認めないのは、研究者の分析的視点にこだわり、音楽家の認識や実践的視点を軽視しているのではないかと指摘する［Kippen 1988:64］。彼は、先にニューマンがまとめたガラーナーの成立要件を追認しつつも、音楽家の視点、すなわち独自の演奏スタイルに対する認識と実践という視点からタブラーにもガラーナーが適用されるべきと結論づけた。

　今日の北インド古典音楽の世界において、ガラーナーという言葉は、古典声楽のハヤールのみならずシタールやサロード、そしてタブラーなどの古典器楽のジャンルにおいても違和感なく用いられている。より重視すべきは、音楽家がガラーナーという用語・概念をどのように位置づけ、具体的な状況の中で用い、そしてそれによって何をなそうとしているのか、その行為遂行的な語り口であろう。

　次章においては、ガラーナーの成員性と社会関係に焦点をあて、系譜関係（家系）、婚姻関係とその広がり（親族共同体）、師弟関係の連鎖（実

---

[82] また、前節でも挙げたようにサーランギー奏者たちが売春と結びつく踊り子などの芸妓との関係が深く、その社会音楽的イメージを損ねたことも大きな要因と考えられる［Sorrell and Narayan 1980:13］。

践共同体）という3つの社会的側面を再検討し、続く第3章においては、そのような定義づけに対して音楽家が"われわれ"をどのように認識し、語り、位置づけ、何をなそうとしているのかを記述・検討し、第4章〜6章ではそれらの語りが歴史とどのように接合されているのか、その社会的背景を含めて明らかにしてみたい。

| 第 2 章 |

音楽財産をめぐる社会関係

系譜、婚姻、師弟関係

　前章においては、ガラーナーの特質とその定義・成立要件について検討した。本章においては、音楽家のアイデンティティとより密接に結びつくガラーネーダールであることの要件、すなわち成員性について議論してみたい。この要件を探求するにあたっては、ガラーナーの要件と同様に、社会的成員性と音楽的成員性という二つの視点からの検討が有効になるであろう。社会的成員性は生物学的あるいは儀礼的な親子関係を通して獲得されるものであり、音楽的成員性はガラーナーのスタイルを形成する身体化された暗黙知、すなわち音楽的実践知の学習によって獲得されるものである。

　さらにその成員性には"公式な成員性"と"非公式な成員性"があり、前者は社会的成員性と直接的に、後者は音楽的成員性と間接的に結びついていることに留意する必要がある。"公式な成員性"の獲得は、生物学上の関係を別とすれば、特殊な入門儀礼を通して正式にガラーナーへの入門を許されることによって可能になる。しかし音楽は、公式な成員にのみに教えられてきたわけではない。ヒンドゥスターニー音楽が国民に開かれた音楽になる以前の英領インド帝国期においても、社会的成員性を伴わない人々への音楽教示の回路は存在していたのである。その典型的な例が、パトロンと芸妓であった。

　その一方、入門儀礼によって"公式な成員性"を獲得した場合であって

も、ガラーナーの教えの中核にある音楽的実践知を修得するためには、さらに大きなハードルがあった。

2-1. 何が秘されたのか：
音楽的実践知の秘匿と独占化

　ガラーナーは、親族関係と師弟関係の複雑な連鎖によって形成された社会組織であり、一部の弟子にしか伝えられない音楽的実践知があった。オーウェンスは、ガラーナーは中心となる家族の「外部の弟子の家族」にまで拡大されるとする一方、伝統を実際に引き継げる「外部の弟子」は相対的に少数であり、「家族の非構成員は'伝統の真髄ともいえる知識'から排他的に除外される」と考えたことは第1章で既述した通りである。そして、そのような秘匿対象となる知識・技術を「排他的家族財産（the exclusive property of the lineage）」[Owens 1983:161] と呼んだ。同様にミールは、ムスリム音楽家の特定のハーンダーンにのみ蓄積され伝承されてきた知識・技術を「音楽財産（musical property）」[Meer 1980:131] と位置づけ、ナーヤル Sobhana Nayar は「聖宝（sacred treasure）」[Nayar 1989:80] と呼んだ。本書においては、このようなガラーナーの知識・技術、とりわけ限られた一部の成員にしかアクセスできない独占化された音楽的実践知を"秘伝（esoteric knowledge and skill）"と呼ぶことにする[83]。

　ここで、何が"秘伝"の対象となったのかを、北インドの音楽的権威セーニヤー Seniya[84] とその弟子の言説などから検討してみたい。今日の

---

[83] ここでいう"秘伝"とは、言語によって適切に表現しえない暗黙知・身体知を含んでいるが、これまで一度も披露されたことがなく、その内容が語られたこともなく、その実態がまったく不明な実践知の形態を意味するものではない。"秘伝"の定義に関しては、船曳建夫東京大学名誉教授との議論に負うところが大きい。

[84] 他に、セーニヤ Seniya、セーニア Senia という表記がなされることもある。

ガラーナーの流祖の多くは、セーニヤーと何らかの歴史的接点を有している。詳細は第4章のガラーナーの歴史において明らかにするが、主奏弦楽器の場合は流祖が彼らの直弟子となってラーガ音楽を学んだことにガラーナーの起源を求める場合がほとんどである。

　セーニヤーとは、ムガル帝国第3代皇帝アクバル（在位1556-1605）の九宝 nav ratna の一つに数えられ[85]、各地の宮廷から集められた宮廷楽師の頂点にあった楽聖ミヤーン・ターンセーン Miyan Tansen の子孫をさす。本書では、ターンセーンの子孫たちをセーニヤーと呼び、彼らの非血縁の弟子を含めた社会組織をセーニー・ガラーナー Senī Gharānā と呼んで区別する。セーニヤーたちは、ヒンドゥー教の神々への讃歌をルーツとする声楽様式ドゥルパド dhrupad[86] などを宮廷音楽として独自に発展させると同時に、器楽ではインド古来の弦楽器であるビーン bīn[87] や中央アジアの弦楽器ラバーブ rabāb を改良したターンセーン・ラバーブ Tansen rabāb（以後単にラバーブと呼ぶ）の演奏を専門とするようになっていった[88]。

　言葉（歌詞）を有する声楽とは異なり、器楽においては楽器ごとの音

---

[85] 九宝には大臣や将軍などの傑出した人物が数えられており、芸術家のみを指しているのではない。

[86] ドゥルパドとそのルーツについては Srivastava［1980］などを参照のこと。

[87] ビーンは北インドにおける撥弦楽器ヴィーナーの呼称。古代の古文献にも記述があるインド古来の撥弦楽器で、フレットが固定された竹棹の両端に共鳴体としての「ふくべ」が取り付けられている。シタールはこの楽器とペルシャ系のセタールの融合から生まれた弦楽器と考えられる。ビーンの奏法はシタールよりも複雑で、今日その奏者はほんの一握りである。

[88] ラバーブは主としてアジアのイスラーム圏に見いだされる胴体に皮革が張られた弦楽器（撥弦楽器であることも擦弦楽器の両方がある）で、ターンセーン・ラバーブあるいはインディアン・ラバーブは北インドに持ち込まれたラバーブの一種がラーガ音楽演奏のために独自に発展・改良されたものである。また、サロードはアフガニスタンに特有なアフガーニ・ラバーブが改良されたものと考えられる（第10章参照）。

響的構造的特性[89]に応じた演奏表現が重要な課題となる。ビーンやラバーブによるドゥルパド様式（*dhrupad-ang*）のアーラープやガットの演奏はセーニヤーたちによって発展・完成をみたものであると考えられ、それぞれの楽器の演奏技術と修行法は秘匿の対象となっていった。セーニヤーの弟子の一人は、秘匿の対象となった音楽的実践知について次のように語っている。

事例1：外部には教えられない修行法
……すべてに精通した人間はいないということを知るべきだ。そして、家族の'外部'の弟子には教えられないものがあった。ある特殊な修行法（*riaz*）は、誰にでも教えられるというものではなかった。[Brihaspati 1966:517; Owens 1983:161]

また、あるセーニヤーの別の弟子は、師匠との次のような出来事を明かしている。

事例2：その知識は息子たちのもの
先生はある時、聖者廟 *imāmbārā* にいた。私は決して他言しないことを条件に、不遜なお願いをした。先生は私の要望に応えてくれ、ホーリーとドゥルパドを教えてくれた。私がそれを紙に書き留めると先生は、この教えは先生の息子たちのものであると明かし、もしこの音楽を引き継ぐものがいなければその紙は燃やして欲しいと私に告げた。私は、その知識を先生の子孫に伝えた。[Brihaspati 1966:512; Owens 1983:161]

---

[89] 楽器はその構造的・材質的特性などにより音域や演奏法が異なる。低音域のゆっくりとした表現に特質を有すもの、高音域で早い速度での演奏を可能にするものなど様々である。

上記文章中のホーリー*holī*という古典的な声楽の一形式は、ヒンドゥー教のクリシュナ神に関連するものである。したがって、イスラーム聖者廟において異教の神に関する歌が、ムスリムの師匠からムスリムの弟子に伝授されたことになる。ターンセーン自身あるいはその息子や娘の夫たちは、ヒンドゥー教からイスラームに改宗したが（詳細は後述）、ヒンドゥー教の神々への讃歌を含むレパートリーは改宗後も伝承されていった。しかし、ターンセーンの末裔にとってそのようなレパートリーは、イスラーム社会において公に開示できるものではなかったと想像される。そのためか、それらは一族の者のみに伝承され、音楽に理解のある特別なパトロンにのみ公開されるもので、外部の弟子にはめったに教えられることはなかったのである。

　さて、19世紀中葉までのラクナウ宮廷を中心とする音楽や音楽家についての情報を数多く残したイマームは、ビーンという弦楽器の奏法が、教えられる弟子のカテゴリーによって異なっていたことを次のように示している。

事例3：血族と姻族の距離

　ウムラオ・ハーン（セーニヤー）の息子たちはビーンの達人であった。ハッサン・ハーン（ダーリー[90]）もまた上手にビーンを演奏する。しかし、ウムラオ・ハーンの息子たちはビーンを伝統的な奏法で演奏し、ハッサン・ハーンはシタールの奏法で演奏する。問題は、ビーンの規則は師匠から彼らの息子たちにのみ教えられ、娘の子供には教えられなかったことである。すなわち、ダーリーであるハッサン・ハーンにはそれを学ぶ特権がなかったのである。
［Imam 1959(1856)a:23］

---

[90]　ダーリー（あるいはダーディー）は音楽家の一つのカテゴリー（カースト）である。この詳細については第4章〜第6章で明らかにする。

上記、事例3からは、同じビーンという弦楽器の演奏においても、男系と女系、およびセーニヤーとダーリーというカテゴリーの違いによって教えられる内容・技術が異なっていたことがわかる。
　次の事例は、当時のセーニヤーの長老であったピャール・ハーンと、彼の兄の息子カザム・アリー（KA）と姉の息子バハードゥル・セーン（BS）に関する物語の抜粋である。ピャール・ハーンは子供がいなかったために、兄の息子のKAたちと、姉の子供であるBSを弟子として音楽を教えた。ピャール・ハーンは、姉の息子であるBSの才能をもって彼の兄の息子であるKAの目を覚まそうとした。

事例4：器（才能）と甘露（秘伝）
　　KAは演奏を止めてピャール・ハーンに尋ねた。'叔父様はこの技芸をBSに教えたのですか？'。するとピャール・ハーンは頭を垂れてKAの手を取りこう言った。'KA、この技芸はお前の父の家系にのみ伝わるものだ。BSの音楽はダイヤモンドでできた器だ。彼の音楽は色と光できらめいているが、お前の器はラーガの甘露を湛えているのだ。お前の器は土でできているが、中には甘露を湛えている。お前の器は彩りを欠いているが、BSの器には甘露が入っていない。BSは音楽の彩りによって北インドの人々を魅了するだろうが、器を満たすべき甘露はお前とその弟のもとに引き継がれるであろう'。[Roy Choudhury 1966:90-92; Owens 1983:161]

　このようにやや断片的ではあるが、事例の1～4からは、それぞれ特殊な修業法、ホーリーとドゥルパドなどの作詞曲された小作品（バンディッシュ[91]）、ビーンやラバーブの伝統的演奏技法という、音楽スタイ

91　広義のバンディッシュはリズム周期を伴う演奏の全体を意味するが、狭義の
　　バンディッシュはリズム周期を伴う演奏の中の繰り返し演奏される小作品を

ルを構成する異なる次元の"技芸 tālīm"が"秘伝"の対象となっていたことがわかる。

　作曲された小作品としてのバンディッシュは、リズム周期を伴う演奏部分において変奏を展開する際のホームベース的役割を果たし、それぞれのラーガの規則と美学が最もコンパクトにまとめられた主題部分である[92]。ラーガ音楽を極めた代々の巨匠たちによって作曲されたバンディッシュは門外不出の「聖宝」あるいは「音楽財産」としてガラーナーに蓄積されていった。既述のようにホーリーはクリシュナ神への讃歌である。イスラーム宮廷において、ムスリムがヒンドゥー神讃歌を歌うこと自体が宗教社会的な矛盾と葛藤を抱えることになることからも、秘匿の対象となっていったと推測される。

　またセーニヤーたちは、声楽では流祖から伝わる伝統的声楽様式（mantra-bāj）であるドゥルパドの歌唱を、器楽では伝統的弦楽器であるビーンあるいはラバーブを用いたドゥルパド様式の弦楽奏法（tantra-bāj）を男系子孫のみに伝授した。その一方、"外部の弟子"には声楽では18世紀後半以後に主流となったハヤールなどを、器楽ではビーンやラバーブの改良によって生まれたスルバハール surbhahār[93]やスルスィンガール sursingār、あるいはシタールやサロードを教えたのである[94]。

　　　意味する。本書では、後者の意味で用いている。
92　ガラーナーに属する音楽家は、1つのラーガに対して、一般的に知られているバンディッシュ（例えば音楽大学でほぼ共通して教えられるようなよく知られた作品）の他に、少なくとも数種類のバンディッシュを有している。実際に筆者も、あるラーガのバンディッシュ数種を師匠からその文化的データ（作曲者名など）とともに伝授された経験がある。
93　スルバハール（大型で低音に特徴のあるシタール）やシタールはビーンとペルシャのセタール sehtār の融合によって、スルスィンガールはインディアン・ラバーブを、サロードはアフガーニ・ラバーブをラーガ音楽演奏により適するように改良された撥弦楽器である（第10章参照）。
94　イランやアフガニスタンなどの外部からインドに移住したムスリム音楽家や、

事例 3 のハッサン・ハーンは、母を通してセーニヤーに繋がっていたために伝統的なビーンの奏法ではなくシタールの奏法しか学べなかった。同様に、事例 4 のバハードゥル・セーンもまた母を通してセーニヤーに繋がっていため、セーニヤーにのみに伝わる伝統的なラバーブではなく、当時新しく発明されたスルスィンガールという新しい楽器によって教えを受けた。器とは"才能"に他ならず、甘露とは特別な教え、すなわち"秘伝"に他ならない。すなわち、いくら才能があっても一部の成員にのみ独占化され、それ以外の成員には教えられない音楽的実践知があったのである。

　このように"秘伝"にはガラーナーのスタイルの基盤となる修行法や演奏技法、また特別な機会にしか演奏されないレパートリーやバンディッシュと呼ばれる小作品など異なった水準の実践知が含まれる。ラーガ一曲の音楽的な規則と演奏における展開法は、ガラーナー共通の実践知として寡占化される一方、それぞれのガラーナーに伝わる珍しいラーガやバンディッシュは独占的な音楽財産となっていったのである[95]。それらの"秘伝"はかつて限られた演奏機会などに特別に披露されたが、記録メディア

　　地方の民俗芸能者から宮廷にとり立てられた音楽家がその地位を確立するためには、セーニヤーからラーガを基調とする伝統的声楽様式や器楽演奏法を修得して腕を磨く必要があった。19 世紀以降に主流となった声楽形式のハヤール、および主奏弦楽器のシタールやサロードのガラーナーのほとんどは流祖がターンセーンの末裔、すなわちセーニヤーからラーガ音楽を学んだことにその発生起源を求めるのはそのためである。セーニヤーの弟子となりその演奏で名をなした宮廷楽師を流祖とし、その子孫が三代以上にわたってその音楽財産を継承・発展させてはじめて主奏者のガラーナーとして認められるのである。

[95]　ただし、"外部"に対してまったく披露されない秘伝（奥義・奥技）があったかどうかは筆者には不明である。ヒンドゥスターニー音楽の権威の中核たるセーニヤーが、ダビール・ハーン（d.1972）の死をもって閉じられてしまった現状ではそれを直接的に確かめる方法はない。

が今日のように発達していない時代においては、その完全なコピーは不可能であった。ラーガ演奏に共通する展開方法と個々のラーガの音楽的法則、そしてガラーナーごとに伝わる小作品をベースにした展開方法の修得は、師匠の教えを模倣することからはじまり、身体化された暗黙知が即興を形成できる段階にまで達してこそ可能になるのである。

　より具体的に何が秘匿され、独占化されたかについては、ヒンドゥスターニー音楽の概念と特徴、楽曲構造、演奏形態、演奏様式などとの関連からの説明が必要である。ヒンドゥスターニー音楽についてのより詳細な情報は【巻末資料A】を参照されたい。

2-2. 誰に、どのくらい伝えられたか：
親族のカテゴリーと弟子のカテゴリー

　さて、それではそのような"秘伝"が、誰に、どのくらい伝授されたのであろうか。

　前節の事例1からは、弟子には家族の内部と外部の区別があり、家族内部の成員にしか学習できないターリーム *talīm* と呼ばれる"教え"があったこと。また事例2からは、息子たちにのみにしか伝授されないターリームがある一方、それは断片的にではあるが息子以外の弟子にも開示されることがあったこと。そして、事例3と事例4からは、息子といっても男系血族とそれ以外の姻族などではターリームの内容に違いがあったことが明示されていた。すなわち、ガラーナーの成員には家族の内部と外部の区別があり、さらに親族内においては血族と姻族あるいは父方と母方という区別があり、父子関係を基幹とする成員構造があったと考えられるのである。

　このような社会的な成員構造の中で、音楽財産は誰にどのくらい分与されたのであろうか。長期の学習期間を伴う音楽的実践知の伝承においては、有形財産の生前贈与とは比べ物にならないほど複雑な判断が求められ

た［Meer 1980:130-1］。まず師匠は、後継者の育成に関してしばしば血縁関係と音楽的適性（才能と努力によって形成される習熟度）の問題に直面する。もし、息子がいない場合、あるいは音楽に才能と関心のある子供がいない場合、自らの音楽財産を誰に与え後継者とするかという決断を迫られる。この場合は、まずは出自を同じくする父方の男系子孫が、それが困難な場合は母方の男系子孫が、そして最後に非血縁の弟子が後継者としての資質と適性が試されることになるだろう。そしてその資質と適性を認められた弟子は養子として教育を受けることになるかもしれない。このような観点からみると、前節の事例4は、いくつかの解釈可能性を含んでいる。すなわち、「才能（器）」と「秘伝（甘露）を受け継ぐ資格」とは別のものであり、秘伝の継承対象となる子孫が必ずしも才能を兼ね備えたすぐれた音楽家とは限らず、逆にいかに才能のある者でもすべての音楽財産を受け取れるわけではないという示唆である。皮肉なことに、父方の男系子孫にこだわったセーニヤーの血統は絶え、今日ではビーンやラバーブを演奏する子孫や弟子は皆無となってしまった。

　後継者の育成問題は音楽財産の分与にとどまらず、社会経済的な問題にも直結する。かつての宮廷社会においては、パトロンがその後継者の音楽を気に入らなければ、別の楽師を採用することも可能だった。音楽に造詣の深いパトロンはその息子の凡庸さを見抜くこともあり、その場合彼は父の宮廷楽師としての地位を引き継ぐことができず、安定した社会経済的地位を失い一族は路頭に迷うことになりかねない。また、楽師はパトロンから推薦を受けた者の入門を断ることができない。もしその入門者が音楽に優れた者であれば、血縁の後継者の地位を脅かすことになる。そのような可能性を排除するためにも音楽財産の秘伝化と階層的成員性に応じた分与がなされたと考えられる。

　そこで、ガラーナーの社会的成員性における親族カテゴリーのみならず、音楽的成員性における弟子のカテゴリーについても検討しておきたい。

　旧来のいわゆる藩王・領主制が崩壊したインド独立後においても音楽

家のよきパトロンであり続け、音楽研究家としても知られた人物にジャイデーブ・シング Thakur Jaidev Singh（1893-1986）がいる。彼によれば、師匠というものは自分の芸術の秘密を誰にでも分け与えるわけではなく、弟子たちには実際的には次のような3つのカテゴリーがあったとしている［Nayar 1989:39-41］。

 1） ハースル・ハーサ khāṣul-khāṣa
 2） ハーサ khāṣa
 3） ガンダーバンダ gaṇḍābandha

 ハース khāṣ には、特別な、区別されたなどの意味があり、「（王や主など）特別な者のために秘蔵されるべき」という意味にも拡大されて用いられる［Platts 1997(1884):484］。したがって、ハースル・ハーサは「秘伝中の秘伝」あるいは特別な高弟、ハーサは「秘伝」あるいは高弟と訳出することも可能であろう。一方、ガンダーバンダは、「ガンダー（聖紐）を巻いた者」であり、ガンダーバンダン gaṇḍābandhan と呼ばれる入門儀礼を経て正式に受け入れられた弟子を意味する。

 師匠は、ハースル・ハーサに対しては一切を隠すことなくあらゆる音楽的実践知を伝授した。この教えはハースル・ハース・ターリーム khāṣul-khāṣ tālīm、すなわち本書で"秘伝"と呼ぶもので、その対象は基本的に息子であった。ハーサの教授対象となったのは、息子以外の関係の深い親族であり、師匠の音楽的実践知のおよそ四分の三に相当するハース・ターリーム khāṣ tālīm が分与され、残りの四分の一は自分の息子のために残された。そして、ガンダーバンダに対しては師匠の知識の半分のみが分与されたという［Nayar 1989:40］。

 しかし、後の節でも述べるように、ガンダーバンダへの教授内容は師匠次第であった。入門儀礼に重きを置かずに弟子の成長と意欲に応じて教えを進める師匠もいれば、入門儀礼が終わるまで何も教えない師匠もいたのである［Sorrell and Narayan 1980:17］。

2-3. 社会関係からみたガラーナーの3つの次元：
系譜、婚姻、師弟関係

　このように見てくると、ガラーナー内の社会構造（社会的成員性）と音楽的実践知の分配内容（音楽的成員性）には階層的な対応関係があることがわかる。

　息子などの男系血族を中心に"秘伝"が伝えられるという成員性のあり方は、ガラーナーの閉鎖的側面を現わしている。この場合のガラーナーとは音楽活動を生業とし、ラーガの知識と独自の演奏スタイルを維持・蓄積してきたムスリム音楽家のハーンダーンという意味合いが強い。すなわち、"系譜関係"としてのガラーナーである。

　音楽家の家系図を一目すればわかるように、父系的集団としてのガラーナーの成員はすべて男性であり、家系図の中に女性の名前は登場しない〔図1〕。すなわち、女性は家族の一員ではあるが、ガラーナーの成員ではなく、基本的に音楽は教えられなかったのである。

　しかしながら、家系図の中に女性を位置づけてみると、女性を同じハーンダーン内に留めておく"内婚的集団"としてのガラーナーのあり方や〔図2〕[96]、母方の叔父・叔母や甥・姪を含めた外縁の広いビラーダリーbirādarī の形成、すなわち"婚姻連帯"としてのガラーナーのあり方が視野に入ってくる〔図3〕。

　そもそもビラーダリーとはペルシャ語で兄弟を意味するビラーダル birādar から派生した言葉で、インドのイスラーム社会においては共通の

---

[96] 家系図Bは、家系図Aを基にしておこなったワーシフッディーン・ダーガル Wasifuddin Khan Dagar（b.1969）へのインタビュー（ニューデリーの自宅にて、2000年2月）をもとに作成した。ワーシフッディーンは、家系図内のナシールッディーン Nasiruddin の孫であり、今日このガラーナーを代表する音楽家である。

図1：ダーガル・ガラーナーの家系図（例）

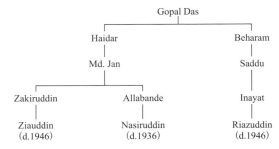

オーウェンス［Owens 1983:185］とシャルマ［Sharma 1993:120］を参考に作成

図2：ダーガル・ガラーナー内の婚姻関係（ハーンダーン内婚の例）

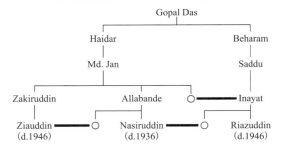

＊図中の○は女性を表す　　　　ワーシフッディーン・ダーガルへのインタビューに基づく

図3：ダーガルとキラーナー・ガラーナー間の婚姻関係（ビラーダリー内婚の例）

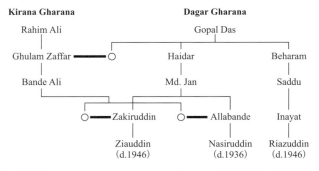

＊図中の○は女性を表す　　　　ニューマン［Neuman 1990(1980):246］を参考に作成

起源を有する者同士や社会的地位・職業を同じくする同質的社会集団、また時には"婚姻サークル"を意味することもある［Alavi 1976:1-2］。そのためビラーダリーは、ヒンドゥー教におけるカースト（ジャーティ）との共通性が指摘されてきた［Ahmad 1976:336］。

　図3をみればわかるように、実際に二つのガラーナーは婚姻関係を通して結びついている。しかも、その関係を二〜三代遡ってみると近親者間のイトコ婚である場合も少なくない。ニューマンによれば、社会単位としてのガラーナーは内婚的な婚姻関係の継続の結果生まれたもので、ガラーナーを成立させた中核家系が常にムスリムであった理由もそこにある［Neuman 1978:197, 1990(1980):168-9］。すなわち、ヒンドゥー社会においてはあらゆるタイプのイトコ婚は厳しく禁じられている一方、イスラーム社会においては許される。実際、ムスリム音楽家の間では血縁関係者間での内婚が選好されることも多いが、その理由は家族内に音楽的知識を維持するための戦略であったというのである。音楽的実践知の蓄積の上に成り立つガラーナーにおいては、外部への音楽財産の散逸を防ぎ独占化するためにも、婚姻サークルの形成が重要な役割を果たしたと考えられる。

　このようにハーンダーンとしてのガラーナー、ビラーダリーとしてのガラーナーは、出自と婚姻に縛られた閉じられた親族共同体である。ただし、ビラーダリーとしてのガラーナーは、女性を同じ系譜内で消費するハーンダーン内婚とは異なり、異なるハーンダーン間においての婚姻であり、それぞれのガラーナーの音楽に変化を与える可能性の高い婚姻であったといえるだろう。

　それに対して、グル・シシャ・パランパラー *guru-śiṣya paramparā*、すなわち"師弟間の伝統的なあり方（以後、単に師弟関係）"の連鎖としてのガラーナーは、儀礼的な親子関係を締結することによって家族の外部にも技芸が伝えられるという拡大的側面を示している。この拡大的側面は20世紀に入ってから、特にインド独立・印パ分離を経てより強化されるようになったと考えられる。そのような国民文化の形成過程においては、

図 4：ガラーナーの 3 つの次元

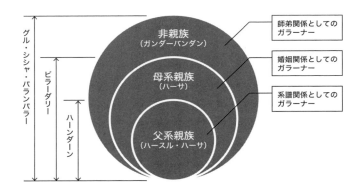

ヒンドゥーがムスリムの世襲音楽家の弟子になることがさほど違和感なく受け入れられてきたことも、ヒンドゥスターニー音楽におけるガラーナーの特色の一つであったと言えるだろう。

これらのことから、ガラーナーは以下のような3つの社会関係に基づく成員性と、それらのカテゴリーに対応する音楽教育の次元を有していたことがわかる〔図4〕[97]。

1) ハーンダーン（系譜関係）としてのガラーナー（ハースル・ハース・ターリーム）
2) ビラーダリー（婚姻関係）としてのガラーナー（ハース・ターリーム）
3) グル・シシャ・パランパラー（師弟関係）としてのガラーナー

97 　図4はあくまで関係性を整理するためのモデルである。父系親族や母系親族であったとしても、父子関係以外では入門儀礼（ガンダーバンダン）を行うことがある。また、非親族がハーサの教えを、母系親族がハースル・ハーサの教えを絶対的に受けられないことを意味しない。

（ガンダーバンダン・ターリーム）

そして、ハーンダーンとしてのガラーナーの成員には父方の男系親族が、ビラーダリーとしてのガラーナーの成員には母方の男系親族が含まれる[98]。一方、グル・シシャ・パランパラーは必ずしも血や婚姻に限定されない師弟関係によって成立するもので、ガンダーバンダンと呼ばれる入門儀礼が重要な役割を担ってきた。

以下の節においては、まずハーンダーンとビラーダリーとしてのガラーナーのあり方について、次にグル・シシャ・パランパラーとしてのガラーナーのあり方に焦点をしぼって検討してみたい。

2-4. ハーンダーンおよびビラーダリーとしてのガラーナー：出自と婚姻関係

ムジーブは、インドの芸術音楽が今日あるのは、少数のムスリム家族が中核となるガラーナーの貢献によるものであると主張した［Mujeeb 2003 (1967):519］。実際、インド独立・印パ分離以前において、北インド古典音楽の演奏と伝承を担ったのはムスリムであった。ムスリム音楽家の中には、イスラームのインド亜大陸への広がりとともにやってきた外来者の子孫であることを主張する者もいるが、彼らの多くはムガル帝国期にヒンドゥー教からイスラームに改宗したバラモンやラージプート（クシャトリア：王族・戦士）、あるいは彼らから分かれたとされる王統系譜家や英雄叙事詩語りや地方の多様な音楽芸能者たちの子孫（ダーディー：後述）であることが知られている。このような改宗をめぐる問題やカーストに関連づけられる出自の問題は、今日においてもなお音楽家のアイデンティティ形成に大きな影響を及ぼしている。

---

[98] 過去に婚姻関係を結んだことのある集団のみならず、将来に向けて婚姻関係を結ぶ可能性のある同質的な集団を含んでいる。

インドではよく知られているように、セーニー・ガラーナーの流祖である楽聖ミヤーン・ターンセーンの出自はヒンドゥー・バラモンとされている[99]。また、その娘サラスヴァティー Sarasvati Devi と結婚したナウバート・ハーン Naubat Khan（ヒンドゥー名：ミシュリー・シング Miśri Singh）は弦楽器ビーンの名手であったが、その出自はヒンドゥー・ラージプートであり、父親はラージャスターン地方の王族であったとされている[100]。彼らはムスリム支配者がパトロンとなる宮廷社会において改宗せざるをえなかったが、逆にそのことが自分たちの継承してきた音楽、すなわちインド古来のラーガ音楽の伝承と社会音楽的地位の維持を可能にしたともいえるだろう。ナウバート・ハーンからその末裔ダビール・ハーン Mohammad Dabir Khan（1905-1972、ヒンドゥー名：ダヤル・シング Dayal Singh）に至るまでの約 300 年間、彼らはムスリムの名前とは別にヒンドゥーの名前を有していたと言われる［Bhattacharya 1979:226］。また、ターンセーンが作曲した 300 のドゥルパドのうち、290 はヒンドゥー教に由来し、残りの 10 のみがイスラームの影響を受けたものであるという［Bhattacharya 1979:226］。これらのことは、改宗後もヒンドゥーとしての何らかのアイデンティティを継承し、ドゥルパドやホーリー（ダマール *dhamār*）などのヒンドゥー神への讃歌を伝承してきたことと無関係ではあるまい。

　このような複雑な宗教社会的アイデンティティのもとに音楽財産を管理・伝承していくためには、婚姻戦略が重要な役割を果たしたと考えられる。すなわち、ヒンドゥー教からイスラームへの改宗に伴って近親婚（イ

---

[99] なお、ターンセーンはターン・シングの訛りであるとすればラージプート説が浮上することになるが、この説はマイナーである。

[100] ミシュリー・シングの父親はサモーカン・シング Samokhan Singh といい、カチワーハ氏族に属するビカーネル地方の王族であった［Prajnanananda 1981:187］。

トコ婚）が採用される一方で、ヒンドゥーの婚礼慣習はそのまま維持されたケースが見られるのである。例えば花嫁側（与妻者側）から花婿側（取妻者側）へのダウリー（持参財）が挙げられる。ターンセーンの娘の結婚に関連して、次のような逸話が残されている。

> ミシュリー・シングがターンセーンの娘サラスヴァティーと結婚した際、ターンセーンからダウリーとして200のドゥルパドを譲り受けたと言われている。これらのドゥルパドはターンセーンの最良の作品であった。[Singh 1995:181]

以後、セーニヤーたちは、ムスリムとヒンドゥーの婚姻関係・婚礼慣習を融合し、限られたハーンダーンやビラーダリーの中で近親婚を繰り返すようになる。このように音楽家たちが近しい親族間で結婚するのは、音楽財産の散逸を防ぐことに寄与したと考えられる。ターンセーンの子孫は、ターンセーンによる作品が納められた"秘本"をダウリーとして伝承してきたと言われており[101]、そのためには娘は外部の者と結婚しないことが重要だったという［Neuman 1978:218, n24］。

このような内婚的傾向はセーニヤーに限られたことではなかった。しかし、もし仮に同じガラーナーのハーンダーン内に息子の嫁として適した女性がいなければ、父親は他のガラーナーの女性を探す。その場合、花嫁の家族が属するガラーナーは社会音楽的地位において等しくなければならない。もし、音楽家が他のガラーナーの女性と結婚したなら、二つのガラー

---

101 ただし、そのような「秘本」の存在が確認されたことはなく、筆者も実際に見たことはない。シャージャハーンプル・ガラーナーのイルファーン・ハーンは、母方の祖先でラクナウ・ガラーナーの流祖に由来し、その師匠であるセーニヤーのバーサト・ハーンに由来する手稿を見せてもらったことがある。ただし、それがそのような秘本の一部であるかどうかは不明である。

ナーは同等と考えられてしまうのである［Neuman 1990(1980):99］。

　複数のハーンダーン間で組織的に女性を交換していけば、より大きな婚姻サークルを形成することになる。例えばアーグラー・ガラーナーのハーンダーンは何代かに渡ってアトローリ・ガラーナーのハーンダーンと女性の交換を行った結果、自分たちの社会音楽的アイデンティティをアーグラー＝アトローリ・ガラーナーと見なしているという［Neuman 1990(1980):99］。一方、前出の図3のようにドゥルパドのダーガル・ガラーナーとハヤールのキラーナー・ガラーナーが複数世代に渡る婚姻関係によって結ばれていても、まったく別のガラーナーとして認識されている場合もある。

　このようにガラーナーは、ハーンダーンを社会的単位としていると同時に、疑似カースト的な社会的カテゴリーとしてのビラーダリーを形成していることになる。したがって、「家族の威信」の上に成り立つガラーナーにおいて、ハーンダーンとビラーダリーはそれぞれアイデンティティの重要な構成要素となり、その婚姻関係についてもポリティクスの対象となり得るのである。

2-5．グル・シシャ・パランパラーとしてのガラーナー：入門儀礼と師弟関係

　北インドで「古典音楽を勉強している」というと、それがどのようなジャンルの音楽かを尋ねられる。その問いに対しては、声楽の様式名かあるいは楽器名を答えることになる。もしその相手が音楽好きであれば、次にガラーナーの所属を聞いてくるだろう。そして、師匠は誰なのか、その師匠はどこで誰に音楽を習ったのかと食い下がってくるかもしれない。中にはどうやってその師匠と知り合ったのか、どのように入門したのかその経緯について聞いてくる者もいるだろう。

　このようにして、音楽に関するアイデンティティや正統性にまつわる

データが検分されていくのである。かつてはガラーナーの正統な成員あるいは師弟関係の証として、冒頭でも示したガンダーバンダンという入門儀礼の有無もたずねられた［Sorrell and Narayan 1980:17］。今日でもガンダーバンダンを行なうガラーナーもあるが、そのような機会はかつてよりも大幅に減っている。それでは、そのガンダーバンダンとはそもそもどのような儀礼だったのか。シルバーによれば、ムスリムの師匠・先生（ustād）と弟子・生徒（shāgir）の関係や伝授される"教え（tālīm）"は、ヒンドゥーの師弟関係と多くの共通点を有しているが、その最たるものがガラーナーへの正式な入門の際に行われるガンダーバンダンであるという［Silver 1984:317］。そのなかで師匠と弟子は儀礼的な親子関係を結び、最初の授業が象徴的に執り行われる。

　世襲のサロード奏者であるイルファーン・ハーン Irfan Mohammad Khan は、ガンダーバンダンについて次のように語っている[102]。

> ヒンドゥーとムスリムではそのやり方が異なり、ガラーナーによっても若干異なるが、その考え方は基本的に同じである。師匠が弟子の右手首にガンダー（紐）を巻くことが中心の儀礼である。用意するものは、菓子、果物、豆類・穀物、衣類、金製品、現金など。ガンダーバンダンは、自分の師匠だけではなく、同門の師匠たちも招聘される。弟子は自分の師匠と他の師匠の前でほんの少しだけ演奏をする。そして、師匠たちは「私も何がしかを教えた」「彼は私の生徒でもある」と宣言する。その後、弟子は師匠に衣類、金製品、現金、菓子、果物などを捧げる。我々のガラーナーでは、師匠は甘い菓子ではなく硬いチャナー ćanā（豆）を弟子の口に入れる。このことは、入門後の修行の厳しさと師匠と弟子の結び付きの強さ

---

[102]　カルカッタのイルファーン・ハーン（ムスリム、男性、1954年生まれ）の自宅におけるインタビュー（1998年7月）に基づく。

を象徴している。そして最後に師匠が弟子の手首にガンダーをまき、儀礼は終了する。

　師弟の紐帯の証として、師匠が弟子の手首に紐を巻く行いは、バラモン司祭がヒンドゥー高カーストに対して行うウパナヤナ *upanayana* と呼ばれる人生儀礼（ヒンドゥーとして再生するための入門儀礼）と非常によく似ている [Owens 1983:181]。1965年にアーメダーバードで行われた入門儀礼を観察したシルバーは、ヒンドゥー教とイスラームの要素が結び付いた入門儀礼の詳細について次のように記述している [Silver 1984:317-8]。

　　儀礼には師匠（ムスリム）と3人の息子、男性（クリスチャン）と女性（ヒンドゥー）の弟子、そして今回入門するアメリカ人の弟子と私が参加した。男性参加者は布で頭を覆い、香が焚かれ、お盆に、紐、ココナッツ、チャナーという豆、菓子、そして薔薇の花が準備された。先生はその紐を取って香の煙に燻らせ、折り畳んだりのばしたり何度もしながら黙祷し、ガラーナーの祖先からの祝福を乞う。師匠は赤く染められ縒られた綿製の紐を入門者の右手首に巻きつける。そして、入門者は師匠の演奏通りにラーガ・ヤマンのごく短いフレーズを演奏するように促される。この儀礼化された模範指導の後に、師匠は入門者の口に菓子の断片を入れ、儀礼への参加者には菓子が振る舞われて入門儀礼は終了する。その後、入門者は師匠に101ルピーを渡した（その他に、その入門者はアメリカでのコンサート旅行を先生にプレゼントした）。

　このように、儀礼の中心はガラーナーの主要成員の前で、師匠が弟子の手首にガンダーを巻くことで、師弟関係を明示する行為である。ガラーナーによっては、入門儀礼の際にヴィーナーという弦楽器が儀礼の場に安置される。ヴィーナーはヒンドゥー教における音楽神（女神・母神）サ

ラスヴァティーの楽器で、日本で言えば弁天の琵琶に相当する。すなわち、音楽の神であり母であるサラスヴァティーが、師は隠し事なく弟子に知識を分け与え、弟子は誠実に修行に励むという、師弟間の合意の見届け人となるのである。この合意が誠実に守られない場合は、神々により罰せられるとされる［Owens 1983:181］。また別の音楽家によれば、儀礼の中で「楽器を大切にしない者には楽器をあずけません。音楽を悪用する者たちと付き合いません。楽器・音楽を金儲けのために使いません。音楽を芸妓には教えません」ということを約束させられたという［Allauddin 1982:42; McNeil 2004:158］。

なお、シルバーの描写にもあるように、入門儀礼においては少額の金銭が弟子から師匠に象徴的に渡されるが、かつて師匠は弟子から授業料のようなものを取らなかったと言われる。師匠は弟子に音楽を教えるのみならず、無償で養っていたのである。弟子は師匠によって保護されていたが、それは王を頂点とするパトロンの庇護の元に成り立つものであった。しかし、王の権力や財力が政治家や商人へと移行してゆく状況の中で、宮廷における楽師の特権的な地位は終わりを告げる。さらに20世紀中葉になると、音楽家のパトロンは学校やラジオ局などに変わってゆく。そして、徒弟的な師弟関係は、学校制度における先生と生徒の関係に変わり、全人的な信頼関係の構築は困難になっていかざるを得ない。

かつての入門儀礼に比べ、今日の入門儀礼においては、弟子の金銭的負担が大きいと言われる。すなわち、師匠に対する贈与の額が大きくなっているというものだ。イルファーンは、今日における入門儀礼のこのような傾向に対して、批判的に次のように述べている[103]。

> 我々のやり方は他のガラーナーとは異なっている。最初にガンダーバンダンがあるわけではない。まず、教える。そして弟子が基

---

[103] カルカッタのイルファーンの自宅でのインタビュー（1998年7月）に基づく。

本的なことを学んだ後に、師匠が入門許可するかどうかを判断する。入門を許すかどうかの判断は、弟子の練習態度や熱心さ、習熟度合いなどからなされる。

　それでは、師弟関係はいかなる人々の間で結ばれ、入門儀礼はどのような意味を持っていたのだろうか。今日、北インドで最も伝統的な声楽様式で世界的にも有名なダーガル一族のアミーヌッディーン Aminuddin Khan Dagar（1923-2000）は、入門儀礼の前後における社会関係の変化について次のように述べている。

　　　儀礼の前は、父と私たちは親子であった。しかし、儀礼の後は師弟となった。師匠位の継承は親から息子への明白な世襲によるものではない。息子と弟子は同じカテゴリーであり、息子とはいえ、それに値しなければ師匠位に着くことはできない。息子は弟子として師匠位を継承するにふさわしい人間であらねばならない。もし別の弟子が、師匠の息子よりふさわしければ、その地位はその弟子に行くだろう。知識は富と同じようには分け与えられない。しかしながら、息子と他の弟子の実力が同じなら、息子がその地位を得るだろう。［Owens 1983:182］

　このことから、入門儀礼によって息子は弟子となる一方、正式な弟子となった者は息子として扱われることがわかる。ただし、理想的にはそうであったとしても基本的に弟子の中核は血縁関係者である。前節でも述べたように、世襲音楽家の家系の場合における弟子とは第一に自分の息子そして兄弟の子供や孫たちである。

　イルファーンが、「父とはガンダーを結ばなかったが、叔父とは結んだ」

というように[104]、親子関係が明らかな場合は入門儀礼が省略されることもあるが、血縁関係者とはいえ、いわゆる3親等以上離れた関係の場合にはガンダーバンダンを行なう傾向にあったと思われる。職業音楽家の場合、父以外の複数の血縁関係者からも教示を受けることが、ガラーナーの音楽を修得する上でも個人の音楽性を高めるためにも重要であったと考えられる。ただし、たとえ親族であったとしても、入門以後の教示の仕方はすべて師匠の判断にまかされていた。師匠の家に住み込む内弟子ともなれば厳しい修行の道が待ち受けていたのである。

2-6. どのように伝えられ、いかに学習されたか：模倣から即興へ

　北インド古典音楽は即興性が高い音楽と言われる。同じ名前のラーガ（曲）であっても、その演奏はガラーナーごとで異なるのはもとより、同じガラーナーであっても演奏者により異なる。さらには、同じ演奏者であっても、演奏の回ごとにその内容が異なる。ラーガの解釈と表現は、最終的には演奏者の手に委ねられており、「クラシック音楽」の作品のように再現性を前提とした楽譜が存在しているわけではない【巻末資料A参照】。
　この理由は、作品の再現に音楽家の熟練と個性を見る西洋古典音楽と、ラーガの規則性の中でどのようにラーガを表現するかという実践的解釈と即興に音楽家の熟練が試されるインド古典音楽の違いにあるといえよう。ラーガの演奏には作品としての標準的な楽譜というものは存在していなかった。19世紀より前のインドでは、音楽伝承が楽譜という書伝形式ではなく師匠から弟子への口頭伝承により行われてきた。弟子は、手本となる師匠の一つ一つのフレーズの模倣を通してラーガ表現のベースを習得

---

[104]　カルカッタのイルファーンの自宅でのインタビュー（1998年7月）に基づく。

してゆく。そして、最終的に異なるラーガの演奏展開の中にみられる共通の構造と個々のラーガの個別的な特徴を実践的な暗黙知として会得しなければならない。いったん会得した音楽的実践知は演奏のヴィジョンとなり、即興を組み立てる際の引き出しとなる。すなわち模倣から即興へ至る道のりが、弟子から師匠へと変貌を遂げる道のりといえるのである。しかし、これまで見てきたようにガラーナーの音楽的実践知は誰にでも均等に分け与えられるものではなかった。しかも入門後の弟子には全人的参加が求められたのである。ナーヤルはかつてのガラーナーの閉鎖性について次のように批判的に述べている［Nayar 1989:39］。

　19世紀の後半に音楽を学んだ者はガラーナーと結婚し、特定の師匠と結びつかなければならなかった。師匠は物質的にも精神的にも弟子たちに完全な服従を求めた。内弟子は師匠の家で音楽の教授をしてもらう代わりに、師匠の身の回りの世話もしなければならなかった。学習システムは口頭であり、しかも口頭伝承であるがゆえにある種の付加と変化が不可避であった。そこにはニュアンスの再現が可能になるような楽譜システムは存在しなかったのである。あるいは師匠は自分の音楽を記述し記録に留めることを意図的に避けていたといえるであろう。
　師匠が示したことが、音楽についての最終的な判断だった。ラーガ一曲の構造やそれぞれのラーガの特質について師匠にたずねることは、不作法であり忍従が足りないと考えられた。時にそのような質問が許されたとしても、"私の師匠はこのように歌った""私の父はこのように教えた"という答えが返ってくるのが常だった。そして弟子たちは、教えられたことのみが真の伝統であり絶対的な形式として受け入れるべきものと信じ込まされた。弟子は、他の音楽と比較することや何か新しいものを創造しようとする展望はもてなかった。とにかく古いものが金であり、新しいものは歪曲であり破

壊的であるということを疑うこともできずに、ただ与えられたものを受け入れるしかなかった。

　このような指摘にもかかわらず、旧来のガラーナーにみられた師弟間の全人的な人間関係には大きな利点もあった。限られた時間に稽古をつけてもらうのみならず、師匠の傍で生活をしながら師匠の音楽を聴き、その音楽に関するさまざまな言説や社会歴史的な情報に触れることができたのである。音楽家のアイデンティティ形成は、このような全人的参加における社会的実践の中で行われてきたといってよいであろう。今日的視点から見ると「ガラーナー・システムにおける音楽の学習は、多くの利点と矛盾とのカウンターバランスの上に成り立っていた」のである［Nayar 1989:40］。

　インド独立以前、学校制度が確立する前のガラーナーの徒弟的学習のあり方がどのようなものであったか、その一端を先にも登場したダーガル一族のアミーヌッディーンの語りを通して明らかにしてみたい。以下はオーウェンス［Owens 1983:171-3］からの要約である。

　アミーヌッディーンの父ナシールッディーン Nasiruddin Khan（1890-1936）は、自分の寿命があと10年しかないという思いにかられ、そしてその通り1936年に亡くなった。そのため、アミーヌッディーンの音楽の修行は5歳の時（1928年ころ）に始まり過酷を極めた。最初の年は朝、昼、晩の各1時間ずつ1日に3時間の稽古であったものが1年ごとに3時間増え、8歳のときには1日12時間に達した。1日はスケジュール化されており、睡眠は6時間、学校での勉強と宿題に4時間。残された午前と夕刻の1時間ずつのみが唯一の自由時間だったという。そんな状況を見かねたナシールッディーンの友人の一人が「そんなに厳しくしていたら、子供たちは死んでしまうか気が狂ってしまう」と忠告すると、彼は「そんなことかまわない。音楽家としての成長の方がより重要だ」と答えたという。その厳しさは時にはしごきとなった。誤りや反抗は棍棒による体罰が待っていたのである。ある時、アミーヌッディーンへの体罰があま

りにもひどかったために、医者が呼ばれた。その医師は、「子供を強く叩くのを止めないと死んでしまう」と嗜めた。すると彼は「この子は音楽家としてしか生きられない。さもなくば死ぬしかない」と答えたという。

ナシールッディーンは、子供への愛情表現は音楽家としての発達を妨げると考えていた。もし表立った愛情を示せば、子供はその愛情に甘えるようになる。アミーヌッディーンは当時を振り返り、「子供の性質からすれば、やさしく言われれば、やりたくないことは拒む。もし、3時間練習しなさいと言っても、1時間しかしなくなる。そして父親もしぶしぶそれを受け入れることになるだろう」として、当時の修業について以下のように肯定的に回想している。

　　　もし若いうちから激しい修行をしていれば、後になって困ることはない。もし子供のころ甘やかされていれば、その後の人生は辛いものとなるだろう。[Owens 1983:173]

ただし、稽古は恐れによってのみ支えられているものではなく、報償というインセンティブも伴っていた。叱られるという思いに支配された緊張感を伴う稽古は、技術を学ばせるときにはよいが、それだけでは上達は望めない。ある程度納得できるところまで極めようとする内なる意思が育たなければ、模倣は可能でも即興に至ることはできない。アミーヌッディーンは師匠である父が亡くなったあとでも、自分で想起・反復しながら課題をやり遂げること、すなわち音楽することへの意志が自分へのインセンティブとなっていったと語っている［Owens 1983:173］。すなわち、自分に対して権威を持つ者＝師匠への信頼をベースとした「威光模倣」［モース 1976(1968):128］の元で、単に模倣を繰り返すだけでなく「学習の仕方」を学び、「音楽家になるための過程」をも学んでいたのである。

このような芸道的徒弟制における学習のあり方は、ヒンドゥスターニー音楽にのみ特殊なものではない。メリアムは、模倣が音楽学習の主要な位

置を占めると同時に、社会音楽的な再生産の基礎となることを、以下のような表現で示している。

　　　音楽家の技は、通常より管理された学習を必要とする。どのような社会にあっても、個人の自由な試行錯誤によっては、文化的慣習のほんの一部しか学べないということを付け加えてもよい。このようなやり方では、その者に対する報いがもっとも大きいか、もしくはその者にしか報いのないような習慣を学ぶにすぎないであろう。こうしたみさかいのない勝手な学習は、社会では許されない。個人はその文化のなかで正しいとか、最高のものだとか指定された行動を学ばなければならない。もちろん、こうした行為は前の世代から行われてきた学習過程の結果である。［メリアム 1980(1964):184］

　さて、これまでの節では、何が秘匿され、その"秘伝"が誰にどのくらい伝承されたのかを社会的成員性と音楽的成員性という二つの視点から検討してきた。そして本節においては、そのような音楽的実践知がどのように学習されてきたのか、模倣から即興へ、弟子から師匠へと至る学習の過程の一端について概観した。このような共同体における学習の問題については、第Ⅲ部の第12章において詳細に検討する。本章の最後に、ガラーナーの外縁と外部への広がり、すなわち正統的な成員性からだけでは規定できないガラーナーの拡大的側面の一端についても触れておきたい。

2-7. ガラーナーの外縁とその拡大：
養子、パトロン、芸妓

　ヒンドゥスターニー音楽が国民的音楽へと変貌をとげる以前のインドにおいて、ガラーナーに属さない者がヒンドゥスターニー音楽を学ぶことは極めて困難であった。また、超一流の師匠に入門し、ガンダーバン

ダからハースル・ハーサに至る道のりの険しさは、ラヴィ・シャンカル Ravi Shankar（1920-2012）の師匠であったアラーウッディーン・ハーン Allauddin Khan（1881-1972）の伝記等から読みとることができる［e.g. Allauddin 1982; Bhattacharya 1979; McNeil 1992:274-85］。非血縁の弟子がガンダーバンダとして入門を許されることは容易なことではなく、また、ガンダーバンダとして受け入れられた弟子であっても、その後の学習内容には大きな差があったのである。

事例5：例外的な非血縁の弟子の場合
　師匠のワズィール・ハーンは、アラーウッディーンが家族外の者としては最もすぐれた一番弟子と見なし、ターンセーンの一族だけに伝えられてきた音楽技法上の"秘伝"をすべて授けることを約束した。"お前にドゥルパドやダマールの歌謡、ラバーブやスルスィンガールの演奏技術や演奏様式について教えよう"と師匠は言った。しかし、師匠の一族だけに伝統的に受け継がれてきたビーンの演奏だけは教えることはできないとその約束を限定した。もし、アラーウッディーンがビーンを演奏することがあれば、自分は後継者を持つことができず、自分の家系は終わってしまうだろうと警告した。しかしながら、ビーンの演奏のあらゆる技術や様式をサロードによって表現することを許し、また、当時ほとんど用いられることがなくなっていたラバーブとスルスィンガールの演奏を教えることを約束してくれた。［Shankar 1969:55; Bhattacharya 1979:33］

　ワズィール・ハーン Wazir Khan（1860-1926）は、最も力を注いで音楽家として育て上げた長男を亡くして落胆し、最も信頼できる一部の外部の弟子にも"秘伝"を伝授したと言われる［McNeil 1992:276; Owens 1983:161］。このように、息子がいない場合や亡くした場合、また息子がいたとしても後継者としてふさわしくない場合は、母系親族や姻族、また

例外的に非親族のなかからも後継者を選定し、多くの場合は養子として秘伝を教授することもあった。現実的には、後述するようにムガル帝国後期から英領インド帝国期にかけての諸ガラーナーの発展は、このようなセーニヤーの例外的な外部の弟子たちの活躍に求められることが少なくない。

　それでは、血族でも姻族でもない「外部の者」はどのようにして、ガラーナーに入門できたのであろうか。また、ガラーナーの成員以外で音楽を学習することができたのはどのような者であったのであろうか。

　まず、音楽家の生活基盤と社会経済的地位に最も大きな影響を与えたのは、音楽家のパトロン、すなわち王族・貴族・領主たちである。音楽家はひとたび宮廷楽師として採用されれば、その職位は技芸のランクによって保証され、宮廷における音楽演奏以外は自分の修業と弟子の育成に時間を投下することができた。ただし、その地位を安定させるためには、パトロンが自分たちの音楽に常に興味をもち続けるように教育する必要があった。そして、パトロンの中には、以下の例のように、音楽好きが高じて自らが抱える楽師の弟子となり音楽の"秘伝"を伝授されることもあった。

> **事例6：部外者の例外（パトロン）**
> 　モハンマド・アリー・ハーン Mohammad Ali Khan（1834-1928）はセーニー・ラバービヤー最後の"男系子孫"であり、ラーンプルの太守とその息子チャンマン・サーヒブの音楽の師匠であった。彼には息子がなく養子を迎えたが、音楽には向かなかったので、チャンマン・サーヒブを自分の息子として音楽のあらゆるレッスンをほどこした。［Roy Choudhury 1966:116］

　上記のような事例は決して特殊なものではない。パトロンは、入門儀礼を行わなくてもガラーナーの音楽を学ぶことができた唯一の例外だったのである。パトロンはまた、お抱えの宮廷楽師に、そのハーンダーンやビラーダリーに属さない才能のある音楽家の弟子入りを推薦することもあっ

た。音楽家はパトロンからの申し出を断ることができない。しかしながら、パトロンを後見人として入門儀礼を行ったあとの弟子にどのように教えるか、あるいは教えないかは師匠の裁量次第である。事例5のアラーウッディーンも命がけでラーンプルの太守に直訴し、その推挙でなんとか入門を許されたが、その後何年もまともに稽古をつけてもらえなかった。アラーウッディーンは世襲的な音楽家の家系に属さなかったが、音楽への憧れと努力と才能によって、最終的にはセーニヤーの音楽の伝承を許された例外的な人物である。彼は、自分の息子であるアリー・アクバル・ハーン Ali Akbar Khan（1922-2009）のみならず、娘のアンナプルナ Annapurna Devi にも音楽を教え、直弟子とはいえ異教徒であったラヴィ・シャンカルに嫁がせた。娘を含む女性に音楽を教えることはタブー視されていた時代であった。

　もちろん、彼以前にもこのような例外的な音楽家がいなかったわけではない。真剣に学ぼうとする弟子たちに、その音楽を分け与えた巨匠も知られている。

事例7：例外的な巨匠

　　1832年のころ。ターンラース・ハーンは最後のムガル皇帝に仕えていた。彼は音楽について深く学んでおり、偉大なる演奏家であった。そして、その心は常に開かれており、どんなガラーナーに属する弟子に対しても音楽を教え、ターリームを分け与えた。彼の弟子がインド全土におり、今日でも音楽の世界にその名が行き渡っているのは、こういった理由なのである。［Vilayat H. K. 1959:9］

　　今から400年前、スワーミー・ハリダースとその弟子ターンセーンの時代は、ドゥルパドの4つの様式の歌手は、'サルガム（アーラープ）'についての優れた知識をもっていた。しかし、彼らはその知識を自分の子供と正式な弟子以外には決して教えなかった。し

かし、バハラーム・ハーンはあらゆるコミュニティの出身者にそれを教えたのである。［Azizuddin 2000:65-6］（括弧内筆者注。上記中の4つの様式の名前は省略した）

　ターンラース・ハーン Tanras Khan やバハラーム・ハーン Bahram Khan は、当時は低い地位と考えられていた伴奏者の家系や才能のある非職業音楽家の子供たちにも音楽を教えた。前者はデリーにおいて、後者はジャイプルでその人生の大半を過ごしたために、彼らから学んだ者の末裔はデリー・ガラーナーやジャイプル・ガラーナーを名乗ることが多い。
　さて、ガラーナーの外縁には、パトロン以外にも入門儀礼が行われずに音楽を学んだ者たちが他にもいた。それは後宮の芸妓たちなど、いわゆる「踊り子」たちであった。彼女たちはガラーナーの成員として扱われることはなく、したがって入門儀礼が行われぬまま音楽が教示された。楽師のある者はパトロンからの申し出を断ることができず、またある者はパトロンを喜ばせるためにガラーナーの音楽の一部を彼女たちに教えた。その教授内容のほとんどは、伝統的なガラーナーの音楽ではなく、より自由度の高い準古典的タイプの音楽であった。彼女たちの技芸は売春と結び付けられ、19世紀末ころから問題視されるようになる。そして、彼女たちに音楽を教え伴奏を務める音楽家もまた売春の幇助者とみなされていくのである。これらは、今日の音楽家の社会音楽的アイデンティティ形成にも大きな影響を与えていると考えられることから、次章以降において引き続き検討する。
　20世紀に入り、インド独立運動が展開される時期になると、宮廷音楽として発展を遂げたヒンドゥスターニー音楽にも大きな変化がおとずれる。ラージャ・ザミーンダール制（藩王・領主制）という、英国植民地支配のもとで地域の藩王や領主の自治が許された時代の終焉は、音楽家の後ろ盾であった宮廷社会の終焉をも意味した。植民地期から独立期にかけて音楽家のパトロンとなったのは、ベンガル地方やマハーラーシュトラ地方を中

心とする地主階層、あるいは都市の富裕層であった。そしてインド独立・印パ分離後においては、ガラーナーに属するムスリムの世襲音楽家からラーガ音楽を学んだ都市のヒンドゥー・エリート（新興中間層）が、「国民音楽」としてのインド古典音楽の大衆化を担うようになっていくのである。

　このような過渡期において音楽家を志した者の多くは、儀礼によって入門を許されたガラーナーの成員であることよりも、師弟関係を通しての音楽探究により焦点を当てている。今日世界的に活躍するサーランギー奏者ラーム・ナーラーヤン Ram Narayan（b.1927）もその一人である。彼は、それまで伴奏楽器として低い地位にあったサーランギーを独奏楽器として世に知らしめた主要人物の一人である。

> 多くの音楽家は入門儀礼とガラーナーの成員性に大きな意義を見出していたが、ラーム・ナーラーヤンはどちらも重要視していなかった。彼は二人の巨匠と入門儀礼を行ったが、彼らから学んだのはほんのわずかであり、（ガンダーを結んでいない）別の二人を師匠と考えていた。［Sorrell and Narayan 1980:17］（文中の巨匠名・師匠名については省略した。括弧内筆者註）

　インド独立・印パ分離後、ハーンダーンとビラーダリーとしてのガラーナーは弱体化し、グル・シシャ・パランパラーとしてのガラーナーが優勢になっていく。ハーンダーンに属す者とは「血」と「生業」によってガラーナーの中核を担うムスリム音楽家であった。インドは中世においてイスラームの支配を受け、多くのヒンドゥーの楽師たちがイスラームに改宗した。ところが、イスラーム支配が終焉を告げる19世紀後半からは、ヒンドゥー高カーストの人々がムスリム音楽家からヒンドゥスターニー音楽を習い、「ヒンドゥー音楽 Hindu Music」として国民音楽の形成と学校教育を担っていくことになる。したがってインド独立後は、閉じられた親族

関係（親族共同体）ではなく、開かれた師弟関係の連鎖（実践共同体）としての成員性がよりクローズアップされるようになったのは当然の成り行きといえるであろう。

| 第 3 章 |

ガラーナーによって"われわれ"を語ること

　これまでも触れてきたように、ヒンドゥスターニー音楽の最終目標はラーガの表現にあると言っても過言ではない。ラーガを最も短く定義するとすれば、「一曲を通して一貫して流れる旋律の型」ということになるが、ヒンドゥスターニー音楽においては、ラーガは演奏すべき時間帯や季節などの制約、そして演奏に適した感情や音の力などの観念的側面によっても支えられている。このような性質を有するラーガの即興演奏で問われるのは、音楽家個人の理解力・創造力・表現力、そして演奏技術であることは間違いない。しかし音楽家自身が様々な形式の談話において強調するのは、個人の演奏技術や熟練度よりも、むしろ集合的な意識としてのガラーナーの伝統と権威である。この点は、第 1 章 4 節（1-4）において既述した、「民族」範疇の議論における「名乗り」の問題と通底するものがある。

　前章までは、ガラーナーの定義と成員性について、主として分析的視点から多角的な検討を試みた。本章では音楽家の認識的視点を中心に、ガラーナーという用語・概念を用いて"われわれ"を語るその語り口について検討する。そして、今日を生きる音楽家の自己と他者に関する語りを手がかりとし、"われわれ"の語りが前近代（ムガル帝国期）から植民地近代（英領インド帝国期）に至るガラーナー形成の歴史といかなる接合関係を有しているのか、次章以降において検討を加える。

3-1. 音楽家の二つの言説：
「ハーンダーン」と「バージ」

　これまで主に研究者の分析的視点からガラーナーの定義について検討してきたが、音楽家たちはガラーナーをどのようなものとして認識しているのだろうか（FI-Q2）[105]。あるムスリムの世襲音楽家に尋ねると、

　　私の一族はみなハーンダーニ・サローディヤー *khāndāni sarodiyā* であり、サロード演奏家であった。ただし、私の父（シタール演奏家）と父の兄（ハルモニアム演奏家）のみが、それ以外の楽器を選んだ。音楽家は代々受け継がれてきた楽器を演奏する。タブラーのハーンダーン、サーランギーのハーンダーンなどがある。ガラーナーとはハーンダーンのことだ。〔グラーム・サビール〕[106]

と答えた。このように音楽演奏を世襲とするムスリム音楽家は、第1章冒頭の辞書的定義と同じようにガラーナーをハーンダーン、すなわち世襲的職業と結びついた家系ととらえる傾向にある。しかしながら、これまでも見てきたように、ガラーナーを「音楽家の家系」とシンプルに定義することはできない。そこで、音楽を世襲的職業としないヒンドゥーの音楽家の言説にも耳を傾けてみたい。

　　それぞれのガラーナーには、独特の演奏スタイルと演奏技術、音

---

[105] FI-Q2 はフォーマル・インタビューの質問項目の2番目を意味する。詳細は巻末資料Bを参照のこと。

[106] ニューデリーのネール大学キャンパスにおけるグラーム・サビール Ghulam Sabir（ムスリム、男性、1948年生まれ）へのインタビュー（1999年1月）に基づく。彼は当時ビジノールという地方都市にある大学でインド音楽（シタール・サロード）を教えていた。

の装飾の仕方がある。そして、それらのガラーナーには古くから受け継がれてきたバンディッシュ（作曲された部分）がある。これらはすべてバージ *bāj* にかかわるものである。〔ナレンドラナート・ダル〕[107]

　それは、あらゆる芸術に存在するものである。すなわち、ある集団が共有する独自のスタイルのことである。音楽に限定すれば、ガラーナーとは演奏スタイルのことである。そのスタイルは、ある家系によって受け継がれている場合もあれば、その家族以外の弟子にも受け継がれていることもある。ガラーナーには流祖がおり、その子供たちや子孫がガラーナーの中核となって形成されたもので、流祖とその子孫、弟子からなり、独自の音楽スタイルを共有するグループ全体がガラーナーということになる。〔プラッテューシ・バネルジー〕[108]

　ガラーナーとは流派である。その要件は、①独自のレパートリーとしてのラーガ、バンディッシュを有していること、②独自のサウンドを有していること、③さらに何か特別な技術を有していること、

---

[107] ラクナウのナレンドラナート・ダル Narendra Nath Dhar（ヒンドゥー、男性、1954年生まれ）の自宅およびバートカンデー音楽大学におけるインタビュー（1998年7月）に基づく。彼は当時、バートカンデー音楽大学の助教授をする一方、コンサート活動にも力を入れ、少数の生徒にプライベートで教えていた。

[108] カルカッタの自宅でのプラッテューシ・バネルジー Prattyush Banerjee（ヒンドゥー、男性、1969年生まれ）へのインタビュー（1997年12月）に基づく。調査当時は、映画音楽やテレビ、コマーシャルの音楽を担当するスタジオ・ミュージシャンとしての収入が中心であった。コンサート活動や少数の生徒に教えているが、その収入は微々たるものであるという。

そして最後に、④少なくとも三代 50 年に渡って音楽家の系譜が存続していること。それは必ずしも血縁というわけではなく、師弟関係の連鎖であってもよい。〔ビスワジット・ローイ・チョウドリー〕[109]

このように、音楽を世襲的職業としないヒンドゥー高カーストの音楽家たちの多くは、ガラーナーを流派あるいは独特のスタイル（バージ $b\bar{a}j$）を有する集団と考え、血縁関係よりも非血縁的な師弟関係に焦点を当てる傾向にある。その語り口は、第 1 章における分析的視点からのガラーナーの定義と大きなズレはない。もちろん、大都市に居住し、学校で教える立場にあるムスリムの世襲音楽家の中には、彼らと同様な観点から答える者もいる。

> ガラーナーとは演奏のスタイルである。それは血縁関係によってのみ伝えられるものではなく、グル＝シシャ（師弟）関係によって受け継がれるものである。したがって、演奏スタイルを受け継ぐ者がガラーナーの構成員となる。〔イルファーン・ハーン〕[110]

ただし、さらなる会話を重ねてゆくと、ムスリムの世襲音楽家の場合は、「実際にガラーナーのバージを十分に具現化できる者はハーンダーンの教えを受けた者」という答えに行き当たる。すなわち、家族の外部の者もガラーナーの成員になることはできるが、ガラーナーに伝わる独自のスタイルを修得できるのは血縁関係者を置いて他にないという認識がその根底に

---

109 ニューデリーの音楽学校におけるビスワジット・ローイ・チョウドリー Biswajit Roy Chowdhury（ヒンドゥー、男性、1956 年生まれ）へのインタビュー（1998 年 8 月）に基づく。彼は、デリーの音楽専門学校で数多くの学生に教える一方、数名の弟子もとっていた。

110 カルカッタのイルファーンの自宅でのインタビュー（1998 年 1 月）に基づく。

あることがわかる。このように、ガラーナーの定義に際してはムスリムの世襲音楽家がハーンダーンを重視し、ヒンドゥーの非世襲音楽家がバージを重視する傾向にあるのは当然ともいえる。この理由は、中世におけるムスリム音楽家から近代におけるヒンドゥー音楽家へのマジョリティーへの移行という歴史の中にその答えの一端を求めることができるだろう。このようなガラーナーの成立過程における宗教と音楽の関係については主に第4章と第5章で、植民地近代における楽師たちの社会的地位の変動に関しては第6章で、そして出自と婚姻、伝統や権威をめぐるアイデンティティとポリティクスの問題としては第III部の事例研究で検討する。

　さて、音楽家の言説においても「音楽家の家系（ハーンダーン）」と「音楽スタイル（バージ）」というガラーナーの二つの側面のいずれかが強調されたが、その強調の仕方は宗教や職業（世襲か非世襲か）、居住地域（都市か地方か）によっても異なっている。また、音楽家の自己と他者に関する言語行為は極めて状況依存的であり、時に戦略的であることには十分に留意する必要がある。本書おいては音楽家が社会的な言語行為によって何を成し遂げようとしているのか、その日常的実践のあり方に注目したい。

3-2. ガラーナー名をめぐる言説：
その由来と意味

　ガラーナーはヒンドゥスターニー音楽における音楽集団・社会組織の単位（流派）を表し、それぞれのガラーナーは名前を有している。その名前の多くは、その中核となる家族の祖先名あるいは流祖とゆかりの深い地名、例えばアーグラー・ガラーナー、ジャイプル・ガラーナー、グワーリヤル・ガラーナーのようにかつてヒンドゥーの藩王 *rāja* やムスリムの太守 *nawāb* によって治められていた地域あるいは都市名に由来するものが多い。ただし、流祖の名前で呼ばれるものもある。

このように組織単位としてのガラーナー名は、まず出身地や所縁の深い地域に結びつけられる。そして宮廷楽師として登用された祖先の中で、独自の音楽スタイルを確立して評判を馳せた者はデリーの〇〇・ハーン[111]のように地域と結びついた個人名で呼ばれ、その子孫がその音楽を絶やすことがなければ後にその家系は〇〇・ハーンのガラーナーあるいはデリー・ガラーナーの〇〇・ハーンのように呼ばれるようになる。ただし、同じデリー・ガラーナーを名乗っていても、同じ地域・宮廷にその所以が求められるだけで、声楽と器楽と舞踊ではその中核となる家系も演奏スタイルも別であることが多い。したがって、器楽のガラーナーであれば、例えばサロードの〇〇・ハーンのガラーナーあるいはサロードのラクナウ・ガラーナーのように呼ばれることになる。
　具体例については第III部の事例研究で詳述するが、弦楽器サロードについては今日では、4つのガラーナーが認められる。これらはすべて、かつて藩王によって治められていた宮廷の所在地あるいは都市名に由来する。すなわち、自分たちの祖先あるいは師匠の出身が宮廷楽師にあり、藩王や太守など地位の高いパトロンに雇用され保護されていたことを示唆しているのである。
　例えば流祖のニヤーマトゥッラー・ハーン Niyamatullah Khan（1809-1911）から数えて4代目のグルファーム・アフメド・ハーン Gulfam Ahmed Khan（b.1956）は自分たちのことをラクナウ・ガラーナー、エナーヤット・アリー・ハーン Enayet Ali Khan（1790-1883）から数えて

111　ハーン Khān（カーン Khān と表記されることもある）は、もともとは遊牧民の族長の称号（カン：汗）であったが、イスラーム世界に入って諸王を意味するアミール Amīr やマリク Malik と同義に用いられた。インドではラージプートなどの戦士がイスラームに改宗した場合に名乗ったケースも多くみられるが、ハーンを名乗っている者が族長やラージプート起源ということではない。ヒンドゥー教からイスラームに改宗した楽師の一族がハーンを名乗るようになったケースも少なくない。

第3章　ガラーナーによって"われわれ"を語ること

5代目のイルファーンは自分たちのことをシャージャハーンプル・ガラーナーと称する。その理由は、グルファームの場合、流祖がラクナウ宮廷においてセーニヤーに弟子入りし、そこで宮廷楽師となったことに起源を求め、イルファーンの場合は父方の家系がシャージャハーンプルの楽師であったことに"名乗り"の理由をあげている。

　また、流祖グラーム・アリー・ハーン Ghulam Ali Khan（生没年不明）から数えて4代目のアムジャド・アリー・ハーン Amjad Ali Khan（b.1945）は曾祖父がグワーリヤルの藩王から住居を与えられたことからグワーリヤル・ガラーナーを[112]、アリー・アクバルとその息子のアーシシ・ハーン Ashish Khan（b.1939）は流祖のアラーウッディーンがマイハル藩王国の楽師長であったころからマイハル・ガラーナーを名乗っている。

　ラクナウとグワーリヤルはそれぞれウッタル・プラデーシュ州（U.P. と省略）とマディヤ・プラデーシュ州（M.P. と省略）の中心都市であり、歴史的にも音楽センターとして栄えたポピュラーな地名であるのに対して、シャージャハーンプルは U.P. 州の同名県の地方都市であり、マイハルも M.P. 州の地方都市である。

　ラクナウにはハヤール（声楽）、タブラー（太鼓）、カタック（舞踊）の3つのジャンルのガラーナーが知られているが、サロードの家系がラクナウ・ガラーナーとして紹介されるケースは稀である。そのため研究者などからは、サロードのラクナウ・ガラーナーはブランドシャハル・ガラーナーとして言及されることが多い。ニヤーマトゥッラーの子孫の多くがデリーに近いブランドシャハルを本拠地としていたからである。

112　近年ではセーニー・バンガシュ・ガラーナーという、祖先の氏族名（バンガシュ）を名乗っていることが多いようである。本例は地域名を名乗らない珍しいケースであり、この理由の考察については、第Ⅲ部で取り上げることにする。

また、イルファーンの父によれば、グワーリヤルとの関係を強調するグラーム・アリーのサロードの家系も実は「シャージャハーンプルに根を下ろした家族の一つ」であったという［Miner 1997(1993):140］。

バートカンデー音楽大学のサロード科の教授ナレンドラナート・ダルによれば[113]、

> ラクナウやグワーリヤルにおいてはサロードのガラーナーは広く認知されていないので、開祖の名にちなんで、それぞれニヤーマトゥッラー・ガラーナー、グラーム・アリー・ガラーナーと（流祖の名前で）呼ぶべきである。（括弧内筆者注）

と主張する。また、ダルと同じく、グラーム・アリーの流れに属するカリヤーン・ムケルジーは[114]、

> アラーウッディーンはマイハルの藩王の音楽の師匠であり、その意味でマイハル・ガラーナーの流祖であることは間違いない。しかし、ガラーナーの三代理論からすれば、アラーウッディーンの父親やその家系が音楽家ではなかったことから、その子供であるアリー・アクバルや弟子のラヴィ・シャンカルはガラーナーを名乗れないことになる。仮にマイハル・ガラーナーが成立するとしても、それは孫のアーシシ・ハーンからであろう。ただし、世間の人々はアラーウッディーン、アリー・アクバル、ラヴィ・シャンカルとい

113　ラクナウのダルの自宅でのインタビュー（1998年7月）に基づく。
114　カルカッタのカリヤーン・ムケルジー Kalyan Mukherjea（ヒンドゥー、男性、1943年生まれ）の自宅におけるインタビュー（1997年8月）に基づく。彼は幼少のころからサロードでインド音楽を学んだが、大学で数学を専攻しカリフォルニア大学で教師をしていた。同時に、アメリカやインドでコンサート活動を行い、数人に弟子にシタールを教えていた。

う巨匠たちの音楽世界への貢献を認めて、彼らのことをマイハル・ガラーナーと呼ぶかもしれない。

という。

このようにガラーナー名の一つをとっても、音楽家の間では"われわれ"の名乗りと"彼ら"の名付け、あるいはその見解には隔たりがあり、アイデンティティをめぐる政治性、すなわち権威と正統性の問題が潜んでいる。また、第1章で検討したガラーナーの定義・要件についても、研究者の分析的視点の一部（三代条件など）が共有されていることがわかる。なお、上記のダルとムケルジーは音楽演奏を世襲としないヒンドゥーの高カーストの出身であり、インド独立後に音楽を学んだ者たちである。このように、ガラーナーについての語りは、その社会音楽的立場によっても微妙な差異がみられるのである。

3-3. 北インドにおける音楽家の位置づけ：
音楽ジャンルとカースト

ここでインド社会における音楽家の位置づけを明らかにしておきたい。日本語の音楽家、英語のミュージシャン musician に対応する北インドの言葉は、サンスクリット語を起源とするヒンディー語のサンギートカール *sangītkār*、あるいはペルシャ語を起源とするウルドゥー語のムースィーカール *mūsīqār* であろう。サンギート・ケ・カラーカール *sangīt ke kalākār* と言えば、サンギート *sangīt* は音楽に、カラー *kalā* は芸術に相当する概念であるから、「音楽芸術家」と何とか訳出できそうである。これらの言葉は比較的近年になって、音楽に関係するフォーマルなヒンディー語のスピーチなど特定の状況下において使用頻度が高まってきたものの、日常生活において耳にする機会はそれほど多くはない。今日都会においてより多く用いられているのは英語から借用した「ミュージシャ

ン」であって、独立前のインドにおいて音楽家一般を指し示す言葉として共通に用いられていた現地語はなかなか見あたらないのである［Erdman 1978:360-1; Neuman 1974:99, 1990(1980):89］。

　南アジア北西部において、音楽で生計をたてる専業音楽家は、「自ら好んで音楽の道に入った者たち」と「世襲としての音楽業に従事する者たち」の二つに区別することができる。インド独立前における非世襲音楽家の例としてあげられるのは、世襲音楽家のパトロンであった王侯・貴族・領主などのいわゆる支配カーストの者たちである。彼らの中には趣味としての音楽が高じて人前でも演奏するようになった者や、何らかの理由で音楽家に転じた者たちがおり、イスラームが支配的な地域などではアターイー *Atāī* やショーキヤ *Shauqiya/Shoukin* などと呼ばれる［Ranade 1990:13; 村山1998:94］[115]。

　一方、「世襲としての音楽業に従事する者たち」の出自や職能は多様であるが、寺院や聖廟に属して神のために音楽を捧げていた者たちの末裔や、王を頂点とするパトロン（ジャジマーン *jajmān*）のためにパフォーマンスを行っていた系譜家や英雄語りたちの末裔に分類が可能である。かつて特定のパトロンのために音楽を演奏していた世襲音楽家の地位は、そのパトロンの社会経済的地位と連動していた。王や貴族・戦士に奉仕する宮廷楽師たちの社会的地位は高く経済的にも安定がもたらされたのに対して、カーストが低いパトロンに奉仕する者たちや、定まったパトロンをもたず日銭を求めて放浪する者たちの地位は極めて低かった。今日でも地方においてはこのような状況に大きな変化はない。したがって、前章でも触れたように祖先がヒンドゥー教からイスラームに改宗した人々のハーンダーンにおいては、改宗前のカーストが改宗後のアイデンティティ形成にも少なからぬ影響を及ぼすことになる。またムガル帝国期にインドに移住してき

---

[115]　アターイーは今日の南アジアのイスラーム世界では「素人」「非世襲」の意味で用いられることもある。

た外来ムスリムであっても、インド社会においてはその職能によってカースト的位置づけがなされることになる。

　音楽芸能を世襲的職業とする人々の社会音楽的カテゴリーは実に多様で、その自称・呼称は状況依存的である。例えば声楽家に相当する言葉で考えてみよう。一般に歌手はガーヤカ *gāyaka*（男性）やガーイカ *gāyika*（女性）などと呼ばれる。この言葉は歌うことを意味するサンスクリット語のガーイ *gāy*、ヒンディー語のガーナー *gānā* から派生した言葉で、中立的に「歌う者」あるいは「歌うたい」を現している。しかし、この言葉は、そのコンテクストに応じて「歌で生計を立てるもの」や「パトロンの讃歌を歌う者」の意味で用いられることもあり、もし「〜屋」を意味するワーリー *wālā/wālī* をつけてガーネーワーラー *gānewālā* やその女性形のガーネーワーリー *gānewālī* のように用いられると「うたい屋」となり、蔑みの意味があからさまになる［Ranade 1990:11-12］。一方、ガーワイヤー *gāvaiyyā* と言えば理論と実践を備えた男性の芸術音楽家・声楽家となり、尊敬の意味が込められる。

　さらに、歌手に対して一般的に用いられるガーヤカではあるが、具体的にどのようなカテゴリーの音楽にたずさわるかによってその呼称が異なる。例えば、ヒンドゥー寺院で宗教歌を歌う者はキールタンカール *kīrtankār*、ムスリム聖者の讃歌を歌う者はカッワール *qawwāl*、宮廷音楽で最も伝統的様式とされたヒンドゥー神讃歌を起源とするドゥルパド形式に従う声楽家はヒンドゥーとムスリムの区別なくドゥルパディヤー *dhrupadiyā*、というように宗教・歌唱様式の違いによって呼び名が異なる。一方、器楽においてはビーンカール *bīnkār*、シターリヤー *sitāriyā*、サローディヤー *sarodiyā* などのように演奏する楽器の名前によって呼ばれていた。

　なお、北インド古典音楽における声楽家は器楽奏者よりも、器楽奏者の中では主奏者は伴奏者よりも概して地位が高かった。また、サーランギーやタブラーなどの伴奏者たちは踊り子など売春と結びつく芸妓たちに音楽を教えたことから、社会音楽的地位はさらに低く位置づけられた。そ

のためか、伴奏打楽器タブラーの奏者は一般にはタブリヤー *tabliyā* と呼ばれたが、タバルチー *tabalchī* という蔑称も存在していた［Neuman 1990 (1980): 90］。

　一方、都会を離れて地方に行けば、民俗音楽の演奏を中心とする職業世襲の音楽家は、〇〇・ランガ *Langa*、〇〇・マーンガニヤール *Māṅgaṇiyār*[116] などのように出身コミュニティ名によって呼ばれ、〇〇・ドーリー *Dhōlī* のようにカースト名が世襲の演奏楽器名（ドール *dhōl*）と一致していることも少なくない。このようなカースト名には通称のほかにも尊称と蔑称が存在する。なお、女性で声楽や舞踊に携わる者は、総じて「踊り子 *nautch*/dancing girl」あるいは、タワーイフ *tawā'if* やドームニ *domni* と呼ばれた。そして、時にその言葉には売春が含意され、差別的に使用されることもあった[117]。

　このようにインドでは音楽家のカテゴリーと呼称は社会的地位と結びつき、宗教、音楽ジャンル、出身コミュニティ、パトロンの地位、性別、表現様式（声楽・器楽・舞踊）、演奏上での役割（主奏者／伴奏者）などによって細分化されていた。一方、同じ呼称であっても都市と地方、また地域が異なれば、その意味合いや職務内容が大きく異なる場合がある。したがって、ガラーナーという用語・概念を用いて"われわれ"を語ることは、多様な音楽カテゴリーを古典音楽に限定し、宮廷楽師としての自分たちの正統性と権威を示すことに関係していると考えられる。

　それでは、音楽家たちはその正統性と権威をガラーナーの何に求め、自分たちをどのように表現し差別化しようとしているのか。彼らの"われわれ"の語りに耳を傾けてみたい。

116　マーンガニヤールの語幹であるマーンガノー *māṅgaṇo* には「乞う」という意味がある［Kothari 1994: 205］。
117　女性音楽家の位置づけについては、第5章および第6章参照。

3-4. ガラーナーの"名乗り"と"名付け"

　北インドにおいて音楽家が自らを語るときには、師匠との関係やガラーナーの伝統を資源とすることになるが、その前にガラーナーの"名乗り"が欠かせない。例えば、大都市に居住する弦楽器サロード *sarod* の演奏を職業とするプロの音楽家にガラーナーの帰属をたずねると（FI-Q3）[118]、

　　　われわれはセーニー・ガラーナー *Senī-gharānā* だ。そしてシャージャハーンプル・ガラーナーである。〔イルファーン・ハーン〕

　　　セーニー・ラーンプル・ガラーナーに属している。私の師匠はラーンプルで高名なセーニヤー *Seniyā* から音楽を学んだ。〔シャラン・ラーニー〕

といった答えが返って来る[119]。

　セーニーとは先述したように、ムガル帝国第3代皇帝アクバル（在位1556-1605）の九宝の一つに数えられた伝説的宮廷楽師ミヤーン・ターンセーンの名にちなむもので、セーニー・ガラーナーとは彼の子孫であるセーニヤーとその弟子筋のことをさす。

　イルファーンの祖先は、アフガニスタンのカーブル近郊から北インド中部のシャージャハーンプルにやってきたムスリムで、世襲的なサロード演奏の家系（*khāndāni sarodiyā*）に属し、祖先がターンセーンの子孫からラーガ音楽を学んだことからセーニー・ガラーナーを名乗っている。一方、

118　FI-Q1 はフォーマル・インタビューの質問項目の1番目を意味する。詳細は巻末資料 B を参照のこと。

119　イルファーンはカルカッタ（1997年12月）、シャラン・ラーニーはデリー（1998年8月）において、いずれも自宅でのインタビュー調査に基づく。

シャラン・ラーニー Sharan Rani Backliwal（1929-2008）は裕福なヒンドゥーのカーヤスタ Kāyastha[120] であり、職業世襲の音楽家の家系ではないが、彼女の師匠のアラーウッディーンがターンセーンの子孫の直弟子であったことから、自らもセーニー・ガラーナーを名乗っていた。

　このように二人は宗教・出自・カースト等が異なり、音楽系統的にも別のガラーナーの成員（gharānedār）であるにもかかわらず、究極的にはセーニー・ガラーナーであることを主張するという点で共通点を有している。また、セーニー・ガラーナーの"名乗り"は、この二人のサロード奏者のみならず、シタールなどの主奏弦楽器奏者の多くからもなされている。このように、ガラーナーの"名乗り"に関する言語実践は、社会音楽的地位のナイーブな表現にとどまらない行為遂行的な実践であり、それが目指すものは集合的な意識形成であるという特徴を有している［cf. 内堀 1989:35］。さらに、イルファーンのようなサロード演奏を世襲とするムスリム音楽家は、「宮廷楽師の家系であること」や「何代にもわたって著名な演奏家を輩出してきた家系であること」「最も古典的なドゥルパド形式の器楽主奏者の家系」はもとより、「（ヒンドゥー教からの改宗者ではなく）アフガニスタンから移住してきたスンナ派パターン人で、もともとは軍人・軍楽者の家系」であること、「一族の女性は音楽に関係しない」ことなどを積極的に表示する。これらの言説には、ガラーナーの社会音楽的アイデンティティと結びつくキーが隠されている。

　一方、このようなガラーナーの"名乗り"とは別に、他ガラーナーへの"名付け"ともいえるインフォーマルな言説が存在する。例えば、世襲音楽家の婚姻関係についての聞き取り調査の際に、他のガラーナーについて言及されたものとして、「彼らはミーラースィー mīrāsī であり、ドーム

120　カーヤスタは書記カーストとも呼ばれ、古典的にはバラモンの事務的補佐を行っていたとされるが、地方では土地を所有のドミナント・カーストを形成し、都市部では商業で成功した裕福な家族が多い。

ḍom である」という言説がある。ここでいうミーラースィー＝ドームとは、音楽的には主として伴奏者の家系を、社会的には下層の職業カースト（ジャーテイ）を意味しており、そのようなカテゴリーあるいは「カースト」で呼ばれることは古典音楽のガラーナーの構成員を自認する音楽家にとって侮蔑的な扱いとなる。ここでの"名付け"においては、他者を固定的なカテゴリーに分類あるいは名付けることによって自己のアイデンティティを確立しようとする「同一性の政治学 identity politics」が潜んでいると言えるだろう［cf. サイード 1992, 1993(1978); 小田 1996］。

ところが、弦楽器サロードのガラーナーの婚姻関係をたどって、デリーやカルカッタ、ラクナウなどの大都市を離れ、地方都市で行った聞き取り調査においては、自らのガラーナーをミーラースィーと名乗る声がある。北インドの中西部の地方都市に在住する、あるサロード演奏家（ムスリム）の妻にその家系とガラーナーの帰属を尋ねたところ、

  夫はサロード演奏を世襲とする家系（*khāndānī sarodiyā*）である。私の父と祖父はハルモニアム奏者だった。私たちはミーラースィーのガラーナーである。〔F.K. (b.1956)、女性、ウッタル・プラデーシュ州 B 市在住〕

という回答がなされた[121]。

ここでの「ミーラースィー」とは、ハルモニウム harmonium（オルガンに似た小型の鍵盤楽器）などの伴奏者の家系を意味すると考えてよいだろう。自分たちを「ミーラースィー」と名乗る彼女の躊躇のない語り口には自分達の伝統的職業に対する誇りさえ感じられた。その一方、地方の村落社会においてミーラースィーは、異なるニュアンスをもつ。例えば、

---

[121] ウッタル・プラデーシュ州 B 市の自宅におけるインタビュー（1998 年 7 月）より。

音楽芸能の宝庫であり、「ジプシー」の源郷としてもしばしば言及されるインド北西部のラージャスターン州には様々な世襲の音楽集団がいる[122]。マーンガニヤールは、そのようなムスリムの音楽集団の一つである。ハルモニウムを演奏し歌う彼らの一人にジャーティ *jāti* [123] をたずねると、

> 自分たちの祖先は、ジャイサルメールの王族であるバティ・ラージプートのために音楽演奏していた。自分たちはミーラースィーであり、ウスタード *ustād* のガラーナーである。〔N.K.（b.1942）、男性、ラージャスターン州 J 市近郊在住〕

という回答がなされた[124]。

バティ・ラージプートはジャイサルメールの王族の家系であり、かつては多くの宮廷楽師を抱えていた。彼がミーラースィーと自称するのは、かつてはそのような支配カースト付きの楽師であったことを示そうとするためであろう。また、ウスタードは教師・巨匠を意味する言葉であるが、彼がウスタードのガラーナーという時、それは宮廷の踊り子たちに音楽を教えていたこと、あるいは彼女たちの伴奏を行っていたことを示そうとしていると推測される。

ラージャスターンにおいて、それぞれのコミュニティの出身者は3つの呼称をもつといわれる。一つは尊敬すべきもの、二つめは一般的で通常呼ばれているもの、三つめは軽蔑的で品位を貶めるものである。例えば

122　ラージャスターンの音楽集団については、Bharucha［2003:chap.10］などを参照のこと。

123　マーンガニヤールやランガのサブ・カーストを表す現地語（*jātī, khamp, nakh*）とその概念に関する問題についてはニューマンら［Neuman, Chaudhuri and Kothari 2006］を参照のこと。

124　ラージャスターン州のジャイサルメール Jaisalmer でのインタビュー (2008年2月) より。

ミーラースィーは尊敬すべき、マーンガニヤールは一般的、ドームなどは軽蔑的なものとなる［Kothari 1994:205-6］。

　このコンテクストにおけるミーラースィーとは支配カーストをパトロンとし、冠婚葬祭時にその家族の系譜を披露し音楽を演奏する者を意味し、ドームとは社会の底辺に位置づけられ物乞いのために音楽を用いる芸能者のカーストを意味すると考えてよい。すなわち、同じ音楽を生業としていても、高カーストの定まったパトロンに召抱えられているか、不特定多数を相手にして日銭を稼いでいるかによってその社会的地位が異なっているのである。ちなみにマーンガニヤールやランガなどムスリムの音楽芸能者は、古典音楽の伴奏を務めるミーラースィーたちからは同等には扱われておらず、ドームとして位置づけられることもある。

　このように、"われわれ"の"名乗り"と"名づけ"、そしてその語り口に関しては、大都市と地方都市、さらに地方村落において差異がみられる。都市における古典音楽の世界ではミーラースィーは低く見られる傾向にある一方、村落に暮らす民俗音楽の世界ではミーラースィーは尊称にもなる。そして、古典音楽および民俗音楽の世界のいずれにおいてもドームは蔑称とされるのである。

　音楽家たちが「われわれはセーニー・ガラーナーだ」「彼らはミーラースィー＝ドームだ」「私たちはミーラースィーだ」と言うとき、そこには北インド古典音楽の社会的世界における自己と他者の認識、すなわち音楽家の社会音楽的アイデンティティにかかわる重要なキーが隠されているように思われる。

　それでは、セーニー・ガラーナーとミーラースィー、あるいはガラーナーとカーストの間にはいかなる距離（含意）があり、それはどのようにして生じたのか。この問題を明らかにするためには、まずガラーナーという概念によって自分たちを語る以前の音楽家のカテゴリー、すなわちガラーナーの起源あるいは母体について探る必要があるだろう。

| 第 4 章 |

ガラーナーの社会史① ムガル帝国前期

中央宮廷における音楽的権威の形成

　前章においては、音楽家がガラーナーという概念を用いて"われわれ"と"彼ら"を語るその語り口について記述した。そこではセーニヤー、そしてミーラースィー、ドームなどといった音楽家のカテゴリーとその差異が強く意識されていた。本章から第 6 章までにおいては、そのような"われわれ"を語るという日常的実践の一つのあり方が、歴史的広がりの中にどのように接合されているのかを検討する。すなわち、それらのガラーナーの母体となった社会音楽的カテゴリーがいかに形成され表象されてきたのか、またそのようなカテゴリーの前近代（デリー諸王朝期～ムガル帝国期）におけるモビリティと、植民地近代（英領インド帝国期）におけるカーストの分類と序列化が音楽家のアイデンティティ形成にどのような影響を及ぼしているのかという問題について探求する。

　なお、本書において用いる時代区分は下表〔表 1〕の通りである。本章では主としてムガル帝国前期まで、次章の第 5 章ではムガル帝国後期に

表 1：時代区分

時代区分	年代	
デリー諸王朝期	1206-1526	中世～前近代：イスラーム支配時代
ムガル帝国　前期	1526-1707	（ムガル帝国前期はバーブルからアウラングゼーブまで、後期はアウラングゼーブ以降）
ムガル帝国　後期	1707-1858	
英領インド帝国期	1858-1947	植民地近代：英国支配時代
インド独立期～現代	1947-	ポスト植民地近代

ついて、そして第 6 章では英領インド帝国期における社会音楽的な状況と音楽家のカテゴリーについて検討する。

4-1. デリー諸王朝期におけるガラーナーの 4 つの起源
（社会音楽的カテゴリー）

　ベンガルの有力な領主・地主層の出身で、複数のムスリム音楽家のパトロンとなり、自ら弟子となってラーガ音楽を学んだ人物に B. K. ローイ・チョウドリー Birendra Kishore Roy Choudhury（1905-1975）がいる。

　彼は、ヒンドゥスターニー音楽とミヤーン・ターンセーンの系譜についてまとめた書物の中で、「音楽家たちが著名なガラーナー、すなわち世襲的音楽伝統を有する特別な家系であり、偉大な教師とその弟子たちによって創造され受け継がれてきた音楽スタイルを有する流派に属することを宣言するようになったのは、音楽会議がポピュラーになったこの 20 年間[125]のことである」[Roy Choudhury n.d.:25] という注目すべき発言を行っている。すなわち、ガラーナーが家系と流派という二つの側面を有する音楽集団であり、そのような意識化された概念によって自分たちを語り始めたのは 20 世紀に入ってから、しかも全国的音楽会議がポピュラーになってからのことであるというのである。

　このことは、「今日知られているガラーナーは 19 世紀前半以前に遡るものではなく、20 世紀に入る前までガラーナーという用語は流通していなかった」[Neuman 1978:187] とするニューマンの主張とも一致する。さ

---

[125] 本書の出版年は不明（未記載）であるが、1950 年代の出版と推定される。ラーガ音楽の伝統に属する宮廷楽師たちは、全国的規模の音楽会議や演奏会への参加がガラーナーのアイデンティティ化に大きな影響を与えたと考えられる。

らに、インド音楽の近代化に尽力した音楽学者バートカンデー[126]Vishnu N. Bhatkhande（1860-1936）を中心とする全インド音楽会議 All India Music Conference（以後、AIMC）の開催が、1916 年の第 1 回（バローダ Baroda）から 1925 年の第 5 回（ラクナウ）であったことなどを考慮すると、ガラーナーが一般に注目され、音楽家がガラーナーという用語・概念を用いて"われわれ"を語るようになったのは 1920 年～1930 年代以降と考えられる。このことは、ムスリム音楽家が多数参加した第 2 回会議の報告集［AIMC 1918］や第 3 回会議の報告集［AIMC 1919］において、音楽家の出身地あるいは所属宮廷（州）の表記はなされているもののガラーナーという用語を用いては紹介されていないこと、また、1920 年代に書かれたヒンドゥスターニー音楽の概説書［e.g. Fyzee-Rahamin 1990 (1925); Popley 1986 (1921); Rosenthal 1990 (1928)］にガラーナーという言葉が見当たらないことからも傍証される。ただしこのことは、ガラーナーという用語・概念が音楽家やそのパトロン、研究者など専門家の間でそれまで全く用いられていなかったことを意味するものではない。

　さて、その一方で B. K. ローイ・チョウドリーは、ガラーナーというものが近代になって突然出現したのではなく、その起源は北インドのヒンドゥー統一王朝がイスラームに敗れた直後のデリー諸王朝期 Delhi sultanate（1206-1526）にまでさかのぼると考えた[127]。彼の説を整理すれ

---

[126]　バートカンデーは北インドを代表する音楽学者の一人である。サンスクリット文献の研究に加え、インド各地の学者や音楽家を訪ね歩いて情報交換し、ガラーナーに伝わるラーガ音楽を採集していった。ラーガに関する理論を整え、音楽大学の設立に尽力し、音楽教育に携わる多くの人材を育てた。その詳細は第 7 章参照のこと。また、その功績や評価等については、Bakhle［2005］や Nayar［1989］などを参照のこと。

[127]　彼は、ガラーナーの起源について、まずは「アラーウッディーン・ハルジーの統治時代（1290-1320）にまでさかのぼる、二つの主要なガラーナー（カラーワントとカッワール）を考慮すべき」としている［Roy Choudhury

ば、ガラーナーの起源は以下の4つのカテゴリーにまとめられるであろう［Roy Choudhury n.d.:26-7］。

1) カラーワント *Kalāwant*[128]
2) カッワール *Qawwāl*
3) ダーディー *Ḍhāḍhī*
4) ミーラースィー *Mīrāsī*

この「第1のガラーナー（カラーワント）」と「第2のガラーナー（カッワール）」の違いを端的に言えば、前者は主にヒンドゥーの音楽伝統に基づくドゥルパド歌謡、後者はイスラーム神秘主義の影響が強いカッワーリー歌謡を主演目とするカテゴリーといえる[129]。また「第3のガラーナー」であるダーディーは、かつては英雄讃歌や軍楽に携わっていた音楽家のカテゴリーと考えられている。B. K. ローイ・チョウドリーは、さらに宮廷における女性歌手と踊り子の増加とともに彼女たちの伴奏を務める楽器奏者たちから「第4のガラーナー」が形成されたとしている。ただし、ここでいう「ガラーナー」とは、今日のガラーナー形成の基盤（母体）となったかつての社会音楽的カテゴリーであることには注意が必要である。

問題は、B. K. ローイ・チョウドリーはどのような資料に基づいてガラーナーの起源を特定したのか、カラーワント、カッワール、ダーディー、ミーラースィーという音楽集団のカテゴリーが具体的にどのようなもので、今日のガラーナーといかに結びつくのか、という疑問には答えてくれないことである。彼の言う「ガラーナー」あるいはガラーナーの母体となった社会音楽的カテゴリーの起源は、北インド最期の統一ヒンドゥー王朝がイスラーム軍に敗れ、インド音楽とペルシャ音楽の融合に寄与したとされる

---

n.d.:25］。

128 *Kalāvant* とも表記される。
129 イスラーム神秘主義とカッワーリーについては、Qureshi［1986］や田中［1990］を参照のこと。

アミール・フスロー Amir Khusrau（1253-1325）[130]が活躍した時代を含む、デリー諸王朝期以降にヒンドゥー教からイスラームに改宗した集団に求められている。しかし、その当時の音楽に関する資料はある程度は残されていても[131]、その当時の音楽と社会、そして音楽にかかわる人々のコミュニティの詳細について具体的に知ることができる資料はなかなか見当たらないのである。

　そこで、インドにおけるイスラーム支配が確立されたムガル帝国期（1526-40, 1555-1856）の歴史資料をもとに、ガラーナーの母体となった音楽家のカテゴリーとそれらの社会音楽的地位の変化についてさぐってみたい。この時期は、インド音楽の最大の権威ともいえるセーニー・ガラーナーが形成されると同時に、北インド古典音楽が発展をとげた重要な時代でもある。そこで、ムガル帝国期の宮廷音楽と楽師たちのカテゴリーを考察するために、主として以下の3点の歴史資料をもとに考察を加える。

　ムガル帝国前期の歴史資料として、第3代皇帝アクバル（在位1556-1605）の宮廷記録家であったアブル・ファズル Abu al-Fazr Allami（1551-96）が残した『アーイーニ・アクバリー *Ā'īn-i Akbarī*（アクバル会典）』から音楽関連事項の抽出と分析を試みる[132]。また、ムガル帝国中期の資料として、第6代皇帝アウラングゼーブ Aurangzeb（在位1658-1707）時代の官僚であったファキールッラー Faqirullah が、主として第5代皇帝

---

[130] フスローはトルコ系イスラーム教徒の父とヒンドゥー貴族の出自をもつ母との間に生まれ、奴隷王朝、ハルジー朝、トゥグルク朝の三王朝に仕えた文官。カウルやタラーナ *tarāna*、ハヤールなどのイスラーム起源の声楽様式を発展させ、シタールなどの弦楽器の原型を考案した人物として知られている。

[131] この時代の最も著名な音楽理論書は13世紀にシャールンガデーヴァ Śārṅgadeva によって書かれた『サンギータ・ラトナーカラ（音楽の宝）*Saṅgīta Ratnākara*』であろう。

[132] 本書では Blochmann（vol.I）と Jarrett（vol.II-III）のペルシャ語からの英訳をもとに、Phillott が編集したバージョンを用いた。

シャー・ジャハーン Shah Jahan（在位 1628-1658）の時代の音楽シーンについて記録した『ラーガ・ダルパナ Rāga Darpaṇa（ラーガの鏡）』を参照する[133]。そして最後にムガル帝国の末期に、北インド中部に位置するアワド王朝（1720-1856）最後のナワーブで、音楽と舞踊をこよなく愛したワージド・アリー・シャー Wajid Ali Shah（1823-87, 在位 1847-56）の廷臣であったイマーム Hakim Mohammad Karam Imam が、1850 年代までの王都ラクナウとその周辺の諸宮廷を中心とする音楽シーンについてまとめた『マーダヌール・ムースィーキー Ma'dan āl-mūsīqī』を参照する[134]。

4-2. ムガル帝国前期における楽師カテゴリーの編成：中央宮廷への楽師の集中と安定

　ムガル帝国の第 3 代皇帝アクバル（在位 1556-1605）から第 6 代皇帝アウラングゼーブ（在位 1658-1707）に至る約 100 年間はムガル帝国の黄金期であり、宮廷音楽を中心にヒンドゥスターニー音楽の基礎が出来上がった時代といってもよいだろう。なかでも第 3 代皇帝となりインドに根を下ろしたアクバルは、イスラーム以外の宗教にも寛容で[135]、無類の音

---

[133] 本書は、1661 年から 1665 年の間に完成されたとされている［Halim 1945:355］。本書では Sarmadee が英訳と訳注を施しイントロダクションを加えた『Tarjuma-i-Mānakutūhala & Risāla-i-Rāgadarpaṇa』を参照した。

[134] 本書ではウルドゥー語からの英訳版［Imam 1959(1856)a & Imam 1959(1856)b］を用いた。

[135] アクバルは王城内に「信仰の家」（イバーダト・ハーナー）を建て、ヒンドゥー教徒はもちろんのこと、イスラームのスンナ派やシーア派、ジャイナ教徒、ゾロアスター教徒、キリスト教徒などを集め自由に宗教論争を行わせ、また 1582 年には諸宗教を折衷した「神の宗教」（ディーネ・イラーヒー）を創始した。

楽好きであった。アクバルは音楽家を政治的取引や和睦の印としても活用し、インド内外の優れた楽師たちを自らの宮廷に結集させた。

　初期のムガル帝国における音楽とその組織化の一端は、『アクバル・ナーマ *Akbar Nāma*（アクバル年代記）』の補完をなす、『アーイーニ・アクバリー』からうかがい知ることができる。『アクバル・ナーマ』が編年体形式で事件を叙述しているのに対して、『アーイーニ・アクバリー』はテーマ別に記述されているという特徴がある。本書は全3巻からなり、当時の音楽とその演奏者に関する記述を数多く含んでいる。そこには、音楽に関連する部分が3箇所あり、それぞれ、

1) 王権と軍楽
2) 宮廷楽師
3) 音楽理論、楽器、楽師のカテゴリー

について記述されている。

　まず、**王権と軍楽**に関する部分は、宮廷軍楽隊の機能と楽器の構成などが記述の中心である［Allami 1994(1873):vol.I, 52-4］。打楽器と管楽器の編成からなる軍楽隊は出陣および凱旋、戦時における兵士の鼓舞などにその機能を果たしたが、平時においては皇帝の外出や謁見、また一日の日の出・日の入りなど定められた時間にも演奏を行っていた。彼らの待機場所はナッカーラー・ハーナー *Naqqārāh khāna* あるいは、ナウバート・ハーナー *Naubāt khāna* と呼ばれ、さまざまな種類の打楽器と管楽器の演奏者たちが数十人規模で控えていた[136]。ナウバートの語源は「当番」「順番」「交替」「変遷」などを意味するペルシャ語のノウバ（*nawbah*、複数形はノウバート *nawbāt*）に由来し、西アジアにおける音楽用語としては、

　　a) 室内で演奏される古典音楽の形式名で一種の組曲

---

[136] 太鼓の名前としてはダママー *damamā*、ナッカーラ *naqqārā*、ダフル *duhul* などが、管楽器としてはカルナー *karnā*、スルナー *surnā*、ナフィール *nafīr* など今日のインドでも使用されているものが挙げられている。

b) 野外音楽の形式ないし楽器編成あるいは軍楽隊

として用いられ、後者はイスラーム世界において定時の礼拝時限を四方に広く告げる意図で演奏された［柘植 1988:294］。また、その楽器編成はノウバート・ハーネ[137]と呼ばれた。

アッバース朝（750-1258）[138]のノウバは、宮廷で音楽家が定められた日に順番にイスラームの旋法であるマカーム $maqām$[139]を曲の形式で歌ったものとされる。インドにノウバをもたらし、カッワーリーの祖とされるアミール・フスロー（1253-1325）のころには4楽章から構成され、中央アジアのティムール朝（1370-1506）にも5楽章からなるノウバが伝承されていた［柘植 1988:295］。これらのことから、ティムールの子孫を自負するアクバルもこの演奏形式・軍楽形式に親しんでいたと推測される。なお、現在のイスラーム神秘主義の歌謡であるカッワーリーは、神・予言者・聖者を賛える言葉かからはじまるノウバの最初の楽章が旋律にのせて歌われるようになったものである［c.f. Ahmad 1984:131-4, 新井 1989:220-1;］。

次に**宮廷楽師**[140]であるが、その項目には36人の名前と属性（出身／専門）がまとめられている［Allami 1994(1873):vol.I, 680-2］。その筆頭は、こ

---

[137] タフルハーネ、ナッカーレハーネ、メヘテルハーネとも呼ばれた。トルコの軍楽は現在でもメヘテルと呼ばれている。

[138] アッバース朝は中東地域を支配したイスラーム帝国第二の王朝。最盛期には東は中央アジア、西はアフリカのモロッコまで支配した。アッバース朝の宮廷には多くの学者・文人とともに優れた音楽家が集められ、音楽家の地位も高まったという［柘植 1996:157］。

[139] マカームはアラビア～ペルシャで発達したメロディーに関する概念で、リズム周期の概念であるイーカーアと並んで西アジアの音楽理論の根幹をなしている［柘植 1996:160］。

[140] アーイーニ・アクバリーをペルシャ語から英語に翻訳したブロックマンは、Imperial Musicians（帝国楽師）と翻訳している。ペルシャ語による実際の表記はコニヤガラン $khoniyagaram$ であり、その原義は「美しい調べを奏でる者」である［Erdman 1978:361］。

れまで本書の中で何度も登場しているミヤーン・ターンセーンで、「この千年間このような音楽家はいなかった」［Allami 1994(1873):vol.I, 681］と書き添えられている。36 人の内訳は、ターンセーンを含めグワーリヤル出身の楽師が 15 人（うち声楽 12 人、器楽 3 人）、アーグラー 1 人（声楽）、マールワー 1 人（声楽）、アフガニスタン・ペルシャ・中央アジアなど外国起源の楽師が 14 名（うち声楽 3 人、器楽 11 人）、そして出身地ではなくダーリー Dhārī というカテゴリーで記されている者が 5 名である。ちなみに 36 人の宮廷楽師の中には、アクバルとの戦いに敗れて捕虜となったマールワーのかつての支配者も含まれていた［cf. Allami 1994(1873):vol.I, 473-4］。彼はその音楽のスキルゆえに宮廷楽師として生きながらえたのである。

　このうち、出身地と命名法からインド起源と推定される宮廷楽師は 16 名。そのほとんどはグワーリヤル出身のドゥルパド歌手であり、ムガル宮廷入りの後にイスラームに改宗したと考えられている。なお、5 人のダーリーのうち 4 人が歌詠者、1 人がカルナー karnā と呼ばれるラッパ状の管楽器の演奏者であった。このカルナー奏者は軍楽長も兼ねていた［Wade 1986:98］。4 人のダーリーと呼ばれるカテゴリーの歌詠者がどのような内容の詩歌を歌っていたかは記述されていないが、軍楽あるいは英雄賛歌に関係する楽師の総称であったと推測される。なお、冒頭の B. K. ロイ・チョウドリーが挙げたダーディーとダーリーの関係については後述する。

　最後に、**音楽理論、楽器、楽師のカテゴリー**であるが、第 3 巻の歌謡芸術（Saṅgīta）についてまとめた 7 節からなる章があり、音楽ジャンルや楽師／楽士のカテゴリーに関する記述も含まれている［Allami 1994 (1873):vol.III, 260-73］。まず、著者のアブル・ファズルは、サンギータというサンスクリット語に由来する言葉を「音楽と舞踊を伴う歌謡芸術である」と定義した上で、ラーガを基調とする歌謡にはマールガとデーシーという二つのジャンルがあり、マールガは神々や偉大な聖仙たちに帰せられる気高いスタイルで、土地が異なっても変わることなく最大の敬意をもっ

て吟詠されるのに対して、デーシーは地域的な特色が大きいとしている [Allami 1994(1873):vol.III, 265]。この記述によれば、マールガとデーシーは序論（2）でもふれたように、宗教的／世俗的、全体的／部分的、古／新、という今日の大伝統／小伝統という分類概念と重なり合う部分を有しているように思われる。

興味深いのは、マールガの達人はインド中部のデカン地方に多く、デーシーの中でもっとも洗練されたものとしてドゥルパド歌謡を挙げ、それがグワーリヤルの王マーン・シング・トーマル Man Singh Tomar（在位 1486-1517）[141]や、グジャラート Gujarat の王マフムード・シャー Mahmud Shah（在位 1458-1511）[142]の宮廷で発展したと述べていることである[143]。すなわち、今日ではマールガあるいは大音楽伝統に分類されているドゥルパド歌謡が、当時はデーシーすなわち小音楽伝統として扱われていたことがわかる。このことは、それぞれの時代における記述者の定義の違いによる相違、あるいは前近代まではデーシーとして扱われていた音楽ジャンルが植民地近代以降になってマールガの範疇として扱われるようになった事例として捉えることが可能である。あるいは、歴史的文脈が変わればその音楽が属するカテゴリーやメタファーが変わる可能性を示す一つの事例と言えるであろう。

さらに著者は、ドゥルパドなどインド各地の歌謡についても解説しつつ、楽師のカテゴリーについても次のように解説を加えている。

---

[141] マーン・シング・トーマルは、自らが歌手としてドゥルパド形式の歌謡を洗練させたとされている。

[142] マフムード・シャーはグジャラート王朝最強の支配者であった。

[143] ドゥルパド歌謡の内容は、ヒンドゥー神（特にヴィシュヌ＝クリシュナ神）への讃歌として寺院で発達したハヴェーリー・ドゥルパド *havelī dhrupad* と、王への讃歌として宮廷で発達したダルバーリー・ドゥルパド *darbārī dhrupad* の二つに分類される。ドゥルパドの音楽的・歴史的背景については Ahmad [1984] や Srivastava [1980] などを参照のこと。

カラーワントたちは系譜家というより一般に知られる著名なドゥルパド歌手である。ダーディーはパンジャーブ地方の歌手でダッダ Dhadda やキンガラ Kingara も演奏する。彼らは主に戦場において英雄賛歌を朗誦し、戦士たちを鼓舞する。カッワールはこのクラスに属するが、デリーとジャウンプル Jaunpur のスタイルに従い、ペルシャの詩句を定まった様式で歌う。[Allami 1994 (1873):vol. III, 271-3]

　このうち、カラーワント、カッワール、ダーディー（ダーリー）は、先の B. K. ローイ・チョウドリーがガラーナーの起源（母体）として指摘していた4つのカテゴリーのうちの3つに相当する。なお、これらの他に様々なカテゴリーの音楽芸能者とその演奏・演技等についても記録されている[144]。

　この記述からわかることは、カラーワント（字義的には「芸術 kalā を有する者 vant/want」＝芸術家）はヒンドゥー教の神々や英雄への讃歌であるドゥルパド歌謡を専門とする歌手で、かつては寺院付きの歌詠者あるいは王族付きの系譜家・詩人の家系であったということである[145]。そして、カラーワントはアクバルの時代にすぐれた楽師に授与されるタイトルであったものが、第4代皇帝ジャハーンギール Jahangir（在位 1605-27）

---

[144] 全部で17のカテゴリーが挙げられている。カラーワント、カッワール、ダーディー以外のカテゴリーは、ペーカール Pekār、サハカール Sahakār、フルキヤー Hurkiyā、ドーマニヤー Domaniyā、テーラタリー Teratalī、ナトワ Natwa、キールタニヤー Kīrtaniyā、バグティヤー Bagtiyā、バワイヤー Bhawaiyā、バーンド Bhānd、ナト Nat、バフルピー Bahurupī、バージガル Bājigar の14である。

[145] ラージプートを中心とする王族付きの系譜家・詩人はバート Bhāt やチャーラン Chāran と呼ばれた。バートはバラモン起源を主張し、チャーランはラージプート起源を主張する傾向がある。

以降はそのタイトルが世襲されるようになっていったと考えられている［Imam 1959(1856)a:14, Erdman 1978:361］。

　それに対し、ダーディーは出征の前あるいは戦場において英雄賛歌を吟詠することで戦士を鼓舞するほか、戦場での先導役・伝令役も兼ねており、ダッダ[146]やキンガラなどの楽器の演奏者でもあった［Allami 1994 (1873):vol.III, 271］。ボー Joep Bor は、ダッダは太鼓であり、キンガラはサーリンダー *sārindā*、サローズ *saroz*、チカーラー *chikārā* などの小型の弓奏楽器であったと推測している［Bor 1987:62］。そしてカッワールもダーディーとほぼ同様な職能クラスであったが、ダーディーがヒンドゥーの歌詠者あるいは器楽奏者であったのに対して[147]、カッワールはムスリムの英雄や聖者の詩歌を歌う者であったことがわかる。

　ファキールッラーがまとめた『ラーガ・ダルパナ』には、4～8行で作曲され、神や英雄、勇敢な戦士の賛歌、戦争での出来事などを題材にしたカルカー *Karkhā*[148] という音楽ジャンルについてのくだりがある［Faqirullah 1996:117］。第5章で詳述するが、ムガル帝国末期に書かれた『マーダヌール・ムースィーキー』のなかで、筆者のイマームはこのカルカーを歌っていたダーディーこそが最も古い音楽コミュニティの出身者で、その起源はラージプート Rājpūt であったとしている［Imam 1959(1856)a:18］。

　よく知られているようにラージプートは、古代のクシャトリアの子孫を主張する戦士のカーストで、その勢力はインド北西部のラージャスターンからほぼ北インド全域に及ぶ。彼らは、神話・叙事詩に結びつけられる始

---

[146] ダーディーが演奏したがゆえにダッダと名付けられたのか、ダッダを演奏したことからダーディーと呼ばれたのか、ダッダは太鼓の音を連想させるが、ダーディーとダッダの関係は定かではない。

[147] 今日のラージャスターンにおけるダーディーの状況については、ニューマンら［Neuman and Chaudhuri 2006］が詳しい。

[148] かつてのカルカーにおいては、ラーマーヤナやマハーバーラタ、また地方の英雄叙事詩が含まれていたのではないかと推測される。

祖を有し、スーリヤ（日種族）、チャンドラ（月種族）、アグニ（火種族）の3系統に分かれ、さらにその種族はいくつかのクランとリネージに分かれている。このようなラージプート起源を主張する者には、王朝をうち立てたリネージの末裔もいれば、ラージプートに使えた職能者の末裔もいると推測されている。また、何らかの理由で土地を失い、ラージプートのコミュニティから分かれて音楽演奏を生業とする職能者となり、地位を下降させたグループもいると考えられる[149]。ラージャスターンの英雄神の絵解き語りを生業とするボーパ[150]のある者は、彼らのかつての最も重要な機能として、ラージプート武将が出征する夜に、勇敢な英雄（祖先）の偉業を語り聞かせて戦場に送りだしたことをあげている［沖浦 1985b:74］。おそらくは、ダーディーの伝統的職能の一部は、ボーパなどにも共有・継承されていたのであろう。

　ここで、ムガル帝国の宮廷楽師として登場するダーリーと、インド北西部におけるヒンドゥー英雄譚（叙事詩）の歌唱者であるダーディーの関係について考察しておきたい。ダーディーは叙事詩の朗唱や英雄讃歌の歌唱を行うヒンドゥー起源の職能者であった。一方、ダーリーは軍楽に関わる主にムスリムの楽師であった。おそらくは、宮廷内においてはペルシャ語が一般的に用いられていたことから、ダーリー *Dhārī* は、ダーディー

---

[149] シングによれば、「デリーのドームは、ナヤク・カーストに属する世襲の音楽家兼系譜家であるが、自分たちの祖先はラージャスターンのシェカワティー地方のラージプートで自らをラナ（王族）と名乗っている」［Singh 1998:vol.VI, 865］という。

[150] ボーパ *Bhōpa* は、ラージャスターンの英雄神パーブージー *Pābūjī* の非バラモン司祭であり、パル Par と呼ばれる大型の絵図に描かれたパーブージー生涯と偉業について、ラーヴァナハッター *Rāvanhatthā* という弓奏楽器を演奏しながら男女ペアで歌い物語る歌い物語る職能カーストである。彼らは、結婚式の祝い事や病気の治療祈願のほか、かつては戦争の出征前夜に戦士たちに英雄神の偉業を語り聞かせる役割を担っていたという［沖浦 1985b:74-5］。ボーパについての詳細は、Bharucha［2003:chap.4］などを参照のこと。

Ḍhāḍhī というヒンディー語系統の言葉のペルシャ語訛り(ヒンディーの dh の音はペルシャ系の言語を母語とする人々にとっては発音しづらかった)と考えられる [Nahata 1961:27; McNeil 1992:61]。このように、当時のダーディーとダーリーはその社会音楽的ジャンル(英雄語りか軍楽か)と宗教(ムスリムかヒンドゥーか)は異なるものの、戦士や軍隊を鼓舞するという共通の役割を担っていた。北西インドのラージャスターンからパンジャーブ地方にかけて広く分布していたヒンドゥーのダーディーのうち、音楽に優れた者たちがムガル宮廷に登用されてイスラームに改宗し、ペルシャ系の訛りでダーリーと呼ばれるようになったのであろう。以後、本書においては、便宜的にダーディーを統一用語として用いることにする。

このようにアクバルを中心とする初期のムガル帝国の帝都・宮廷には、インド内外の諸地域からさまざまなジャンルの楽師が集められ、異なる音楽様式の出会いによって今日の北インド古典音楽の基礎が形成されていったと考えられる。とりわけ、アクバルの宮廷楽師のトップに君臨したターンセーンとその子孫の貢献は不可欠であった。

4-3. 音楽的権威セーニヤーの誕生とその系譜

北インドの音楽家、特に弦楽器演奏者にガラーナーの帰属を尋ねると必ずと言っていいほど言及されるのがセーニヤーである。これまで何度か触れたように、セーニヤーとはアクバルの九宝の一つに数えられるカラーワントの筆頭で、各地の宮廷から集められた宮廷楽師 36 人の頂点にあった楽聖ミヤーン・ターンセーンの子孫をさす。ガラーナーの正統性は、まずラーガの知識と演奏技術の継承に求められることは、第 2 章のガラーナーの成員性においてすでに検討済みである。どんなに歌唱や器楽演奏にすぐれた音楽集団であっても、ことラーガ音楽の演奏となると一族の誰かがセーニヤーあるいはカラーワントの弟子となって学ぶ以外になかった。弦楽器のガラーナーのほとんどが、流祖とセーニヤーのつながりについて言

及するのはそのためである。

ターンセーンは実在の人物であるが、その生涯や音楽生活については不確かな部分も少なくない。ターンセーンの生涯について書かれたものは多々あるが〔e.g. Avtar 1987:63-67; Bhattachariya 1979:223-7; Srivastava 1980:132-5; ブリハスパティ 2001(1979)〕、バッチャーリアに基づき通説を要約する次のようになる〔Bhattachariya 1979:223-7〕。

写真1：グワーリヤルにあるミヤーン・ターンセーン廟　　　　　筆者撮影（1987年9月）

彼の本名はラームタヌー・パンデー Ramtanu Pandey と言い、グワーリヤルに住むヒンドゥー・バラモンの家に生まれた〔写真1〕。幼少のころにドゥルパド形式の歌手として有名だった叔父の家に預けられ音楽教育を受け、最終的にはヒンドゥー教の聖地であるヴリンダーバン Vrindaban で伝説的な聖者であり歌手であったスワーミー・ハリダース Swami Haridas の弟子となった〔写真2〕。

彼は一度聞いたメロディーを自分のものにしてしまう才能の持ち主であったという。その名声は広がり、30代半ばにして現在のマディヤ・プラデーシュ州一帯で随一の音楽家として認められ、レーワー Rewa の王ラーム・チャンド Ram Chand Vaghail の宮廷楽師としてその土地に落ち着き結婚した。その後も彼の名声はさらに広がり、ムガル帝国のアクバルの耳にも達した。アクバルはラーム・チャンド王に、彼を自分のところによこすか、さもなくば戦うかの二つに一つの決断を迫った。王は戦いを決心したが、平和を望んだラームタヌー・パンデーは自ら進んでアクバルの宮廷に入り[151]、ミヤーン・ターンセーンと呼ばれるようになった。しかし、

---

[151] 『アーイーニ・アクバリー』には、ラーム・チャンドはアクバルの申し出を

写真2：ヴリンダーバンの森で、スワーミー・ハリダース（右）の歌を聴くターンセーン（中央）とその後ろに立つアクバル
（作者不明。1750年ころに書かれたジャイプル＝キッシャンガル・スタイルの細密画）。出典：http://en.wikipedia.org/wiki/Tansen

彼はアクバルに心を開こうとはしなかった。気をもんだアクバルは当時随一の美女と評判の高かったメヘルンニサ Meherunnisa を接近させた。彼は彼女と結婚して後にイスラームに改宗したという[152]。ちなみにミヤーン・ターンセーンのミヤーンとはミスターに相当するペルシャ語の敬称であり、ターンセーンは「波の主」を意味する[153]。

次のドゥルパドの歌詞はターンセーンの作品として今日に伝承されているものの一つである[154]。

あたりの自然はすべて生命と群葉に満ち
風は吹き　種々の花々は豪奢に咲き誇る

断ることができず、多くの楽器と贈り物とともにターンセーンを当時の帝都アーグラーに送り届けたとある［Allami 1994(1873):vol.I, 445］。

152　ターンセーン自身は改宗しておらず［Srivastava 1980:133］、次世代以降の子孫が改宗したという説もある。

153　ターンセーンの名称には異説がある。ターンセーンは本名ではなくタイトルと考えられるほか、ターン・シン Tan Sin、ターン・シング Tan Singh などの諸説がある［Srivastava 1980:133］。後者が正しいということになれば、それはラージプートの命名法に近く、バラモン出身ではないことになる。

154　ラーガヴァン編著の『楽聖たちのインド』所収の「ターンセーン」からの翻訳［ブラハスパティ 2002(1979):343-4］を参考に一部修正。

カッコウ、オウム、孔雀、鳩、喉を鳴らすチャータカ鳥
あらゆる鳥が喜びに溢れ歌いだす
新しい命と彩りが大地に降り注ぐ
キンノール、リーサール、ビーン、そしてムリダングから [155]
音楽が弾けだす
芸術の女神サラスヴァティーに対する敬意として
ミヤーン・ターンセーンは言う
今こそ、ラーガ・バイラヴのアーラープを始めるとき
朝に対する神聖で静かな祈りとして

　ターンセーンは最初のヒンドゥーの妻との間に二男一女を、メヘルンニサとの間に一男をもうけたとされる。特に最初の妻との間の娘サラスヴァティーがラージプートのビーン奏者ミシュリー・シングと結婚して分岐した系譜と、メヘルンニサとの間に生まれたビラース・ハーン Bilas Khan の系譜の二つがヒンドゥスターニー音楽の権威を形成し、20世紀後半まで存続した。本書では、第2章でも述べたように、ターンセーンの子孫たちをセーニヤーと呼び、彼らの非血縁の弟子を含めた音楽集団をセーニー・ガラーナーと呼んで区別している。セーニヤーは、ヒンドゥー神への讃歌をルーツとする声楽様式ドゥルパド [156] を宮廷音楽として独自に発展させると同時に、器楽ではインド古来の弦楽器であるビーン bīn と中央アジアに広く分布する弦楽器ラバーブ rabāb をインド音楽演奏のために改良したインディアン・ラバーブ Indian rabāb の演奏を専門としたことは既述の通りである [157]。そして、ビーンの演奏を中心とする系譜（ミ

155　これらは楽器名で、最初の3つは弦楽器、4つ目のムリダングは伝統的な両面太鼓である。

156　ドゥルパドとそのルーツと考えられるプラバンダ形式やその歌詞等の詳細についてはスリヴァスタヴァ［Srivastava 1980］などを参照のこと。

157　ビーンは北インドにおける弦楽器ヴィーナー vīnā の呼称。古代の古文献に

シュリー・シングとサラスヴァティーの系譜）はセーニー・ビーンカール *Senī-bīnkār*、ラバーブの演奏を中心とする系譜（ビラース・ハーンの系譜）はセーニー・ラバービヤー *Senī-rabābiyā* と呼ばれるようになった。

　言葉・歌詩を有する声楽とは異なり、器楽においては楽器ごとの構造的特性[158]に応じたラーガ表現が重要となり、宗教的な葛藤は薄まる。ビーンやラバーブなどの器楽によるドゥルパド様式のラーガ・アーラープはセーニヤーを中心とするカラーワントによって発展・完成をみたものであると考えられ、その音楽的知識は秘匿の対象となった。また、ガットにおける変奏の際のホームベース的役割を果たし、それぞれのラーガの規則と特徴が最もコンパクトにまとめられたバンディッシュ（主題部分）もまた秘匿の対象となった[159]。ラーガ音楽を極めたガラーナー代々の巨匠たちによって作曲されたバンディッシュは門外不出の「聖宝（sacred treasure）」[Nayar 1989:80][160]、すなわち秘曲・秘伝あるいは「音楽財産」としてガラーナーに蓄積されてゆくと同時に、第2章でも触れたように婚姻に際しては贈与の対象となっていったのである。

　　も記述があるインド古来の撥弦楽器で、フレットが固定された竹棹の両端に共鳴体としての「ふくべ」が取り付けられている。一方、ラバーブは主としてアジアのイスラーム圏に見いだされる胴体に皮革が張られた弦楽器（撥弦楽器であることも擦弦楽器の両方がある）で、インディアン・ラバーブは北インドに持ち込まれたラバーブの一種がラーガ音楽演奏のために独自に発展・改良されたものである。また、サロードはアフガニスタンに特有なアフガーニ・ラバーブが改良されたものである。

158　楽器はその構造的・形質的特性などにより音域や演奏法が異なる。低音域のゆっくりとした表現に特質を有すもの、高音域で早い速度での演奏を可能にするものなど様々である。

159　注92も参照のこと。

160　ドゥルパドのダーガル・ガラーナーの末裔であるワーシフッディーン・ダーガルは、「バンディッシュは最後の段階で教授されるもの」とコメントしている（2003年1月デリーの自宅におけるインタビューにて）。

セーニヤーたちは、声楽では流祖から伝わる伝統的声楽様式であるドゥルパドの歌唱を、器楽では伝統的弦楽器であるビーンあるいはラバーブを用いたドゥルパド様式の弦楽奏法を男系子孫にのみ伝授し、"外部の弟子"には18世紀後半以後に主流となったスルバハールやスルスィンガールあるいはシタールやサロードを教えた[161]。セーニヤーはこのように近現代におけるヒンドゥスターニー音楽の成立に不可欠な存在であったにも関わらず、音楽家の子孫を今日に残すことができなかった。セーニー・ラバービヤーはモハンマド・アリー・ハーン（1834-1927）とその孫の死をもって、セーニー・ビーンカールはダビール・ハーン（1902-1972）の死をもって、約400年続いた宮廷楽師の家系を閉じてしまった。今日ではドゥルパドやビーンの演奏はダーガル一族を除けばほんの一握りである。ラバーブに至ってはその演奏者は皆無である。彼らが後の世代に残したのは、「外部の弟子」に教えた新しい形式の音楽、すなわち声楽ではハヤール、器楽ではシタールやサロードの音楽であった。

4-4．ヒンドゥー教とイスラームの音楽観と楽師の改宗
　　（なぜムスリムがヒンドゥー神讃歌を歌うのか）

　第3代皇帝アクバルから第5代皇帝シャー・ジャハーンの約100年の統治の間に、現在のヒンドゥスターニー音楽の基礎となる宮廷音楽のスタイルが築かれ、各地の地方宮廷にもその音楽が浸透していった。ムガル帝国文化の特徴は、アクバルの祖先である中央アジアのティムール朝文化が内包していたイスラーム文化の世俗化を推進し、多様な文化領域が発展したことにある［佐藤1998:193-204］。アクバルの宗教に対する「寛容と融和」の精神は音楽の領域においても発揮され、継承されて行ったのである。
　さて、これまでムガルを中心とするイスラーム宮廷における音楽と楽師

161　スルバハールとスルスィンガールについては、注93を参照のこと。

のカテゴリーについて述べてきたが、宗教と音楽の関係についても触れておきたい。

　ヒンドゥー教の祭事においては、音楽や舞踊は欠かせぬものであり、神々への奉納の対象であり信仰の手段ともなっている。このようなことから、インド音楽の起源はバラモン教の聖典の一つであるサーマ・ヴェーダ Sāmaveda に求められることが多い。それは、4つあるヴェーダの中でもサーマ・ヴェーダの詠唱がとりわけ音楽的だからであろう[162]。しかしながら、祭式において詠唱されるサーマ・ヴェーダと今日の古典音楽の間に直接の関連性を見出すことは容易ではない。むしろ、ヴェーダの詠唱以外で音楽的発展を遂げたジャンルについての探求が必要であろう。そこで、礼拝に用いられ神聖で神秘的な特質が付与されたヴェーダの詠唱、すなわちサーマガーナ sāmagāna よりも、供犠（yajina）の際に王や領主などの供犠祭主（yajamāna）への賛辞として歌詠されたサーメターラ sāmetāra との関連が注目される［Srivastava 1980:7］。サーメターラはサーマガーナよりは威信にかけるものと考えられていたが、このジャンルが音楽的に多様な発展を遂げて行ったと推測される。

　サーメターラと直接の関係は不明だが、神々に捧げる聖なる音楽としてのガーンダルヴァ gāndharva と非ガーンダルヴァとしてのガーナ gāna という領域が古くから知られていた[163]。ガーナは広義には音楽全般を意味するが、狭義には世俗的な音楽領域である。ガーンダルヴァは「神々のための音楽」で時代が変わっても変化するこことのない音楽であることからマールガ（神聖なもの）とも呼ばれ、ガーナは「人間のための音楽」で時代や場所、権力者や人々の好みや地域によって変化することからデーシー

---

[162] 4つのヴェーダは儀礼における機能が異なっており、それぞれ別の司祭集団によって管理されていた。

[163] ガーンダルヴァの概念は紀元4世紀ころまでに編纂されたバーラタの『ナーティヤ・シャーストラ』に登場している［Srivastava 1980:8］。

（世俗的なもの）とも呼ばれるようになる［Srivastava 1980:8］[164]。今日の古典音楽のなかで最も伝統的とされるドゥルパド歌謡は、神話的世界を歌舞音曲によって舞台上で表現したドゥルヴァー *dhruvā* や、神々や英雄の叙事詩の吟詠が音楽的発展を遂げたプラバンダ *prabandha* を起源とし、寺院や宮廷でのドゥルヴァー・パダ *dhruvā-pada* から発展を遂げたと考えられている。ドゥルヴァー *dhruvā* とは「定まった形式」を意味し、パダ *pada* は「言葉」を意味することから、「定まった形式で唱えられる言葉」ということになる。かつてドゥルヴァーやプラバンダはデーシーと考えられたが、ドゥルパドが登場するとそれらはマールガの領域とされ、18世紀に入って新たにハヤールがポピュラーになると今度はドゥルパドがマールガを代表する音楽と考えられるようになったのである［cf. Srivastava 1980:8］。

　プラバンダやドゥルヴァー・パダは、神々や王への讃歌であり、英雄（祖先）たちの偉業を含むことから、系譜家・宮廷詩人の職能と結び付いていた。ゴンダ Jan Gonda は王統系譜家の役割について次のように記述している。

　　　統治者とその祖先への賛辞を歌い上げる系譜家は、王権を強化するという職能を有しており、王室には欠くことのできない存在であった。賛辞の内容は歴史的真実と考えられ、その魔術的なパフォーマンスの効果は、聞く者に（祖先の）力を継承させ、再び活気を取り戻させるものであった。その特別な職能は王統を管理することと、賛辞を唱えることにあった。これらの系譜家はヴェーダ時代にはすでに王室の一員となっていた。リグ・ヴェーダには、詩人・歌手たちによって作詞・作曲された賛辞への対価として王族た

164　マールガとデーシーの概念は紀元6～9世紀ころに編纂されたとされるマタンガの『ブリハッデーシー』に登場している。

ちが報償を授けたことが示されている。司祭的な歌手である'バラモン'は王室に奉仕し、支配者はダルマシャーストラやアルタシャーストラを含むイティハーサ（法・政治や歴史的教訓）にも耳を傾けなければならなかったのである。［Gonda 1969(1966):46-7］（括弧内筆者注）

　また、音楽は権力の象徴的表現であると同時に不吉なものを遠ざけると考えられた。例えば、ヒンドゥー王権においては、王が象に乗って市中を行進する時は楽師を同行させた。音楽は宗教儀礼に用いられ、邪悪な力を遠ざける手段であり、系譜家、バラモン、市民たちの厳かな歓呼や、太鼓や管楽器や他の楽器が奏でる祭りの音楽は、王から罪悪を取り除くとも言われていたのである［Gonda 1969(1966):56］。王の行進における太鼓や管楽器の演奏はイスラームにおいても共通しており、ムガル帝国において採用されていた軍楽との共通点を見出すことができる。
　ただし、イスラーム世界において歌舞音曲は「禁止行為（ハラーム ḥarām）」ではないが[165]、推奨はできない「忌避行為（マクルーフ makrūh）」とされ［大塚ほか 2002:234］、デリー諸王朝などインドにおける初期のイスラーム王朝では軍楽等を別とすれば消極的にしか認められてなかった［佐藤 1998:197］。それが13〜14世紀に3つの王朝に仕えたアミール・フスローの活躍もあり、しだいにインド・イスラーム宮廷文化の中心を担うようになる[166]。特に、西アジアの演奏形式ノウバや旋律形式マカー

---

[165] ただし、1979年のイラン革命直後、最高指導者ホメイニーは音楽をハラームとした。「音楽は麻薬や酒と同じく、人の感性を刺激して理性的な判断を麻痺させる」としてテレビ放送から音楽番組を排斥し、公開演奏会を禁じた［大塚ほか 2002:234］。

[166] トゥグルク朝（1325-1351）のスルタンは、「ナウチ nautch」を含む音楽演奏を好んだという［Bhanu 1955:19］。

ムを取り入れた音楽は総じてカウル qaul と呼ばれ[167]、カウルにしたがう歌詠者はカッワール qawwāl と呼ばれるようになっていった。アミール・フスローは、イスラーム神秘主義（チシュティー Cishtī 派）の聖者ニザームッディーン Nizamuddin Auliya の弟子であり、カッワーリー Qawwālī の創始者であるとも考えられている[168]。カッワーリーは今日、主として聖者廟で演奏され、その歌詞の内容は神や預言者、聖者に対する讃歌となっている。

アミール・フスローはヒンドゥーのダーディーたちの一部をイスラームに改宗させたと言われる［Singh 1998:2299］。とくに、13 世紀頃に、アミール・フスローの指導のもとにイスラームに改宗し、ムスリムの預言者や聖者の賛歌を歌うようになった者は、カッワール・バッチェー qawwāl bachche（カッワールの子供たち）と呼ばれるようになった［Qureshi 1986:99］。そして、彼らの中からも北インド古典声楽の一形式であるハヤールを歌う楽師の系譜が生まれたと推測される。

これまでも何度か触れたように、インドにおけるムスリム世襲音楽家の多くがヒンドゥー教からの改宗者の子孫である。音楽家のイスラームへの改宗は 13 世紀のアミール・フスローの時代から 17 世紀後半のアウラングゼーブの時代前後にかけて顕著であったことがうかがえる。

カラーワントはアクバルの宮廷に仕えた傑出した楽師に与えられたタイトルであったが、彼らの多くはヒンドゥーからの改宗者であった。カラーワント、すなわち 4 つのドゥルパドの様式に従い、アクバルからタイトルを与えられた者たちはイスラームに改宗前のカーストに基づき、ガ

---

[167] カウルとカッワーリーの関係については Halim ［1945:359, n1］などを参照のこと。

[168] ニザームッディーン廟におけるカッワーリー演奏の実態については小牧［1993:204-5］が参考になる。

ウル・ブラーマン Gaur Brahman[169]とタク・スルタン Tak-Sultan[170]とい う二つの系統 khamps に分かれるという［Neuman and Chaudhury 2006:278］。 前者はバラモン出身の寺院付き音楽家あるいは王室付き司祭（プローヒタ purohita）、後者はラージプート出身の系譜家であり英雄讃歌の吟詠者の 末裔と推測される。

インドの古典声楽のアトローリ・ガラーナーの巨匠であったアラー ディヤ・ハーン Alladiya Khan（1855-1946）は、その自伝『私の人生 My Life』の中で、自分たちがヒンドゥーからの改宗者の子孫であるこ とを告白している［Azizuddin 2000:95-6］。その祖先はデリーにも近いア ヌプ Anup という地域を支配する領主の王室付司祭兼歌手をしていたが、 シャー・ジャハーンあるいはアウラングゼーブの時代に改宗したという。 以下は、改宗に至った経緯についての逸話である。

> 私の祖先はヒンドゥーで、王室付司祭兼歌手であった。アヌプの 王は彼らを敬っていた。……アヌプは侵略され、王はデリーの監獄 に送られた。アヌプは大騒ぎとなった。王室付きの者たちは集まり、 王が解放される方法を思案した。私の祖先は、音楽の力によって自 分たちの主を救い出そうとした。彼らはデリーに行き、その市の 中心部に家を借り、来る日も来る日も一日中歌い続けた。ある司祭 paṇḍit たちが街に突然現れて四六時中歌い続けているという噂は 徐々に広まっていった。そして街中の名士たちが、その家に訪れる ようになった。ある日、その噂は皇帝の耳にも届き、皇帝に招待さ れることになった。皇帝は彼らの歌を聞いて大層喜び、何か褒美に ほしいものはないかとたずねた。そこで、祖先たちはアヌプの王を 解放してくれるように頼んだ。すると皇帝はその頼みに応じるかわ

---

[169] ガウル・ブラーマンについてはシング［Singh 1998:981-5］を参照のこと。
[170] タク Tak についてはシング［Singh 1998:3418-9］などを参照のこと。

りに、イスラームに改宗し、宮廷楽師になるよう条件を出した。私の祖先たちはその条件を受け入れ、アヌプの王は解放された。

　各地のヒンドゥー寺院付あるいは王室付歌詠者、王統系譜家、叙事詩の語り手・吟遊詩人たちがイスラーム宮廷へと転身する過程で、イスラームに改宗することを余儀なくされた楽師たちのケースは少なくない。
　今日、インドを代表するドゥルパド歌謡で世界的に知られるダーガル一族はムスリムであるが、クリシュナ神やシヴァ神への讃歌を謡う。彼らの流祖とも言えるゴパール・ダースはヒンドゥーであったが、ムガル帝国のムハンマド・シャーの時代に改宗を余儀なくされたという。しかし、その後も彼の子孫たちはドゥルパドをレパートリーとし、一族の中にはインド独立に際してはヒンドゥー教に再改宗する者もいた。今日でも一部のムスリム音楽家がヒンドゥー神讃歌をルーツとするドゥルパドを歌う特異性はこのような歴史的背景によるものである。
　インド古典音楽のルーツはヴェーダの時代に遡り、古代において多くの理論書も編纂されたが、その伝統と実践を今日に伝えて来た者たちの中には中世においてヒンドゥー教からイスラームに改宗した宮廷楽師の末裔たちがいたのである。

| 第5章 |

ガラーナーの社会史② ムガル帝国後期

地方宮廷への楽師の分散と定着

　前章においては、ガラーナーの源流ともいえる4つの社会音楽的カテゴリーに焦点を当て、それらの多様な背景を有する楽師たちがムガル帝国の中央宮廷に集められ、セーニヤーを中心とする音楽権威が形成されるプロセスを見てきた。また、カラーワントやカッワールの大多数はヒンドゥー教からイスラームへの改宗者であり、彼らがイスラーム支配時代にあって、インド古代からの音楽の実践と継承を担ってきたことを明らかにした。本章においては、ムガル帝国前期に中央宮廷に集められた楽師たちのその後の動向をさぐり、ムガル帝国後期における音楽家の分散と地方の有力宮廷への移住が、いかに地域の音楽を活性化しガラーナーの形成を促進したかについて検討する。また、4つのカテゴリーのうち、カラーワント、カッワーリー、そしてダーディーについてより詳細に探求する。

5-1. ムガル帝国後期における宮廷楽師の動向：
　　　地方宮廷への分散とガラーナー形成

　代々のムガル皇帝は音楽活動に積極的であったが、その唯一の例外が第6代皇帝アウラングゼーブ（在位1658-1707）である。敬虔なスンナ派ムスリムであった彼は、コーランの教えをヒンドゥー統治に厳格に適用し、「イスラームの国」を作ることがムスリムの統治者としての責務であ

り、神の道にかなうものと考えイスラーム化政策を推し進めた[171]。反イスラーム・非イスラームの排除は、宮廷からの歌舞音曲の禁止、ヒンドゥー寺院の破壊、そしてイスラームへの改宗推進にまで及んだ。アウラングゼーブの音楽に対する態度ついて次のような逸話が残っている。

> 音楽家たちは、アウラングゼーブの気を引き自分たちの窮状を訴えるため、派手に飾った棺を担ぎ、葬送歌を歌いながら彼のバルコニーの前を行ったり来たりした。いったいどうしたことかと尋ねるアウラングゼーブに、音楽家たちは音楽が無視されて死んでしまったため、その死骸を埋葬しているところであると伝えた。すると彼は、こう答えた。なるほど、それはよい。その声や音が二度と漏れ出さないように、棺をもっと深い所に埋めてしまえ。[Popley 1986（1921）:19]

　アウラングゼーブは1688年に宮廷楽師の多くを解雇したため、優れた音楽家が新しいパトロンを求めてデリーを後にしたという [Ikram 1964:251; Erdman 1978:357]。この中央宮廷から地方の有力宮廷への分散が、結果として今日のガラーナー形成に向けての最初の引き金になったと考えられる。
　また、非ムスリムへの統制も厳しくなっていった。そのため、この時代にはさらにヒンドゥー教からイスラームへの改宗が強いられた。そして、そのプレッシャーは宮廷楽師のみにとどまらなかった。今日ラージャスターンの音楽芸能者の多くはムスリムであるが、彼らがかつてヒンドゥーであったことをその口頭伝承から窺い知ることができる。彼らは十数代前までのすべての祖先名を暗記しているが、その名前をたどると17世紀後半から18世紀前半ころにヒンドゥー教からイスラームのそれに変化し

---

[171]　アウラングゼーブの治世については佐藤［1998:154-175］などを参照のこと。

たことが把握できる。その時代はアウラングゼーブの統治期とほぼ重なり合う。今日、ラージャスターンの民俗音楽集団として世界的に有名になったランガは、アウラングゼーブの時代に、彼らのパトロンとともにイスラームに改宗したことが知られている［Kothari 1973:7-8］。彼らのパトロンはもともとヒンドゥー・ラージプートであったが、アウラングゼーブのイスラーム化政策によりイスラーム（シンディー・シパーヒー *sindhi sipāhī*[172]）に改宗したため、自分たちも改宗したというものである。しかしながら、改宗後の今でも彼らの生活習慣はむしろヒンドゥーのそれに近く、ヒンドゥーの人生儀礼に参加し神々への讃歌も歌うことがある。ランガのみならず、マーンガニヤールなどの音楽芸能集団も同様にヒンドゥー教からイスラームに改宗した集団と考えられている［Kothari 1994］。

　アウラングゼーブ以後、ムガル帝国は後継者問題と有力者の独立などで弱体化の一途をたどる。アウラングゼーブの息子で、第7代皇帝の座についたバハードゥル・シャー Bahadur Shah I（在位 1707-12）の死後、わずか5年の間に4人の皇帝が交代した。この間、ムガル帝国の宰相はデカン Deccan に、アワド知事はラクナウに、ベンガル総督はムルシダーバード Murshidabad に事実上の独立政権を樹立するなど、有力者たちは帝都デリーから離れ地方を志向するようになる。また、ラージャスターンのラージプート諸王国も自立し、マラータ同盟やシク教徒が勢力を伸ばすなど、インドは群雄割拠の時代に突入する。これらの諸藩王国がムガル帝国の宮廷音楽を担ったカラーワントたちをはじめとする音楽家の受け皿となると同時に、都市あるいは地方宮廷の名前を冠するガラーナーの地盤となっていくのである。

---

[172] シンド Sindh はパキスタンの南東部のシンド州を中心とし、インドのラージャスターン州に接する一帯である。シパーヒー *sipāhī*（いわゆるセポイ sepoy）は、ペルシャ語起源のウルドゥー語で「兵士」「戦士」を意味し、「傭兵」と訳されることもある。

このようなムガル帝国が弱体をたどり始めた時代に、帝都デリーで活躍したのがターンセーンの娘サラスヴァティーの子孫であり、セーニー・ビーンカールの中興の祖となったニヤーマト・ハーン Niyamat Khan である[173]。彼はバハードゥル・シャー時代からの宮廷楽師で、次の皇帝の治世に宮廷楽師長となり、以後、第12代皇帝ムハンマド・シャー Muhammad Shah（在位 1719-48）の時代までその地位を保ったとされる［Srivastava 1980:25-6］。ムハンマド・シャーは、軍事・政治的才能には劣ってはいたが、音楽に対しては強い興味を示した。ただし、それまでの皇帝とは異なり、ドゥルパドなど伝統的で厳格な音楽スタイルに関心は薄く、より軽い形式の新しいタイプの音楽を好んだ。そのため、ドゥルパドを専門とする音楽家たちはアウラングゼーブ以後、再びデリーを後にし、それが地方都市におけるガラーナーの形成をさらに促進させる要因となったと考えられる。

　ターンセーンの子孫であり、"シャー・サダーラング Shah Sadarang"の称号をもつニヤーマト・ハーンもその例外ではなかった。彼は祖先伝来のドゥルパド歌謡とビーンの演奏を子孫に伝えたが、宮廷の演奏ではビーンの演奏のみを行ない[174]、外部の弟子には当時流行になっていたハヤールを教えたと言われる［Misra 1990:36］。当時は、ビーンは主奏楽器ではなく声楽の伴奏に甘んじていた。ある時、皇帝ムハンマド・シャーは、ニヤーマト・ハーンにサーランギーという伴奏楽器との共演を迫った。しかし、彼はその求めを断ったために皇帝の不興を買い、デリー宮廷を離れてアワド王朝のラクナウに逃れた。そして、そこで見出したカッワール・

---

[173]　ニヤーマト・ハーンをターンセーンの子孫とすることに慎重な意見もある［Singh 1995:230-1］。

[174]　おそらくは、宗教に寛容であったアクバルなどを除いては、ヒンドゥー教の神々や英雄の讃歌をルーツとする歌謡をイスラーム宮廷で行うことは困難であったろう。

バッチェー[175]の幼い兄弟に、サダーラングという雅号のもとに独自に作詞し味付けしたハヤールを教えた。その歌詞はサダーラングなる者がムハンマド・シャーを讃える内容であった。その歌謡は新しいタイプのハヤールとして評判を呼び、サダーラングの名声は皇帝ムハンマド・シャーの耳にも届くこととなる。ムハンマド・シャーが自分を讃えるハヤールを歌う兄弟とその師であるサダーラングをデリーの宮廷に招待してみると、サダーラングなる人物は自分が追放したニヤーマト・ハーンであったことを知る。皇帝はニヤーマト・ハーンと和解し、シャー Shāh（主）の称号を与えビーンの独奏を許したという［Misra 1990:37-8］。

シャー・ニヤーマト・ハーン・サダーラングはデリーにおいてもカッワールやダーディーたちにハヤールを教えた。このように彼が教えた者たちの子孫とその弟子たちの移動がハヤールのガラーナーを形成する大きな基盤の一つとなったのである。

5-2. 地域における寺院音楽と宮廷音楽の動向：
ラージャスターンを中心として

ムガル皇帝自身の音楽への積極的な関与はアクバルからジャハーンギール、シャー・ジャハーンの時代になっても続いた。彼らは、定期的な音楽会を催すだけでなく、自らも演奏に参加したという［佐藤 1998:197-8］。しかし、アウラングゼーブは極端なイスラーム化政策をとったため、有力な宮廷楽師たちは帝都デリーを後にし、各地の有力諸侯の宮廷に分散していった。また、ヒンドゥー教の聖地で寺院音楽を発展させていた教団なども粛清の対象となった。このようなムガル宮廷における歌舞音曲への態度の変化は、地方の寺院や宮廷の音楽のあり方にも影響を及ぼす一方で、ガラーナー形成に向けての足がかりを四方に広げさせることになったのであ

---

175 ドゥルパディヤーという説もある［Misra 1990:36］。

る。以下、インド北西部のラージャスターンの状況について検討してみたい。

5-2-1. ヒンドゥー寺院とその音楽への影響

今日のヒンドゥスターニー音楽のなかで最も古い声楽様式の一つがドゥルパドであることについては何度か触れた。この声楽様式は、神々への讃歌を主内容とし寺院で発展した寺院でのドゥルパドと、過去の英雄や時の権力者への讃歌を中心とし宮廷で発展したドゥルパドの二つの流れがある。しかし、今日のインドにおいてドゥルパドを耳にできる寺院は稀である。

アウラングゼーブの宗教的迫害から逃れるために[176]、1670年ころにヒンドゥー聖地のヴリンダーバンから現在のラージャスターン州ナートドワーラーに逃れたクリシュナ派ヴァッラバ教団のシュリーナースジーShri Nathji寺院がある[177]。この寺院は今日でもラーガ音楽の演奏を礼拝に取り入ており、神々への讃歌を聴くことのできる貴重な寺院の一つである。

この寺院の音楽と社会組織に関して人類学的調査を行ったガストンAnne-Marie Gastonによれば [Gaston 1997:138-150]、寺院での音楽および音楽家はナウバート *naubāt* 奏者とキールタン *kīrtan* 奏者という2つのカテゴリーに分類されているという。この二つのカテゴリーでは、音楽演奏における儀礼的役割や起源、演奏する楽器等が異なっている。ナウバート奏者は1日の始まりと終わりおよび神への謁見（*darshan*）の前に寺院外の主要門近辺の定位置（ナウバート・ハーナー *naubāt khānā*）で太鼓と管楽器の演奏のみを行う。一方、キールタンは主にクリシュナ神に対す

176　アウラングゼーブのイスラーム化政策は、慣習の中にある非イスラーム的、反イスラーム的なものの除去・追放・統制に及んだ。その一環として1669年にはヒンドゥー寺院の破壊命令が出された。

177　本教団の歴史や実情については坂田［1994］が参考になった。なお、ブラジュ地方のヒンドゥー寺院に伝わる集団歌謡サマージュ・ガーヤンについては田中［2008］を参照のこと。

る信仰・献身（bhakta）を表現する宗教音楽で、謁見が行なわれている間に寺院内（havelī gali）で歌詠と弦楽器ビーンの演奏を奉納する職責を有している。

　前章でも触れたようにナウバートは戦争の際に戦士の士気を高めるために演奏された軍事音楽に由来し、ムガルやラージプートの王や有力諸侯が民衆の前に姿を現すときや謁見の際に演奏された音楽である。ナウバートの旋律楽器はシャハナーイー śahnāī と呼ばれるクラリネットに似た管楽器とラッパを大きく長くしたような管楽器であるカルナル karnal、伴奏楽器は一対の太鼓をスティックでたたくナッカーラ naqqāra、大型の筒状太鼓マルダル mardal、両面太鼓ドール dhol などの太鼓が用いられる。その一方、キールタンで用いられる旋律楽器は撥弦楽器のビーンと擦弦楽器のサーランギー sārangī で、伴奏にはパカーワジ pakhāwaji と呼ばれる重低音の両面太鼓が用いられる[178]。前者の楽器群が軍事音楽以外では民俗音楽で用いられるのに対して、後者の楽器群は主として古典音楽に用いられる。

　ナウバート奏者がチョウハーン、シソディアなど４つのラージプート村落出身のドーリー dhōlī で、かつてラージプート領主に仕えていた系譜家を自称しているが［Gaston 1997: 149-50］、結婚式などの人生儀礼で音楽を演奏していたことから音楽芸能者のカテゴリーとも考えられている［Singh 1998:845-6］。一方、キールタン演奏の７家系のうちバラモンを除く６つの家系はクマーワット Kumawat というカーストに属している［Gaston 1997:138］。キールタンを歌いその伴奏を行うクマーワットはラージプートとは区別されるが、ラージャスターン南東部のメーワール

---

[178]　パカーワジには３つのガラーナー、すなわち、1）ナーナパンセ・ガラーナー Nana-Panse Gharana、2）クダオシング・ガラーナー Kudau Singh Gharana、3）ナートドワーラ・ガラーナー Nathdwara Gharana があるとされる［Misra 1990:43］。

Mewar[179]地方出身の戦士階級あるいは石工職人に起源があるとされる[Singh:1879-80]。

このように、この寺院での音楽組織は、演奏する音楽のジャンル、楽器の種類、そしてカーストによって、バラモンとクマーワットの歌詠グループ、ラージプート村落出身者の職能者グループの3つに分類され、少なくともキールタン演奏者のグループとナウバート演奏者のグループは階層的な関係にあると考えられる。すなわち、ムガル宮廷における宮廷音楽と軍楽の分離という組織構造が、寺院音楽においても宗教音楽／世俗（軍事）音楽、古典音楽／民俗音楽、寺院内での演奏／寺院外（門）での演奏というモデルを踏襲し、今日の寺院でも音楽ジャンルと演奏楽器の相違がカーストの職能と結びつけられて継承されているのである。

なお、この寺院は、音楽家をゲストとして受け入れ、本尊に対しての音楽の奉納を認めていることでも知られている。音楽家には女性の踊り子やムスリムの声楽家[180]も含まれる。南インドのように「寺院付きの踊り子 devadāsī」を置いていたことはないとされるが、1865年の記録によれば、貴人の結婚式や祭事には「踊り子 nautch/nāch dancer」が招かれていたことがわかるという[Gaston 1997:151-7]。寺院における「踊り子」と売春、および音楽家との関係については次章で詳述する。

5-2-2. 地方宮廷の動向（1）：ジャイプルにおけるガラーナーの成立過程

アクバルをはじめ多くのムガル皇帝たちが軍楽隊を保持し、すぐれた音楽家を自らの宮廷に集結させたことは、世俗的権力の表現行為に他ならなかった。軍楽という音による示威行為と、歌舞音曲を嗜好するムガルの王権モデルは、ジャイプルやジョードプルなどのラージャスターン諸藩王の

179　旧ウダイプル Udaipur 藩王国の別称。

180　その中には、ザヒールディーン Zahiruddin とファイヤーズディーン Faiyazuddin のダーガル兄弟なども含まれる[Gaston 1997:158]。

宮廷でも模倣・継承された。例えばカチワーハ Kachwāha 氏族[181] のラージプートが代々支配するジャイプル宮廷の例を見てみよう。

　ジャイプル宮廷の組織制度は、1727 年に自分の名前を冠した都市を建設したジャイ・シング 2 世 Sawai Jai Singh II（1699-1743）の治世のもとに発展を遂げたものである。ジャイ・シングは、祖先の居城から新しく築いた平野の城塞に移動した際、王室の政治・軍事・祭礼を司るために 36 部門 *Chattis Karkhānās* からなるムガルの組織制度を採用した［Bahura 1976:12; Erdman 1978:355］。音楽に関する部門として、太鼓部屋 *Naqqārā khānā*/*Naubāt khānā*、管楽器部屋 *Roshincaukī*、女性音楽堂 *Zanānī Deorhī*、男性音楽堂 *Mardānā*、そして踊り子（王のために寄贈された女子）を教えるパータル・ハーナー *Pātarkhānā* と、様々な種類の楽師たちを集めたグニージャン・ハーナー *Guṇījan khānā* があった。

　グニージャン・ハーナーはジャイプル藩王国の音楽の社会組織を理解するには最も重要な部署とされる［Erdman 1978:359］。グニー *guṇī* は高質あるいは妙技を、ジャン *jan* は人々を、ハーナー *khānā* は部署／部屋を表すことから「芸術家部屋」と訳出可能であろう。太鼓部屋や管楽器部屋が軍楽についてのムガル・モデルの継承・模倣であったのに対して、グニージャン・ハーナーはジャイプル独自の部門であり、ラージャスターン固有の「地方」（デーシー）の音楽家と、新しいパトロンを求めてムガル宮廷からやって来た「中央」（マールガ）の音楽家が同じ部署に集められた［Erdman 1978:359-60］。後者はジャイプルにおいてカラーヴァト *kalāvat* あるいはカラーナウト *kalānaut* と呼ばれた。カラーヴァトはムガル帝国のアクバルから特別な音楽家に与えられた称号であるカラーワント *Kalāwant* のジャイプル訛りである［Erdman 1978: 360-1］。その称号は本来 1 代限りで、音楽家のランクを示すものであったが、継承者（子孫）

181　カチワーハ氏族の詳細については、Tod［1971(1920):vol.III, Book IX］などを参照のこと。

たちによって世襲され、その称号を名乗る者は増え続けていったと推測される。

　先述したように、アウラングゼーブが宮廷音楽家に暇を取らせたのが1688年、熟練し尊敬を集めていた音楽家たちの多くは、新しいパトロンを求めて次第にデリーから離れていった。ジャイ・シングがジャイプルに居城を移したのはアウラングゼーブの死後20年が過ぎた1727年のことである。その20年の間に6人の皇帝が交代し、各地にはムガル帝国からの独立や自治を目指す動きが活発化したことはすでに述べたが、ラージャスターンの諸藩王国もその例外ではなかった。ジャイプルの王宮には、デリーのムガル宮廷をモデルとして在地の秀でた音楽家がまず集められ、そこによりよいパトロンを求めてデリーからやってきたカラーワントたちを吸収してグニージャン・ハーナーが成立したと考えられる。ジャイプルをはじめとするラージャスターンの藩王たちは、アウラングゼーブ以後、ムガル帝国が急速に求心力を失っていく中で、音楽家たちの有力なパトロンとなっていったのである。グニージャン・ハーナーを含むこの組織体制は、インドが独立を果たして藩王制が廃止され、ジャイプルがラージャスターン州の一つの県（ジャイプル県）として併合される1949年まで続いた。

　ジャイプルのグニージャン・ハーナーはラーム・シング Sawai Ram Singh（1835-1880）の時代が最盛期であった。その当時のトップ・グループにはターンセーンの子孫のアムリット・セーン Amrit Sen や今日のダーガル一族の流祖にあたるバハラーム・ハーンなど錚々たる楽師たちが名を連ねていた［Azizuddin 2000:39-43］。ラーム・シングは自ら音楽を習うほどの音楽好きであったが、その後の後継者たちは音楽には余り関心を示さなかった。ラーム・シングが亡くなって間もない1882年、ジャイプルのグニージャン・ハーナーは20のカテゴリーに分かれ〔表1〕、総勢162人が登録されていた［Erdman 1985:81-2］。

　このうち最大のカテゴリーが声楽とビーン演奏にたずさわるカラーヴァト54人で、この部門に割り当てられた予算（給与 *thanka*）と人数にお

表1：グニージャン・ハーナーの予算と人数

項目／年代	1882	1905-6	1914	1920	1933
カテゴリー数	20	13	13	13	15
No/ 呼称	（人数／予算）	（人数／予算）	（人数／予算）	（人数／予算）	（人数／予算）
1. 管理者	3 ／不明	4 ／ 909	4 ／ 966	4 ／ 853	4 ／ 829
2. カラーヴァト	54 ／ 14,579	44 ／ 7,870	46 ／ 7,662	40 ／ 9,570	21 ／ 6,688
3. サーランギー（弓奏楽器）	15 ／ 1,484	23 ／ 1,832	21 ／ 1,252	21 ／ 3,356	13 ／ 1,782
4. パカーワジ（両面太鼓）	16 ／ 1,423	16 ／ 1,373	17 ／ 1,349	16 ／ 1,741	12 ／ 1,414
5. ハルカ（小間使い）	14 ／ 728	14 ／ 729	13 ／ 710	13 ／ 1,059	6 ／ 880
6. カタック＆バーンド	6 ／ 4,138	11 ／ 4,942	10 ／ 4,658	11 ／ 6,379	8 ／ 9,431
7-18 は省略	20 ／ ?	17 ／ 694	16 ／ 927	27 ／ 1396	8 ／ 1110
19. バグタニーヤー／タワーイフ	34 ／ 10,939	33 ／ 9,429	34 ／ 9,114	36 ／ 10,213	20 ／ 7,429
20. その他	—	—	—	—	1 ／ 240
合計人数／総予算 (Rs.)	162 ／ 41,045	162 ／ 28,352	161 ／ 27,510	168 ／ 32,253	93 ／ 29,985

出典：Erdman［1985:81-2］の Table.2 と Table.3 から作成

いてトップを占めていた。それが、1905-6 年になると予算は大きく削られ[182]、カラーヴァトの予算は約半分にまで縮小される一方、バグタン bhagtan あるいはバグタニーヤー bhagtanīyā と呼ばれる踊り子グループの予算が最大になっている。バグタンとはかつて「寺院で神々のために踊っていた者たち」の末裔で、寺院舞踊から切り離された多様な踊り子たちのグループは後に総じてタワーイフと呼ばれるようになる［Erdman 1985:95-6］。

なお、古典舞踊のカタック kathak や俳優のバーンド bhānd のグループ、サーランギーやパカーワジなどの伴奏者のグループの予算には増加こそあれ減少は見られていない。この傾向はインド独立前まで続いた。ちなみに、1920 年と 1933 年のカラーヴァトの人数を比べてみると半減してい

---

[182] その当時のトップのカラーヴァトは、セーニヤーのシタール奏者ニハール・セーン Nihal Sen で、一人で約 1420 ルピーを得ていた［Erdman 1985:78］。この額は、年間予算の 5 分の 1 近い数字である。

ることがわかる。1933年における年間予算の順位はカタック、タワーイフ、カラーヴァトの順であり、その人数はそれぞれ8人、20人、21人になっており、カタックの一人当たりの平均予算が約1180ルピーと最も高く、カラーワントの一人当たりの平均予算が約320ルピーと最も低くなっている。このような待遇の悪化により、カラーヴァトたちの中にはジャイプルを離れる者がおり、カルカッタを中心とするベンガル地方やボンベイを中心とするマハーラーシュトラ地方、ラクナウの後に北インドの音楽センターの一つとなったラーンプルなどの有力パトロンのもとに移動して行ったと推測される。

　グニージャン・ハーナーにおいては、その成立から約200年間にわたってムガルの宮廷音楽とラージャスターンの地方音楽が融合し、声楽のハヤール、器楽のビーンおよびシタール、舞踊のカタックという三つのジャンルにわたるジャイプル・ガラーナーの母体となった。そして20世紀に入って、ジャイプル・ガラーナーはラクナウ・ガラーナーやグワーリヤル・ガラーナーなどと並んでヒンドゥスターニー音楽の「ブランド」の一つとなっていく。しかし、宮廷の中で育まれた男系中心のガラーナーの影に隠れた別の系譜もあった。オーウェンスが指摘する、「北インドの宮廷で維持されてきた、女性歌手、踊り子とその器楽伴奏者のガラーナー」[Owens 1983:165]である。そのルーツと実態を示す一つのケースとしてジャイプルからそう遠くない同じラージャスターン地方のジョードプル藩王国の例を検討してみたい。

5-2-3. 地方宮廷の動向（2）：ジョードプルにおける女性楽師の系譜

　ジャイプルの宮廷には王と王室の女性たちのみが出入りできる音楽鑑賞部屋（いわゆる後宮の一部）があった。ここには、女性の歌手や踊り子たちが控えており、王室の女性たちが音楽を聴き舞踊を楽しむ場でもあった。また、パータル・ハーナーでは若い歌手や踊り子たちがグニージャン・ハーナーの教師たちから指導を受けていた。多くの楽師たちは、王族たち

が主催する演奏会や冠婚葬祭での演奏に加えて、宮廷のいわゆる芸妓に音楽を教えたり伴奏を受け持つことで月極めの給与や演奏機会・内容に応じたボーナス的な報償を受けていた［e.g. Erdman 1985:88-9］。このような宮廷における楽師の役割はジャイプルだけにとどまらない。ラージャスターンのジョードプルや他の宮廷においても同様であった。

ジョードプルは1459年にラトール Rathor 氏族[183]のラーオ・ジョーダ Rao Jodha によって建設された都市で、1818年から1949年まで同名の藩王国の王都であった。その宮廷音楽の全盛期はマーン・シング・ラトール Man Singh Rathor（在位1803-43）とその継承者であるタクハット・シング・ラトール Takhat Singh Rathor（在位1843-1873）の時代であったと考えられる。以後、本節の内容は特に断りがない限り、クシルサーガル D. B. Kshirsagar［Kshirsagar 1992］のヒンディー語文献に基づくニューマン［Neuman and Chaudhuri 2006:283-8］の記述に負うものである。

当時のジョードプルの宮廷には、軍楽部屋 naqqārakhānā はもちろんのこと、子女だけに音楽・舞踊を教えるターリーム・ハーナー tālīmkhānā と呼ばれる場所があった［Neuman and Chaudhuri 2006:283］。ターリームは"教え"をハーナーは部署・部屋を意味することから、ターリーム・ハーナーは"教室"と訳出可能であろう。子女に歌舞音曲を仕込むという点において基本的にジャイプルのパータル・ハーナーと同じ機能を有していたと考えられる。ここで歌や踊りの教えを受ける者はターリームヴァーリー tālīmvālī、すなわち「学生」と呼ばれた。彼女たちの多くは、10歳前後に宮廷に売られて／買われてきた者たちであるが、入宮後には毎月の手当をもらいながら歌と踊り等を仕込まれ、王室の準構成員としての待遇を受けた。特に器量よく育ち、王のお気に入りとなった者は、妾として王室の構成員になることができた。

183　ラトール氏族の詳細については、Tod［1971(1920):vol.II, Book V］などを参照のこと。

ターリーム・ハーナーはゼナーナー zenānā（後宮・王室の女性部屋）の一部であり、王妃 mahārānī の管轄下にあった。ターリームヴァーリーは毎月30ルピーの手当を受け取り、多くの点で王族の一員のように扱われた。たとえば、金製のアンクレットをつけ、召使いをもつことを許された。彼女たちには藩王の誕生日や宗教行事においてはダーン dān（儀礼的贈与）として金銭が贈られた。また、王室の女性が暮らす場所には自由に出入りできた。彼女たちへの宝飾品や必要な楽器類などは予算化されており、彼女たちはこれらの特権を謳歌し、歌舞音曲の習得に集中することができたのである。彼女たちは、ラーガや様々な音階、小作品、タッパーやトゥムリー、ハヤール、ドゥルパドを学んだ。また、ターリーム・ハーナーのために5人のサーランギー奏者と4人のタブラー奏者が雇われていた。……もし、王があるターリームヴァーリーの才能や美貌に惚れたなら、金のアンクレットをプレゼントするのが慣習だった。その場合彼女はもはやターリームヴァーリーではなく妻に準じる者と見なされた。［Neuman and Chaudhuri 2006:283-4］

　ターリームヴァーリーもまた歳をとる。ターリーム・ハーナーを卒業し、一人前の女性楽師として認められた者はアカーラ akhāra という部署に移動し、ガヤン gayan のタイトルを与えられた。ガヤンとは文字通り訳せば歌手ということになるが、踊り子や器楽奏者も含まれる。ガヤンの所属には小アカーラと大アカーラとがあり、前者が王個人の所属であるのに対し、後者は王室付きのガヤンたちであった。音楽家のトップはジャイプルと同じくカラーヴァトであったが、彼らの3倍の俸給を支給されたガヤンも記録されており、王の寵愛を受けたガヤンの中には金銀宝石のほか給与地 jāgīr を与えられた者たちもいた。しかし、このような待遇と音楽環境は王の死によって一変する。ガヤンの地位と特権は王の死によって失われ、次の王のお気に入りであるガヤンたちにゼナーナーの場所を譲り、

隠居部屋（*taleti ka malay*）に移動しなければならなかった。また場合によっては、サティー *satī*[184] と呼ばれる寡婦の殉死を遂げなければならなかった。

　なお、さまざまな催事に参加する女性の音楽家たちは王宮内に囲われたガヤンたちだけではなかった。王宮外にも、バグタン *bhagtan* およびパータル *pātar* と呼ばれる踊り子や歌手が控えており、機会に応じて町から王宮にやって来て歌や踊りを披露した。バグタンは前節のグニージャン・ハーナーにおいても触れたように、かつて寺院において神々のため踊っていた者たちで、ヴァイシュナヴ派のサド *sadh* と呼ばれるコミュニティの後裔とされる。また、パータルは寺院儀礼とは結びつかない舞踊と「売春」を生業とする者と考えられていた。祭事に参加するバグタンおよびパータルの数は王室によって決められ、その維持費はカラーヴァトのそれよりも大きくなることがあった。王族たちは彼女たちを王宮内に雇うことはできなかったものの、旅行に際してはお気に入りを同行させたのである。

　カラーヴァトやガヤン、そしてバグタンたちは王や王族が主催する音楽会 *mehfil* や祭事、王族たちの冠婚葬祭や賓客のもてなしのために演奏する必要があった[185]。また、カラーヴァトはターリーム・ハーナーで音楽を

184　サット *sat* の女性形で、「貞淑な妻」を意味する。寡婦が夫の火葬のときに一緒に生きながらえながら焼かれ葬られることもあった。

185　芸能と神事、芸能と権力との関係については、主として日本の事例に基づく沖浦の以下の指摘が参考になった。「芸能が饗宴の場で行われ、客への供応あるいは見せ物として演じられている時には、たとえ神事儀礼という外皮をまとっていても、はじめから見る側と演じて見せる側との間には、《上・下》《貴・賤》という関係が成立しているのである。（途中略）……王に対する服従の誓いとして、いわば一種の贄（＝供物）として捧げられた場合も同じである。武力によって隷属させられた人々が、王・貴人の目を慰める芸能の徒として使役された例は世界の各地に見られる。（途中略）……そして、芸人たちは、客人を楽しませ慰めた代償として、物品が授与＝投与されるのであった。いかに芸の達人であっても、このような関係性があるかぎり、卑賤

教える義務を負い、サーランギーやタブラーなどの伴奏者はカラーヴァットやガヤンの練習中の伴奏にも付きあう必要があった。王宮で雇われる音楽家にも社会経済的ヒエラルキーがあり、カラーヴァットの中でも声楽家が器楽奏者よりも俸給が高く、サーランギーやタブラーなどの伴奏者は低い地位に置かれた。さらにサーランギー奏者はバグタンやパータルたちの歌や踊りの伴奏も受け持ち、そのペアはほぼ固定されていたという。王室付きのガヤンたちがカラーヴァットたちから音楽を学んだのに対して、バグタンやパータルたちはカラーヴァットの伴奏を務めるサーランギーなどの伴奏者から音楽を習ったと推測される。

ジャイプルではバグタンたちは王宮内の組織制度の元に管理されていたが、ジョードプルのバグタンたちは王室と結びつきながら王宮外に組織されていた。このような違いはあるが、後に男性の前で技芸を披露する女性の歌手や踊り子はヒンドゥーとムスリムの別なくタワーイフ *tawā'if* やドームニ *domni*、あるいは一般に「踊り子 *nautch girl*」などと呼ばれ、宮廷において技芸や礼儀作法を仕込まれたことのない単なる「売春婦」と同義に扱われ一括されていくことになる。このような状況は、ジャイプルやジョードプルのみならずラージャスターンの他の諸藩王国や他州においても同様であったと考えられる。

ジャイプルのパータル・ハーナーやジョードプルのターリーム・ハーナーでカラーヴァットたちから洗練された音楽教育を受けたガヤンたちは、王族とその女性たちの楽しみのためにその技芸を披露していた。しかし、自治を保っていた藩王国の財政のひっ迫やインド独立後の藩王・領主制度に基づく音楽組織の崩壊により、彼女たちは新たなパトロンを求めて彷徨しなければならなくなった。特に、次章で詳述するように、生活の糧を求めて移動する女性の歌手や踊り子は、英領インド帝国の統治下の都市部においては「反社会・反道徳」な売春婦と同一視されてゆく。また、宮廷か

の身分として処遇されるほかなかった」［沖浦 1985a:25］。

ら切り離され、定まった高カーストのパトロンを失ったドームニと一緒に音楽活動をする伴奏者たちは後に売春の幇助者とみなされていくことになる。

5-3. 楽師カテゴリーの再検討：
カラーワント、カッワール、ダーディーとは何か？

　本章では、ムガルの中央宮廷に集められた楽師たちが、アウラングゼーブの治世を境に地方宮廷への移動を余儀なくされる一方、ラージャスターンのヒンドゥー諸藩王国に代表される地方宮廷がそのような楽師たちの受け皿となっていたことを見て来た。地方の藩王たちは、ムガルの宮廷組織を模倣するだけでなく、中央の文化を自分たちの地域に取り込むことで独自の宮廷文化を築いていった。そして、これまで見て来たように、その音楽文化の中心はカラーワント／カラーヴァトと踊り子たちであった。中央宮廷から流れて来たカラーワントたちと地域の楽師と踊り子たちによって、地方宮廷の名前を「ブランド」とするガラーナーの基盤が醸成されていったのである。本節では、このようなガラーナー形成の母体として前章で仮定した４つのカテゴリーのうちの３つ、すなわちカラーワント、カッワール、ダーディーのその後についてムガル帝国後期の資料に基づき再検討を行う。

　『アーイーニ・アクバリー』から250年後、ムガル帝国の終末期に書かれた『マーダヌール・ムースィーキー』には、アワド王朝のラクナウ宮廷を中心とする楽師のカテゴリーとその起源についての詳細な記述がある。ムガルの帝都デリーが求心力を失ってゆくなか、北インド西部の音楽センターとなったのがラージャスターンのジャイプルであり、北インド中央部の音楽センターとなったのがアワド王朝の主都ラクナウであった。そもそも筆者のイマームは、ワージド・アリー・シャー（1823-87, 在位 1847-56）の廷臣であり、1850年代までのラクナウとその周辺の諸宮廷を中心と

する音楽事情に精通していた。

　イマームはまず、音楽家のカテゴリーを技芸の熟達度に応じてランクの低い方から高い方に順に分類し［Imam 1959a(1856):13］、さらにそれぞれのカテゴリーの定義づけを行っている［Imam 1959b(1856):13］。それらを整理・総合すると次のようになるだろう。

1. パンディット *Pandit*：理論について知っている者
2. グニー *Gunī*／グンカール *Gunkār*：デーシーのラーガのみを知っている者
3. ガーンダルヴァ *Gāndharva*／ガヤン *Gayan*：デーシーとマールガの両方を知っている者
4. ナーヤク *Nāyak*：理論を熟知し、あらゆる種類の声楽と器楽、舞踊と作曲に熟達した者

その上でイマームは、グニーやガーンダルヴァでドゥルパド（アーラープを伴う歌唱形式）を歌うことができればカラーワントと呼ばれるとし［Imam 1959b(1856):13］、上記の4つの音楽的カテゴリーに属する人々とカラーワントの起源について以下のように既述している。

　　……アクバル皇帝の時代には、ゴパール・ラルとバイジュ・バウラという二人の有名な楽師がいた。前者はグニーであり、後者はナーヤクであった。二人とも自己を忘れて音楽芸術に没頭し、皇帝の誘惑に乗ることはなかった。
　　しかし、4人のガーンダルヴァは皇帝から与えられた優雅な地位に応じた。その第一番目がグワーリヤルのガウル・ブラーマン出身でマカランドの息子ターンセーン。彼はスワーミー・ハリダースの弟子だった。二番目はブリジチャンド。彼もまたバラモンで、デリーに近いダーガルの出身であった。3番目はラージプートでカー

ンダール出身のラージャ・サモーカン・シング。4番目はやはりラージプートでノーハ出身のシュリチャンドであった。

　彼らは廷臣となり、イスラームに改宗し、カラーワントというタイトルをアクバル大帝から授かるという栄誉を得た。カラーワントは音楽芸術の実践者である。……この4人のカラーワントから後にゴラーリ、ダガーリ、カーンダーリ、ノーハーリという4つの際だったドゥルパド様式が生まれた。ゴラーリをゴバラーリと呼ぶ者は無知なる者である。(途中略。以下、4人のカラーワントの子孫の名前が続く)。ここで記述した楽師のみが今日、カラーワントを名乗れる者たちである。自分たちのことをカラーワントと名乗る楽師は多いが、その主張には根拠がない。実際、彼らはカラーワントの家族においてタブーとされること、すなわち踊り子を伴うことを公然と行いカラーワントの名を汚しているのである。[Imam 1959a (1856):14] (括弧内筆者注)

　このようにイマームは、カラーワントを名乗れるのはアクバルから宮廷楽師の地位を与えられた4人の傑出した音楽家とその子孫たちであることを主張し、「踊り子の伴奏を務める楽師」がカラーワントを名乗る事態を憂慮している。
　さて、次にイマームは、カラーワントとカッワールの音楽的違いを、次のように述べている。

　カラーワントはリシ (聖仙) に由来するインドのラーガを実践する者である。カラーワントはアーラープから初め、カッワールはアーラープの助けを借りずに聖なる名前 (アッラーやコーランの一節など) から始める。……カラーワントの家族に属する音楽家たちは音楽の科学を知り、規則に則ってアーラープを歌う。アーラープはかつて呪句のようなものであったろう。[Imam 1959b(1856):12] (括

弧内筆者注)

　彼は、カッワールの起源をこれまでも何度か言及した示したアミール・フスローに帰す一方で、ダーディー（ダーリー）[186]のコミュニティはカッワールよりも古く、カルカー *karkhā* というヒンドゥー教の叙事詩や英雄讃歌を歌っていた者たちであったとして［Imam 1959b(1856):13］、次のように解説している。

　　ダーディーのコミュニティは、音楽家たちのなかでも最古のものである。彼らの歴史を辿っていくと、彼らがかつてラージプートであったことがわかる。彼らはカルカーを歌っていたが、過去のムスリム支配の間にイスラームに改宗した。ナヤク・バクシュは、このコミュニティに属していた。しかし、真摯に音楽を実践する者はこのコミュニティを去った。そして、**ダーディーのほとんどは、今や踊り子を伴うことで生計を立てている。一方、カラーワントとカッワールは、はるかに社会的に高い地位にいた。**……他のカラーワント（4つのカラーワントの家系に属していないにもかかわらず、自分たちをカラーワントと呼ぶ者たち）は単に、タワーイフに音楽の稽古をつけるのみである。［Imam 1959a(1856):18］（括弧内注および強調は筆者による）

　このように、イマームが「カラーワントの名を汚す」として憂慮している者たちが、カラーワントを名乗りタワーイフに音楽を教え伴奏するダーディーのことであることが理解できる。ダーディー、カッワール、カラーワントの順に歴史が古い一方で、ムガル帝国後期におけるその音楽社会的

---

[186]　イマームは一貫してダーリーという用語を用いているが、本書ではダーディーに統一している。

地位はその逆に位置づけられている。

　ここまで見てくると、16世紀後半のアブル・ファズル、17世紀後半のファキールッラー、そして19世紀中葉のイマームの音楽家の音楽社会的に位置づけに関する記述には大きな断絶がないことがわかる。また、冒頭のB. K. ローイ・チョウドリーのガラーナー起源説が、これまで検討してきた資料等に基づいた発言であったことが理解できる。

　前章で明らかにしたように、16世紀のムガル宮廷にはインド内外のさまざまな民族集団・職業共同体の出身者が集められたが、英雄賛歌や軍楽などに関係する音楽家はヒンドゥーとムスリムの別なく、音楽ジャンルや声楽・器楽の別なく、宮廷にかかわる音楽家はダーディーと一括して呼ばれるようになっていった。一方、軍楽隊や地方の音楽家とは別に、特別な地位を与えられた36人の宮廷楽師がおり、その頂点にはバラモンや王族出身者などヒンドゥー高カースト出身の4人の音楽家がいた。彼らもまた主に寺院やヒンドゥー宮廷において神々や英雄などの賛歌を歌っていたが、イスラームに改宗してアクバル大帝からカラーワント *kalāwant* というタイトルを与えられ、その子孫は他の音楽家の家系から区別されるようになった。中でもアクバルの寵愛を受けたのが先述したターンセーンであり、彼の子孫はセーニヤーと呼ばれ、北インド最高の音楽的権威とみなされるようになっていった。民族も職能も異なる各地の有力音楽家がデリー宮廷に集められる一方、音楽ジャンルにおいてはインド古来の寺院音楽などの伝統を土台に、グワーリヤルやアーグラー、マトゥラーなどで発展をとげたドゥルパド形式の声楽が支配的となった。そして、イスラーム宮廷においてはヒンドゥー教的宗教色を抑えつつ、芸術音楽としてのドゥルパドを発展させたカラーワントの家系が音楽的権威としてムガル宮廷に君臨するようになっていったのである。イマームは、このような音楽と宗教の分離と音楽家の地位の変動について、

　　　　音楽が貴族や学者や愛好家によって高い評価を得ていた時代が

あった。音楽は崇拝の対象となる芸術と考えられていた。歌手は聴衆よりも高い座を与えられた。これは、ヒンドゥー王国や初期のムスリム統治者の時代のことである。変化は、ダーディーが支配者の地位よりも低いところに置かれたトゥグルク朝（1320-1473）の時代に起こった。その時代にはダーディーたちは、音楽を生活の道具にしはじめた。このことは、音楽から聖域のオーラを失わせることになった。献身的に音楽の芸術を追求する少数者を除いて、音楽を生活の道具にしようとする者たちが増大していったのである。

と記述し［Imam 1959a(1856):13］、さらにムガル宮廷に集められた宮廷楽師たちのその後についても同様な点で皮肉っている。確かに、アクバル〜シャージャーハン時代の宮廷楽師の社会経済的地位は安定したものであった。しかし、アウラングゼーブが後に宗教上の理由によって宮廷から音楽家を遠ざけたこと、また彼以降のムガル勢力の弱体化により、有力な音楽家が新たなパトロンを求めて地方宮廷へと分散しはじめた。そのため、18世紀後半以降、音楽の中心はデリーからジャイプルなどラージャスターンの諸藩王国やラクナウ（アワド王朝）などへ、そして1856年のアワド併合・ムガル帝国の崩壊とその後の英領インド帝国の成立に伴い、有力な音楽家たちは、ラーンプルのナワーブの宮廷などに職を求めて北東に、あるいは主にベンガル地方のザミーンダールや新興富裕層たちに庇護を求めて東に向かうようになっていった。ラーンプルのナワーブもベンガル地方のザミーンダールたちもいずれも親英的な支配者であり、その勢力を温存することが可能であったと考えられる。皮肉なことに、ムガル宮廷でヒンドゥー教からイスラームへの改宗を余儀なくされた音楽家の子孫たちの中には、ラージャスターンやベンガルにおいて再びヒンドゥーのラージャやザミーンダールの宮廷に仕えることになった者も少なくなかった。

本章において検証されたのは、ムガル帝国およびアワド王朝の時代における宮廷音楽・宮廷楽師に関する文字資料においては、カラーワント、

カッワール、ダーディーなどのカテゴリーは記されているものの、「ミーラースィー」というB. K. ローイ・チョウドリーが前章の冒頭で指摘した4つ目のカテゴリーは見あたらないということである。少なくともドゥルパドなどのラーガ音楽の演奏を主体とする宮廷楽師には「ミーラースィー」という名称は用いられてはいなかった。このミーラースィーという音楽家のカテゴリーについては、次章で詳細な検討を加える。

| 第 6 章 |

ガラーナーの社会史③ 英領インド帝国期

芸能カーストの"結晶化"と"ナウチ関連問題"

　前章においては、ムガル帝国およびアワド王朝などのイスラーム政権が崩壊する19世紀中葉までの音楽家のカテゴリー、特にガラーナーの母体と想定され、今日においてなお音楽家の集合的アイデンティティに大きな影響を及ぼしていると考えられる4つのカテゴリー（カースト）のうち、カッワール、カラーワント、ダーディー／ダーリーの3つに焦点を絞って概観し考察を加えた。しかし、4つのうちの最後のカテゴリーであるミーラースィーについては、本書で参照したムガル帝国期の宮廷音楽に関する文献資料においては言及が見られなかった。

　本章においては、英領インド帝国期の一連の国勢調査において「結晶化 (crystallization)」されたと考えられるミーラースィーに着目する。「結晶化」とは、音楽関係者たちの生活世界とは別のところでマクロな管理／操作の対象となったカーストの分類・序列化のことである。ムガル帝国前期に中央宮廷で形成された音楽権威やその継承者および弟子たちが、ムガル帝国後期に地方宮廷に移動してガラーナーの基礎を築きあげたものの、英領インド帝国期においては一転してミーラースィーという単一のカテゴリーに「結晶化」され、さらにいわゆる「踊り子」の伴奏者として売春と結び付けられるに至ったプロセスを追う。そして、このような経緯がガラーナーという集団概念によって"われわれ"を語る今日の音楽家の再帰的なアイデンティティ形成にどのような影響を及ぼしているのかを探求する。

6-1. ムガル帝国から英領インド帝国へ

　ムガル帝国期約330年間の前半、すなわちバーブルからアウラングゼーブまでの統治時代は、強力な王権の庇護のもとに宮廷音楽が発展を遂げ、今日のインド古典音楽の基礎が形成された時代である。デリーを中心とするムガル宮廷にはインド内外から音楽家が集められ、音楽家のカテゴリーや社会音楽的地位の再編成がなされた。すなわち、地方宮廷や寺院付きの音楽家、王族・豪族の系譜家・英雄語り、軍楽関係者、人生儀礼を彩る音楽芸能者などのうち、秀でた者たちが中央宮廷の楽師に登用されて社会音楽的地位を向上させていったのである。ヒンドゥスターニー音楽の権威セーニヤーもそのような時代の流れの中で形成された。しかしながら、アウラングゼーブ以降のムガル帝国後期は後継者をめぐる抗争などでその求心力を失い、セーニヤーおよび声楽を中心とする秀でた音楽家たちは再び地方の有力宮廷に分散し、各在地においてガラーナーの母体となる音楽集団を形成していった。今日のガラーナー名の多くが、都市（宮廷）名に由来するのはそのためである。

　これまで見てきたように、ガラーナー以前の音楽家の社会音楽的地位は固定されたものではなかった。小伝統に属する音楽家が中央宮廷に登用され、中央の大伝統的音楽に影響を与えると同時にラーガに基づく音楽を習得し、自らの社会音楽的地位を上昇させることができたのである。また地方宮廷においても同様の現象をみることができる。親から子へと引き継がれる宮廷楽師の地位は、パトロン一族の政治経済的地位や音楽的嗜好性と結び付いており、パトロンの栄枯盛衰に大きな影響を受けた。そのような宮廷楽師の社会音楽的地位を沈降させたのは、ムガル帝国の崩壊による中央宮廷から地方宮廷への音楽家の移動、そして最終的には英領インド帝国期におけるいくつかの出来事にあったと考えられる。

　ここで再度確認しておきたいのは、ムガル帝国およびアワド王朝の時代における宮廷音楽・宮廷楽師に関する文字資料においては、カラーワント、

カッワール、ダーディーなどのカテゴリーは登場するものの、第4章において B. K. ローイ・チョウドリーが指摘したミーラースィーという4つ目のカテゴリーはなかなか見あたらないということである。少なくともドゥルパドなど最も古典的とされるラーガ音楽の演奏を主体とする宮廷楽師にはミーラースィーという名称は用いられてはいなかった。したがって、ミーラースィーという楽師のカテゴリーは、ムガル帝国が崩壊した19世紀後半以降になって人口に膾炙するようになったと考えるのが自然であろう。本章の後半においては、本来は多様な音楽芸能集団のミーラースィー＝ドームというカテゴリー化が、今日の「ガラーナーの語り」といかなる関係を有しているのかを中心に検討する。

　19世紀後半には、英領インド帝国の支配が確立されるなか、インド各地の地方王権も弱体化し、宮廷楽師たちは新しいパトロンを求めてさらなる移動や出稼ぎを迫られた。この時期以降に、音楽家の社会的地位に影響を与えたと考えられる二つの出来事が起こっている。その一つは英領インド帝国下で本格的に行われるようになった国勢調査における"カースト統計"とその分類・序列化。もう一つは、英語教育を受け、西欧的道徳観念に影響を受けたヒンドゥー・エリート層を中心とする舞踊に対する圧力、すなわち「踊り子」とその伴奏者たちを「売春」と結び付く社会悪として排除しようとする動向である。

6-2. 英領インド帝国期の国勢調査における音楽関係者の「カースト」とミーラースィー[187]

　多様なインド社会を記述するにあたってとられた英領インド帝国下での人口調査（国勢調査）におけるカースト統計とその分類・序列化の問題点は、数多く指摘されている［e.g. Appadurai 1993; Asad 1973; Cohn 1987;

187　本章の第2節〜第4節は、田森［2011］を加筆修正したものである。

Dirks 1992, 2001; 藤井 1993, 2003; Jones 1981; Pant 1987]。それらの中には、英国人官僚たちのインドの国勢調査とそこにおけるインド人の階層化に対する並はずれた執念を見て取るものもある。すなわち、それらがデータ収集の受動的な活動に留まるものではなく、インドにおけるカテゴリー・アイデンティティについての新たな意識を創出し、その意識が今度はインドにおける身分の政治学にかかわる新たな戦略を条件づけているというものだ [Cohn 1987; アパデュライ 2004b]。また、国勢調査の歴史は植民地官僚の異文化認識のプロセスと近似し、その対象となる人々もまた観察者の認識を内面化し、客体化し、自らも操作してきたという指摘もある [三瀬 2004]。

インドにおけるイギリスの植民地支配は、そもそもはインドからの安定収入を目指す経済支配であり、従来の土地慣行や税制・法制度・農業生産や物産に関する情報の獲得が不可欠であった [藤井 1993:10]。そこで、効率の良い支配・管理運営のために利用されたのが地誌編纂、民族誌記述、国勢調査[188]の諸事業である。なかでも国勢調査の主たる目的は、人口動態および住民の属性を把握することにあったが、そこでは多様なインド社会を記述するにあたり、どのような概念カテゴリー（宗教、カースト、トライブ、人種など）を設定するかが大きな課題とされた[189]。

この問題を解決するための「北インド民族誌会議 (1885)」では[190]、イ

---

[188] 英領インド帝国下での国勢調査は、1871年から1941年までの70年間に全8回が行われた。ただし、第1回目の国勢調査を1871年とする説に対しては異論もある [三瀬 2004:204]。特に、1881年と1901年の国勢調査では、カーストのランキングと言語調査が関心の中心であった。

[189] 第1回 (1871-2年) の国勢調査では、カーストやトライブという用語の明確な定義、また分類システムもなく混乱が生じた。このような状況やその後の推移については、Cohn [1987:238-247] や三瀬 [2004] を参照のこと。

[190] この会議の中心となったのはイベットソン D. Ibbetson、ネスフィールド J. C. Nesfield、リズリー H. H. Risley の3人の官僚であり、民族誌学者とし

ンド社会の記述単位としてカースト（ジャーティ）とトライブを設定し、前者を職能集団、後者を同一居住地における共通の出自集団と規定した。もう一つの重要な点は、詳細に記述すべきはムスリム'以外'の集団であることが確認されたことである。このことは、インド社会とヒンドゥー教徒を同一視することに他ならなかった［藤井 2003:69］。したがって、宮廷楽師の多くはムスリムであったが、彼らもまたヒンドゥー中心のカースト体系＝職能分類とその序列化の中に組み込まれていくことになる[191]。良く知られているように、この序列の決定要因としては食習慣や婚姻習慣等が用いられた[192]。

　パント Rashimi Pant が指摘しているように［Pant 1987:151］、このようなカースト統計の目的は、
　　1）インド各地のあらゆるカーストの集団名とその習慣を網羅すること
　　2）インド全土に適用できる枠組みの中で上記1）の情報を編集すること
の2つであった。

　しかし、あらゆるカースト集団を網羅し、各地の情報を比較可能にするためには、カーストの数を何らかの原則のもとに減数しつつ分類・整理する必要があった。この問題を解決するために導入されたのが「カースト名の標準化」である。すなわち、同一と思われる社会集団は、同一の

ても名をなしていた。

191　インド・イスラームにもカースト的な階梯があるとされ［e.g. Ansari 1960; Faridi & Siddiqi 1992］、その定義や実情に関する議論もなされている。しかし、それをヒンドゥー教のカーストと同一のものと見なしたり、同列のものとしてナイーブに扱うことはできない。

192　植民地時代のカースト観が引き継がれた戦後の南アジア人類学におけるカースト論の展開とその問題点については関根［1997］や田中［1997］などを参照のこと。

カースト名で分類するという極めて乱暴な方法がとられたのである［Pant 1987:151-4］。

その結果、音楽・芸能を生業とする集団は、単一のカースト名のもとに押し込められた。それがミーラースィー *Mīrāsī* である。さらにミーラースィーは、ドーム *Ḍom* あるいはドゥーム *Ḍūm* というヒンドゥー教のカースト（ジャーティ）と結びつけられ、同一のカテゴリーとして記述されることになる。そもそも、ミーラースィーの語源は世襲・相続などを意味するアラビア語のミーラース *mīrās* にある。ある者は預言者マホメットと同じクライシュ族の末裔を主張してミール *Mīr* を自称し［Rose 1911:vol. III, 107-8］、またある者はミール・ミーラースィーと儀礼的に呼ばれることもあるが[193]、先述したようにインドにおけるミーラースィーの多くは13世紀以降のイスラーム支配のもとでヒンドゥー教から改宗した系譜家・系譜語り・英雄歌詠者の末裔と考えられている［Singh 1998:2299］。

「北インド民族誌会議」の中心人物の1人で、第二回の国勢調査（1881）に際してパンジャーブ州長官を務めたイベットソン Denzil Ibbetson は、カーストを職能中心に5分類し[194]、そのうちの「少数の専門職カースト」[195]

---

[193] ミール・ミーラースィーは「富める者 *amīr* のミーラースィー」という意味で用いられることもある［Rose 1911:vol. III,109］。

[194] その5分類は、1）バローチーやパターンなど人種由来、2）ジャートおよびラージプートとそれに準じるカースト、3）土地所有・農業カースト、4）宗教的・専門的・商人などのカースト、5）流浪人・召使・職人カーストである。「少数の専門カースト Minor Professional Caste」は、「宗教的・専門的・商人などのカースト」の下位項目として扱われている。

[195] イベットソンはナーイー *Nāī*、バート *Bhāt*、ミーラースィー *Mīrāsī*、ジョーギー *Jōgī*、ラワル *Rawal*、バフルピアー *Bahrupiā*、バーンド *Bhānd* などの「少数の専門カースト」の位置づけに苦慮している。彼らの多くは、何らかの形で司祭的な役割と結びついており、結婚式などの儀式の際にパフォーマンスを行う機能を有し、その役割に対して対価をもらうという疑似聖的な性格を有しているが、その一方で召使いであり彼らの社会的地位は非常に低く、

の一つに「ドゥームとミーラースィー(Caste No.25)」という下位区分を
たて、次のようにまとめている。

> ドゥームはヒンドゥーであり、ミーラースィーはムスリムで、こ
> のクラス全体は**ドゥーム＝ミーラースィー**と人々に呼ばれている。
> 実際、私の職場でこの二つを分けて用いる者はいないし、この二つ
> の用語はパンジャーブ地方全域で同義語として用いられている。た
> だし、北インドにおいては死刑執行人・死体焼却人あるいはヒン
> ドゥーにとって不浄とされる（清掃人などの職業である）ドゥムあ
> るいはドムラと、（音楽を職業とする）ドゥームは注意深く区別されね
> ばならない。また、高地のドゥームは、ミーラースィーではなく、
> 竹細工職人であるドムナとして分類されるべきである。［Ibbetson
> 1974(1916):234］（括弧内注および強調は筆者による）

このようにイベットソンはドゥーム＝ミーラースィーと、ドム、ド
ムラ、ドムナを区別すべきことを主張しているが、ドゥームとミーラー
スィーの相違について宗教以外はほとんど考慮されていない。また彼は、
ラージプートは系譜家であるバートに加え[196]、音楽芸能者であるミーラー

その権利と義務は慣習に基づいているとし、このカースト・グループを、1)
Nāī, Bhāt, Mīrāsī：床屋、系譜家、音楽家、2) *Jōgī, Rawal, Nāth*：占星術
師・準宗教者、3) *Bahrupiā, Bhānd*：俳優・語り手、の3つに分類してい
る［Ibbetson 1974(1916):230］。

196 バートに関するイベットソンの説明は次の通りである。「パンジャーブにお
いてバート *Bhāt* と呼ばれるのは、ミーラースィーのように系譜家あるいは
詩人であり、ある者は賛歌の歌い手である。しかし彼らはミーラースィーの
はるか上をゆく優れた詩人である。彼らはラージプートおよびバラモンに仕
える系譜家で、バラモン起源を自認している。地域の有力者は、それぞれ
バートを召し抱えており、（子供が生まれた時など）系図を書き換えるため
に訪ねて来たときにお金を払う。また、大きな結婚式の時には彼らを呼び、

スィーを雇うとしている[197]。すなわち、王族・戦士の系譜家と音楽芸能者という二つの職能間には社会的差異が認識され、ドゥーム＝ミーラースィーを後者のカテゴリーとして扱っているのである。さらに、ミーラースィー内での階層についてはヒンドゥー社会に見られる食にまつわる慣習を持ち込み[198]、その階層について次のように記述している。

> ミーラースィーの社会的地位は、あらゆる音楽芸能者のカーストの中でも著しく低いが、結婚式や祝い事に参加して系譜を吟詠する。ミーラースィーの中にも階層がある。アウト・カーストのトライブもミーラースィーを雇う。彼らはそのようなクライアントと食事もせず、ただ職務をまっとうするだけだが、高カーストに仕えるミーラースィーからは不浄とみなされている。[Ibbetson 1974(1916):234]

このように、ムスリムであるミーラースィーも十分に吟味されることなくヒンドゥー教のカースト体系に組み入れられ浄・不浄の視点から分類されたのである。

一方、第三回（1891年）の国勢調査担当長官ベインズ J. Baines のもとで、北西州とアワド（北インドのほぼ中央に位置する現在のウッタル・プ

自分たちの歴史を語らせ、祖先の賛歌を歌わせる。しかし、通常の結婚式や彼らを招く場合が困難な場合には、バートの代わりにドゥームやミーラースィーが呼ばれる」[Ibbetson 1974(1916):231-2]。

[197] イベットソンはさらに「パンジャーブで楽器を演奏するのはミーラースィーかジョーギー、ファキール *Faqīr*（イスラームの托鉢者）である。それに対し "ドゥームは召使としてもよくないし、弓もうまくつかえない（＝楽器をうまく弾けない）"と言われる」と続けている。

[198] ヒンドゥーの食習慣として、上位カーストは下位カーストから生の食材は受け取っても、調理された食事は受け取らない、会食は行わないという慣習があった。

ラデーシュ州に相当)の担当長官であったクルーク W. Crooke は、ダーディーを「ヒンドゥーとムスリムに分かれた歌手と踊り子のトライブ」[Crooke 1896:vol.II, 276] とし、その職能を二つあげている。その第一は、婚姻や産後の清めの儀式などの慶事に女性をともなって現れ、太鼓と弦楽器を演奏し歌い、穀物やお金、衣料などの対価を受け取ること。第二はヒンドゥーのダーディーは、村々で地方神の司祭として振舞い、祭壇を清め、信者からの供物を受け取ること。そして、物乞いと女性を伴う習慣から、社会的には非常に低いランクに位置づけられるとしている。

また、ドームについては「ドラビダの賤民カースト」と推断し、ドームと呼ばれている人々には次のような3つのクラスがあるとした [Crooke 1896:vol.II, 312-6]。

1) ビハールと北西州の東部を往来する家を持たない盗賊や放浪者。彼らのある者は、漂流しつつ同胞者の中で地位を上げ、ある者は町や村に住み着き、清掃人や肉体労働者、箆作りなどに従事している。

2) ヒマラヤ地方のドーム。東部の部族とのつながりを一切否定しており、職人や農夫として尊敬される地位を得ている。

3) ドームあるいはドゥーム＝ミーラースィー。彼らは歌手・音楽家で、ミーラースィーの頭領の元にまとめられている。

このうちミーラースィーは歌手、吟遊詩人、系譜家のカーストとしつつも、「彼らは明らかにドーム部族の子孫・分派であり、少なくとも国勢調査においてはムスリムのドームに分類される」[Crooke 1896:vol.III, 496] としている。そして、前出のイベットソンと同様にバートが社会的地位の高いラージプートに奉仕する系譜家であるのに対し、ミーラースィーは地位の低い部族に奉仕する世襲的な系譜家・吟遊詩人とする一方、

彼らはパカーワジ *pakhāwaj* と呼ばれる両面太鼓を演奏することからパカーワジ、技芸 *kalā* を有することからカラーワント、流

ちょうに物語を語ることからカッワールとしても知られる。彼らはしばしば自分たちミーラースィーを、あたかもサイードであるかのようにミール Mīr を自称する。彼らはダーディーと酷似しており、ムスリムのミーラースィーとダーディーは婚姻関係を結び食事を共にする。［Crooke 1896:vol.III, 496］

というように、ここでも宗教・地域・コミュニティ・歴史的背景を有する音楽家のカテゴリーのほとんどを同一水準で論じてしまっている。

　デリーを含むパンジャーブ州と北西辺境州（現在のパキスタンの一部を含む）に関するイベットソンの 1883 年の国勢調査報告およびマックラガン Edward Maclagan の 1892 年の国勢調査報告を編集し、1911 年にいわゆる『カースト用語集』を刊行したローズ H. A. Rose は[199]、世襲的に音楽に関係する職能者をすべてミーラースィーとして扱い一つの項目にまとめている［Rose 1911:vol.III, 105-119］。その結果、「ドーム、ドゥーム、ドゥームナ、ドムラは同じ起源とは限らないが、すべて同義で同じ地位と見なしてよい」［ibid.:106］、「ダーディーはダッダを演奏し、英雄讃歌を歌うミーラースィーである」［ibid.:109］、「カラーワントはドゥルパドを歌い、芸術的スキルのあるミーラースィーである」［ibid.:110］、「カッワールは（イスラーム神秘主義）のスーフィーであり、ギター（おそらくギターのように抱えて弾く撥弦楽器）を弾く。彼らはクライシュ族のミーラースィーとしても働く」［ibid.:117］というようにドーム、ダーディー、カラーワント、カッワールはすべてミーラースィーのカテゴリーとして扱われることになってしまう[200]。とりわけカラーワントは、ムガル帝国におけ

---

[199] 『カースト用語集』は本書における略称である。正式名称は、*A Glossary of the Tribes and Castes of the Punjab and North-West Frontier Province* である。

[200] イベットソンは後になって、ダーディーは歌が中心で楽器は演奏せず、

る宮廷楽師のタイトルであったものが、そのタイトルを自称する者の増加と分散化も手伝ってか、カーストの一種＝ミーラースィーとして取り扱われているが、このことは宮廷楽師の末裔を自任する人々のアイデンティティ形成に大きな影響を与えていったと推察される。

確かにドームは、今日の北インドにおいても平野部・都市では主に清掃人や死体処理人、高地においては職人のジャーティとされるが、地域によっては兼業あるいは専業の音楽芸能者（主に太鼓叩き）として活動していることもある。そのため兼業と専業、ヒンドゥーとムスリムなどの区別がある程度なされながらも、その社会音楽的機能によってムスリムのミーラースィーもまたヒンドゥーの賤民カーストとされるドームと同じ「カースト」に分類されることになっていったと考えられる。さらには、パンジャーブや北西州などにおいては、宮廷楽師であったカラーワントやダーディー、聖者廟付き歌手であったカッワールなどを含むあらゆるカテゴリーの音楽関係者たちが、それぞれの社会歴史的な文脈から切り離され、結果的にミーラースィーという「カースト」に押し込められ記録に残されたのである［e.g. Crooke 1896:vol.II, 496; Rose 1911:vol.III, 105-119］。

1921年の国勢調査におけるパンジャーブ州担当長官であったミドルトン L. Middleton が、「われわれは、インドの人々をカーストの分類棚のどこかに位置づけ、彼らのカーストが明らかにできない場合には、世襲職業名でラベルを貼りつけた。……（この行為が）在地の支配下では極めて流動的であったカースト制度の結晶化（crystallization）を導いている」［Middleton & Jacob 1923:343］としてカースト分類への疑念を呈しているように[201]、国勢調査におけるカーストの「結晶化」（分類・序列化）は、在

ドゥームとも通婚関係がないことからミーラースィーに含めるべきではなかったとしている［Ibbetson 1974(1916):235］。
[201]　アパデュライもまた、インドにおける集合的アイデンティティが統計化されることになったのは、英領インド帝国下であり、インド人集団の一般的な

地社会の人々の自己認識と他者認識に対しても少なからぬ影響を与えたが[202]、音楽に関係する者たちもその例外ではなかった。例えば、この当時の楽師に対する扱いを表す次のようなエピソードが残っている。

> 祖父（サーランギー *sārangī* 奏者、1917年死亡）が移動中に滞在した村で髭をそらせていたときのことだ。祖父が思わずハミングはじめると、髭を剃っていた床屋は「お前は音楽家か？」と尋ねた。事情が飲み込めない祖父は無邪気にも「そうだ」と答えた。すると、その床屋はそれ以上仕事をするのをやめてしまい、片方の髭だけがそのまま残った。それから、その片方の髭を剃ってくれる床屋を探すのに非常に苦労したとのことだ。［Bor 1987:106］（括弧内筆者注）

このような宮廷楽師を含めた音楽関係者一般をミーラースィー＝ドームとみなす風潮は19世紀末から20世紀に入ってからのことであり、都市居住者を中心とする一般人にも広がっていったと考えられる。このことは、調査の結果としての地誌や民族誌の読者対象が官僚から一般の人々になっていったのは1910年前後からという藤井［1993:11］の指摘にも符号する。カーストを数十年にわたって問い続け分類し記述する行為は、在地の人々の自他に関する新たな認識を生じさせ、記述される者に新たな秩序を与えるのみならず、その秩序を変えることになる力に刺激を与えていくことになる［Jones 1981:73-74］。

国勢調査・地誌編纂・民族誌記述などにおける"カースト統計"（分類

本質化は少なくとも19世紀初頭にさかのぼれるとしている［アパデュライ 2004b:233］。

[202] 英領インド帝国期における国勢調査や地方史編纂、民族誌記述によるカーストの再編成、集団カテゴリーの創出など在地社会に与えた影響については Cohn［1987］、藤井［1993］、Jones［1981］などを参照のこと。

と序列化)が、いかなるプロセスで人々に広がっていったかという点は重要な問題であり、さらに詳細な検討が必要と考えるが、この点については機会を改めたい。本章の後半においては、国勢調査が行われた同時期に、宮廷楽師やその子孫たちの社会音楽的アイデンティティ形成に大きな影響を与えたと考えられる「踊り子」との関連について検討を加えることにする。ここでの「踊り子」とは、dancing girl あるいは舞踊を意味する現地語のナウチ nautch に由来する nautch girl の邦訳である[203]。これらの言葉には、売春街の娼婦から才能のある女性歌手・舞踏家まで幅広い対象が含まれており、主として西欧人によって用いられ、やがてインド全体に広がっていったと考えられる [Bor 1987:81-2, 88-89; Yule and Burnell 1996 (1886): 297]。なお、本章では主として南インドで展開された反ナウチ運動と時代的に交錯する、北インドのナウチとその伴奏者・教師に対する蔑視を"ナウチ関連問題"として扱い、売春の幇助者とみなされるようになったミーラースィーに焦点をあてて議論する。

6-3. "ナウチ関連問題"と売春幇助者としてのミーラースィー

本来ナウチは舞踊を意味する言葉であるが、本書では売春と関係づけられた「踊り子」の総称として「ナウチ」を用いることにする。ただし、この「ナウチ」の範疇には、ヒンドゥー寺院付きの踊り子であったデーヴァダーシー devadāsī、宮廷やサロンにおける歌妓・芸妓であったタワーイフ tawā'if やドームニ domni などなどが含まれ、地域によって多様性があ

---

[203] ナウチ nautch の語源については、サンスクリット語の nṛtya に由来するベンガル語の nāc [Hardgrave and Slawek 1997:14]、ウルドゥー語の nāch [Levine 2003:382, n5]、サンスクリット語の nṛtya がプラークリット語の nachcha を経てヒンディー語などの nāch となったとするもの [Yule and Burnell 1996(1886):297]、がある。西欧人から見たナウチの記述については、Hardgrave and Slawek [1997:12-25] などを参照のこと。

ることについては留意が必要である。

　このうちデーヴァダーシー[204]は、「神（deva）の女僕（dāsī）」を意味し、ヒンドゥー寺院儀礼における踊り子として奉納された女性をさす最も一般的な名称である。実際には、各地方や集団ごとに多様な名称で呼ばれ、その慣習についても相違がみられるが、通常の婚姻形態をとらずに男性パトロンと性交渉をもつという共通点を有する［Anandhi 1991:739; 粟屋 1994:349-350］。一般に初潮期に奉納され、神との結婚儀礼が行われることから「吉祥なる存在」とみなされ、寺院のみならず宮廷の宴会や一般家庭の結婚式等の慶事にも招かれたが、彼女たちがそれらの慶事において担うのは舞踊と歌唱で、全体の差配と楽器の伴奏は男性が務めた［井上 1998:1-2; Singer 1972:172-3］。このようなデーヴァダーシーは、かつては南インドや北東インド（オリッサ州）などに留まらない「汎インド的現象」であった［Marglin 1985:17］。しかし、婚姻せずに性交渉をもつことは、西欧的道徳観を背景として次第に「売春」と見なされるようになり、19世紀末ころから、デーヴァダーシー人口の多い南インドのマドラス管区で反ナウチ運動が組織的に展開され、後にデーヴァダーシー制度廃止を求める社会運動へと発展した［井上 1998:4; Marglin 1985:6-8］。これが、反ナウチ運動の中核となるものである。

　1893年、マドラス・ヒンドゥー社会改革協会は、インド総督に対して慶事等にナウチを招く慣習を禁じるよう陳情書を提出し、「踊り子を娼婦と断定し、行事に彼女たちを招く慣習を有害かつ社会悪であるとみなし、行事における舞踊上演の慣習の宗教的正統性を否定して、それを撤廃する

204　デーヴァダーシーの寺院舞踊が宮廷舞踊として発展したサディール・ナウチ Sadīr Nautch や、古典舞踊の一つであるバーラタ・ナーティヤムとの関係については Srinivasan［1985］や大谷［1984］などを参照のこと。なお、デーヴァダーシーに関する歴史的研究については Jordan［2003］や Kersenboom［1987］、井上［1998］などを、人類学的研究については Marglin［1985］などを参照のこと。

ため」[井上 1998:4-5]に、政府の介入を求めた。宗教や社会文化的慣習に不干渉の立場をとる政府(英国人)はナウチに関するこの陳情を一旦は退けた。しかし、その後もデーヴァダーシーは宗教的慣習の一環なのか、宗教的にも正統化されない「売春」なのか、あるいは「売春」とは切り離してとらえるべき芸術なのかという議論が闘わされることになり、政府も無視できない問題となっていく[205]。

そもそも、インドにおける売春問題への関心は、19世紀後半から英国において活発になった売春統制と廃娼運動に触発されており[206]、ヴィクトリア朝の道徳観のインドへの浸透によって顕在化するようになった[Banerjee 2000:20-25; Levine 2003:191-3]。英語教育を受け、西欧的道徳観念の影響を受けたヒンドゥー・エリート層が中心となって南インドにおける反ナウチ運動が繰り広げられていったのである。このような19世紀末から南インドで特に盛んになったデーヴァダーシー制度廃止運動としての反ナウチ運度は、20世紀に入って、北インドにも大きな影響を及ぼしていった[Marglin 1985:6]。ナウチあるいはナウチ・ガール nautch girl という言葉は、売春と結びつく舞踊あるいは歌妓・芸妓の総称として用いられ、都市部を中心に汎インド的に流通していたからである[e.g. Banerjee 1989:40-

---

205 その後、デーヴァダーシー制度に関して廃止論者と擁護論者の間で論争が続くが、当時の廃止論者にとっては「理想的な家庭」が、養護論者にとっては「インド伝統文化」が一義的な価値であった[粟屋 1994:351]。

206 英国における廃娼運動は、売春統制を目的とした1860年代の伝染病法の制定とその強化に端を発する[ブーロー 1991(1987):307-9,403-5]。そもそも政府の売春統制は売春の根絶を目指したものではなく、当初は軍当局(英国軍常駐地)の性病の拡大に対する懸念から生じた。たとえば1860年代初頭、インドからの帰還兵の性病保有率の高さが問題となった[Smith 1971:122; Walkowitz 1980:75]。そこで伝染病法を制定し、娼婦の登録と医師による定期的な診断が義務付けられたのであるが、その伝染病法は性病予防を隠れみのにした国家による売春の承認であるという視点から、大規模な廃娼運動へつながっていったのである。

1; Bor 1987: 88-96; Hardgrave and Slawek 1997:12-25; Sherring 1974（1872）:275]。

　一方、北西インドでは、ムスリムの太守やヒンドゥーの藩王の後宮（zenāna）にいた宮廷付きの歌手や踊り子たち、後宮の女性たちや貴族家庭の婦女子の前でのみ踊っていた者たち、また貴族や富豪など特定のパトロンの妻として技芸を磨いていたタワーイフやドームニと呼ばれた者たちも、単なる売春婦と同列に扱われることになっていく［Levine 2003:192]。問題は、デーヴァダーシーやタワーイフなどがしばしば「踊り子のカースト」として言及される一方、寺院関係の儀礼や宮廷における歌舞とは無関係ないわゆる売春婦までもがこの範疇として扱われたことである[207]。さらに問題を複雑にしたのは、社会経済環境の変化に伴い、生活のために不特定の男性たちを相手にする「踊り子」たちが現れたことであろう［e.g. Kippen 1988:42; Sharar 1994:145]。ムガル帝国やアワド王朝などの崩壊後、彼女たちは歌舞音楽に理解のある地方の藩王や領主たちのもとをめぐり歩き、都市においては富裕者の自宅や町のサロン（kotha）での歌舞によって、さらに身を落とした者は不特定の男性を相手に生き延びて行かざるをえなかったのである。

　このような社会変動の中で、今日では重要な古典舞踊の一つに数えられるカタック Kathak の伝説的舞踊家であったビンダディンの弟子であり、ラクナウのタワーイフの頭目（chaudharains）とされたある姉妹は、自分たちの職業が脅かされていることに対して抗議集会を開いたことが知られている［Hasan 1983:119-120; Bor 1987:107]。このような集団活動もあってか、当時の国勢調査の担当官であったブラント E. Blunt はタワーイフ

---

[207] 英領インド帝国期の高裁判例集の中からデーヴァダーシーが登場するケースを拾い、彼女たちの社会的地位の変化に司法介入が果たした役割について検討した粟屋は、彼女たちが「踊り子 dancing girl」と総称され、しばしばカーストという言葉が付与されてカテゴライズされたこと、しかもそのカテゴリーには寺院儀礼とは無関係な歌妓・芸妓も含まれていたことを明らかにしている［粟屋 1994:352-3]。

を一種のカーストとみなし、「タワーイフは踊り子であり、彼女たちは女性のパンチャーヤット Panchāyat（伝統的自治機関）を有している。そこには女性の頭目がいるが、それはパンチャーヤットの支配権の内部で生まれたにちがいない」［Blunt 1969(1931):111］と推断している。ちなみに、タワーイフやドームニとは他称であって、仲間うちでは女性の歌手や踊り子はバーイージー *bāījī* などと呼ばれていた。バーイー *bā'ī* は女性の名称に添えられる言葉であるが、使われる地域や状況によって尊称にも蔑称にもなる［e.g. Kippen 1988:23］。ジー *jī* は○○さんのような軽い敬称であることから、この文脈においては、日本の芸能関係者などが目上の女性に用いる「姉さん」に近似する呼称と考えてよいだろう。

　いわゆる不特定の者たちを相手にする遊女はおろか、特定のパトロンのもとに技芸を磨く歌妓・芸妓もまた売春婦に連なる者とみなされた。そもそも歌妓・芸妓はインド社会においてはアンビバレンツな存在であった。ブーローの言葉を借りれば、「妻という、女性としての名誉ある地位を犠牲にしたことで、彼女たちは社会からは低くみなされていた。ところが身持ちの正しい女性がもはや身につけなくなった芸術の守り手として、敬意と称賛の目でみられていた」のである［ブーロー 1991(1987):148-9］。このようなインドにおける「売春」の概念やその変遷、歌妓・芸妓たちとその教師や伴奏を務めた人々の地域ごとの社会歴史的な位置づけ、また彼女／彼らの生活実態や認識などの点からも検討されるべきであろう[208]。

---

[208] 寺院付き踊り子や宮廷付き踊り子を含む、古代インドの「売春」および「売春婦」については、Basham［1981(1954):184-7］が参考になった。ムスリム人口の多い地域における「踊り子」の問題、例えばラクナウにおけるタワーイフの分類や実態については Hasan［1983:118-120］などを参照のこと。なお、近代の問題としては、デーヴァダーシー制度廃止運動の歴史的展開を検証したアーナンディーが指摘するように［Anandhi 1991］、いわゆる踊り子たちは常に客体として捉えられ、彼女／彼ら自身の多様な声に耳を傾けられることがなかった点があげられる。本書においては、"ナウチ関連問題"

さて、都市部において女性を伴い楽器の伴奏を務める音楽家、とくにサーランギーと呼ばれる弓奏楽器やタブラーと呼ばれる打楽器の伴奏者、女性に踊りや歌を教える教師役もまた「売春」の幇助者・斡旋人とみなされるようになっていく。たとえば大都市デリー近郊のグルガオンにおいて、「歌妓・芸妓のためにタブラーやサーランギーを演奏するドームはヒンドゥーのミーラースィー」とされ、売春仲介者を意味する言葉[209]でも呼ばれたのである［Rose 1911:vol.III, 106］。

　あるサーランギー奏者の以下のような回想から、20世紀前半における彼女／彼らの生活実態の一端を知ることができるであろう。

　　　私は何度もファクランニッサとともに旅をし、カラチやペシャーワル、ボンベイ、バローダ、アーメダーバードなど（の宮廷）で演奏をした。また、私たちは芸術を愛する王がいる小さな藩王国も数多く訪れた。グワーリヤルのマハーラージャの戴冠式には、たくさんのタワーイフやウスタッド（名人、教師）が招かれ、私たちも招かれた。ファクランニッサは非常に美しい歌手だった。彼女は私の親戚で、1947年の印パ分離によって彼女がパキスタンに行くまでの12年間一緒に演奏旅行をした。

　　　（中略）……チュンムー・バーイーはしばしばラジオに出演した。彼女もすばらしい歌手で、私も何度か彼女の伴奏をした。彼女はデリーでは有名で、多くのタワーイフの頭目をしていた。彼女は私の叔父から音楽を習い、私も教えた。彼女が金持ちと結婚してからは、彼女は歌手という職業から身を引いた。

　　　（中略）……ファクランニッサとチュンムー・バーイーは多くの

　　として、ガラーナーのポスト形成期における音楽家たちのアイデンティティ形成への影響に焦点を絞っている。

209　バルワ *Barwa* あるいはスファールダーイー *Sufārdāī* がそれにあたる。

レパートリーをもっていた。彼女たちは、ハヤール、トゥムリー、タッパー、タラーナ、ダードラ、ガザル、カムサなどの複数の形式を歌うことができた。カムサは4行詩であり、一時かなり流行ったものだが、今日では忘れられてしまった。タワーイフが歌うメロディーと詩は非常にすばらしいもので、それは古典音楽だった。いまやその音楽は貧相なものになってしまった。もし、彼女たちが当時のままの質の高い古典声楽を披露したとしても、誰がその音楽を理解し彼女らを賞賛できるだろうか。

　（中略）……バーイージーたちは主にサーランギー奏者から音楽を学んだ。私は彼女たちの家に週に3～4回午前中に行って音楽を教えた。また、他の音楽家も彼女たちを教えに日中に通った。もしそのバーイージーが裕福でもっと知識を増やしたいと思ったなら、違った師匠から学ぶために多くのお金を使っただろう。偉大なカタックのグルであるアッチャン・マハラージでさえ、バーイージーに踊りを教えた。著名で裕福なタワーイフであったヒーラー・バーイージーはクリシュナ・マハラージからアビナヤ（舞踊における一種の感情表現）を学んだほか、カーンプルの彼女の家にはカタック・ダンスの巨匠が頻繁に訪れていた。ヒーラー・バーイージーはそれほどすばらしいパフォーマーであり、人々の涙さえ誘った。ほかにも多くの傑出した女性歌手がいたが、1950年代にはその繁栄も終りを告げた。［Bor 1987:107-8］（括弧内筆者註）

　このような、ナウチあるいはナウチ・ガールと総称され、タワーイフやドームニなどと呼ばれた人々によって花開いた芸能文化は、王侯や領主などパトロン勢力の衰えに加え、20世紀に入って強まった彼女／彼らに対する社会的圧力によって衰退を見せはじめる。そして、1930年代の国勢調査においては、「タワーイフは踊り子で、ミーラースィーは踊り子の音楽を担当する者（伴奏者）である」［Blunt 1969(1931):65］と記述され、売

写真1：サロードを演奏するシャラン・ラーニー。
[Rani 1992] より

春と結びつく女性歌手・踊り子の伴奏者あるいは「売春」の幇助者としてミーラースィーが「結晶化」されることになる。

1929年生まれで、女性初の本格的なサロード奏者、シャラン・ラーニーは当時のことを振り返って次のように述べている[210]〔写真1〕。

　　私は5〜6歳のころから舞踊に興味をもち、8歳にはビルジュ・マハラージ（今日の北インド古典舞踊カタックの第一人者）の父からカタック・ダンスを習うようになった。しかし、私が舞踊に真剣に取り組みたいことがわかると、両親や周りの者たちは難色を示しだした。当時、女性が舞踊を習うことは、社会的に困難なことだった。そこで私は舞踊をあきらめ、アラーウッディーン・ハーンからサロードを習うようになった。（敬称略。括弧内筆者註）

また、1927年生まれのサーランギー奏者、ラーム・ナーラーヤンは当時のサーランギー奏者が踊り子や売春婦の伴奏と結びつけられていたことから、その楽器で音楽を学ぶことを父親から反対され、決してそのようなグループには近づかないことを誓約したというエピソードを述べている[Sorrell and Narayan 1980:13]。彼は、音楽演奏を世襲としないカーストに

---

[210] ニューデリーのシャラン・ラーニーの自宅でのインタビュー（1998年8月）に基づく。

属し、後にサーランギーの主奏者として世界的に著名になった人物である。

　彼らが育った1930年代は、伴奏楽器であるサーランギーに代わって、サロードやシタールが主奏楽器として脚光を浴び、後にラヴィ・シャンカルの師匠となるアラーウッディーン・ハーンなどの非世襲の音楽家たちが表舞台に登場し始め、インド独立を前にして自分たちの文化の再発見と再構成が進められた時代でもある。まさにその時代に、インドにおける売春問題が「ナウチ」と結びつけられ糾弾されたのである。宗教的慣行と歌舞と売春が結び付けられ、歌舞に携わる女性が売春の象徴＝諸悪の根源のように扱われるようになった結果、歌舞を披露できなくなった踊り子たちの生活は困窮し、さらに売春婦を増やすことになったという指摘もある [Levine 2003:192]。この間、北インド各地方や集団ごとの踊り子・女性歌手の多様性や実情はほとんど考慮されず、また彼女たちに踊りや歌を教える教師や伴奏を行う音楽家はミーラースィーというカテゴリーに押し込められた。

　ミーラースィーと一括して呼ばれる者の中には、都市に住み主として古典音楽の伴奏を務める者たち、村落から都市周辺に移住して歌舞の伴奏者となった者たち、そして村落を中心にパトロンの冠婚葬祭において演奏を行う者たちがおり、その実情はさまざまであった。にもかかわらず、それぞれの社会歴史的な文脈から切り離され、都市においては「反社会・反道徳」的とされた「ナウチ」の器楽伴奏者兼斡旋人を、村落共同体においてはカースト社会の最下層に位置づけられた音楽芸能者を意味するようになっていったのである。

　確かに、強大な権力を有していた旧来型のパトロンとの持続的な関係を失い一時的なパトロンを求めて「ナウチ」の伴奏者として流浪せざるをえなくなった音楽家の増加と移動は、音楽にかかわる者の社会的位置づけを相対的に低下させたと推測される。それに加え、西欧からもたらされる「売春」に対する眼差しと、その眼差しの中で踊り子をインドの汚点であり後進性の象徴ととらえるヒンドゥー・エリート（新興中間層）の動向

は[211]、例えばタワーイフたちとその伴奏者であったサーランギー奏者たちが形成してきた音楽文化の良質な部分をも衰退させることにつながっていった。すなわち、サーランギーなど伴奏者の子弟たちのなかには代々受け継いだ楽器の演奏を捨て、シタールなどよりポピュラーとなった主奏楽器を選び、あるいは伝統的家業であった音楽以外の仕事に転身する者たちがいたのである。

　その一方、ボンベイやマドラス、カルカッタなど大都市のヒンドゥー・エリートたちの中には、インド独立運動と国民意識の目覚めのなかで、宮廷において発達をみたインド古来のラーガ音楽を積極的に習う者たち、また理論化に向けて調査・研究を始める者たち、さらにナウチたちによって寺院や宮廷で受け継がれてきた技芸を古典舞踊として学ぶ者たちがおり、彼らによってインドの伝統芸術の再発見・再構築が行われることになってゆくのである。

6-4．「カースト」から"ガラーナー"へ

　これまで見てきたように、国勢調査をベースにした地誌・民族誌においては、宮廷楽師であったカラーワント、聖者廟付き歌手であったカッワール、系譜語り英雄讃歌の歌い手であったダーディーなどの多様なルーツを有する楽師たちが、それぞれの社会歴史的な文脈から切り離され、ミーラースィー＝ドームという集団カテゴリー＝「カースト」に押し込められた。一連の国勢調査では、集団カテゴリーの定義やそれらの集団の分類法

---

[211] 20世紀前半におけるインド文化の動向を社会学的視点から研究したムケルジーによれば [Mukherji 1948:155]、英領インド帝国成立後の1880年代以降、中間層（ミドルクラス）には、親英的で西欧的価値観のもとに自文化を捉えなおす動向と、古き良き時代の自文化を復活させようとする動向があり、後者は特に1930年代になって自分たちの音楽に目覚め始めたという。

も微妙に変化してはいたが、こと音楽芸能者のカテゴリーに関する限り、ほぼ一貫してカースト分類の底辺に置かれていたといえよう。
　このような国勢調査における音楽芸能カーストの「結晶化」は、植民地官僚の異文化認識のプロセスの中で行われたものであり、音楽家たちの自己認識と他者認識に対しても大きな影響を与え、新たな地位上昇運動を招くことになった。この動向は、"ナウチ関連問題"とも交差している。そして、かつての宮廷楽師（特に器楽演奏者）の子孫の多くは自分たちの音楽的正統性をインド音楽の権威であるセーニヤーに結び付けて語るようになる。その結果、ミーラースィーとセーニヤーの距離もまた、民俗音楽（日銭をかせぐ地方の芸能者）と古典音楽（宮廷に庇護された楽師・芸術家）の距離に等しいものになる。本来その距離は相対的で音楽的・人的な往来が認められたはずのものが、音楽芸能カーストの「結晶化」、そして近代における文化的制度としての古典音楽の成立などとともに、両極的な音楽分野の社会集団としてみなされるようになってゆくのである。
　そのため、ラーガ音楽の演奏と教授を生業としてきた宮廷楽師の子孫たちは、自分たちの過去からミーラースィーという売春と結びつく「ナウチ」の伴奏者、あるいはミーラースィー＝ドームという村落における低カーストの音楽芸能者・民俗音楽家というイメージの払拭を迫られ、自分たちの血統を過去の民俗的音楽伝統およびカースト・カテゴリーとは別なものに結びつけて語る必要が生じた。ここでは、音楽的権威セーニヤーとの関係を明確にし、"ガラーナー"を改めて名乗ることが古典音楽家（特に器楽奏者）としての正統性を知らしめるのに欠かせない行事となった。すなわち、カラーワント、カッワール、ダーディーというミーラースィー＝ドームと結びつけられたかつての音楽家のカテゴリー区分はもはや使用されなくなる一方、実際はカラーワント／ダーディーという、かつての社会音楽的カテゴリーの差異をより明確に意識したセーニー・ガラーナー／ミーラースィー＝ドームという新たな分類が20世紀に入って生まれてきたのである。

第4章の冒頭でのB. K. ローイ・チョウドリーの指摘にもあったように、有力なパトロンや音楽学者の尽力で1910年代後半から開催されるようになった全国規模の音楽会議や演奏会に参加した職業世襲の音楽家たちの中から新しい意味合いが付加された"ガラーナー"を名乗る者が表れるようになり、彼らがそのような用語・概念によって"われわれ"を語り始めたのは1920～1930年代以降のことであったと推測される。このことは、英領インド帝国の元で本格的に始まった全国的国勢調査のアウトプットとしての地誌や民族誌の内容が、都市を中心とする一般の人々に還流していく時期と重なり合い[212]、その過程で「結晶化」された人々が自分たちの出自や分類・序列に異を唱え変更を迫る動きにつながっていったという指摘にも符号する［Jones 1981:73-74］。音楽関係者においても、預言者や聖者の讃歌を歌うカッワールたちがムスリムの高カーストの慣習を採用し、尊敬されるイスラーム指導者に仕え、最終的にはクライシュ族の子孫を主張するようになった事例や［Ansari 1960:45-46］、古典音楽の演奏者（カラーワント）たちが集まり、自分たちがミーラースィーと同一のカテゴリーで呼ばれることに対する抗議集会を開いた1930年代後半の事例も［Ranade 1990:12］、このような動向と距離を置くものではないだろう。そして今日においてなお、ヒンドゥスターニー音楽の専門研究者の中にも、「ミーラースィーは、ナウチ・ガールの伴奏者に用いるムスリムのカースト用語であり、今日では声楽の伴奏を務める劣った音楽家を意味するようになっ

212　インド帝国の地誌は、1903年に決定された政府方針にしたがい、県（district）－州（province）－帝国（imperial）という三層のピラミッド構造（行政区分）に再編された。そして改訂された帝国地誌は1907～1909年に、州地誌は1908～1909年に、そして県地誌は1903～1912年にその刊行が集中した。藤井毅は、地誌の三層構造は1910年までに完成し、「それぞれが個別の役割と読者を想定して編纂され、記述の単位が大きくなるにつれ、対象となる読者は官僚から一般の人々になっていった」［藤井1993:11］としている。

ている」[Ranade 1990:13] という記述が見られるのである。

　これまで議論してきた問題の余波は、印パ分離後のパキスタンでも見られる。今日のパキスタンにおいては、音楽で生計を立てる者は、「自ら好んで音楽の道に入った音楽家」と「世襲の職業音楽家」とに区分されている。前者は一般にアターイー *atāī* またはショウキヤ *shauqiya* と呼ばれるのに対して、後者はウルドゥー語でミーラースィー *mīrāsī*、パシュトー語でダム *ḍam*、東部バローチー語でドーム *ḍom*、その他のバローチー語などでローリー *lōrī* と呼ばれる社会的階層の低いジプシー的職能集団の成員であるという [村山 1998:93]。そして、音楽がやりたくて、好きで選んでこの道に入ったプロの音楽家たちが、自らをアターイーやショウキヤと呼ぶ言い方は、「音楽は卑しいミーラースィーたちの領分である」という通俗的社会コードに対して、自らのアイデンティティを肯定・弁護する表現となっているのである [村山 1998:94]。

　第3章でのサロード奏者の語りにもあったように、彼らの口から、正統的な音楽伝統の継承者としての「セーニヤーとの結びつき（*silsila*）」の表明、ミーラースィー＝ドームではなくイスラームの外来貴種の一つとされる「パターン起源」の表明、タワーイフやドームニとの関与を間接的に否定する「一族の女性に音楽家はいない」ことの表明、あくまで古典形式にのっとった「ドゥルパド形式の器楽主奏者の家系」であることの強調がなされるようになったのは、ムガル帝国期における宮廷楽師の社会音楽的地位の形成と英領インド帝国期におけるその地位の変容、そして独立運動・印パ分離を経て今日に至る社会歴史的な環境変化に加え、地域社会や特定の社会組織を超えた外部からの視線を意識せざるをえない再帰的なアイデンティティ形成の在り方と無関係ではないと思われる。

❈ 第Ⅱ部　近代におけるインド音楽の社会空間 ❈

| 第 7 章 |

インド音楽とガラーナーの近代化

植民地近代における古典音楽の再構築

　本書においては、第I部の第4章から第6章におけるガラーナーの社会歴史的考察から、下表〔表1：詳細は【巻末資料C】を参照〕のような分析的な時代区分を想定する。

　第II部は、"ガラーナーとは何か"を明らかにするための多様な検討に費やされた第I部と、"ガラーナーの事例研究"に特化する第III部を橋渡しする役割を担っており、ガラーナーの「形成期後期」から「ポスト形成期」にかけて加速されたインド音楽とガラーナーの近代化および、その帰結としての今日の再帰的な社会空間について探求する。

　第4章の冒頭でも述べたように、ガラーナー形成の母体となった社会集団のルーツは12世紀以前に遡るが、ガラーナーという言葉が一般的に用いられるようになったのは、1920年〜1930年代以降のことと考えられる。またこの前後の時期は、第6章で明らかにしたように、植民地支配下で行われたカースト統計（国勢調査）のアウトプットとしての地誌や

表1：ガラーナー形成史（概略）

時代区分	年代	ガラーナー形成史		キーワード
デリー諸王朝期	1206-1526	プレ形成期		北インド古典音楽の形成
ムガル帝国 前期	1526-1707	形成期	前期	音楽権威の形成
ムガル帝国 後期	1707-1858		中期	声楽のガラーナー形成
英領インド帝国期	1858-1947		後期	器楽のガラーナー形成
インド独立期〜現代	1947-	ポスト形成期		ガラーナーの変容

民族誌の一部が都市を中心とする一般の人々にも還流し、"ナウチ関連問題"（踊り子とその伴奏者に対する蔑視）が音楽と結び付けられるようになった時代とほぼ重なっている。

　本章においては、英領インド帝国下の「形成期後期」から独立運動を経て「ポスト形成期」に至る 20 世紀前半、ナショナリズム全盛の激動のこの時代に、ムスリムを中心とする職業音楽家の文化社会的環境に何が起こっていたのか、インド音楽とガラーナーの近代化に奔走した 3 人の音楽改革者のミクロな活動に注目しつつ、近代におけるマクロな社会音楽的環境（社会空間）の形成を検討する。

7-1. S. M. タゴールの革新：
植民地下における音楽のオリエンタリズムとナショナリズム

　英領インド帝国下において、西洋文化の影響を受けつつ「インド古来」の音楽文化を再構築しようと試みた最も初期のパイオニアの名前を一人あげるとすれば、それは S. M. タゴール Sourindro Mohun Tagore（1840-1914）になるであろう。彼は 18 世紀末以降、西洋からの観察の対象であったインド音楽をインド人の視点から英語で記述した最初の人物の一人であり、低俗な文化として見下されるようになっていたヒンドゥスターニー音楽を復興し、インドの「国民音楽」として位置づけようと努力した人物である［Capwell 1991a; Farrell 1997:65-76; 井上 2006:85-99］。

　S. M. タゴールは、1913 年にノーベル文学賞を受賞したラビーンドラナート・タゴール Rabindra Nath Tagore や、岡倉天心などと親交のあったアバニンドラナート・タゴール Abanindra Nath Tagore と縁戚関係にあるほぼ同時代の人物で、裕福なバラモン家庭に生まれた。彼の曽曽祖父、曽祖父らは、東インド会社と友好的な関係を保ち、不動産売却や交易などによって成功を収め莫大な富を築き、祖父の代にはカルカッタに音楽ホールを建設して定期的な音楽会を催したことでも知られる。父は、西洋音楽

とヒンドゥスターニー音楽の両方に通じた音楽のパトロンであり、セーニー・ラバービヤーのバーサト・ハーン Basat Khan などから音楽を学んでいた [Sharma 1993:260-2]。ちなみに、バーサト・ハーンは、ラクナウからカルカッタ近郊のマティヤ・ブルジ Matiya Burj に幽閉されたアワド王朝最後の支配者ワージド・アリー・シャー Wajid Ali Shah の音楽の師匠であり、第Ⅲ部のサロード・ガラーナーの事例研究において登場するラクナウ・ガラーナーの流祖の師匠でもあった。

　カルカッタは、インドにおける英国植民地支配（東インド会社）の最大の拠点であり、カルカッタを中心とするベンガル地方には、タゴール一族のみならず交易等で財を築いた富裕層や親英的な領主たちが多く、彼らはムガル帝国やアワド王朝崩壊後に新たなパトロンを求めて移動するかつての宮廷楽師たちの後ろ盾となっていったのである。

　S. M. タゴールは、幼少のころから英語教育を受け、ドイツ人教師から西洋古典音楽を学ぶ一方、サンスクリット語とヒンドゥスターニー音楽を学んだ。キャプウェル Charles Capwell の言葉を借りれば、植民地支配下で西洋文化を受け入れつつ自文化の再生に努め、実際にその原動力となった極めて「マージナルな人物 marginal man」の一人である [Capwell 1991a:235]。S. M. タゴールは、サンスクリットを中心とするインドの文化遺産は偉大であるが、その遺産はすでに色あせてしまっており、リハビリ rehabilitation が必要であるという西洋オリエンタリストの視点を受け入れていた。西洋オリエンタリストが指摘するリハビリとは、後進国に対する「より進歩」した西洋の科学や文化による導きを意味する。彼は宗主国である英国に忠誠を示し、植民地支配のもとで多くを学んだことを認めてはいたが、音楽にその例外を見出そうとしていたように見える [cf. Farrell 1997:65]。インドには「国民音楽」として誇れる古典音楽があるが、その音楽は色あせ朽ちており、過去の偉大さを取り戻すためには西洋による導きではなく内発的なリハビリが必要であると考えたのである。そのリハビリをいかになすか。彼はパトロンとして音楽家を保護し、音楽教育に

取り組み、講演や著作を通しての啓発活動にその端緒を求めた。

　まず彼は、ヴィシュヌプル・ガラーナー Vishnupur Gharana[213]の音楽家 K. M. ゴースワーミー Ksetro Mohun Goswami などのパトロンになると同時に、自ら生徒となってヒンドゥスターニー音楽を学んだ。ゴースワーミーは、ベンガル文字による記譜法の推奨者で、口頭伝承によって受け継がれてきたバンディッシュなどの旋律を文字化しはじめた最も初期の音楽家の一人であった［Chapwell 1991b:99］。S. M. タゴールは 1867 年にはインド人による音楽会議を開催し、ベンガル地方にパトロンを求めてやってくる音楽家たちを集め、またゴースワーミーに学んだ記譜法を取り入れつつ西洋をモデルとした音楽学校 Bengal Music School を 1871 年に設立している。この年は明治 4 年であり、日本では廃藩置県が行われ、音楽関連では軍楽隊が組織されたころである。東京音楽学校の創立が 1887 年であることから、この音楽学校は、おそらくはアジアで最も初期に設立された音楽学校の一つと言えよう。

　その後、S. M. タゴールは学校視察官であったクラーク Charles Baron Clarke と音楽教育、とくに音律体系と記譜法をめぐって対立をみせる［Capwell 1991a:236-7; Farrell 1997:67-70］。クラークは数学を修めた植民地官僚であったが、音楽は専門外であった。そのクラークが、西洋で発達を

---

[213]　ヴィシュヌプルはベンガルの地方都市であり、宮廷都市として栄えた。タゴール一族はその地域の一部を所有していた。ヴィシュヌプル・ガラーナーの流祖はセーニヤーのバハードゥル・ハーン Bahādur Khān の直弟子であったガダールハル・チャクラバルティ Gadādhar Chakravarti と考えられる［Sharma 1993:211- 222］。チャクラバルティはヴィシュヌプルに定住し、多くの弟子たちを育てた。以後このガラーナーはヒンドゥーの弟子たちによって継承されてきたが、今日ではシタールのガラーナーとして知られている。ラヴィ・シャンカルもまたシタールの基礎をこのガラーナーの師匠から学んだ。ヴィシュヌプル・ガラーナーの詳細については Capwell ［1991b］や Sharma ［1993:211-222］などを参照のこと。

見た十二平均律と五線譜による音楽教育の導入を主張したのに対し[214]、S. M. タゴールはオクターブを二十二シュルティ śruti とするインド古来の音律体系と、文字による記譜法を基本とする独自の音楽教育を主張したのである。西洋の十二平均律は和声と転調を前提としているが、インド音楽はそれらとは異なる発展を遂げた、いわゆる微分音を含む音楽である。また、五線譜は、再現性を重視する西洋音楽において不可欠であるが、定まった旋律内での即興的展開を追求するヒンドゥスターニー音楽にとって不可欠のものではなかった。S. M. タゴールの二十二シュルティによる音律法と文字による記譜法に関する主張は、1874年9月7日のヒンドゥー・パトリオット紙において発表され、後に自らが編著者となる『ヒンドゥー音楽 Hindu Music』の第2版にも再録された［Tagore 1990(1882):339-87］。

彼は数多くの著作を残したが、音楽に関する著作の大半が英語で書かれたものであることから[215]、英国人や英語を解する現地の知識人を読者としていたことがわかる。上記の『ヒンドゥー音楽』の第1版は、ジョーンズ William Jones（1746-1794）[216] やウィラード N. Augustus Willard な

---

[214] 西洋においては、世界にある様々な記譜法のうち、絶対音と十二平均律と結びついた五線譜による表記が最も進化したものであるという意識があったと思われる。それはテキスト（作曲と作品）とその再現性を重視するものであると言えよう。それに対して、即興を重視するヒンドゥスターニー音楽の文字による記譜法は備忘録とも言えるもので、バンディッシュ（即興の核となる小作品）を表記するにすぎない。

[215] 彼の著作の多くは英国人統治者たちに捧げる形をとっている。

[216] ジョーンズは東洋学者を目指したが、経済的理由から法律学に転じ、1783年にカルカッタの最高法院に判事として赴任した。1784年にはベンガル・アジア協会の創設者となり、インドを理解するためにサンスクリットを学び、インド・ヨーロッパ語族研究のきっかけをつくった。また、インド音楽についてまとまった記述を残した最も初期の西洋人の一人としても知られている［e.g. Jones 1990(1792)］。なお、エドワード・サイードは『オリエンタリズム』の中で、たびたびジョーンズの業績について言及している［e.g. サイー

ど[217]、18世紀末に遡るヒンドゥスターニー音楽の先駆的な英語論文を収集し、1875年に出版されたものである[218]。本書のタイトルのつけ方は極めて示唆的である。なぜなら、ヒンドゥスターニー音楽という言葉は北インドで行われているラーガ理論に基づく音楽一般を意味するのに対して、「ヒンドゥー音楽」という名称は、サンスクリット古典籍に記述された古代の音楽との超時代的な連続性を強調するものだからである。仮に「ヒンドゥー音楽」をヒンドゥスターニー音楽のルーツと考えることは妥当としても、それを強調しすぎることは、中世における音楽遺産の実践的継承を担ったムスリム音楽家の貢献を軽視した表現と捉えられかねない。このような点からすれば、彼もまた「ヒンドゥー音楽」が国民音楽として復活すべきと考えるナショナリストの一人であったと言えるだろう。

また彼は、『音楽の万国史 Universal history of Music』という世界の音楽を網羅した書物を1896年に出版している［Tagore 1990(1896)］。本書の特筆すべき点はいくつかあるが、その導入部において国民音楽 National Music と未開民族 Savage Nations の音楽に分けてその性質についての解説がなされていることもその特徴の一つである。このことは、本書の序論（2）で検討した、近代における再帰的な音楽分類の問題、すなわち西洋の国民音楽と民族音楽、古典音楽と民俗音楽（民謡）の現地バージョンと

ド 1993(1978):51,123,232］。ジョーンズとその周辺については、Farrell［1997:23-8］や Bakhle［2005:chap.2］、井上［2006:60-85］などが詳しい。

217　ウィラードの経歴についてはバンダ Banda の太守に仕えた軍人顧問で、インド音楽に深い造詣があったこと以外は不明である［Bakhle 2005:55; 井上 2006:75-9］。ジョーンズがサンスクリット文献を中心とし、言語や音楽の類似性の視点から比較研究を行った典型的なオリエンタリストであったのに対し、ウィラードは自らの音楽経験を元にインド音楽の独自性を強調した［e.g. Willard 1990(1834)］。

218　1875年の第1版では15編の論集であったが、1882年の第2版では22編に増補されて出版された。

もいえるマールガ／デーシからシャーストリーヤ／ロークへという二分法モデルの展開につながっていく。これは、西洋の分類概念を意識した自文化の復古的再構築に他ならず、植民地近代における「制度的再帰性」の典型的な事例の一つと言えるであろう。

　この『音楽の万国史』の本編では、世界をアジア、アフリカ、ヨーロッパ、アメリカ、オセアニアの5大陸に分け大陸ごとに各国の音楽の概略をまとめていること、各国の国民音楽を同列に位置付けていることも特筆すべき点の一つである。ただし、アジアの中ではインドに最も多くの紙数が割かれている。その項目で注目すべきは、ヒンドゥー時代・イスラーム時代・英国時代を古代・中世・近代に対応させ、今日でも用いられる音楽史の時代区分を先取りしていることである。また、英国時代については当時の行政区分に対応する10の地域に分けて、宮廷音楽や各地の民俗音楽など多様な音楽についても解説がなされている。とりわけ彼の出身地であるベンガルについての音楽状況が最も詳細で、「ヒンドゥー音楽」の復興に向けての自身の取り組みや功績のアピールについても余念がない。

　本書は、世界の音楽を網羅すると同時に西洋人やインドの知識人に対してインド音楽の位置づけを明確にしようとした、当時としては画期的な試みであることは間違いない。すなわち各地域・各国には固有の音楽があることを示し西洋音楽の相対化を図る一方で、古来の「ヒンドゥー音楽」こそが、インドが誇るべき国民音楽であることを定着させようとした意図が見てとれるのである。

　S. M. タゴールは、産まれ落ちた時点から西洋におけるオリエンタリストのインド表象と音楽学の動向をいち早くつかめる立場にあった。彼はインドの栄光をサンスクリット的な過去の文化遺産に求める在地のオリエンタリストであると同時に、その栄光を現在に復興しようとするナショナリストでもあった[219]。言い換えれば彼は、植民地近代において、内部に外部

---

[219] 彼の音楽活動は、西洋から影響を受けただけではなく、逆に西洋の音楽学に

の視点を持ち込み、外部に対して内部の視点からものをいう「マージナルな人物」ではあったが、今日的視点からみればオリエンタリズム内に留まったヒンドゥー・ナショナリストということもできなくはない。

このような彼の活動は、カルカッタから遠く離れたボンベイを拠点とするバートカンデーの音楽活動にも大きな影響を与えることになる。

7-2. バートカンデーの功罪：
インド音楽の理論化と歴史の再構築に向けて

S. M. タゴールが外部からの視線、すなわち西洋を意識しつつインド音楽の復興を試みた最も初期の人物であるとすれば、バートカンデー(1860-1936)はインド音楽の理論化・体系化について最も大きな業績を残した人物と言ってよい。今日のヒンドゥスターニー音楽の理論と歴史、教育プログラム等について研究しようとするとき、彼の功績とその評価を抜きにしては先に進めない。まず彼の功績は、以下の3つに集約されるだろう。

1) サンスクリット古典籍と音楽実践の比較分析によるヒンドゥスターニー音楽の理論化
2) インドにおける記譜法の導入とそれによるバンディッシュ（作曲部分）の記録・採譜
3) 音楽会議の開催、音楽教育システムの開発と音楽学校の設立

それぞれの功績と評価、ヒンドゥスターニー音楽とガラーナーの「近代化」に与えたバートカンデーの影響について検討する前に、主としてナーヤル [Nayar 1989:chap.3&4]、デーシュパーンデー [Deshpande

---

も影響も与えた。例えば、彼が当時のオックスフォード大学やベルギーの博物館に寄贈した多様な楽器群によって、体鳴楽器（シンバルなど）、膜鳴楽器（太鼓など）、弦鳴楽器（ギターなど）、気鳴楽器（フルートなど）という今日の楽器分類の基礎が出来上がったのである。

1989:chap.10]、バクレー［Bakhle 2005:chap.3&5］に依拠しつつ、彼の経歴と音楽研究の経緯について簡略に触れておきたい。

7-2-1. 音楽的英知を求める旅路とその帰結

　バートカンデーはそれほど裕福とは言えないが、教育熱心なバラモンの中流家庭に生まれた。そして、高校時代に英語教育を受け、大学では法学を修め、1887 年にはボンベイの高等裁判所に職を得た。一方、幼少のころから音楽に興味を持ち、高校時代にはシタールを学んだ。大学時代には裕福なパールシー（インドのゾロアスター教徒）たちが古典音楽振興のためにボンベイに設立した音楽協会 Gayan Uttjak Mandali の会員となり、このことが大きな転機となってインド各地から招聘した巨匠たちの演奏を聴く一方、協会が雇用した音楽家から直接音楽を習う機会を得るようになっていく。そして、法律家としての仕事の傍らヒンドゥスターニー音楽を学び続ける中で、科学的な音楽研究の必要性を確信するに至る。その切掛けの一つは、音楽家たちが音楽理論について無知で、自分たちが演奏する音楽について体系的に説明することができなかったことにある［cf. Bakhle 2005:112］。

　彼もまた、音楽を学問対象とし研究する手法についての西洋の音楽学者の著作、例えばヨーロッパ音楽とその源流にあるギリシャ音楽の関係を理論的および歴史的に説明した著述などに影響を受け[220]、自分たちの古典音楽についても同様な研究の必要性を感じたようである［Nayar 1989:65］。そこでバートカンデーは、紀元 2 世紀ころまでに編纂された『ナーティヤ・シャーストラ』や 13 世紀の『サンギータ・ラトナーカラ』など、イスラーム支配以前にさかのぼる音楽のサンスクリット古典籍 *grantha* にその起源を求めたが、サンスクリットに精通しつつ、同時に音楽について

220　具体的にはバーン Burn の『音楽の歴史 History of Music』などの名前が挙げられている［Nayar 1989:65］。

の深い知識を持つ者がいないことが壁となる。そして、自らがそれらの研究を進めるが、古典籍に書かれた内容と現実に行われている音楽演奏との乖離をあらためて気づかされることになる。彼もまた、サンスクリット的遺産をインド古典音楽のベースと考えたが、ノスタルジックな復古主義やナショナリストとは異なり、宗教と文化（音楽）を一体化して考えてはいなかったのである［Bakhle 2005:99］。彼にとって重要だったのは、サンスクリット文献に著された音楽理論が、現実に演奏されているヒンドゥスターニー音楽と具体的にどのような関係を有しているかという問題であった［Bhatkhande 1990(1916):1-2］。

　彼はその乖離あるいは失われた関係を埋めるべくボンベイを出てインド各地の音楽拠点に出かけ、現地の音楽研究家や楽師のパトロンに会って情報交換し、楽師たちから直に楽曲を収集し、図書館を訪ね歩いて音楽資料の発掘に努めた。これらの研究旅行は、西インド（1896年）、南インド（1904年）、中央インドと東インド（1907年）、そして北西インド（1908-9年）の4回、ほぼインド全域に渡って行われた。

　これらの研究旅行の中でバートカンデーが最も影響を受けたのは、第2回の南インドで面談したディークシタル Subbaram Dikshitar と、第3回のカルカッタで面談した S. M. タゴールであろう［Bakhle 2005:104-9］。ディークシタルからは南インドのカルナータカ音楽の理論に関する情報と古典文献を得て、合理的なラーガ分類を行うためのヒントを得た。また、先述した S. M. タゴールは、音楽に関する文献研究の先駆者であり、記譜法や古典的な音律体系の振興、出版活動や音楽教育活動などをバートカンデーに先行して実践しており、研究旅行で面談した人物の中では最も評価の高い人物の一人であった。

　その一方、各地で面談した多くの音楽学者や楽師に対しては厳しい評価を下していたようである。彼は、面談したほとんどの人物に対し「主張の根拠となる文献」「サンスクリットの教養」「文献の解釈や理解度」などについて質問責めにし、敬意を払いつつも彼らが自らの知識の根拠の曖昧さ

を自覚するまで教育介入的な質問を続けた［Bakhle 2005:103-4］。

　バートカンデーはそれまでの考察や一連の研究旅行から、いくつかの結論あるいは確信といったものに達する。それらをバートカンデー自身の著述などからまとめてみると次のようになるだろう［Bhatkhande 1990 (1916):1-2; Deshpande 1989:158-60; Nayar 1989］。

① 『ナーティヤ・シャーストラ』や『サンギータ・ラトナーカラ』などのサンスクリット古典籍を正しく解釈し、理解している学者や音楽家はほとんどいない

② 上記のような古典籍における音楽理論と今日の音楽の基本的なフレームワークは同じで失われていないが、それ以外には大きな乖離がある

③ 古典籍の音楽理論と今日の音楽の乖離は、13世紀以降のイスラーム支配期のもとで生じたものである

④ 今日の音楽伝統は書かれたものではなく、口承伝承であることから、採譜・収集しておかなければ変質するか消えていく運命にある

⑤ 今日に残された音楽遺産の分析から新しい音楽理論を構築する必要がある

　研究旅行から戻ったバートカンデーは、1910年に法職を辞し、口承伝承によって受け継がれて来た音楽の収集と書承化（採譜化）、そしてその比較分析に、より集中するようになっていくのである。

7-2-2. ガラーナーの音楽財産の顕在化と共有化に向けて

　ヒンドゥスターニー音楽は、すでに述べたように、ラーガの法則性のもとに事前に作曲されたバンディッシュ *bandish* あるいはチージ *chīj* と呼ばれる小作品を中心に展開される即興音楽である。バートカンデーはバンディッシュこそがラーガの法則が凝縮された宝であり、採譜によって比較が可能になる最小単位と考えた。しかし、その音楽を再現可能な形で記録

する記譜法として満足のいくものはなかった。そこで、彼はリズム周期と旋律パターンを同時に表記可能な独自の記譜法〔図1〕を考案し[Nayar 1989:78-79]、ボンベイの音楽協会で雇われていた音楽家たちからドゥルパドやハヤールのバンディッシュを300種以上採取し比較検討していった。

ところが、同じ曲名（ラーガ）で呼ばれていても、ガラーナーごとにバンディッシュは異なり、その規則性や音づかいにも微妙な差異があった。しかも1つのガラーナーに複数のバンディッシュが伝承されていたのである。そこでバートカンデーは、より伝統的な「ガラーナーの中核をなす巨匠 *gharānedār ustād*」たちから直にバンディッシュを採取し、比較する必要があると考えた。

しかし、既述したように、バンディッシュは部外者には伝授されることのない音楽財産である。このバンディッシュとその演奏技術、そしてバンディッシュからの即興的展開法こそが音楽実践における"秘伝"の核心であった。そのため、そのような音楽財産をすんなりと無償で分け与えてくれる音楽家が多くいるはずもない。通常はガラーナーの師匠に入門し、時間をかけてガラーナーの

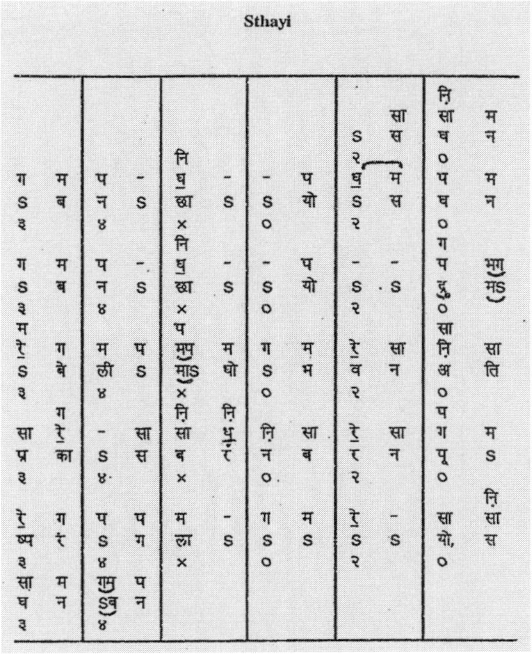

図1：ヒンドゥスターニー音楽の記譜例

ナーヤル［Nayar 1989:78-79］より

音楽を学びとっていくしかなかったが、それでは時間がかかりすぎ、一つのガラーナーの音楽研究で終わってしまうことになる。そこで、バートカンデーはあらゆる手段を用いてガラーナーの中核にいる巨匠たちに接近し、バンディッシュの収集・採譜を試みた。時には、音楽家の経済的な窮状に付け込み、時には音楽家のパトロンに手を回して[221]、彼らが教えることを断ることができないようにしたのである。

　以下は、そのような逸話の一つである（第Ⅰ部・第1章：ガラーナーの物語2「家族の宝」からの再掲）。

　　　貫禄のある老人がボンベイのバートカンデーの家に立ち寄り、ある人物の名前を挙げ、彼から習ったという音楽を聞かせて欲しいと頼んだ。バートカンデーは手帳を引っ張り出してきてそれを見ながら歌い始めた。するとその老紳士は怒りに体を震わせその人物をなじり始めた。
　　　'あいつは宝石で満たされていた私の家を空っぽにした。家族の宝を他人に分け与えるくらいなら、飢えて死ぬべきものを'
　　　バートカンデーは、彼がその人物の父であることを知るに至り、老紳士の足もとに跪いてこう言った。
　　　'お許しください。非難されるべきはあなたの息子ではなく、彼の経済的困窮につけこんだ弟子のこの私です。しかし、彼から学んだ音楽は決してないがしろにしません。私はあなたを尊敬し、あなたに大きな恩義を感じています'
　　　バートカンデーの誠実な対応に老紳士は落ち着きをとりもどし、嵐はおさまった。[Ratanjankar 1967:14]

---

[221]　当時、音楽家たちはパトロンである藩王などの命令に背くことができなかった。

こうしてバートカンデーは、今度は音楽家の父親（老紳士）に弟子入りし、彼から音楽を学びバンディッシュを採取して行ったのである。このあと彼は、ジャイプル・ガラーナーをはじめ、アーグラー・ガラーナー、グワーリヤル・ガラーナー、そしてラーンプルのセーニヤーの巨匠たちからも、彼らのパトロンからの口添え等を最大の武器として接近し、音楽を記述していった。彼の音楽の修得方法は、まずバンディッシュを書きとめることだった。そして、書き下ろした記譜を見て歌い、きちんとラーガのニュアンスが再現されているか師匠にチェックしてもらう。そしてそれを繰り返すことによってより正確で再現可能な記譜化を試みたのである。すなわち、時間をかけて音楽的実践知を身体化するというよりは、効率効果的に暗黙知を形式知化することに精力を注いだともいえよう。それにより、例えてみれば10のラーガを覚える＝身体化するのに3年かかるところを、100のラーガのバンディッシュを1年で記譜化していったのである。こうして収集・採譜したバンディッシュの一部は、何冊かに分けて編集・出版され、後に音楽大学のテキストとして用いられるようになっていく。今日では、基礎練習ができた生徒がラーガを学ぶ際に、比較的平易なバンディッシュから学習を始められるようになったのは、このようなバートカンデーの功績によるところが少なくないと言えるだろう。なお、収集・採譜および編集・出版に際しての問題点については後述する。

　古典籍の知識に加え、このようにして得られたバンディシュの比較分析から、バートカンデーは当時知られていたラーガをタート *tāt* と呼ばれる10種類の基本音階に分類し、それぞれのタートに属するラーガの特徴を整理して定義し、新しい理論体系を生み出した。これらの成果は英文で出版された『15〜18世紀の主要音楽体系の比較研究 *A Comparative Study of Some of the Leading Music System of the 15th, 16th, 17th and 18th Centuries*』［Bhatkhande 1990(1916)］などにまとめられている。

　次にバートカンデーが目指したのは、ヒンドゥスターニー音楽の研究と教育のため音楽協会と音楽大学の設立であった。彼は1916年バローダで

開催された第 1 回の全インド音楽会議 All India Music Conference（以下、AIMC）の演説で以下のように述べている。

> 北と南に分かれているヒンドゥスターニー音楽とカルナータカ音楽が一つに溶け合い、**真の国民音楽**となることを願う。［Bhatkande 1974(1916):43］（強調は筆者）

このようにバートカンデーは、13 世紀までのサンスクリット古典籍に示された音楽体系と今日のヒンドゥスターニー音楽の乖離を埋めるミッシング・リンクは、イスラームの影響が少ない南インドのカルナータカ音楽の理論体系にあると考えていた[222]［Bhatkande 1974(1916):35］。この第 1 回の AIMC は、主義主張の異なる音楽学者が一堂に会し、ヒンドゥスターニー音楽の音律体系、記譜法、教育方法などそれまで局地的に主張されていた話題について、稀にみる激論が戦わされた[223]。また、会議に集まったパトロン（藩王）たちが連れてきた異なるガラーナーに属する音楽家たちによるコンサートが公開されるようになったこと、そしてそのコンサートがチケット制であったことも特筆に値するであろう[224]。

第 2 回の AIMC（1918 年デリー開催）以降、会議の話題は音楽研究機関や音楽大学の設立などに向いてゆく。しかし、音楽会議の開催、研究機

---

[222] しかし、その一方、カルナータカ音楽の実践（演奏）に対してはさほど興味を示さず、南インドで AIMC が開催されることもなく［Bakhle 2005:105］、その後バーテカンデーの存命中に開催された会議においてカルナータカ音楽についてほとんど触れられることはなかった。

[223] より具体的には第 1 回 AIMC のレポート参照。また、Bakhle［2005:184-200］も参照。

[224] 例えば、第 3 回の AIMC は、1919 年の 12 月 19 日から 22 日まで行われたが、4 日間のコンサートのフリーパスは 1 等席で 12 ルピー、2 等席で 8 ルピー、1 回限りの入場料は 1 ルピーであった。

関や大学の設立には当然のことながらそれなりの資金が必要となる。そのためバートカンデーは音楽に理解のあるパトロンを求め、資金繰りに奔走することになる。第2回と第3回（1919年ベナレス開催）のAIMCでは音楽研究機関の設立が話し合われた。そして第4回（1924年）と第5回（1925年）にラクナウで開催されたAIMCでは大学設立が検討され、1926年にはラクナウにマリス[225]音楽大学 Marris College of Music の設立に至る[226]。

マリス音楽大学は、インド独立後の翌年の1948年に、創立者であるバートカンデーの名前にちなんでバートカンデー音楽大学 Bhatkhande Sangeet Vidyapeeth と名を改めた。そして、バートカンデー音楽大学は音楽に関する最も著名な単科大学として、大学や高校の音楽教師を数多く輩出し、他の大学のカリキュラムの手本になっていくのである。

7-2-3.「ヒンドゥー音楽」とヒンドゥスターニー音楽

これまで見てきたように音楽に関するサンスクリット古典籍の研究、記譜法と音律体系の確立、ラーガの分類と理論展開、活発な著作活動、音楽教育の推進など、S. M. タゴールとバートカンデーの取り組みには共通する点が少なくない。S. M. タゴールは時代的にも各種活動においてもバートカンデーに先行しており、当初バートカンデーは彼の取り組みを一つのモデルとしていたようにも見える。しかし、二人の音楽研究の前提には大きな隔たりもあった。

S. M. タゴールは西洋という外部からの視点を強烈に意識しつつ、世界

---

[225] この名前は、当時のラクナウを含むこの地方の知事であったマリス William Sinclair Marris にちなむものである。

[226] このような実績のもと、同年にはマハトマ・ガンジーやラビーンドラナート・タゴールなどのナショナリストに会い、学校でどのように音楽教育を行うべきか意見を述べている［Bakhle 2005:133］。

におけるインド音楽（ヒンドゥー音楽）の位置づけに取り組んだのに対して、バートカンデーは西洋や他の世界の音楽との比較的視点は希薄であった。既述したように、彼が西洋から学んだのは古典音楽の理論と歴史に焦点を当てる音楽学の分析手法であった。彼は、科学と宗教、理論と信仰を切り離し[227]、現在地点からインド音楽を理論化し歴史を再構築しようとしており、その試みは同時代の音楽学者と明確に袂を分かつものであった［Bakhle 2005:108］。そこでは、通常のヒンドゥー・ナショナリストにありがちなインド音楽の普遍性・不変性の強調、すなわち今日のヒンドゥスターニー音楽の起源を紀元前10世紀に遡るサーマ・ヴェーダの朗唱に求め、音楽理論の嚆矢を紀元前後に成立したと言われる『ナーティヤ・シャーストラ』に無批判に結び付けるという、超時間的・イデオロギー的接合は見られない。このことは、以下の表現からも明らかである［Bhatkhande 1990(1916):6-7］。

> サンスクリット古典籍の筆者は、常に我々の音楽はサーマ・ヴェーダに由来するとしている。しかし、サーマ・ヴェーダとその時代の音楽とのつながりは示されないままであった。……すでに7つの音階があったというが、その相対ピッチは不明であり、今日の音階が古代の音階から発展したものであるとも言い切れない。

さらに彼は、13世紀に書かれた『サンギータ・ラトナーカラ』の音楽体系と今日の北インドで演奏されているヒンドゥスターニー音楽との間に

---

[227] バートカンデーはS. M. タゴールの弟との会話において、「私はバラモンであり、神への信仰がないわけではないが、信仰と音楽は別の問題であると考える。私は20世紀においては、それらは別々に扱うべきだと考える。もしそれができなければ、最終的に音楽を適切に扱うことができない」と答えている［Bakhle 2005:108］。

は乖離があり、その乖離の原因はイスラーム音楽の影響にあると考えていた［Bhatkhande 1990(1916):1］。この点はヒンドゥスターニー音楽を「ヒンドゥー音楽」と呼んで、ムスリム音楽家の貢献を軽視する S. M. タゴールと相通じる部分が認められないわけではない。キャプウェルは「ヒンドゥー・ナショナリズムの反ムスリム的スタンスの大部分は、ヒンドゥー世界内に新たに創出されて正統化された、抗いようのない植民地権力に対する敵意の部分的な置き換えである」［Nandy 1983:267, n35］という、インド人歴史家アーシシ・ナンディ Ashish Nandy の一節を引用し、S. M. タゴールの音楽活動もまた同様のロジックを孕んでいたことを指摘している［Capwell 1991a:238］。しかし、バートカンデーのロジックはさらに込み入っているように思われる。S. M. タゴールのヒンドゥー・ナショナリズムを背景とする復古的で静態的な音楽史観に対して、バートカンデーは極めて世俗的で動態的な観点から音楽の変化の問題を考えていた。以下の表現に、バートカンデーの考え方の一端がよく表わされている［Bhatkhande 1990(1916):1-2］。

　　イスラーム支配の時代に、サンスクリット古典籍にみられた音楽の変質が起こったことは否定できない。そしてさらに、イスラーム支配が傾いたこの 200 年間のインターバルの間（植民地支配期）に我々の音楽にさらに重要な変化が起こったこともまた事実である。（中略）……私たちは今日演奏され歌われている音楽を分析し理論化する必要がある。（中略）……今日、不幸にもインドの職業音楽家は音楽の科学を学んでおらず、理論家は実践と技芸に疎い。これが今までの私の国の実情であった。しかしこの状況も変わりつつあり、今やインド国民もまたこの問題に大きな関心を寄せている。近い将来、音楽の理論と実践が一つになることを期待したい。それにより、著しい進歩がもたらされるであろう。（括弧内筆者注）

このようにバートカンデーは、パフォーマンスとしての音楽は時代によって変化するものであり、2000年以上に渡って変化のない音楽などあるはずもなく、200年もすれば音楽は変わると考えていたのである。しかし、その変化はどのようにして起こったのか。音楽知識の源泉はサンスクリット文献にあるが、ムスリムの音楽家はそれらを学んでおらず、ヒンドゥーの音楽学者は音楽の実践に疎い。そのためバートカンデーは、かつての音楽体系と今日の音楽体系との直接的な接合を考えるのではなく、今日演奏されている音楽の収集と分析からラーガとターラを中心とする理論体系を導き出し、その変化のあり方を古典文献の分析とともに歴史的に跡付けて行くことを考えたのである。彼にとって必要だったのは、ヒンドゥスターニー音楽がインドの古典音楽であり国民音楽となるための一貫した楽理と歴史、そして音楽学であり、ガラーナーの音楽的実践知の顕在化および独占財産の共有化であったと言えるかもしれない。そのために彼は、口承伝承として受け継がれていた各種ラーガのバンディッシュの記譜化・書承化を目指し、出版化に踏み切ったのである。しかしながら、このプロセスに関し、今日においてもなお根強く批判され、指摘される問題点がある。

　すでに触れたように、バートカンデーは音楽の収集のためには、金銭的な取引や音楽家のパトロンの権威を借りた半ば強制的な手法をも厭わなかった。そのため、そのようにして収集・採譜した音楽財産の出版化は、バートカンデーに音楽を教えた音楽家やそのガラーナーに属する音楽家たちから大きな反発を招いたのである [Deshpande 1989:161-2]。このことは知的財産権の侵害という今日的視点からの問題として把握可能な一方、消えゆく音楽財産の保全と公共化を英断的に行ったという擁護論もみられる [Nayar 1989:53]。しかしながら、バートカンデーは、採譜したバンディッシュの楽曲集において[228]、各楽曲のガラーナーや提供者の名前などの情報

---

[228] *Hindustānī Saṅgīt-paddhati Kramik Pustak Mālīkā* と題された6巻本

を明記しなかった。このことは、ムスリムのガラーナーによって独占され秘匿されてきた音楽財産の共有化に貢献したと言えなくはないが、そのルーツにかかわる情報を後世に手渡さなかったという点において大きな問題を残していると言えよう［Bakhle 2005:126-7］。すでに第Ⅰ部でも明らかにしたように、イスラーム支配下において古代の音楽の実践と継承を担ってきたガラーナーの祖先たちの多くは、ミヤーン・ターンセーンを始め、ヒンドゥー教からイスラームに改宗した者たちであった。ヒンドゥスターニー音楽は、「外来者」が持ち込んだイスラーム音楽と、「イスラームへの改宗者」が継承した「ヒンドゥー音楽」との融合の産物に他ならず、このような歴史の発掘なくしては語れないであろう[229]。

7-2-4. ヒンドゥーの理論とムスリムの実践の狭間で

これらに加え、本書においてとくに指摘しておきたいのは、バートカンデーが13世紀の『サンギータ・ラトナーカラ』に記述された音楽と今日のヒンドゥスターニー音楽の乖離がイスラーム音楽の影響であることを認めながらも、それをインド音楽への貢献として具体的に検討していなかったことである。彼が二つの時代の音楽に横たわる乖離を埋めるために参照したのは、イスラーム音楽の影響が少ない南インドのカルナータカ音楽であった。彼のラーガの分類法のヒントは、先述した南インドのバラモン音楽学者であるディークシタルの著作と彼から譲り受けた17世紀の音楽文

［Bhatkhande 1994-95（1920-37）］には、およそ1800の作品（バンディッシュやチージ）が所収されている。

[229] なお、バートカンデーはサンスクリット語、ヒンディー語、マラーティー語、そして英語を駆使して著作活動を行い、その著作は音楽理論の解説や文献解説、そして楽曲集・教則本など10冊を超えるが、それらを本名だけでなく数多くのペンネームを使い分けて出版した。このことは、自著の裏付けを他者が書いた著作からの引用という形での正当化を可能にすることから、非難の対象となった［Deshpande 1989:163-4］。

写真1：カラーマトゥッラー・ハーン（中央）
孫のグルファーム・アフメド氏所蔵

献にあり、彼の主要著作の一つである『15〜18世紀の主要音楽体系の比較研究』にペルシャ語やウルドゥー語で書かれた音楽文献は参照されていない。

このことは、すでに触れたように、今日のヒンドゥスターニー音楽の成立におけるイスラーム音楽の影響とガラーナーの貢献を軽視し、ムスリム音楽家の言説を過小評価していたことに問題があると思われる。この傾向は、広く一般教養と識字能力を身に付けたヒンドゥー高カーストが、音楽の実践と継承のみに集中せざるをえなかったムスリム世襲音楽家一般を低く見ていた時代的制約によるところも否定できないだろう。

1908年のアラーハーバード Allahabad への研究旅行で、バートカンデーはサロード演奏を世襲とするラクナウ・ガラーナーのカラーマトゥッラー・ハーン Karamatullah Khan（1848-1933）と面談している。彼は〔写真1〕、アフガニスタンのパターン人を祖先にもつ外来のムスリムで、1908年には『奇跡の秘密、あるいは祝福の音楽（*Isrār-i karāmat urf naghmat-i na'mat*）』［Karamatullah 1908］と題する、彼らのガラーナーの音楽伝統についてまとめた書物を残している。このサロードのガラーナーについては、第III部で詳述する予定である。この面談は、バートカンデーの4回目の調査旅行の終盤、カラーマトゥッラーの書物の出版直後に行われたと推定される。以下はバートカンデー（B）の日記に基づくカラーマトゥッラー（K）との会話記録の再現である[230]。

230　この内容については、5巻からなるマラーティー語の未刊行日記の該当部分

K：あなたは、どのように微分音（*ati-tīvra / ati-komal*）を使い分けるべきと考えますか

B：そのことは、きっとあなたの本の中に書かれているのでしょうね

K：そうです

B：その本を書く際にどのような典籍を用いましたか。あるいは自分で思いついたものですか？

K：もちろん、きちんとした典籍に基づいて書いたものです。

B：できましたら、そのサンスクリットの典籍の名前を教えてもらえますか。そうすれば、その典籍に基づいてお互いに話をすることができます。

K：なぜそれはサンスクリットの典籍でなければならないのですか。サンスクリット以外の典籍にもそのことは表現されており、私はこの本を書く前にそれらを注意深く読みました。

B：それらの典籍はサンスクリット、それともプラークリットで書かれたものですか

K：いいえ、ペルシャ語やアラビア語で書かれたものですが、何か問題はありますか。それらの言葉で音楽について書かれたすばらしい典籍がいくつもあります。芸術としての音楽はなにもヒンドゥスターンに限られたものではありません。アラビアやイランにも音楽はあり、ラーガやラーギニがあり、それらの作品の中にはアラブのラーガといえるものがあります[231]。我々の言うバイラヴィーあるいはマーカス *mārks* が、あなたの言うサ

に関するバクレーの英語訳を参照した［Bakhle 2005:110-1］。

[231] カラーマトゥッラーはここでは、おそらくアラビア伝統音楽の旋法であるマカームやペルシャ伝統音楽の旋法であるダストガーについて言及していると思われる。

ンスクリットのマルカウンスであることを知っています。私はこれらのことを本に書いたので、そのコピーを差し上げます。

B：ハーン・サーヒブ（音楽家への敬称）。ということは、ムスリムの学者が我々のサンスクリット語の典籍を翻訳し、外国に持ち出したということですか。

K：まったく違います。音楽はあらゆる国にあるものです。私はパリ万博でも演奏しつつ、他の国の音楽も聞きました。私はさまざまな国の学者と話し、この本を書いたのです。

B：多分、私があなたの言っていることを理解できていないのでしょう。アラビアやイランの学者が我々の国のラーガを、取り込んだということでしょうか。

K：まったく違います。それらの国々には最初からラーガ＝音楽があります。彼らがインドから音楽を受け入れたのか、インドが彼らの音楽を受け入れたかどうやってわかるのですか？。おそらくラーガの概念があちらこちらに伝播するということもあり得るのでしょうが。

　　　（※バートカンデーのノート：この答えは私を少し怒らせた。彼の主張は、我々の典籍にあるラーガは、彼らの典籍から盗んできたものであるということに他ならないと聞こえたからだ）

B：ハーン・サーヒブ。それはどの本ですか？。その本の名前と出版年を教えてください。それは、『サルマーイ・アシュラット *Sarmāy Ashrat*』ですか？

K：いや、いや、それは違います。それは最近の本です。私が言っているのは、『タファトゥル・ヒンド *Tohfat-ul-Hind*』で、何百年も前に書かれた重要な文献です。

　バートカンデーはここで会話を止めた。そしてカラーマトゥッラーの主張には何の根拠もないと日記に記述している［Bakhle 2005:111］。しかし、

今日的な視点から見れば、軍配はカラーマトゥッラーに上がるとみてもよさそうだ。

その詳細は第Ⅲ部で記述する予定だが、カラーマトゥッラーの祖先は今から約300年前にアフガニスタンから北インドに移住してきた軍事・軍楽に携わるパターン人で、かつてはペルシャ系の旋法に準拠してラバーブあるいはサロードを演奏していたと考えられるが、セーニヤーに弟子入りしてラーガを学ぶようになった。特に父親のニヤーマトゥッラーは一念発起してラクナウ宮廷でセーニヤーの弟子となることに成功した（詳細は第10章参照）。このサロードのガラーナーは、イスラーム音楽の雰囲気を残した独特の演奏スタイルを有している。しかも、声楽と違って器楽には言葉／歌詞がないため、サンスクリット語などのテキストに直接的に触れる必要はない。

なお、上記の会話の中でカラーマトゥッラーが言及している各国のラーガとは、それぞれの国の音楽体系を意味しており、インドのラーガの中にはイスラーム圏の伝統音楽の旋法の影響を受けたものがあることを指摘していると思われる。ちなみに、会話中に登場する『タファトゥル・ヒンド』は、ムガル帝国第6代皇帝アウラングゼーブあるいはその息子の時代にペルシャ語とウルドゥー語で書かれたインド音楽の理論書である[Ahmad 1984:34-55]。今日のヒンドゥスターニー音楽の理論史を構築するには、これらのイスラーム系の文献に著された音楽についての分析を欠くことはできないはずである。このように、インド音楽の近代化に果たしたバートカンデーの全体的な功績は今日においても再評価されるべきものであるが、その過程において置き去りにされたムガル帝国期から今日に至るムスリムの貢献とガラーナーの役割についての再検討も不可欠であろう。

7-3. パルスカルの実践：信仰と師弟関係に基づく音楽の実践

バートカンデーと並び称され比較される同時代の人物にパルスカル

Vishnu Diganbar Paluskar（1872-1931）がいる。近代におけるヒンドゥスターニー音楽の成立に大きな影響を与えたこの二人の音楽学者／音楽家は、偶然にもヴィシュヌ Vishnu という同じファーストネームを有し、ボンベイやプネー Pune といった大都市を有するマハーラーシュトラ州の出身で、チットパーワン Citpāvan と呼ばれるバラモンのサブ・カーストを出自とし、音楽教育の近代化に貢献するなど多くの共通点を有している。しかしながら、1916年に行われたバローダの AIMC での同席を別とすれば、実際にはこの二人の接点は驚くほど少ない。本書においては、バートカンデーとの比較対照に重きを置きつつ、パルスカルの音楽体験とそこから生まれた音楽教育の近代化のもう一つのあり方についてごく簡潔に触れることにする[232]。

　バートカンデーが音楽とは無縁の環境に生まれながら次第に音楽研究にのめり込んでいった理論家タイプの人間であったのに対し、パルスカルは音楽家の家庭に生まれ音楽とともに育った芸術家タイプの人間であった。そもそもパルスカルの父はマハーラーシュトラ州南部の地方領主に仕え、キールタン kīrtan やバジャン bhajan などの宗教歌の歌い手であった。決して裕福な家庭とはいえなかったが、パトロンである領主一家と親しくその庇護のもとに暮らしていた。一族はバラモンの出自であり、パルスカルは幼いころから音楽の素養を高く評価されていたとはいえ、音楽の道に進む必要性は必ずしもなかった。しかし、祭りの際の花火の事故で視力の弱まったパルスカルの将来を心配した両親は、領主らの助言に従い音楽家の道を歩ませることを決心。領主の兄が支配するミラージ Miraj 地域の宮廷楽師となっていた著名なハヤール歌手のもとに弟子入りさせた。彼が15歳の時であった。その師匠は伝統的な師弟関係の信奉者で、弟子たちは「学んだことは書き留めない、他の人間に教えない」という誓約のも

---

[232] 本論におけるパルスカルの生涯については、主として Avtar［1987］、Bhakle［2005:chap.4］、Deodhar［1973］を参照した。

と、師匠の身の回りを世話しながら音楽を教わるという伝統的な師弟関係に身をゆだねなければならなかった。当時の慣習として、師匠はラーガの名前を告げることなく、ラーガの法則についても教えることなく、弟子はただひたすら師匠の模倣をさせられていた。

パルスカルはこの師匠について1887年から1896年までの9年間を内弟子として過ごした後、バローダ、グワーリヤル、マトゥラー、デリーなどの北西インドの主要都市の宮廷や有力者を訪ね歩き修業の成果を披露していった。その旅路において一般の人々の音楽に対する無理解や蔑みを実感し、音楽教育の必要性を痛感するようになる。演奏旅行の継続によってパルスカルの名声は徐々に高まるなか、当時のパンジャーブ地方の中心地であったラーホールLahole に落ち着き、1901年には音楽学校Gandharva Mahavidyalaya（GMV）を設立している。バートカンデーがラクナウに音楽大学を設立する25年前のことであった[233]。

設立当初は、資金難と音楽に対する世間の偏見、また自宅で音楽を教えていた他のガラーナーの音楽家たちからの中傷などによって容易に生徒が集まらず、その生活は困窮を極めたという。しかしパルスカルは、記譜法による音楽教育や教師の育成などに精力的に取り組み、ラーホールを去る1908年までには学校を軌道に乗せ、1911年にはボンベイにもGMVを設立している。以後、パルスカルは多くの弟子（教師）を育て、彼らは北インドにGMVの支部を広げていくのである。

パルスカルのミッションは以下の3つに集約される［Bakhle 2005:137-8］。
　① 宗教的テーマに焦点を当てた儀礼的音楽のパフォーマンスを行い、音楽の娯楽性と決別することで音楽家の地位を向上させる

---

[233] 初めての学校設立がラーホールであった理由についてはBakhle［2005:143］を参照。演奏旅行で出会った現世放棄者の忠告／予言に従ったとされるが［Avtar 1987:77; Bakhle 2005:143］、この現世放棄者の予言の内容についてはパルスカル自身の希望によりその死後まで伏せられたという。

こと
② 音楽教育の振興のためにインド各地に数多くの音楽学校を設立すること
③ 信仰 bhakti と師弟関係に基づく音楽伝承を復興させること

　このようにパルスカルは娯楽として軽蔑の対象ともなった音楽を、信仰の力によって救い出そうとした新しいタイプの伝統復古主義者であったと言えるであろう。
　バートカンデーがインド音楽（古典音楽）の楽理と歴史を分析的に整備してカリキュラム化し、西洋の学校形式を取り入れた理論家であったのに対し、パルスカルはもともと父が宮廷楽師という家庭の生まれであり、旧来の師弟関係に基づく伝統音楽（宗教音楽）の復興に力を注いだ実践家であった。パルスカルの改革は1対1で行われていた師弟間の教育を、1対多の学校教育に置き換えることで多くの弟子をとれるようにし、学校という法人格を活用して寄付を募り、裕福なパトロンのためにのみ行われていた音楽会をチケット制にすることでオープン化しようと努力したことに功績があると言えるだろう。
　バートカンデーが設立した音楽学校は大規模な1校に集中していたが、パルスカルの試みは中小規模の音楽学校の全国展開に発展した。また、バートカンデーはムスリムの巨匠たちを教師として雇い入れたが、パルスカルは自らの弟子を教師として育て上げることに精力を注いだ。その結果、パルスカルの育てた弟子たちが北インド全土に広がり、GMVの支部や兄弟校を各地に設立して行ったのである。また、バートカンデーが極めて世俗的に音楽理論を追求したのに対し、パルスカルは信仰と音楽を実践的に結びつけようとした。パルスカルは古典音楽を王侯貴族など一部の人間の娯楽から切り離し、信仰と結び付けることで音楽家の地位を向上させようとしたのである。しかしながら、ここでの信仰とはやはりヒンドゥーが中心であり、結果的にムスリムは蚊帳の外に置かれたと言ってよい。
　1912年、ボンベイのGMVには1305人（うち男子1074、女子231人）

の生徒が在籍していたという。またその年の新たな入学者の宗教とカーストに関する統計が残っている。総勢 174 人のうちヒンドゥー 144 人、残りの 30 人すべてはゾロアスター教徒で、ムスリムは皆無である。ヒンドゥーのうち約半数の 70 人はバラモンで、非バラモンのカーストはクシャトリア 24 人、プラブー Prabhu[234] 25 人、マラーティー Marathi 25 人といずれも高カーストである［Bakhle 2005:170］。

　結果論ではあるが、音楽の近代化に奔走した全く異なるタイプの二人の音楽家／研究者に共通していた企てとは、イスラーム宮廷において権力者の娯楽として色褪せていったヒンドゥー教世界の古典音楽（ラーガ音楽）の復興であり、古代からのラーガ音楽の媒介者となりガラーナーを形成していったムスリム音楽家の「ヒンドゥー音楽」への再統合あるいは音楽財産の公共化であったと言えるかもしれない。

7-4. 音楽の近代化に抗するものとしてのガラーナー

　先述した第 1 回の AIMC（1916 年バローダで開催）に参加したムスリムの音楽学者は僅か 2 名のみであった。そのうちの一人シャラール Maulvi Abdul Halim Sharar（1860-1926）は[235]、会議のスピーチで「ヒンドゥー音楽」と「今日のヒンドゥスターニー音楽」とを分けて考えるべきであり、「今日のヒンドゥスターニー音楽は、純粋なアーリヤ音楽とイスラーム音楽との融合の結果である」と主張した［Bakhle 2005:192］。ここで言及されているアーリヤ音楽とは、古代インドのサンスクリット古典

---

[234] マハーラーシュトラ州のボンベイ市や一部地域に居住するカースト集団で、そのグループはいくつかに分かれるが、いずれもクシャトリア起源を主張している。

[235] シャラールには *Lucknow: The Last Phase of an Oriental Culture*［Sharar 1994(1975)］の著作がある。

籍に記述された、イスラーム支配を受ける以前の音楽のことである。したがって、「ヒンドゥー音楽」と「今日のヒンドゥスターニー音楽」の間に乖離があり、その乖離の原因がイスラームの影響と考えるバートカンデーの説と何ら齟齬はない。にもかかわらず、シャラールがあえてこの点を強調したのは、繰り返しになるが、バートカンデーをはじめとするヒンドゥーの音楽学者がイスラーム音楽の影響あるいは貢献と呼ぶべきものを軽視し、理論的・歴史的な検討を怠っていたことによるものと考えられる。

このような背景にあったのは、アーリヤを起源とする古代インドの栄光と近代インドの停滞の間に横たわる落差を、中世のイスラームの到来に求める西洋オリエンタリストと在地のオリエンタリストのいびつな協力関係に他ならない。藤井毅はダークス［Dirks 2001:59］を援用し、「20 世紀前半にかけて展開されたインド研究がもっていた内実は、インド学やインド学者の卓越を招き、南アジアにおけるイスラームの存在と役割、さらにそれに関わる研究を周縁への追いやった」［藤井 2003:30］と指摘している。このことは、音楽の領域においても例外ではなかった。AIMC に参加したヒンドゥーの識者たちのなかには、そのルーツをヴェーダなどのサンスクリット的遺産に求める一方、それらの遺産が今日に正しく継承されなかった責めをムスリム音楽家に負わせる者が少なくなかった［e.g. AIMC 1918:51］。国民の大多数を占めるヒンドゥーにとって、自分たちの古典音楽とは古代からのサンスクリット的遺産を引き継ぐ「ヒンドゥー音楽」である必要があったのである。

バートカンデー主催の AIMC が開催された 1910 年代から 1920 年代の時代は、ガンディーを指導者とする反英民族運動が全国的に拡大した時期でもある[236]。AIMC に参加した識者たちの多くは、国民統合の象徴として

---

[236] 1854 年に植民地権力の手で樹立された近代学校制度に対抗して活発化したインドの諸教育活動は、20 世紀に入っての民族宗教運動に包摂されて「国民教育運動」に発展する。さらにその潮流は 1920 年代以降、ガンディーの

の「国民音楽 National Music」[AIMC 1918:12] を欲していた。そのため、音楽を国民に開かれたものにするための体系化と教育の問題が取り上げられたが、そのことはムスリム音楽家が保持してきた「音楽財産」の公共化が含意されていた。

　近代において、ガラーナーは二つの側面からとらえられている。一つは、古代インドの音楽を引き継ぎ、中世においては宮廷音楽として発展し、多様な音楽スタイルを伝承する流派というポジティブな側面。もう一つは、口承化され身体化された音楽財産を血縁関係者などごく一部の入門者にしか教えない社会組織という閉鎖的でネガティブな側面。とくに後者は、ヒンドゥーの音楽学者たちから音楽の近代化を阻む主要因の一つと考えられてきた [Nayar 1989:36-41]。かつて、バートカンデーが大学設立後に直面した問題の一つに、ガラーナーに属するムスリム教師たちとの軋轢があった。大学での教育方法は、記譜化したテキストを元に生徒に教えるという、彼が長年構想してきた授業方法を採用したが、ガラーナーに属するムスリム教師の中には自分たちの音楽を記譜化して教えることを拒む者も少なくなかった。それに対し、バートカンデーは、「遅かれ早かれ、大学におけるムスリム的要素は教育に弊害となり、教師と生徒の両方においてヒンドゥー教的要素を浸透させるしかない。彼があなたの指導に従わず記譜化を拒むなら、忠告を与えたうえで、代わりの人間（ヒンドゥー）の採用を考えてもよい」と答え[237]、音楽および音楽教育の近代化のためにはムスリム的要素の排除、すなわち音楽財産のオープン化を拒む者あるいは伝統的な教授法に固執する者たちへの排除がやむをえないことを明らかにしている。

　　　指導するその非暴力思想に基づく大衆のための教育運動そして反英運動へと変貌してゆく。
[237]　大学の実質的な切り盛りをしていたバリ Rai Umanath Bali への手紙 [Bakhle 2005:202-3]。

バートカンデーは、1922年の書簡のなかですでに「一流の音楽家たちはほとんど死に絶えた」と書いている[238]。ここで言う「一流の音楽家たち」の大多数はムスリムと考えてよいであろう。その一方、1926年のバートカンデー音楽大学の設立から、インド独立に至る20年間でムスリム音楽家の数は激減したと言われる［Bakhle 2005:132］。第5章で確認したジャイプル宮廷の例では、1920年代から1930年代にかけて楽師の数はほぼ半減していた[239]。宮廷楽師たちは独立的地位を有していた藩王・領主の没落に伴い、その職位を失っていったのである。このような現象は、ジャイプルにのみ留まらず、全インド的な傾向にあったと言ってよいだろう。しかし、藩王・領主というパトロンの政治経済的影響力の低下や宮廷予算の削減のみがムスリム音楽家人口減少の要因であったとは考えられない。それでは、本章で見てきたように、1930年代以降になって活発化された音楽教育によって[240]、ガラーナーの音楽がヒンドゥーの子弟に開放され、「音楽財産」が公共化され、人口において圧倒的多数を占めるヒンドゥーによってムスリムの世襲音楽家が駆逐されて行ったからであろうか。事はそれほど簡単ではない。

　大学を出て教師になることと、音楽家として成功することは別の水準の問題である。大学や高校の教師になることにより安定した収入を得ることができるが、大学の授業だけでは音楽家として独り立ちすることはできな

---

[238] スワレシュワル・バリ Swareshwar Bali 氏所蔵の、バートカンデーの書簡より［Bakhle 2005:132,289-n76］。

[239] 第5章の表「グニージャン・ハーナーの人数と予算」参照。ただし、全インド的に音楽家人口の変動をつかむことができる確かなマクロ・データはみあたらない。

[240] 1920年代からインドの主要都市でほぼ同時に創立された音楽学校は、歴史や理論よりも音楽演奏の教育に力を注いだ。大学レベルでは1937年にマドラス大学に音楽学部が編成されて以来、ベナレス、バローダ、ボンベイ、デリーなどに音楽学部が次々と設置された［Jairazbhoy 1993:278-9］。

い。音楽大学や音楽専門学校、総合大学の音楽学部は教師と耳の肥えた聴衆を育てることには多大な貢献をしてきたが、ステージに立てる音楽家を育成してきたとは言い難い。一人前の音楽家になるためには今日においてもガラーナーに入門するか、高等教育とは別に何らかの師弟関係の元に個人レッスンを受ける他ないのである。おそらくはガラーナーの近代化の問題に関しては、さらに複数の要因が複雑に絡み合っていたと思われる。これらの点は、変化する社会における音楽家の適応戦略という視点からの検討も必要であろう。

　本章では、英領インド帝国下の「形成期後期」から独立運動を経て「ポスト形成期」に至る20世紀前半の文化社会的環境に何が起こっていたのかという視点から、インド音楽とガラーナーの近代化に奔走する3人の音楽学者の動向に注目して素描を試みた。それでは、インド音楽とガラーナーの近代化の帰結として、「ポスト形成期」における音楽家の社会空間はどのように把握されるだろうか。この問題は、パトロンと聴衆の変化、音楽教育や文化政策との関連、そして音楽産業の興隆など、音楽家の生活基盤の変化と直結している。次章第8章ではマスメディアと音楽産業の興隆、そして音楽家の生活基盤の変化に焦点をあてて検討し、第II部の終章である第9章において今日の音楽家の社会空間をマクロな視点からの定量分析とミクロな視点からの定性分析により把握を試みる予定である。

| 第 8 章 |

音楽家の生活基盤の変化と適応戦略

新しいパトロンとしてのマスメディア

　前章では、インド音楽とガラーナーの近代化について、主として3人の音楽改革者の動向を縦糸とし、音楽財産の記譜化や出版活動、音楽会議や学校教育の展開が音楽世界に与えたインパクトについて概観した。そのような"音楽そのもの"のあり方を再構築・再定義しようとする音楽世界内の改革に対して、本章では、音楽家をとりまく社会経済的環境の変化、とくに20世紀に入って飛躍的に発展を遂げたラジオ放送や音楽産業が音楽家の社会生活に与えた影響と音楽家の適応戦略、そしてガラーナーのあり方とその音楽に与えたインパクトについて検討する。

　インドにおけるマスメディアの状況については年次報告資料が出版されており[241]、インド独立前後からのラジオ放送の歴史や政策等について書かれた文献も少なくない [e.g. Awasthy 1965; Baruah 1983; Chatterjee 1987; Luthra 1985; Gupta 1995]。しかし、ラジオ放送がヒンドゥスターニー音楽やガラーナーの近代化に与えた影響について考察が加えられた文献となると多いとは言えない [e.g. Awasthy 1965; Keskar 1967; Goswami 1996]。

　アワスティー G. C. Awasthy は、1945年から1960年というインド独立を挟む激動の時代に、政府管理下に置かれた全インド・ラジオ放送 All

---

[241] インド政府の Ministry of Information and Broadcasting より定期的に出版されている *Mass Media In India* などがある。

India Radio（AIR）に約15年間勤務した人物で、彼の著作は最も初期のAIRの状況と国民音楽形成について知ることができる貴重な資料となっている［Awasthy 1965］。また、1950年代から10年以上にわたって情報放送大臣を務めたケースカルB. V. Keskarのインド音楽に関する著作からは、AIRを含めた当時の文化政策（音楽政策）のあり方を垣間見ることができる［Keskar 1967］。さらにゴースワーミーB. N. Goswamiは、1970年代以降のAIRでの勤務経験と先行研究等から、ラジオ放送がヒンドゥスターニー音楽の近代化に果たした役割について論じている［Goswami 1996］。しかしながら、彼らの著作においても、ガラーナーは常に近代化を拒む存在として表現されており、音楽家の生活基盤に与えたラジオ放送の具体的な影響については関心が薄いようである。また、音楽家の側からの具体的な言説を取り込んだ検証がなされているとは言い難い。

　一方、ラジオ放送の発展がガラーナーという音楽の実践と伝承を担う共同体の再生産にいかなるインパクトを与え、変化する社会経済的基盤のなかで音楽家がいかに生きてきたかという問題に焦点をあてた貴重な業績としてはニューマン［Neuman 1990(1980):chap.6］やアードマン［Erdman 1985］、キッペン［Kippen 1988:chap.2］などがある。特にニューマンは1960年代にデリーのAIRに勤務する音楽家の調査を行い、彼らの勤務形態や音楽生活について具体的な記述を残している。

　本章では、上記の資料・文献等に加え音楽家へのインタビュー調査の結果を踏まえ、音楽家をとりまく社会経済的環境の変化、とくにインド独立後に飛躍的に発展を遂げたラジオ放送が音楽家の社会生活に与えた影響と彼らの適応戦略、そしてガラーナーのあり方とその音楽に与えたインパクトを整理し検証する。それと同時に、独立後約10数年間にわたって行われたAIR改革の問題点、すなわち、ムスリムの世襲音楽家の家系が中核となるガラーナーのギルド的な負の側面に注目した音楽政策が、バートカンデーらの音楽教育改革に内包されていた問題と通底するものであることを明らかにしたい。

8-1. 音楽産業とラジオ放送の出現とその展開

　インド社会に与えたマスメディアの影響を検討したアワスティーは、S. M. タゴール、バートカンデー、パルスカルというヒンドゥスターニー音楽の近代化を担った 3 人のパイオニアの革新性は、音楽に関する科学的な調査と過去の古典籍の検証に基づく音楽理論の再活性化にあり、彼らの活動は古典音楽の根底にある法則の発見・再発見によって、芸術とその実践を担う音楽家に押された「烙印 stigma」を払拭するための戦いであったと評価する［Awasthy 1965:35］。しかし、それらの戦いは音楽教育の実践活動によって古典音楽の社会的受容を促進したものの、「烙印」の根底にある「踊り子 nautch/dancing girl」とその伴奏者たちに対する人々の蔑視を拭い去るまでには至らなかった。歌舞音曲は一部の権力者や金持ちの道楽・娯楽であり、女性が主体となる音楽や舞踊は「売春」と結び付けて考えられていたからである。それに加えて、音楽的実践知をガラーナー内に留めおこうとするムスリム音楽家たちの閉鎖的体質が古典音楽の新興中間層への浸透を拒んでいたという指摘がなされてきた［e.g. Keskar 1967:9; Nayar 1989:80; Goswami 1996:152］。バートカンデーの薫陶を受けた後継者たちや、彼の影響を強く受けた行政官・教育者・研究者の中には、古典音楽が公共化されるためには、ムスリムの世襲音楽家たちが中核となって形成されたガラーナーの権威の解体が必須と考える者が少なくなかったのである。

　そのような状況のなか、20 世紀初頭から徐々に発展を遂げた音楽産業や、1920 年代から開始されたラジオ放送は、音楽の生産者（音楽家）、消費者（聴き手）、媒介者（パトロンやクライアントなど）という 3 者関係を根本的に変化させてゆく。インド独立前のヒンドゥスターニー音楽の消費者兼媒介者は音楽家のパトロンである王侯・貴族・富裕者にほぼ限定されていた。ところが、植民地支配から独立に向かう社会改革の中で、旧支配者層の特権と政治経済力はそぎ落とされていくことになる。それに対し、

音楽家の新たなパトロンとなり、宮廷で育まれた古典音楽の公共化・大衆化を担う媒介者となったのは教育機関や音楽産業、そしてラジオ放送を中心とするマスメディアであった。

　学校教育における古典音楽のカリキュラム化は、音楽教師という新たな職業と雇用を創出し、古典音楽に造詣の深い生徒＝聴衆の育成に寄与することになる。一方、音楽産業はレコード録音などステージ以外での演奏機会を増大させ、ラジオやテレビは「放送局付き音楽家（staff artists）」という新たなポストを提供するようになる。そして、そのような音楽教育や音楽産業、マスメディアの発展を通して、古典音楽は様々な媒体を通して消費され、その概念は富裕層から都市の中間層そして一般大衆へと拡大し今日に至っているのである。別の見方をすれば、レコード、映画そしてラジオ放送がインド音楽と音楽家を「商品 saleable commodities」［Farrell 1997:113-4］へと変化させたと言えるだろう。

　以下、本章では、最初にレコード産業、映画産業、そしてラジオ放送について概観し、その中でもガラーナーの「ポスト形成期」の音楽家の日常生活とガラーナーのあり方に最も大きな変化を与えたと考えられる全インド・ラジオ放送の音楽放送とそのインパクトについて検討する。

8-1-1．レコード産業の発展

　まず、レコード産業について簡単に触れておきたい。よく知られているように、エジソン Thomas A. Edison（1847-1931）がいわゆる蓄音機を発明したとされるのが 1877 年。彼が発明した蝋管式蓄音機はフォノグラフ phonograph と呼ばれる[242]。それに対してベルリナー Emile

---

[242] この蝋管とは蝋（ロウ）を円筒状にしたものに溝を掘って音を記録再生するもので、直径 2.25 インチ（約 65 mm）、長さ 4 インチ（約 100 mm）ほどであった。録音時間は 30 秒から、1 分、2 分、4 分と増し、2 分と 4 分の再生ができるフォノグラフが普及した。フォノグラフはポータブルな録音機と

Berliner（1851-1929）が1887年に開発した円盤式蓄音機はグラモフォンgramophoneと呼ばれるようになる。19世紀末から20世紀初頭にかけては、フォノグラフとグラモフォンがトーキング・マシーンと総称されて併存し競合状態にあった[243]。英国の植民地支配下にあった19世紀末のインドにおいても、フォノグラフが輸入されて一部の富裕層の間で私的録音を目的として使用されるようになっており、音楽の記録にも用いられた[244]。

インドにおけるレコード産業の立ち上がりは早い。ロンドンにグラモフォン社が設立されたのが1898年。その翌年からインドへの進出準備が進められ、1901年から1902年にかけてはカルカッタに現地事務所や店舗が開設されている。1902年と言えば日英同盟協約締結の年であり、かつてベルリナーの助手を務め、英国グラモフォン社の録音主任となっていたガイズバーグ Frederick W. Gaisberg（1873-1951）がインドを起点とする極東への録音旅行を開始した年でもある。彼は、まずインドにおいてゴウハル・ジャーン Gauhar Jan や〔写真1〕、ジャンキー・バーイー Janki Bai など劇場や音楽サロンなどで評判の高い女性歌手の歌謡や[245]、劇場でのコンサートなどを録音していった［Kinnear 1994: 11-12; Farrell

---

　　　して優れていたが、やがて記録時間の長いレコード盤が優勢となり、フォノグラフはグラモフォン（円盤式蓄音機）に駆逐されることになる。
[243]　東京・浅草に蝋管蓄音機店三光堂が「立ち聞き店」を開店したのは1899年のことであった。
[244]　フォノグラフは一台で録音と再生ができる録音再生機（レコーダー）であるのに対して、グラモフォンは再生専用機（プレイヤー）であった。そのため、グラモフォンは蓄音機本体の販売とともに、レコードの販売が不可欠であった。
[245]　録音された歌のジャンルはタラーナーやダードラといった、ラーガを基調とする準古典音楽（軽古典）が中心であった［Kinnear 1994:76, 89-91, 252-253］。ちなみに、日本で初めてレコーディングを行ったのは、1900年（明治33年）パリ万博における川上音二郎一座である。

1997:chap.4]。彼女たちはバーイージーなどと呼ばれ[246]、その技芸で生計を立てていた。ガイズバーグは翌1903年（明治36年）には来日し、大道芸や落語、雅楽から洋楽まで多くのジャンルの音楽を録音して帰国した[247]。

写真1：演奏中のゴウハル・ジャーン
The Music Goes Round［Gaisburg1942］より

　当時のカルカッタは、グラモフォン社のアジア戦略における拠点であり、1908年にはプレス工場も建設されている。そして、蓄音機と犬の図柄で知られるHis Master's Voice（HMV）のレーベル名でレコード販売が開始され[248]、1910年までに4000を超えるレパートリーが発売された［Manuel 1993:37-8］。サロード奏者のチュンヌー・ハーンChhunnu Khanが6つのラーガを録音し[249]、それぞれが片面10インチ盤として発売されたのもこのころである［Kinnear 1994:205-6］。以後、ラクナウ・ガラーナーのアサドゥッラー・ハーンAsadullah Khanやシャフィークッラー・ハー

246　本書の第6章でも既述したように、歌妓・芸妓に対する呼称は地域によって偏差があるが、北インドでは総じてナウチ・ガールと呼ばれ、タワーイフやドームニなどと呼称されることもあった。
247　このガイズバーグの273面分の録音は、日本では『日本吹き込み事始め』というタイトルでEMIミュージック・ジャパンから2000年に入って復刻発売された。
248　HMVは1931年に世界的な5大レーベルの一つであるEMIの傘下に入り、同社の寡占状況は1970年代まで続くことになる。
249　録音されたラーガの詳細については、第10章の脚注332参照のこと。

ン Shafiqullah Khan、シャージャハーンプル・ガラーナーのサカーワト・フサイン・ハーン Sakhawat Hussein Khan などの伝統的なガラーナーに属するサロード奏者やシタール奏者がレコード録音に参加している。それらの録音時間はわずか 3 分間前後であるが、今から 100 年以上前の演奏法を伺い知ることができる貴重な資料となっている。

　レコードは 1910 年代ころから都市の富裕層を中心に少しずつ浸透していくが、レコードの普及の最大の阻害要因は、何と言っても蓄音機の価格にあった。それが変化したのは 1930 年代に入ってからのことである。日本製の安価な蓄音機が出回り、レコード市場を拡大したのである［Manuel 1993:38］。ただし、レコードが都市の中間層にまで普及するのは、インド独立後の 1950 年代、片面 30 分間の録音再生を可能にした 33 回転の LP が発売されてからのことである[250]。しかし、それでもインドの一般大衆にとって蓄音機とレコードは高嶺（高値）の花であった。真の大衆化は家庭での録音・再生を可能にしたテープ・レコーダーの開発、そしてそのポータブル化と低価格化を可能にしたコンパクトカセット（カセット・テープ）の出現を待たねばならなかった。

8-1-2. 映画産業の興隆

　今日ボリウッド Bollywood と称され、世界的に有名になったインド映画の歴史は、1913 年公開の『ハリシュチャンドラ王 Raja Harishchandra』に始まる[251]。アメリカ映画に触発されたファールケー Dadasaheb Phalke

---

250　LP レコードが米コロンビアから最初に発売されたのは 1948 年。その翌年にシングル盤（45 回転の E P レコード）が RCA ビクターから発売されている。日本では、1951 年に日本コロンビアが洋楽の LP レコードを発売している。日本においても、インドにおいても、LP レコードが普及するには発売開始から十余年の時間を必要とした。

251　本節の執筆にあたっては、*Encyclopedia of Hindi Cinema*［2003］などを参照した。

は、ラーマーヤナなどの古代叙事詩を題材にして自ら映画をつくることを決心。ロンドンに渡って映画技術を学び、帰国した彼は1912年から『ハリシュチャンドラ王』の制作に着手する。その映画はマハーバーラタに出てくる伝説上の王を主人公にしたもので、1913年に封切られて大ヒットした。ファールケーの成功は映画制作を促し、1910年代にひと桁であった制作本数は20年代から増加の一途をたどり、トーキー化された1930年代には三桁に達した。そして音声同調が可能になったトーキー化以後は、踊りに加えて歌がつきものとなり、インドにおけるポピュラー音楽のヒット曲はほとんどが映画から生まれるという現象が今日でも続いている。

映画が都市における最大の娯楽になりつつあった1930年代、音楽家もまた新しいパトロンを探していた［Baruah 1983:130］。すなわち、政治経済的な変化の中で、藩王や領主たちは音楽家のパトロンから手を引き、演劇や歌舞などのパフォーマンスを支えた多目的な劇場も映画館に代わっていったからである。レコード録音は、一部の音楽家の収入の足しにはなったが、生活を支える定期収入とはなり得ない。同様に映画産業は、いわゆるポピュラー音楽の誕生と普及には貢献したが、かつての宮廷楽師に活躍の場を与えるようなものではなかった。激動の時代を生き抜いてきた職業音楽家のみならず、職業世襲的なカーストの枠組みを超えて音楽家を志す若者たちに生きる術と糧を与え、インド音楽の"新たなパトロン"になったのはラジオ放送であった。

8-1-3. ラジオ放送の開始

インドではじめてラジオ放送が行われたのは1924年のマドラスとされている［Awasthy 1965:3］。この放送はアマチュアクラブMadras Presidency Radio Clubが行った試験的なものであった。1926年には、民間企業であるインド放送会社Indian Broadcasting Company Ltd.がボンベイとカルカッタに放送局を設け、インド政府に対し資金援助を要請す

るとともに定期放送への準備を始めた[252]。1930 年になると、インド政府はこのような放送局をインド国家放送サービス Indian State Broadcasting Service（ISBS）の管理下に置いた。そして、1936 年には ISBS を全インド・ラジオ放送 All India Radio（AIR）と名をあらためて広範囲な放送を開始。その後、デリー、ボンベイ、カルカッタなどの大都市にキー局が置かれ、ラジオは急速に普及していくことになる〔表 1〕。

表1: インドにおけるラジオの普及

年度／指標	ラジオ局数	ラジオ受信機数	カバー率%（対人口比）	カバー率%（対面積比）
1947	6	275,955	11	2.5
1951	26	685,508	20	12
1961	34	2,142,754*	55	37
1974	75	16,772,943	80	67.5
1980	86	20,674,113*	89	78
1993	148	120,000,000*	96	86

ゴースワーミー［Goswami 1996:183, 191］より作成。* はそれぞれ前年度の数値

その原動力となったのが他でもない音楽である。音楽はラジオ放送に不可欠なコンテンツであり、1930 年代後半では全放送時間の 70％以上を占めていた。音楽放送のポリシーについては後述するが、1940 年のレポートで放送に最もふさわしい音楽ジャンルとして公式に推奨されたていたのは、「古典音楽」であった[253]。

とはいえ、ラジオ放送が始まって間もない 1930 年代から 1940 年代にかけては放送室でのライブ演奏が中心であり、ラジオ局での演奏を引き受けてくれる一流の音楽家を探すのは容易なことではなかった。インド独立

---

[252] 1920 年代からインド独立までの英領インド帝国下のラジオ放送については Gupta［1995］が、1920 年代から 1990 年代に至るインドの放送政策の概要については Jeffrey［2009］が詳しい。

[253] 1940 年の放送調整官の公式レポート The Controller of Broadcasting in 1940［Goswami 1996:41 -2］より。

以前、かつての宮廷楽師出身の巨匠たちはラジオ局で演奏することを意図的に避けていた。どこの誰ともわからない者たちに、自分たちの技芸を披露することにためらいがあったのである。第Ⅰ部でも明らかにしたが、職業音楽家にとって音楽は財産であり、生活の糧であり、簡単に分け与えるべきものではなかった。ガラーナーの成員であることはプライドの問題でもあり、師匠を差し置いてラジオ放送に出演することもはばかられた。このような融通のなさが、伝統的な音楽家を大衆の前に立たせる際の壁になっていたのである。

そこで白羽の矢が立てられたのがサロン khota の音楽家であった。サロンに集まる音楽家のなかには、定まったパトロンを見つけられずに流れ歩く者たちや、いわゆる歓楽街の一角において「踊り子」に音楽を教え、伴奏を務めることで生計をたてる者たちもいた［Kippen 1988:23-24; Farrell 1997:121］。踊りを意味する現地語のナウチには「売春」が含意されており、「踊り子」の教師や伴奏者もまた売春の幇助者と見なされる傾向にあったことは第6章で既述した通りである。そのため、女性歌手がラジオ放送に登場するようになると、かつて宮廷に属しガラーナーを形成していた職業音楽家たちの中には、ラジオ放送への出演に対しさらに消極的になる者もいたのである。

政府筋から「私生活がパブリック・スキャンダルになるような人々の音楽は公共放送で取り上げるべきではない」という通達がなされたのもちょうどそのころである［Awasthy 1965:39］。この通達は明らかにバーイージーたちを想定対象としていたが、後に述べるようにインド独立後には彼女たちの再評価がなされ、その呼び名もバーイージーからデーヴィー devī（女神・歌姫）に変更されることになる。

8-2. 全インド・ラジオ放送（AIR）における改革とその反響

音楽放送に対する取り組みや、AIR で生計を立てようとする音楽家の

生活基盤に変化がおとずれたのは1950年代に入ってからのことである。1952年から1962年まで情報・放送大臣を務めたケースカルは、西洋音楽の影響を受けた映画音楽を安っぽく品のないものと見なしてAIRでの放送を実質的に禁じる一方、古典音楽の復興と国民音楽化に注力した[254]。彼は、古代からの遺産を受け継ぐ古典音楽が「売春」と結び付けられ、新興中間層に不興をかっていた理由を英領インド帝国の文化振興の欠如とそれに先立つムガル帝国期のムスリムの影響とみなし、音楽や芸術は政府や社会によって管理されるべきものと考えた［Keskar 1967:7-10; Lelyveld 1995:55-7］。

ケースカルは、10年間に及ぶ在任中にAIRの体制やプログラムについてさまざまな改革方針を打ち出した[255]。その主なものとしては、

- a) 「新しいオーディション制度」の導入
- b) 「古典音楽の大衆化」への取り組み
- c) 「音楽の国民プログラム」への取り組み
- d) 国民オーケストラの試み
- e) 音楽に関するさまざまな問題に取り組むための音楽会議等の定期開催

などがあげられる。本書では、アワスティー［Awasthy 1965:40-8］の記述をもとに、上記のうちa～cの3つに焦点を絞って検討してみたい。

上記の改革のうち、音楽家たちに最もインパクトを与えたのは、a)「新しいオーディション制度 New audition system」に基づくグレード（ランク）制であった。それまでは、音楽を学んだことがない担当ディレクター

---

[254] ケースカルは1953年9月29日発行の日刊紙『ザ・ヒンドゥー The Hindu』('Compulsory Study of Music')において、「いかに古典音楽を復興させるかが全国民的課題である」ことを指摘している。

[255] ケースカルの音楽に対する方針や考え方は、Keskar［1967］から垣間見ることができる。

たちがプログラムを作り、音楽家の選定をし、出演料を決めていた。そのため、音楽家の質や出演料にはかなりのばらつきが認められた。そこで、北インドではバートカンデー音楽大学の学長も務めたラタンジャンカル Srikrishna Narayan Ratanjankar（1900-1974）を議長として委員会が組織され[256]、音楽家の採否と、トップランク、Aランク、Bランクというようなグレード判定を行う「審判員制 jury system」が導入された。このグレード判定は報酬体系と直結していたため、音楽家にとっては重要な関心事となった。

　このオーディション制度は、ボンベイやカルカッタを中心とする大都市の音楽家たちから激しい抗議を受けることになる。その理由の一つは、審判員らが音楽演奏の内容だけでなく、「個人面接」を行い、理論的な観点からの質問も行ったからである。議長のラタンジャンカルは、インド音楽の統一的な理論構築を試みたバートカンデーの一番弟子であり、彼もまたその意思を継承していた［Nayar 1989:304, 323, 343］。すなわち、ガラーナー間で異なる音楽実践のあり方や個別の歴史というよりは、より広い視点からの音楽伝統の多様性と古典音楽の底流にある理論的一貫性を重視した人物といえよう。そのためか、審判員たちはそれぞれのガラーナーの特徴やプライドを考慮せず、画一的な価値観を押しつけているという印象を音楽家たちに与えた［Awasthy 1965:41］。そのため、本格的な「個人面接」が予定されていた1953年ころまでには、多くのラジオ局で、新しい制度に抗議を行うためのアーティスト協会が結成され、大都市では当初予定された「個人面接」を実施することができなくなった。そこで、この制度は改良を余儀なくされ、「審判制度」は「音楽オーディション委員会MAB（Music Audition Board）」と名称を改め、個別の面接による音楽家への質問をやめ、音楽演奏の質のみでグレード判定がなされるようになる[257]。

---

[256]　ラタンジャンカルの前半生については、Misra［1985a:17-21］が詳しい。
[257]　オーディションはまず各地方局ごとに行われ、最終的にはデリーのMABで

一方、一般大衆への古典音楽の普及に最も大きな役割を果たしたのは、b)「古典音楽の大衆化 Popularizing Classical Music」であろう。1952年から1953年にかけて、「古典音楽の大衆化」をスローガンとして、各キー局はその方策を競わされた。その結果、最も容易な方法として取られたのは、音楽放送に占める古典音楽の時間枠の拡大であった。そして、ほとんどのキー局が一様に音楽教育のプログラムを導入し、c)「音楽の国民プログラム National Programme of Music」との連動を図ったのである。
　「古典音楽の大衆化」がケースカルの文化政策の一端を明示するスローガンであったのに対し、「音楽の国民プログラム」は古典音楽を普及するための具体的なプログラムであった。このプログラムの中核は、毎週土曜のゴールデンタイムに「国民音楽 National Music」の時間を設け、全インド的に名の通った実力派の巨匠の音楽を放送することであった。ちなみに、その第1回目の演奏はラヴィ・シャンカルが務めた［Menon 1980:35］。以後、「国民音楽」はインドを代表する音楽家の演奏を看板とし、様々なガラーナーを代表する巨匠たちを紹介し、地域を代表する音楽家たちにも登場機会を与えた［Mukherjea 2010］。このプログラムによって聴衆は、様々なガラーナーや地域を代表する音楽家の演奏を聴く機会に恵まれることになる。
　プログラム導入から10年後、1961年のAIRの年間放送時間は、109,334時間[258]。そのうち、音楽の放送時間は51,184時間で、全体の約47％であった［Awasthy 1965:33］。このうち、西洋音楽は2,107時間で、

判定された。

[258] ただし、1957年に開始された新番組『バラエティ・インド（*Vividh Bharati*）』の放送時間7,931時間を除外している。この番組では映画音楽も放送された。当時ラジオ・セイロン Radio Ceylon がインドの映画音楽を放送して人気を博しており、インド当局もその影響を無視することができなかった。1957年9月29日発行の『ザ・ヒンドゥー *The Hindu*』（Vividh Bharati: New Programme Over All India Radio）を参照のこと。

図1：1961年におけるAIRの放送ジャンルの内訳

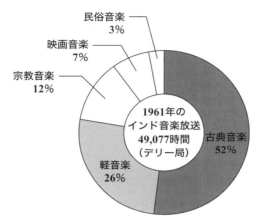

アワスティー［Awasthy 1965:33］に基づき作成

音楽放送時間の約4％にすぎない。すなわち、音楽放送の約96％（49,077時間）がインド音楽ということになる。このジャンル別内訳を見てみると［Awasthy 1965:33］、古典音楽（声楽・器楽）52％、軽古典26％、宗教音楽12％、映画音楽7％、民俗音楽3％となっており〔図1〕、いかに古典音楽に多くの時間が割かれているかがわかる[259]。なお、映画音楽も7％と僅かではあるが放送されている。

このようなAIRの方針に基づく時間枠の拡大や音楽プログラムの刷新により、古典音楽を聴く聴衆の裾野が拡大すると同時に、1961年には年間約1万人の音楽家がAIRで演奏を披露した［Neuman 1990(1980):172］。

---

[259] その後、全体の放送時間は増えるが番組内容のバラエティ化に伴い、1960年をピークとして放送全体に占める音楽放送の割合は微減。また音楽放送に占める古典音楽の放送割合も減少し、1980年代前半では音楽放送に占める古典の音楽の割合は約33％となった［Goswami 1996:187］。伸びたのは映画音楽であった。

1961年のキー局は34を数えることから〔表1〕、1局あたりの単純平均で約300人が演奏したことになる。その中には、非職業音楽家出身のいわゆる"新しい世代"が含まれており、彼らはその都度の音楽演奏によって報酬を受け取ることに対しても躊躇はなかった。すなわち、音楽演奏によって都度の対価をもらうことを、低カーストの生業と同等なものとは考えない世代が生まれたことを意味する。このような現象は、都市における音楽家の社会的位置づけの変化にも寄与したと考えられる。

8-3. "新たなパトロン"としてのAIRのインパクトと音楽家の適応戦略

ラジオ以前、コンサートは城壁に囲まれた宮廷の中で、藩王・領主やその家族、家臣や賓客などの限られた人々のみを聴衆として行われていた。宮廷楽師としての地位を得られなかった音楽家は、「踊り子」のいるサロンでの伴奏者に甘んじるしかなかったが、そこも一般大衆とは縁の薄い場所であった。それに対し、音楽家の"新しいパトロン"になったAIRは音楽を宮廷やサロンの外に連れ出し、古典音楽の大衆化に寄与した [Luthra 1985:300; Chatterjee 1987:142]。英領インド帝国期まで音楽と音楽家のパトロンであり続けた宮廷に代わり、インド独立後においてはAIRがその役割を果たすようになったのである。

8-3-1. 音楽家の生活世界へのインパクト

それではAIRの登場によって音楽家の社会経済的生活はどのように変わったのであろうか。具体的なケースと数字をもとに検討してみたい。

1969年時点におけるニューマンの調査によれば [Neuman 1990 (1980):173]、デリーのAIRに勤務する音楽家は常勤および非常勤合わせて713人。その音楽領域の内訳は、ヒンドゥスターニー音楽が554人、カルナータカ音楽が146人、その他13人であった。デリーはインドの首

表2：AIR デリー局の常勤と非常勤の人数（割合）

勤務形態	総人数	古典音楽	軽古典
常勤	96（17%）	63（22%）	33（12%）
非常勤	458（83%）	226（78%）	232（88%）
合計	554（100%）	289（100%）	265（100%）

ニューマン［Neuman1990(1980):258］より作成

都であり、北インドの中心都市であることを考えると、北インドのヒンドゥスターニー音楽と南インドのカルナータカ音楽の演奏家の比率は妥当と思われる[260]。なお、常勤とは休日を除く毎日、定められた時間にラジオ局に待機し、その日定められた演奏を行って定額の月給を受け取る者。非常勤は、その都度ラジオ局に出向いて1日あるいは1回の演奏ごとに報酬をもらう者である。非常勤の演奏頻度はまちまちで、年に数回の者もいれば月に数回の者もいる。

ヒンドゥスターニー音楽に属する554人の音楽家のうち、常勤96人（17%）、非常勤458人（83%）となっており、非常勤が大多数を占めている〔表2〕。

また、AIRでは音楽のジャンルは大きく古典 classical と軽古典 light classical の二つに分類される。古典音楽はラーガの法則に則って演奏されるドゥルパドやハヤールなどの声楽やシタールやサロードなどの器楽演奏を含むのに対し、軽古典音楽はラーガの取り扱いが軽く、より宗教的な色合いの濃いカッワーリーや歌詞の比重が高いガザル ghazal、地域の民謡などの音楽を含む。古典音楽の奏者289人のうち63人（22%）が常勤、226人（78%）が非常勤である。

---

[260] 1980年代に北インドのウッタル・プラデーシュ州の州都ラクナウで調査したキッペンによれば、ラクナウ放送局には南インド古典音楽のスタッフはおらず、常勤ポストに23人、非常勤ポストの古典音楽に92人、軽古典音楽に215人、民俗音楽に244人が登録されていた［Kippen 1988:28-9］。

表 3：AIR デリー局のグレード別／勤務形態別スタッフ数

グレード	声楽		器楽		合計
	常勤	非常勤	常勤	非常勤	
Top	0	3	1	6	10
A	4	20	15	13	52
B-high	3	19	25	26	73
B	0	67	15	72	154
合計	7	109	56	117	289

ニューマン［Neuman1990(1980):258］より作成

　それでは、常勤の勤務形態はどのようなものであったのだろうか。例えば 1969 年におけるデリー局の放送時間は朝 7 時 10 分から夜 11 時 50 分までで、そのうちの午後 1 時半から 5 時までは放送がなかった[261]。1 日は早番と遅番の 2 交代制となっており、早番は午前 6 時から午後 2 時まで、遅番は午後 4 時から午前 12 時までそれぞれ 8 時間のシフトであった。出社すると、その日の演奏予定が張り出されており、1 日に 20 分あるいは 30 分の演奏を 3 回程度演奏することがルーティーンとなっていた。他に楽器アンサンブルの一員として借り出されたり、リハーサルに時間をとられたりすることもあったが、1 日の多くの時間が待機状態であった。しかし、そのような空き時間を自分の練習時間に使えるわけではなく、また緊急の際のピンチヒッターとしていつ演奏の声がかかってもいいように準備をしておかなくてはならなかった。

　ゴースワーミーによれば AIR は音楽家に自由を与えたという［Goswami 1996:151］。確かに、かつて宮廷楽師は藩王や領主の私有財産のように扱われ、移動の自由や他の宮廷での演奏の自由は少なかった。しかし、AIR の常勤音楽家がかつての宮廷楽師以上の自由を与えられていたかどうかは簡単には比較できない問題であろう。宮廷楽師の時代の方が修業や思索に

---

[261] 1969 年時においてデリー局は 4 つのチャンネルを有し、そのうちの A チャンネルは古典音楽の専門放送を行っていた［Neuman 1990:176,268(n4)］。

使える時間が豊かであったと考える音楽家も少なくないのである［Kippen 1988:30］。

　さて、AIR は 1952 年からオーディションによるグレード制を導入したことはすでに述べた。グレードはトップランクから B ランクまで 4 段階。1969 年におけるデリー局の場合、北インドの古典音楽に属する 289 人のうちトップランクはたったの 10 人、一方 B ランクは 154 人となっていた〔表 3〕。

　トップランクとは、ラヴィ・シャンカルやアリー・アクバルのような全インド的に名の通った巨匠で、すでに評価が定まっていることからオーディションは免除された者たちと考えてよい。A ランクは一定の評価が定まった音楽家、B-high は現在売り出し中か中堅的な音楽家、そして B ランクは音楽家としてのキャリアを踏み出した若い音楽家などが含まれている。注目したいのは、トップランクの 10 人のうち 9 人が非常勤、B ランクの 154 人のうち 139 人が非常勤というように、非常勤の割合が高いこと。その一方、常勤の人数（割合）が最も高いのは器楽の 56 人。そのうち半数の 28 人が伴奏者である[262]。この理由は、経済的合理性と関係していると思われる。すなわち、演奏機会が多く、様々な主奏者との組み合わせが可能な伴奏者を常勤で雇っておいた方がコスト・パフォーマンスがよいのである。

　既述したように、グレード制は音楽家のスキルを階層化するだけでなく、報酬体系と直接的に結びついている。常勤は月給、非常勤はその都度の支払い（1 日あるいは 1 演奏）という違いはあるが、ともにグレードによって報酬が階層化されている〔表 4〕。

　まず常勤の報酬体系からみてみよう。1969 年のデリー局では、B ランクの音楽家の月給は最大 350 ルピー、A ランクでは 540 ルピー、そして

---

[262]　28 名の内訳は、打楽器のタブラーが 14 人でパカーワジが 1 名、弦楽器のサーランギーが 13 名である［Neuman 1990:259］。

表4：AIRデリー局、1969年における報酬体系

グレード	常勤（報酬／月）	非常勤（報酬／日）
Top	Rs. 590	Rs. 125/- to 200/-
A	540	80/- to 120/-
B-high	（AとBの間）	60/- to 75/-
B	350	40/- to 55/-

ニューマン［Neuman 1990(1980):178, 258］より作成。単位ルピー（Rs.）

表5：AIRにおけるグレード別報酬とその変化（古典音楽／非常勤）

年度／グレード	Top	A	B-high	B
1953-1969 *1	200	80-120	60- 75	40-55
1970 *2	400	175-250	90-150	80-100
1981	500	250-400	125-200	5-120
1985	750	350-500	200-275	100-160
1989	1500	600-1000	350-500	50-300

*1：ニューマン［Neuman 1990(1980):258］より作成（1969年のデータに基づく）。
*2：ゴースワーミー［Goswami 1996:130］より作成。単位：ルピー（Rs.）

トップランクは、Aランクの月給に50ルピーが加算されるシステムとなっていた。

しかし、AIRにとってもトップランクの音楽家にとっても常勤は得策とはいえない。AIRにとって、固定の高給取りを増やすことは財政を圧迫する要因となる。一方、AIRの月給より高い報酬をコンサート活動やレコード録音などから得られる音楽家にとって、トップランクとしての名誉が維持されつつ束縛の少ない非常勤でいることの方が得策ともいえる。逆にBランクの非常勤職は若手の音楽家に門戸を開く登竜門的な意味があると同時に、その報酬は最小限に抑えられる。

それでは、非常勤のグレードと報酬はどのような関係にあったのだろうか。1969年の資料では、古典音楽の奏者でトップランクは1日あたり125ルピーから200ルピー、Aランクで80ルピーから120ルピー、B-highで60ルピーから75ルピー、Bランクで40ルピーから55ルピーと定められていた〔表5〕。

すなわち、Aランクで1日の報酬が120ルピーとした場合、月に5日間演奏すれば、常勤の月収を超えることになる。しかし、非常勤の演奏は多くてもせいぜい月1～2回であることから安定収入を期待することはできない。したがって、非常勤が生活を安定させるためには、他の仕事を兼業する他にない。一方、常勤の場合は待機時間が多い割には、自分の練習や師弟・生徒の稽古に時間を使うことができず、他の音楽活動を兼業することは困難となる。

　例えばAランクの音楽家のモデルによってシュミレーションしてみよう（すべて1969年の水準で計算）。Aランクの常勤音楽家の最高月収は540ルピー、年収になおすと6,480ルピーである。一方、Aランクの非常勤の場合、この音楽家が毎月1回の演奏で120ルピーの報酬を得た場合のAIRからの年収は1,440ルピー。他に毎月1回のコンサートにより150ルピーを得られるとした場合の年収は1,800ルピー。他に、外国人の生徒3人に月200ルピーで音楽を教えたとするとその年収は7,200ルピーとなる。これら3つの収入を合計すると10,440ルピーとなり、常勤の年収の1.5倍以上となる。もちろん、これは一つのシミュレーションにすぎない。コンサートの数や生徒の数は毎年増減があるのが自然である。

　さて、AIRの報酬は1980年代から急激に上昇しており、とりわけトップ・グレードの上昇は著しい〔表5〕。この理由は、1960年代から70年代にかけて、海外コンサートに出かけて名を挙げた音楽家の出演料アップによるところが大きいと推察される。また、80年代にはテレビ放送の普及も著しい。テレビ放送の場合は、AIRのグレードに応じた報酬に加えてさらに50％が「テレビ出演料」として支払われるようになっていた〔Kippen 1988:32〕。

　同様に音楽祭などの演奏会の開催費用も大幅にアップしている。1960年代まで、名の通った音楽祭は州政府などの援助とチケット販売によって成り立っていたが、1970年代以後そのコストは急上昇していく〔McNeil 2004:205〕。やはり海外で評価された「著名人」の出演料がつり上がった

ことが音楽祭・演奏会のコスト上昇の大きな要因となったといえよう。

なお、AIR では 1970 年代から 16 歳から 24 歳を対象とした音楽競技会を毎年開催している。競技会の入賞者への副賞は、オーディションを経ないで B ランク音楽家として登録されるという特典が得られることから、音楽家を目指す若者の登竜門の一つとなっており、年間約 2000 人の若者が参加している [Baruah 1983:131]。一方、若手の音楽家の中には、演奏活動の実績を積み評価を上げてから、AIR のオーディションを受けようという者もいる [Kippen 1988:29]。AIR のグレードは、ラジオ放送での報酬を決定するのみならず、コンサートなどの報酬を決定する際にも参照されるが、一度決定されたグレードはなかなか変更されないという難点があった[263]。そのため、最初の評価でのグレードを上げる目的で、すぐにはオーディションを受けずに、まずは実績と評判を積み上げるという戦略が生まれることになる。しかし、音楽を専門として生きようとする大多数の者は何らかの収入を確保する必要に迫られ、そのあたりの駆け引きの中で生活を成り立たせていかねばならない。

さて、社会音楽的地位と経済的生活基盤の話に戻れば、教師の場合も同様である。大学や音楽学校の教師でいることは、社会経済的な安定が得られる一方、音楽家としての知名度の向上や商業的な成功は困難になる。例えば、バートカンデー音楽大学でサロード科の助教授（1998 年当時）を務めるナレンドラナート・ダル（b.1954）は、あくまで大学の教職を優先させ、休暇時に演奏活動を入れつつ、海外公演のチャンスを窺っていた[264]。経済的安定と商業的成功の両方を得るためには、実力がものを言う

---

[263] キッペンによれば、タブラーの巨匠アファク・フセインは 1950 年代初頭に 19 歳ですでに A ランクと判定され、1980 年代にはトップランクにあると見なされていたにも関わらず、ランクの改訂がなされなかったという [Kippen 1988:29]。

[264] ラクナウのダルの自宅でのインタビュー（1998 年 7 月）に基づく。

と同時に国内外での演奏活動などのチャンスやイベント・プロデューサーなどとのネットワークに恵まれる必要がある。安定をとるか、可能性にかけるか、いずれにしても変化する環境においては複数の収入源と可能性を担保しておくことが理にかなった戦略の一つであることは間違いないであろう。

8-3-2. 音楽伝統や慣習に与えたインパクト

AIRは音楽のパトロンとなり、古典音楽の大衆化に寄与しただけでなく、インドの音楽伝統それ自体にも影響を与えた。例えば、演奏時間の厳密な制限は演奏時間の短縮を迫っただけでなく、音楽家の演奏態度や生活習慣にも変化をもたらした [Goswami 1996:153]。かつての巨匠たちは、どのようなラーガを演奏するか予告なしに始めることも多く、その演奏時間はパトロンの都合を別にすれば音楽家に委ねられていた。しかし、そのような自由度は大幅に狭められることになる。

演奏時間の制限とそれに合わせた演奏内容の変化は、ラジオ放送に先立ち、レコード録音の出現によってすでにもたらされていた。すなわち、一曲が2時間以上はかかる本格的なラーガ演奏を、3分前後にまとめるためには演奏の全体構成を見直さざるをえないのである。一方、AIRのプログラム単位の放送時間は初期のレコード録音時間よりは長かったものの、10分、15分、30分などと厳しく決まっており、その時間に合わせて演奏を終えなければならない。聴衆の反応がみられないスタジオの中で、決められた制限時間内での効果的なパフォーマンスが求められるようになったといえよう。そして演奏時間のみならず、入局時間等を守れない音楽家は、解雇・登録抹消など厳しい処分がなされたのである。

ラジオやレコードの時間的制限は、音楽の全体構成と内容、あるいは聴かせどころの再考を音楽家に迫った。また、性能のよい音響機材や集音器・拡声器の登場によって、細かな演奏技巧のプレゼンテーションにも変化を与えたと考えられる。そして、これらの変化に対しては、一般の聴衆

よりも音楽学者や音楽評論家の方がより敏感であったことは言うまでもない。そのため音楽家は、少数の音楽愛好家が集まるプライベート・コンサートでの演奏と、短い時間内で技量が試されるスタジオでのレコード録音、不特定多数が聞く一回限りのラジオ放送での演奏、チケットを買った聴衆が足を運ぶパブリック・コンサートでの演奏とでは、選曲や内容構成を変えるようになっていったと考えられる。バートカンデー音楽大学のダルは、聴衆の変化と演奏内容について以下のように述べている[265]。

> 20～30年前（1960年代ころ）の聴衆と現在の聴衆では大きく異なっている。多くの聴衆は、古典音楽と準古典音楽と民謡調の音楽との区別がつかない。そして古典音楽よりも準古典音楽や民謡調などの軽い音楽を好む傾向にある。30年前のサロード演奏家であれば、民謡調の音楽を頼まれても断ったであろう。しかし、現在では聴衆の好みに合わせることがより音楽家としての成功、すなわち経済的な成功を得ることにつながる。今日われわれは聴衆をも教育していかなければならない。（括弧内筆者注）

このように、音楽家は聴衆が求める嗜好性やニーズへの対応、すなわち社会音楽的な適応戦略と同時に、自らの音楽を支持してくれるファン層の獲得や場合によっては広義の意味での社会教育が求められ場合もあるのである。

8-3-3. 音楽家の社会的地位やイメージに与えたインパクト

さて、AIRが主導した古典音楽の国民音楽化は、音楽家の社会的地位やイメージをも変化させた。インドの音楽文化に与えたAIRの影響は、新しいパトロンとしての役割を担い、音楽演奏の構成や演奏習慣に変化を

---

[265] ラクナウのダルの自宅でのインタビュー（1998年7月）に基づく。

もたらしただけではなかった。AIR の最も大きな貢献の一つは、いくつかの社会的要因によって軽蔑されていた芸術様式や音楽家の社会的イメージの改善に寄与したことであろう。

英領インド帝国期において音楽家が蔑視の対象となったのは、植民地支配下の社会政治状況において、伴奏者を中心とする世襲音楽家たちが売春と結び付く一群（最下層のカースト）と見なされ、最も人口の多い中間層から忌避されたことに由来する。支配カーストの多くはパトロンとして有力な楽師を宮廷に保護し、ヒンドゥスターニー音楽の発展に寄与したものの、ムスリムを中心とする一般の楽師たちは概してカースト社会の最下層に位置付けられた。このことは、英領インド帝国下で行われた国勢調査におけるカースト統計の問題や、ナウチの教師や伴奏者として「売春」と結び付けられたことと無関係ではない［田森 2000; 2011］。19 世紀の後半以降、職業音楽家はカーストの最底辺に位置付けられ、さらには音楽サロンでの享楽的なイメージと結び付けられた。いわゆる宮廷社会の音楽に接することのなかった中間層の人々にとって[266]、ヒンドゥスターニー音楽は都市の歓楽街において披露される「踊り子」の歌舞音曲であって、その音楽を学ぶことや音楽演奏を職業とすることには大きな抵抗があったといえよう。

ところが 1950 年代以降、ヒンドゥスターニー音楽が「国民音楽」として受け入れられるようになり、多様なカースト出身者たちが音楽学校で音楽理論を学び、ヒンドゥーがムスリムの師匠についてガラーナーの音楽を実践的に修得し、ある者は音楽教師に、ある者はプロの演奏家を目指すようになるに至って、都市における職業音楽家や女性音楽家の社会的位置づ

---

[266] ウッタル・プラデーシュ州、パンジャーブ州、ビハール州などではとくに音楽の地位は低かった［Goswami 1996:36］。それに対して、前章でものべたボンベイを中心とするマハーラーシュトラ州やカルカッタを中心とするベンガル州など音楽の改革者を排出した地域では、音楽の地位はいち早く向上した。

けにも大きな変化が見られるようになる。

　例えば、売春と結び付く音楽としてラジオ放送への出演が控えられていたバーイージーたちは、かつての花柳界の音楽を伝える功労者として名誉を回復し、デーヴィーと名を変えAIRに登場するようになったのである［Awasthy 1965:39］。デーヴィーとは、文字通りはヒンドゥー教の女神を意味するが、歌姫的な意味合いで用いられている。今日では、○○・デーヴィーのように映画女優の芸名として用いられることも少なくない。

　また、同様に音楽家の呼称も変化した。かつて世襲のムスリム音楽家、特にサーランギーやタブラーなどの伴奏者には"サーランギー屋 sārangiwalla"や"タブラー屋 tabalchī"という軽蔑的な呼称が用いられることも少なくなかったが、1950年代以降は サーランギー奏者 sārangiyā やタブラー奏者 tabliyā という一般的な言い方に替わり、主として声楽家やシタール、サロードの主奏者に用いられていたハーン・サーヒブ khān sāhib という敬称もムスリム音楽家全般に用いられるようになった［Neuman 1990:183-4］。

　しかし、女性の音楽家や舞踊家に対する偏見は薄まったが、全く無くなったと考えるのは現実的ではない［e.g. Morcom 2009］。そのような偏見の残波は、伝統的な音楽家の世界で今でも燻っている。かつての宮廷楽師の子孫へのインタビューにおいては、「私の一族にはこれまで女性の音楽家はいない」という言明がなされることも少なくない［田森 2011］。また、地方の音楽芸能者を意味し、「踊り子」の伴奏や教師を務めたミーラースィーとの差別化はインフォーマルな語りや会話の中に残存し、今日においても世襲音楽家の社会音楽的アイデンティティ形成に少なからぬ影響を与えているのである。

8-4. 音楽放送と音楽産業がガラーナーに与えたインパクト

　さて、これまでAIRが古典音楽の大衆化を担い、音楽家の新たな雇用

先を創出し、音楽演奏に変化を与え、そして音楽家の社会的イメージの改善に寄与したことを見てきた。それでは、AIR はヒンドゥスターニー音楽とガラーナーのあり方にどのような影響を与えたのであろうか。20世紀後半における「国民音楽」とガラーナーの関係に焦点を当てつつ検討してみたい。

これまでも議論してきたように、全国的な音楽会議が盛んとなり、大学での音楽教育がカリキュラム化されていく 1920 年〜 1930 年代以降、伝統的な職業音楽家は、自分たちの権威をガラーナーという音楽社会的・歴史的概念に託して自らを語るようになっていったと考えられるが、音楽学者や音楽のパトロンたち以外の人々には馴染みの薄い用語・概念であった。ガラーナーという言葉が人々の間に浸透しはじめたのは、AIR が 1950 年代前半から開始した「音楽の国民プログラム」によるところが大きいであろう。このプログラムにおいて、おそらくは初めてガラーナーと「国民音楽」が結び付いたのである。

AIR は当初、"国民音楽とは何か"という定義を明確にはしなかった。1916 年の第 1 回全インド音楽会議（AIMC）でバートカンデーが提唱した「国民音楽」とは、北インドと南インドの二つの古典音楽の理論的・歴史的な統一あるいは補完的な関係を意味していたが［Bhatkhande 1974 (1916):43］、「音楽の国民プログラム」は北インドと南インドに分かれた古典音楽の存在を明確にし、ガラーナーによって異なるラーガの解釈や演奏スタイルの違いを浮き彫りにすることになった［Awasthy 1965:46-8］。すなわち、バートカンデーの意に反して、「国民音楽」はインド古典音楽の統一性というよりは多様性を示すことになったのである。そして結果的にではあるが、かつての AIMC において専門家の間で議論されたヒンドゥスターニー音楽におけるガラーナーの存在とラーガ演奏における解釈や演奏スタイルの違いが、ラジオ放送によって一般の聴衆にも知られるようになって行ったのである。

その一方、この時すでにガラーナーの権威は薄れ、実践的・様式的な差

異は形骸化しつつあったと言えるかもしれない。ゴースワーミーによれば、「1952年に導入されたオーディション・システムは、ガラーナーの古い伝統を崩壊に導いた」という［Goswami 1996:152］。すなわち、MABによる音楽家のグレード判定ではパフォーマンスの内容が重視され、ガラーナーの権威といったものは何ら考慮されなくなったというのだ。確かに、ラジオ放送における古典音楽と音楽家の位置づけ、ランキングと報酬体系の在り方などが伝統的なガラーナーのあり方に大きな変化を与えたことは間違いない。しかし、ガラーナー伝統の崩壊とまでは言わないまでも、ガラーナーの音楽が「公共化」され、マスメディアを通して異なるガラーナーの演奏を聴く機会が増え、ガラーナーの特徴を示す演奏技術やフレーズのコピーやアレンジなどが可能になり、独自の音楽スタイルを有する「流派」としてのガラーナーの存在が希薄化したとも言えるだろう［Baruah 1983:132; Ranade 1990:63］。すなわち、ラヴィ・シャンカルが「ミックスされたスタイルが、さらにメディアを通して流布されている」と答えているように[267]、伝統的な個別スタイルのユニークさよりも聴衆に受け入れられるアレンジ力が求められ、異なるガラーナーの特色を取り込んだスタイルが標準的になり、そのような音楽が日々再生産されるようになっていったのである。したがって、実に皮肉なことではあるが、「国民音楽」「音楽の国民プログラム」などによってガラーナーという言葉・概念が一般に周知されるようになったその時には、すでにガラーナー固有の伝統的スタイルは不明瞭になっていたと言わざるをえないのである。

　北インドにおける音楽の近代化は、ヒンドゥスターニー音楽の古典音楽化（標準化）と国民音楽化と共にあり、ラジオ放送を中心とするマスメディアや音楽産業がそのプロセスに欠かせない役割を果たしてきたといえるであろう。一方、このプロセスにおいては、ムスリムが中心となって維

---

[267] 1990年8月5日にインドにおいて放送されたテレビ番組「ハヤール」より［Goswami 1996:152］。

持してきたガラーナー間の音楽的差異は朧げになる一方、ガラーナーのアイデンティティはイデオロギー化し、演奏実践における想像力や演奏技術の革新性は個人のアレンジ能力（個人化）に求められていると言えよう。そして、今日では、親族ネットワークに換わる市場経済と密接な関係を有する新たなネットワークが、インターネットなどの普及とともに生まれてきている。

　次章の第9章においては、このようなインド音楽とガラーナーの近代化が今日における音楽の社会空間をどのように形成しているのかを定量的な統計分析を行い、さらにそのような社会音楽的環境を音楽家がどのように認識しているのかを定性的なインタビュー調査の結果を用いて明らかにする。

| 第 9 章 |

インド音楽とガラーナーの近代化の帰結

音楽家の社会空間と日常的実践、その定量的・定性的把握

　第 II 部の前章までは、インド独立を挟んでガラーナーの「形成期後期」から「ポスト形成期」に至る激動の時代に、音楽の理論化や音楽教育の整備、ラジオを中心とするメディアや音楽産業などの発展がインド音楽とガラーナーの近代化に与えたインパクトについて概観した。第 II 部の終章となる本章では、そのような近代化の帰結としての社会空間を、音楽家の諸属性や社会関係に関する調査資料の定量的分析と、音楽家の現状認識を中心とする聞き取り調査の定性的分析に基づいて把握を試みる。

9-1. テキストとしての『インド音楽家名鑑』とその分析

　これまで南アジアの音楽、とくにインド音楽に関して数多くの著作・論文が刊行されてきた。しかしながら、インド古典音楽の社会的世界を定量的に把握するための統計的資料となるとほとんど見当たらない[268]。そこで、インド政府の教育研究機関であるサンギート・ナータク・アカデミー Sangeet Natak Akademi から刊行された『インド音楽家名鑑 Who's who of Indian Musicians』（以下、『名鑑』）をテキストとして音楽家の属

---

[268] 全インド・ラジオ放送における音楽家の宗教、カースト、ランク、経済状況などについては［Neuman 1990(1980)］［Kippen 1988］などが参考になる。

性等に関する分類と分析を行う[269]。『名鑑』は、芸術音楽分野を中心とする個人別データを掲載した音楽家名簿というべきものである。1968年に第1版が出版され、1984年には改訂第2版が出版されたが、以後今日まで改訂新版は出版されていない[270]。第1版の前書きには調査に6年の歳月を費やし、所収のデータは地方の教育・研究機関や全インド・ラジオ放送（AIR）を通して行った音楽家・研究者へのアンケートによって集積されたものであることが記されている。なお、アンケート項目は、名前、生年月日、音楽ジャンル（北インド古典か南インド古典か、声楽か器楽か）、学位・資格・その他タイトル、所属ガラーナー、師匠の名前、レコード・著作物、海外コンサートの経験、職業・職位、連絡先となっている。

本章の分析においては、1984年に出版された改訂第2版を用いる。第2版には1712名の音楽家のデータが記されている。ただし第1版から第2版の約15年間にどのような改訂作業が行われたかなどの詳細な情報は記されておらず、第2版の刊行までに死亡したり住所変更があったりした場合でもその後のフォローがなされていない、などの断片的な但し書きのみである。また、芸術分野の音楽家とはいえ、インド古典音楽以外のジャンルの音楽家も若干ではあるが含まれている。このようなことから、統計資料としての厳密性については限界があることをあらかじめお断りしておく。

集計に際しては、最初に1712名の音楽家の名前から宗教と性別を推測し[271]、その構成を明らかにする〔表1、表2〕。また世代分布〔表3〕と分野別の音楽家分布〔表4〕、分野別のムスリム音楽家の分布〔表5〕、分野

---

[269] 本章の前半は、田森［2001］を大幅に加筆修正したものである。
[270] 2011年1月時点。
[271] 南アジアにおいては、人名から宗教や性別を明確にすることが比較的容易である。人名からの宗教および性別の最終的な判定に際しては、デリーのジャワーハルラール・ネルー Jawaharlal Nehru 大学のマンジュシュリー・チャウハーン Manjushree Chauhan 教授にお世話になった。

別の女性音楽家の分布〔表6〕を明らかにする。そして、北インド古典音楽を中心に音楽家の職業分布〔表7〕、学位保持の申告〔表8〕、主な音楽活動〔表9〕についてまとめ、さらにジャンル（声楽／器楽、声楽の様式、楽器の種類）別に宗教・ガラーナー・師弟関係に関する単純集計とクロス集計〔表10～表24〕を行い、ガラーナーの「形成期後期」から「ポスト形成期」にかけての変化について分析と考察を行う。

9-2. 『名鑑』の集計結果とその検討

9-2-1. 音楽家の宗教・性別・世代分布

『名鑑』における音楽家の宗教比はヒンドゥー91.8％、ムスリム7.2％、その他1.0％となっている〔表1〕。『名鑑』の編集・刊行（1984年）とほぼ同時期の国勢調査（1981年）によれば、インド共和国の宗教人口比はヒンドゥー82.6％、ムスリム11.4％、その他6.0％であるから、音楽家人口に占めるヒンドゥーの割合は高い。

音楽家の性別であるが、音楽家人口に占める女性音楽家の人口は5％に満たない〔表2〕。この理由についてはこれまでも何度か触れたように、英領インド帝国下における女性音楽家の位置づけとの関連が注目される。そのため、この点については別途検討する。

また世代分布（生年）は、ガラーナーの「形成期後期」から「ポスト形成期」への過渡期にあたる1910年代～1930年代に集中（約78％）している〔表3〕。このことは本書のデータの一部が1968年に刊行された第一版のデータの再利用であるとしても、アンケートに答えた音楽家の年齢層が高いことがわかる。

9-2-2. 音楽家の分野別の宗教・性別分布

南インド古典と北インド古典の音楽家の比率はほぼ1対1である〔表4〕。ちなみに、1980年代初頭におけるAIR所属の音楽家人口も

表1) 音楽家の宗教

音楽家の宗教	人数 （%）
ヒンドゥー	1571　（91.8）
ムスリム	123　（7.2）
その他	18　（1.0）
合計	1712（100.0）

表2) 音楽家の性別

音楽家の性別	人数 （%）
男	1633　（95.4）
女	79　（4.6）
合計	1712（100.0）

表3) 音楽家の世代分布（1968〜1984年時点）

音楽家の生年	人数 （%）
1870年代	2　（0.1）
80年代	11　（0.6）
90年代	35　（2.0）
1900年代	197　（11.5）
10年代	403　（23.5）
20年代	518　（30.3）
30年代	408　（23.8）
40年代	88　（5.1）
50年代	8　（0.5）
60年代	2　（0.1）
不明	38　（2.2）
合計	1712（100.0）

表4) 音楽のジャンル

音楽のジャンル	分類	人数（母数,%）	人数（母数,%）
北インド古典音楽	声楽	536（832, 31.3）	832（1712, 48.6）
（Hindustani）	器楽	296（832, 17.3）	
南インド古典音楽	声楽	401（799, 23.4）	799（1712, 46.7）
（Karnataka）	器楽	398（799, 23.3）	
その他（民謡など）			69（1712, 4.0）
不明			2（1712, 0.7）
合計			1712　（100.0）

表5) 音楽ジャンルと宗教：ムスリム音楽家123名の分布

音楽のジャンル	分類	人数（母数,%）	人数（母数,%）
北インド古典音楽	声楽	42（536, 7.8）	113（832, 13.6）
（Hindustani）	器楽	71（296, 24.0）	
南インド古典音楽	声楽	1（401, 0.2）	3（799, 0.4）
（Karnataka）	器楽	2（398, 0.5）	
その他（民謡など）			7（69, 10.1）
不明			0（2）
合計			123（1712, 7.2）

表 6) 音楽ジャンルと性別：女性 79 名の分布

音楽のジャンル	分類	人数（母数,％）	人数（母数,％）
北インド古典音楽 (Hindustani)	声楽	41 (46, 89.1)	46 (832, 5.5)
	器楽	5 (46, 10.9)	
南インド古典音楽 (Karnataka)	声楽	18 (23, 78.3)	23 (799, 2.9)
	器楽	5 (23, 21.7)	
その他（民謡など）			10 (69, 14.5)
不明			0 (2)
合計			79 (1712, 4.6)

表 7) 北インド古典音楽家の職業

主たる職業	宗教	人数（母数,％）	人数（母数,％）
学校教師（大学・専門学校など）	ヒンドゥー	306 (329, 93.0)	329 (832, 39.5)
	ムスリム	23 (329, 7.0)	
全インド・ラジオ放送（A.I.R.）	ヒンドゥー	42 (68, 61.8)	68 (832, 8.2)
	ムスリム	26 (68, 38.2)	
その他／申告なし			435 (832, 52.3)
合計			832 (100.0)

表 8) 北インド古典音楽家と学位

学位保持の申告	宗教	人数（母数,％）	人数（母数,％）
あり（学士：B.A. 以上）	ヒンドゥー	416 (437, 95.2)	437 (832, 47.5)
	ムスリム	16 (437, 3.7)	
	その他	5 (437, 1.1)	
なし			395 (832, 52.5)
合計			832 (100.0)

表 9) 北インド古典音楽家の音楽活動

音楽活動の種類	人数（％）
レコード録音	166 (20.0)
海外コンサート経験あり	106 (12.7)
レコード録音＆海外コンサート経験あり	85 (10.2)
申告なし	475 (57.1)
合計	832 (100.0)

それぞれ3万人と2万7000人であり、ほぼ1対1に近い比率である［Baruah1983:131］。南北の音楽ジャンルで注目すべきは、声楽家と器楽演奏家の比率である。南インド古典においては声楽家と器楽演奏家の割合がほぼ等しいのに対して、北インド古典では声楽家の割合が高い。

　一方、南北それぞれの古典音楽家人口に占めるムスリムの音楽家人口について注目してみたい〔表5〕。南インド古典を専門とするムスリムの音楽家はわずか3名（0.4％）にすぎない。それに対し、北インド古典では113名（13.6％）おり、とりわけ器楽奏者に占めるムスリムの割合（24％）が高い。このことは、南インド古典はヒンドゥー教色が濃く、北インド古典はイスラーム音楽の影響を強く受けた音楽であるという、宗教と音楽との関係を物語る結果を示していると言えるだろう。すなわち、宗教的な言葉（歌詞）のない器楽の方が、ムスリムにとっては扱いやすいと考えられる。

　一方、音楽家人口に占める女性音楽家の割合は南インド古典音楽（23名、2.9％）よりも北インド古典音楽（46名、5.5％）の方が高い。そして北インド古典音楽46名のうち声楽が41名（89％）となっており、そのほとんどが声楽であることがわかる〔表6〕。北インドでは、女性の器楽奏者は極端に少なく、特にタブラーやサーランギーなどの伴奏者を舞台や映像で見かける機会はほとんどないが、そのような実態がこの統計にも表れている。

　このような宗教および性別でみた音楽家の分布に見られる傾向は、インド近代における古典音楽成立の社会歴史的背景と無関係ではないだろう。第Ⅰ部第6章でも検討を加えたように、かつて「踊り子」と一括され、タワーイフやバーイージーと呼ばれた女性音楽家たちが、その活動実態を把握されることなく娼婦として概括され、彼女たちの伴奏や教師役を務めるタブラーやサーランギーの演奏者たちに対する偏見も少なくなかった。インド独立後40年を経過した1980年代においてなおこのような偏見が根強く残存し、今日でも女性が音楽家になることを妨げている可能性は否定

できない。この点については、近代インド社会における女性と音楽教育そして職業観との関係から考察する必要がある。
　以下、北インド古典音楽を中心に分析を行う。

9-2-3.　音楽家の職業分布・学位・音楽活動および宗教との関係

　北インドの音楽家の専従職業としては〔表7〕、大学・専門学校などの教師が圧倒的に多く（329人、39.5％）、次にAIRに属する音楽家がやや控えめに続いている（68人、8.2％）。音楽家は教育機関やAIRなどの常勤職を得ることで、比較的安定した収入と地位が確保されることは間違いない。
　注目すべきは、教師に占めるヒンドゥーの割合が93％と圧倒的に高いが、AIRにおいてはムスリムの割合が38.2％と比較的高いことである。このことは、1980年代においても「理論（知識・教育スキル）のヒンドゥー、実践（演奏スキル）のムスリム」という傾向が維持されていたことを示している。なお、専従の職業が申告されていない音楽家も半数以上いる（435人、52.3％）。この中には、コンサートやレコーディング活動で生計をたてられる一握りのトップランクの音楽家の他に、非常勤的な複数の業務を兼務したり、音楽以外の職業を本務とする者が含まれていると思われる。また、音楽家の約半数が何らかの学位を取得しているが〔表8〕、そのほとんどがヒンドゥーである（416人、95.2％）。このことは、教師に占めるヒンドゥーの割合の高さと相関している。学校教師の専門分野や学位の内容がすべて音楽学とは限らないが、教師になるためにはそれなりの高等教育や資格・学位が必要となる。特に音楽においては、インド音楽の理論と歴史に関する知識や標準的カリキュラムに基づく教授法の修得が不可欠になるのである。
　海外でのコンサートやレコード＆カセット録音は、音楽家の収入と知名度・音楽家としてのランクのアップに結びつくものとして重視されているが、その両方を経験している音楽家となると多いとは言えない〔表9〕。

学校の教師やAIRなどの常勤職をあえてもたず、国内外のコンサート活動やレコード録音で生活できる音楽家は、『名鑑』に回答した音楽家のほぼ10人に1人であり、AIRのグレードで言えば、トップランクとAランクのほんの一部にすぎないと考えられる。

9-2-4. 音楽家の専門分野の分布

　声楽の様式においては、ハヤール歌手が75.7％と圧倒的で、より古典的なドゥルパド歌手はハヤールとドゥルパドの両方を歌う者を含めても10％に満たない〔表10〕。既述したように、ドゥルパド歌謡はヒンドゥー寺院における神々への讃歌やヒンドゥー宮廷における英雄讃歌に起源を有し、主としてイスラーム宮廷においてヒンドゥー教からイスラームに改宗した音楽家たちの家系を中心に継承されて来た。一方、ハヤールはドゥルパドをベースとしつつ、より自由度が高く比較的感情移入のしやすい新しい歌謡様式として各地の宮廷ごとに発展を遂げた音楽である。今日では、より伝統的な歌謡形式であるドゥルパドの歌い手は数えるほどしかいない。

　器楽のうち旋律楽器は、シタール奏者が最も多く51.1％、以下サーランギー19.1％、サロード15.3％、シャハナーイー9.9％、ビーン4.6％と続く〔表11〕。ちなみに、サーランギーは主としてハヤールの伴奏に用いられる弓奏楽器で、シャハナーイー śahnāī はオーボエのような吹奏楽器、ビーンはインド古代から用いられてきた撥弦楽器である。

　打楽器ではタブラー奏者が圧倒的に多く82％で、パカーワジ奏者は18％である。ちなみにタブラーは主としてハヤール、シタールやサロードの伴奏に用いられる一対の片面太鼓、パカーワジはドゥルパド歌手やドゥルパド様式で演奏されるビーンの伴奏に用いられる水平の両面太鼓である。声楽のみならず器楽においても、より伝統的なドゥルパド形式に基づく演奏を行うビーンやその伴奏を行うパカーワジの音楽家の数が少ないことは明白で、その演奏者は今日では数えるほどしかいない。

表 10) 北インド古典声楽のジャンル（声楽様式）別の音楽家の分布

声楽様式の申告	人数　（%）
ドゥルパド	25　（4.7）
ドゥルパド&ハヤール	23　（4.3）
ハヤール	406　（75.7）
その他／なし	82　（15.3）
合計	536　（100.0）

表 11) 北インド古典器楽のジャンル（楽器）別の音楽家の分布

楽器の分類	主たる演奏楽器	人数（母数, %）	人数
主な旋律楽器	シタール	67（131, 51.1）	131
	サーランギー	25（131, 19.1）	
	サロード	20（131, 15.3）	
	シャハナーイー	13（131, 9.9）	
	ビーン	6（131, 4.6）	
主な打楽器	タブラー	91（111, 82.0）	111
	パカーワジ	20（111, 18.0）	
その他／不明			44
合計			296

表 12) ハヤールにおけるガラーナーの申告

ガラーナーの申告	人数　（%）
あり	347　（81.0）
なし	82　（19.0）
合計	429　（100.0）

表 13) ハヤール・ガラーナーの種類と音楽家の分布

ガラーナー	人数	人数（%）
グワーリヤル（Gw）	118	303（87.3）
キラーナー（Kr）	57	
アーグラー（Ag）	56	
ジャイプル（Jp）	20	
パティアラ	12	
ラーンプル	7	
ビンディバザール	6	
インドール	5	
その他（5名未満）	22	
複数回答 Gw-Ag	10	44（12.7）
Gw-Kr	6	
Gw-Jp	5	
その他複数回答	23	
合計		347（100.0）

表 14) 器楽におけるガラーナーの申告

楽器の種類	申告人数（母数,%）
主な旋律楽器	32（131, 24.4）
打楽器（タブラー）	66　（91, 72.5）

9-2-5. 専門分野別のガラーナーの所属

　ガラーナーについては、声楽のハヤールについてのみ成立するとする説と、器楽のシタールやサロード、タブラーなどにも適応されるとする説があることは、第Ⅰ部第1章ですでに述べた。それでは、声楽や器楽において、所属ガラーナーを明確にしている音楽家はどれくらいいるのだろうか。

　まず、ハヤールを専門とする声楽家429名のうち[272]、所属ガラーナーを申告した者は80％以上にのぼる〔表12〕。申告されたガラーナー数は10を超えるが、グワーリヤル・ガラーナーの人口がほぼ3人に1人と圧倒的で、その後にキラーナー、アーグラーなどが続いている〔表13〕。また、複数のガラーナーへの所属を申告した者も44人（10％以上）いる。

　一方、打楽器タブラーにおいてガラーナーを申告した者は66人（72.5％）〔表14〕。その内訳はデリー・ガラーナーを筆頭として、プーラブ[273]、ベナレス、ラクナウなどが続いている〔表15〕。また、タブラーにおいても、異なるガラーナーの師匠から音楽を学んだ者、すなわち複数のガラーナーのアイデンティティを有する者が23人（約35％）いることがわかる。

　ハヤールやタブラーに比べ、旋律楽器でガラーナーを申告した者は24.4％と大幅に少ない〔表14〕。楽器別でみても、シタール23.9％、サーランギー20％、サロード35.5％、シャハナーイー15.4％、ビーン33.3％となっている〔表16〕。このことは、ガラーナーの概念と認識、それぞれの楽器が用いられる音楽ジャンル、およびそれを演奏する音楽家の宗教やカースト、音楽権威セーニヤーとの関係の有無などと関係があると考えられる。すでにガラーナーの歴史でも明らかにしたように、ガラーナーはム

---

[272]　ただし、この429名の中にはハヤールのみの歌唱者406名、ドゥルパドとハヤールの両方を歌唱する者23名が含まれている。

[273]　ここで言うプーラブ *purab* とは、ファルーカバードあるいはアジュラーダーなどのガラーナーを指すと考えられる。

表15）タブラー・ガラーナーの種類と音楽家の分布

ガラーナー	人数	人数（％）
デリー	11	
プーラブ	10	
ベナレス	7	66　（72.5）
ラクナウ	5	
その他	10	
複数回答	23	
明示なし		25　（27.5）
合計		91　（100.0）

表16）主な旋律楽器におけるガラーナーの申告

楽器の分類	主たる演奏楽器	申告人数（母数, ％）
主な旋律楽器	シタール	16　（67, 23.9）
	サーランギー	5　（25, 20.0）
	サロード	7　（20, 35.0）
	シャハナーイー	2　（13, 15.4）
	ビーン	2　（6, 33.3）
合計		32　（131, 24.4）

表17）セーニー・ガラーナーを名乗る音楽家（20名）の音楽ジャンル

音楽ジャンル	人数
シタール	11
サロード	7
その他の弦楽器	2
合計	20

表18）ドゥルパド（48名）＊における師弟関係と宗教

音楽家の宗教	師匠の宗教	人数（％）
ムスリム	ムスリム	7　（14.6）
	ヒンドゥー	2　（4.2）
ヒンドゥー	ムスリム	12　（25.0）
	ヒンドゥー	27　（56.2）
合計		48　（100.0）

＊ドゥルパドとハヤール両方の歌手（23名）を含む

表19）ハヤール（406名）＊における師弟関係と宗教

音楽家の宗教	師匠の宗教	人数（％）
ムスリム	ムスリム	22　（5.4）
	ヒンドゥー	7　（1.7）
	不明	1　（0.2）
ヒンドゥー	ムスリム	118　（29.1）
	ヒンドゥー	242　（59.6）
	不明	12　（3.0）
その他	ムスリム	4　（1.0）
合計		406　（100.0）

＊ドゥルパドとハヤール両方の歌手（23名）を含まない

ガル帝国下の「形成期中期」に声楽のハヤールにおいて成立し、やがて英領インド帝国下の「形成期後期」において器楽においても認識されるようになったが、器楽のガラーナーに関する歴史が比較的浅く定着していないことに理由が求められるであろう。

　主奏弦楽器においてガラーナーを申告した者のうち、シタールとサロードにおいてはセーニー・ガラーナーを名乗る者が多い〔表 17〕。中でもサロードにおいては、ガラーナーの申告者全員がセーニー・ガラーナー（セーニヤー）を名乗っていることが特筆に値する。これらの理由については、第 III 部の事例研究における検討事項としたい。

9-2-6. 師弟関係と宗教、その相関と変化

　音楽家（申告者：弟子）の宗教とその師匠の宗教は必ずしも一致しない。今日、音楽家の大多数はヒンドゥーであるが、その師匠となるとヒンドゥーであることもムスリムであることもある〔表 18 〜 24〕。このような師弟間の宗教の合致あるいは不一致は音楽のジャンルによって大きな差異が見られる。

　声楽において最も伝統的な様式であるドゥルパド〔表 18〕、また今日優勢な様式であるハヤール〔表 19〕における師弟関係は、ヒンドゥー（師匠）⇒ヒンドゥー（弟子）である割合が最も高く、それぞれ 56％と 60％となっている。また、ムスリム（師匠）⇒ヒンドゥー（弟子）という師弟関係の割合もそれぞれ 25％と 29％と続いている。この理由は、これまで検討してきたガラーナーの社会史のなかに答えが求められるだろう。

　かつて、ドゥルパドはムガル帝国の宮廷においてヒンドゥー高カーストからムスリムに改宗した楽師たちによって継承され、ガラーナーの「形成期前期」から「形成期中期」にかけてはムスリム（師匠）⇒ムスリム（弟子）という血縁関係・師弟関係の中で伝承されてきた。しかし、英領インド帝国下におけるガラーナーの「形成期後期」においてはムスリム（師匠）⇒ヒンドゥー（弟子）という非世襲・非血縁の師弟関係が生じ、さら

表20) パカーワジ奏者（20名）*における師弟関係と宗教

音楽家の宗教	師匠の宗教	人数（%）
ムスリム	ムスリム	1　（5.0）
	ヒンドゥー	2　（10.0）
ヒンドゥー	ムスリム	0
	ヒンドゥー	17　（85.0）
合計		20（100.0）

*20名にはパカーワジとタブラーの両方の申告者5名を含む

表21) タブラー奏者（91名）における師弟関係と宗教

音楽家の宗教	師匠の宗教	人数（%）
ムスリム	ムスリム	18　（19.8）
	ヒンドゥー	6　（6.6）
ヒンドゥー	ムスリム	22　（24.2）
	ヒンドゥー	43　（47.4）
	不明	1　（1.0）
その他		1　（1.0）
合計		91（100.0）

表22) サロード奏者（20名）における師弟関係と宗教

音楽家の宗教	師匠の宗教	人数（%）
ムスリム	ムスリム	7　（35.0）
	ヒンドゥー	2　（10.0）
ヒンドゥー	ムスリム	7　（35.0）
	ヒンドゥー	3　（15.0）
その他	ムスリム	1　（5.0）
合計		20（100.0）

表23) サーランギー奏者（25名）における師弟関係と宗教

音楽家の宗教	師匠の宗教	人数（%）
ムスリム	ムスリム	16　（64.0）
	ヒンドゥー	1　（4.0）
ヒンドゥー	ムスリム	0
	ヒンドゥー	8　（32.0）
合計		25（100.0）

表24) シタール奏者（67名）における師弟関係と宗教

音楽家の宗教	師匠の宗教	人数（%）
ムスリム	ムスリム	10　（14.9）
	ヒンドゥー	1　（1.5）
ヒンドゥー	ムスリム	25　（37.3）
	ヒンドゥー	28　（41.8）
	不明	3　（4.5）
合計		67

にインド独立・印パ分離後の「ポスト形成期」においては、ヒンドゥー（師匠）⇒ヒンドゥー（弟子）という師弟関係が優勢になっていったと推測される。この間、ガラーナーの「形成期後期」から「ポスト形成期」にかけては、ヒンドゥー・ナショナリズムが進展するなかで「ヒンドゥー音楽」の国民音楽化が模索された時代であったことはこれまで見てきた通りである。

　このような傾向は、ドゥルパドなどの伴奏打楽器であるパカーワジや〔表20〕、ハヤールなどの伴奏打楽器であるタブラー〔表21〕にも見られる。ただし、パカーワジはヒンドゥー・ラージプートなどを中心に継承されて来たことによる要因が大きいと考えられ、ヒンドゥー（師匠）⇒ヒンドゥー（弟子）である比率は85％に達している。

　一方、サロードとサーランギーではかなり異なった傾向が見られる。サロードはインドでは比較的歴史の新しい主奏弦楽器、サーランギーは民俗音楽から出発して主としてハヤールの伴奏に用いられるようになった弓奏楽器である。

　まずサロードであるが、申告者の宗教はヒンドゥーとムスリムの人数がほぼ等しいにも関わらず、その師匠の宗教となると70％がムスリムである〔表22〕。そのうち、ムスリム（師匠）⇒ムスリム（弟子）と、ムスリム（師匠）⇒ヒンドゥー（弟子）という師弟関係がほぼ半数ずつで拮抗している。その詳細は第10章に譲るが、サロードという弦楽器はラバーブという中央アジアの楽器がインドにおいて改良されて生まれた撥弦楽器であり、その奏者もアフガニスタンを起源とするパターン人を中心として受け継がれて来たものである。そのためか、ムスリム（師匠＝父）⇒ムスリム（弟子＝息子）という世襲的な師弟関係が、ムスリム（師匠）⇒ヒンドゥー（弟子＝非血縁者）という非世襲的な師弟関係が支配的となった「ポスト形成期」においても維持されてきた典型的なケースの一つと言えよう。このサロードのガラーナーの系譜関係、婚姻関係そして師弟関係については、次の第Ⅲ部の事例研究において詳細に取り上げる。

サーランギーにおいては、ムスリム（師匠）⇒ムスリム（弟子）である割合が64％、ヒンドゥー（師匠）⇒ヒンドゥー（弟子）である割合が32％と二極分化しており、師弟間の宗教の不一致が極めて少ないジャンルである〔表23〕。このことは、サーランギーがムスリムにおいてはミーラースィー、ヒンドゥーにおいてはダーディーと呼ばれる職業世襲の音楽家カーストを中心として伝承されてきた伴奏楽器であることに関係があると考えられる。すなわち、その奏法の困難さと声楽の伴奏楽器であることの不人気からか、ムスリム（師匠）⇒ヒンドゥー（弟子＝非血縁者）という師弟関係の広がりがほとんど見られず、また学校でもほとんど教えられないまま、その奏者人口は徐々に減少していると推測される。音楽学校の教師と生徒のほとんどがヒンドゥーで占められていく環境のなかで、ヒンドゥー（師匠＝教師）⇒ヒンドゥー（弟子＝生徒）という社会関係になっていったハヤールやシタールとは異なり、サーランギーの場合は、世襲的な共同体の中で師弟関係＝父子関係として継承されてきたのである。この傾向はサロードと共通性を有している。

　今日、ラヴィ・シャンカルなどの海外での活躍によって、インド音楽を代表する弦楽器となったシタールは〔表24〕、これまで見てきた傾向、すなわちムスリム（師匠）⇒ヒンドゥー（弟子）から（37％）、ヒンドゥー（師匠）⇒ヒンドゥー（弟子）へ（42％）という歴史性を示しつつ、ムスリム（師匠）⇒ムスリム（弟子）という職業世襲的なガラーナー伝統の継承（15％）も維持されていることを示している。このような傾向は、シタールなどの伴奏を務めるタブラーにも当てはまることである。

9-3. 定量分析からの考察：
近代における音楽環境とガラーナーの社会関係の変化

　『名鑑』のデータは20年数年以上前のものであり、調査デザイン等の問題についても留意する必要はあるが、インド独立から実質的な経済開放

が始まる1990年代までの音楽家の属性・分布・社会関係などに関する一定の傾向を読み取ることは可能である。

インドの古典音楽は、南インド古典音楽と北インド古典音楽の大きく二つに分類されることはすでに述べた。また、その相違については、インド亜大陸の歴史的宗教的な空間構成と音楽的特色の結び付きに理由が求められてきたが、本章の音楽家の属性分析においてもそのような実態を裏付ける結果となった。すなわち、南インド古典音楽の演奏者にイスラーム教徒はほぼ皆無に等しく、イスラーム音楽家のほとんどが北インド古典音楽の演奏者であり、しかも言葉と結びつく声楽よりも楽器に依存する器楽奏者の割合が高いことが示されたのである。

南インド古典音楽、特に声楽においては定型的な歌詞の歌唱が重要な役割を担い、しかもその内容はヒンドゥー教と色濃く結びついている。それに対し、北インド古典音楽では言葉の取り扱いよりも、即興的な演奏展開に醍醐味が求められるためヒンドゥー教色は薄められる。とはいえイスラームを信仰する者が宗教と音楽を結びつけること、とりわけヒンドゥー教の神々の讃歌を公衆の前で歌うことは尋常とはいえない[274]。歌詞のない器楽であれば、ムスリムにとっては取り組みやすいが、ラーガの理論や歴史となるとやはりサンスクリット古典籍に触れざるをえない。そのため、イスラーム系の学校においてはインド古典音楽が教育科目になることはまずない。これらのことを考慮すると、インドにおけるムスリム音楽家の減少は、宮廷の崩壊や印パ分離のみならず、インド・イスラームにおける近代の学校教育のあり方や、インド周辺諸国のイスラーム原理主義の動向とも無関係ではないと言えるだろう。

ガラーナーのポスト形成期においては、ムスリムの音楽家人口の減少と反比例するようにヒンドゥーの音楽家人口は増加したが、彼らの師匠の多くは宮廷楽師の流れをくむムスリムの世襲音楽家であった〔表18〜24〕。

---

[274] この例外がダーガル一族のドゥルパドである。

しかしさらに彼らのガラーナーのルーツをたどると、その開祖や祖先がヒンドゥー教からの改宗者であることも少なくない。もともとヒンドゥー寺院やヒンドゥー支配者層の儀礼の一環として神や英雄の讃歌を歌っていた者たちが、イスラーム宮廷に奉仕するプロセスで改宗を余儀なくされたケースがしばしば確認される。しかし、この改宗は進んで行われたものではなかったにせよ、音楽に身を捧げた者たちが"音楽すること"で生きて行くための適応戦略であったと言えるかもしれない。古代における「ヒンドゥー音楽」を継承し、中世の宮廷社会においてイスラーム音楽との融合を図りつつ伝統を保持してきたのは改宗者の家系だったのである。中世から近代にかけて北インドの音楽世界に君臨したターンセーンの一族もこの例外ではなかった。

　ムガル帝国崩壊後のイギリス植民地時代以降の近代社会において、宮廷楽師たちから趣味あるいは教養として古典音楽を習い、カーストや血筋によらない音楽集団としてのガラーナーの成立および「国民文化」の成立に寄与したのはヒンドゥーのパトロンや音楽学者、そしてかつてのパトロンから音楽家や音楽教育者に転じた者たちであった。

　インド独立と印パ分離を前後し、かつてのヒンドゥー領主や都市の新興中産階級はムスリムの世襲音楽家から古典音楽を習うようになっていた。例えば、第Ⅲ部のサロード・ガラーナーの事例で取り上げるラディカ・モーハン・モイトラ（1917-1981）は、ベンガル地方のヒンドゥー領主であった。彼は父が雇用していたムスリムの世襲音楽家たちから趣味で北インド古典音楽を学び、印パ分離によって所領地を失った後にプロに転身した人物である。モイトラの弟子たちはすべてヒンドゥーであり、彼らの中から多くの優れたサロード演奏家が育って今日に至っている。このようなムスリム（師匠＝パトロンへの奉仕者）⇒ヒンドゥー（弟子＝パトロン）へ、そして今度はヒンドゥー（師匠＝かつてのパトロン）⇒ヒンドゥー（弟子）という潮流は、近代におけるガラーナーの形成期後期からポスト形成期に特徴的な現象であった。このような潮流の一端は、本章の『名

鑑』の分析においても明らかになったと言えるだろう。

　すでに第7章でも検討したことであるが、S. M. タゴールやパルスカル、そしてバートカンデーもまた実践的な音楽は伝統的なガラーナーに属するムスリム音楽家から学ばねばならなかった。バートカンデーらは、サンスクリット文献に著された音楽理論と今日演奏される実践的音楽の楽理的歴史的統合を試み、ガラーナーに属する音楽家たちが"秘伝"として維持してきた音楽の記譜化とその出版、また学校教育におけるテキスト化を推進したのである。

　現在、バートカンデー音楽大学では、声楽、器楽、舞踊の3つのコースがあり、所定の年限を修め試験に合格することにより、学士（Visharad）、修士（Nipun）、博士（Acharya）に相当する資格が授与される。また、授業と試験は理論と実技からなり、博士に相当するアチャーリヤを得るまでにはマディヤマ以降、最低でも8年を要するカリキュラムが組まれている〔表25〕。今日、バートカンデー音楽大学は音楽に関する最も著名な単科大学として大学や高校の音楽教師を数多く輩出し、他大学の手本となって今日に至っているが、教師と生徒の大多数はヒンドゥーである[275]。このような「ポスト形成期」におけるヒンドゥー（師匠＝教師）⇒ヒンドゥー（弟子＝生徒）という社会関係への変化は、音楽と宗教の関係のみならず、学校教育とメディアの発展による北インド古典音楽の大衆化によるところが大きい。

　インド独立後、インド音楽は学校カリキュラムにおける重要科目となり、特に女子高や女子大の選択科目としてその人気は高まった。音楽大学においては、その生徒数において女子が男子を凌駕しているという［Kippen 1988:36］。その理由は今日のヒンドゥー女性にとって音楽教育は、花嫁修

---

[275] この大学の1981年における常勤教師の数は29名で、そのポストの内訳は教授3名、助教授10名、講師4名、助手12名、さらにタブラーなど授業を補佐する伴奏者の非常勤が24名と報告されている［Kippen 1988:33］。

表25）バートカンデー音楽大学のカリキュラムの一例（1997年のシラバスより）

・教育課程、修業年限、学位

プラターマ Prathama	2年	
マディヤマ Madhyama	1年	
ヴィシャラッド Visharad	2年	学士（B.A.）に相当
ニプン Nipun	3年	修士（M.A.）に相当
アチャーリヤ Acharya	2年以上	博士（ph.D）に相当

ヴィシャラッド Visharad　2年（学士相当：器楽科、後期1年）のカリキュラム例

・理論：

1）指示されたラーガの音階（必須）
2）古代の音楽モードであるムルチャーナの比較研究
3）古代における10ラーガの分類
4）異なる音楽様式の研究
5）アーラープ（前奏）とその演奏法の種類
6）ターン（変奏）とその種類
7）北インド古典と南インド古典のターラ、拍節などの比較研究
8）北インド古典と南インド古典のラーガ、音階などの比較研究
9）指示されたターラの研究
10）自分が選択した楽器のガラーナーの歴史とインド音楽への貢献、その音楽的特徴
（筆者注：ただし、必須科目を除き、上記すべてが詳細に教えられるわけではない）

・実技：

1）13種から選択したラーガの約20分のソロ演奏
2）指示されたラーガのマシットカーニ・ガットとレザカーニ・ガットの演奏
3）これまで学習したラーガの完全な知識
4）その場で示された音階や作品の演奏
5）与えられたターラ（拍子）の声による表現
6）いずれかのドゥン（民謡調）の演奏

業の一環として推奨されているだけでなく、女性が一生続けられる教師という安定した職業につながっているからである。女子校は、熟練した演奏家よりも音楽大学を卒業した女性教師を欲しており、その需要は高い。これらのことを考慮すると、「ポスト形成期」の今日においても女性音楽家の数が少ないのは、インド独立以前の女性音楽家に対する偏見の残余というよりは、安定した職業としての教師が選好された結果と言えるかもしれない。経済的に不安定で、しかも一人前になるまでに時間を要し、実践的なスキルとプレゼンテーションが求められる音楽演奏家を目指すことは大多数の人間にとって冒険であることは間違いないだろう。

プロの音楽家を目指すには、学校教育だけでは不十分である。ニューマン［Neuman 1990:199］やキッペン［Kippen 1988:35］が指摘するように、音楽大学・音楽学校の教育課程だけでインド古典音楽の著名な演奏家になった者はいない。バートカンデーが音楽学校を設立したのは、プロの音楽家を養成するためではなく、音楽をナショナルなレベルに位置付け、標準的な教育を確立するためであった。コンサートを行えるだけの十分なスキルは、伝統的な職業世襲の音楽家の元で修業を積まなければならないことは生徒たちも知っている。しかしながら、自分たちの実践知を「外部の者」に喜んで分け与えようという世襲音楽家は多くはない。プロを目指す者たちは教えを請うに値する師匠を探しだし、ガラーナーという実践共同体の一員となり、学習の過程の中でプロの音楽家として生活できるかどうかを見極めていかなければならないのである。

9-4. 定性調査からの考察：
音楽環境の変化に対する音楽家の認識と適応戦略

このようなインド独立以前のガラーナーの「形成期後期」から今日の「ポスト形成期」に至る社会経済的変化および近代化の帰結としての今日的状況を、音楽家たちはどのように認識しているのだろうか。ここでは、

音楽家への定性調査の一環として行った弦楽器サロードのガラーナーに属する音楽家（シタール奏者を含む）たちへの聞き取り調査や会話をもとに検討してみたい[276]〔調査対象の一覧については序論 (2)-5 参照〕。

　時代は変わり、人々の音楽に対する理解の仕方も変わり、音楽家をとりまく社会経済的環境も日々変化していることは、音楽家たちも十分に認識し理解もしている。しかしながら、「音楽家にとって現代とそれ以前の時代とでは、どちらの環境が音楽に適しているか」という問い（FI-Q8）[277]に対する回答は必ずしも一様ではない。例えば、ムスリムの世襲音楽家とヒンドゥーの非世襲音楽家、また 1960 年以前に生まれた音楽家とそれ以後に生まれた音楽家ではその語り口は異なっている。

　例えば、弦楽器サロードのシャージャハーンプル・ガラーナーに属するシャーヒド・ハーン（1940 年生まれ）や[278]、ラクナウ・ガラーナーに属するグラーム・サビール（1948 年生まれ）は[279]、一様に「昔の方がよかった。今は色々なことがありすぎる」と答えている。このように、インド独立以前の宮廷音楽の時代を肯定する傾向は、主としてムスリムの世襲音

---

[276] 本章には、財団法人日本科学協会（1998 年度・笹川研究助成金）の研究助成のもと、1998 年から 1999 年にかけて行われた現地調査（デリー、カルカッタ、ラクナウの 3 都市において、1998 年 7 ～ 8 月、1998 年 12 月～ 1999 年 1 月の合計 4 カ月間行われた）の成果の一部が含まれている。

[277] FI-Q8 はフォーマル・インタビューの質問項目の 8 番目を意味する。詳細は巻末資料 B を参照のこと。

[278] ラクナウの自宅におけるシャーヒド・ハーン Shahid Khan（ムスリム、男性）へのインタビュー（1998 年 7 月）に基づく。彼はラクナウ・テレビ局の専属音楽家をしている。たまに私的な演奏会を催すほかは、弟子や生徒には教えていない。

[279] ニューデリーのネルー大学キャンパスにおけるグラーム・サビール（ムスリム、男性）へのインタビュー（1999 年 1 月）に基づく。彼はビジノールにある短期大学で音楽を教えている。また、少数の生徒にプライベートでシタールを教えているが、サロードの弟子はいない。

楽家に多く見られる。その理由について、シャージャハーンプル・ガラーナーに属するイルファーン・ハーン（1956年生まれ）は以下のように答えている[280]。

> 昔の方がよかった。今はもう王や貴族のような音楽のパトロンがいない。かつて音楽家は他のことをして働く必要がなかった。宮廷楽師になれば1日中練習して過ごし、音楽を子供や弟子に伝えるだけでよかった。今日では、音楽家も音楽以外の余計なことに首を突っ込まなければならない。家族を養い生活するためには、学校で働いたり、ラジオ局で働いたり、場合によっては他の職を見つけなければならない。今や音楽家は自分の音楽を追求する時間も教える十分な時間もない。

すなわち、今日の音楽家は安定した収入と時間が保証されないため、音楽に集中することができないというものだ。すでに見てきたように、かつての宮廷楽師はパトロンに奉仕する日時はほぼ決まっており、演奏の時間帯は夕方から夜にかけての限られた時間が一般的で、それ以外の時間は自らの修業や子弟の音楽教育に十分な時間を投下できた。前章では、AIRにおける音楽家の1日の生活を概観したが、そこでは出演時間それ自体は少ないものの、待機やリハーサルなどで時間が消費され勤務中の自由時間は限られていた。

このように、どちらかと言えばガラーナー形成期の音楽環境を賛美するムスリムの世襲音楽家が多いのに対して、ヒンドゥーの非世襲音楽家の回答は対照的である。数少ない女性サロード演奏家の一人であるシュリー・ガンゴパッディヤイ（1952年生まれ）は、同じ質問に対して次のように

---

[280] カルカッタの自宅におけるイルファーン（ムスリム、男性）へのインタビュー（1998年7月）に基づく。

答えている[281]。

> 今日の方がいいに違いない。父から聞いた話だが、父が音楽を習った当時は音楽家を職業として選ぶことは非常に危険とされていた。しかし、今日では誰でも音楽の道を選ぶことができる。たとえ職業音楽家の子孫でなくとも、女性であったとしても。

彼女の父シャーム・ガングリー Shyam Ganguly（1911-1989）は、カルカッタの富豪であり音楽家のパトロンであったバラモン一族に生まれ、インド独立後には音楽家としてコンサートやレコーディング活動を精力的に行った人物である。彼は師匠であったラクナウ・ガラーナーのカラーマトゥッラー・ハーンの死後、異なるガラーナーの巨匠であったアラーウッディーン・ハーンからサロードを学んだ［Gangopadhyay 1991:54］という。インド独立以前のガラーナー形成期の時代、ヒンドゥー高カーストにとって音楽はせいぜい教養・趣味の一環として学ぶべきものであって、主たる職業として音楽家を選ぶことは容易なことではなかった。それが女性ともなればなおさらであった。シュリー・ガンゴパッディヤイはそのような困難な時代に父を師匠として音楽を学ぶことができた。そのようなことから、カーストの生業に縛られずに職業を選択できる今日の音楽環境を肯定していると思われる。

この点は、1929年という変革期に生まれ、インドで初めて本格的な女性サロード奏者として成功したシャラン・ラーニーも、音楽演奏が世襲とされていた時代の困難さについて述べていた。既述したように（第6章参

---

281 カルカッタのガンゴパッディヤイ（ヒンドゥー、女性）の自宅におけるインタビュー（1999年1月）に基づく。彼女は大学で音楽ではなく、生理学の講師をしている。その一方でコンサート活動のほか、自宅で数名の弟子にサロードとシタールを教えている。

照)、当初彼女は舞踊家を目指したが、家族に反対されサロードに転じた人物である。しかしながら、彼女は以下のような理由からむしろガラーナー形成期の音楽環境を肯定している[282]。

> それは、昔の環境の方がよかったと思う。なぜかというと、より単純に音楽を追求し、音楽だけに集中することができたからだ。現在は、音楽家はさまざまなことに巻き込まれている。レコードやカセットテープなどはない時代、どうやってパブリシティをするか、ポピュラリティを獲得するかなどとは昔の音楽家は考えていなかった。どのような演奏をするかが大切な問題だった。しかし、今日はメディアやコマーシャルな問題が"音楽家としての成功"と絡み合っている。また、今ではすばらしい師匠に出会うことも難しくなった。教師と生徒はお金の関係でしかないこともある。

彼女は、イルファーンと同様に音楽家が音楽の修業と演奏、教育だけに集中できた時代性や社会環境を肯定する一方、今日的な問題、すなわち「音楽家としての成功」のあり方がパブリシディの仕方やポピュラリティの獲得と結び付き、また師弟関係のあり方もまた変容していると指摘する。これらのことは、"音楽すること"が社会経済的な環境変化のなかでより複雑化していることを示している。いわゆるインド音楽の世界は、ガラーナーの「形成期後期」から「ポスト形成期」への推移とともに、宮廷という対面的でパトロンたちの顔が見える私的空間から、コンサート会場という聴衆の顔が見えない社会空間に移行した。そして、そのことによって音楽家の日常的実践も変化し、今も変化しつつある。以前と今日の音楽環境について一概に比較できないことは当然としても、その尺度は「音楽家と

---

282 ニューデリーの自宅におけるシャラン・ラーニー(ヒンドゥー、女性)へのインタビュー(1998年8月)に基づく。

しての成功」という視点と切り離せない。この点について、ビスワジット・ローイ・チョウドリー（1956年生まれ）は次のように答えている[283]。

  それは、どのような意味においてだろうか。もし、"金儲け"という意味でなら、今日の方がはるかにいいだろう。なぜなら、ラジオ、テレビ、レコード、カセット、CDなどと多くの活動の場がある。しかし、"時間"という意味でなら、昔のほうがはるかによい。学ぶ時間も教える時間もはるかに豊かだったといえるだろう。金銭的な問題をはじめ余計な心配をする必要もなく、音楽に集中さえしていればよかったのだから。

　これらの言説に代表されるように、あらゆる人々に門戸が開かれたはずのインド古典音楽ではあるが、「音楽家としての成功」の今日的あり方に対する批判は多くの音楽家や批評家から聞こえてくる。しかし、この問題は音楽家の姿勢のみに帰せられる問題ではない。バートカンデー音楽大学で教鞭をとるダル（1954年生まれ）が、前章で指摘していたように聴衆の音楽に対する知識や嗜好性もまた変化してきている。古典音楽と準古典音楽の区別がつかない聴衆も少なくない[284]。しかしながら、音楽家として商業的に成功するためには、そのような聴衆の好みへの同調もしばし求められる。
　音楽が聴衆の好みを反映し専門家の評判・批評などによって影響を受けることがあることはメリアムの理論を持ち出すまでもないことである。また、演奏時間の長短とともに演奏内容も変わってくる。夜通し行われる野

---

283 ニューデリーの音楽学校におけるローイ・チョウドリー（ヒンドゥー、男性）へのインタビュー（1998年8月）に基づく。
284 ラクナウのダル（ヒンドゥー、男性）の自宅およびバートカンデー音楽大学におけるインタビュー（1998年7月）に基づく。

外コンサートなど、かつてラーガ1曲あたり2時間は費やされていたものが、レコードやカセットの録音時間（尺）に合わせるように30分から1時間程度の演奏が主流になった。しかも、一般大衆に受け入れられやすく、短い時間での演奏に適しているのは、準古典音楽と呼ばれる比較的感情移入しやすい音楽や民謡調の音楽である。伝統的なガラーナーの古典音楽をかつてのようにそのまま披露することは、必ずしも音楽家としての商業的成功にはつながらない。演奏の場や集まる聴衆の顔ぶれによって、曲目を選びアレンジを工夫する必要もあるのだ。

　今日、伝統的なサロード・ガラーナーの家系に生まれ、インド独立後に音楽を学んだムスリム音楽家の多くは、商業的成功を収めているとは言い難い。彼らはガラーナーの音楽の正統性を主張する一方で、全インド的な人気を集める音楽家を輩出できていない。唯一、1945年生まれのアムジャド・アリーのみが突出した成功を収めている。彼は、ほぼ全世界的にコンサートを行い、数多くのレコーディングを行い、インド国内においてもラヴィ・シャンカルに劣らぬ人気を得ている。彼はインド独立前にすでに音楽家としての地位と名声を得ていた父親や同門ガラーナーの音楽とは異なる独自のスタイルを発展させた。彼は、伝統的な器楽演奏に、声楽のスタイルを取り込み、時には民謡調の味付けを施し、また独特な早弾きの演奏技術を駆使して今日の名声を得たといえるだろう。彼は、変化する社会での音楽のあり方に次のように答えている[285]。

　　平屋のレンガの家は高層住宅へと変わる、音楽もまた時代ととも

---

[285] 東京赤坂の滞在ホテルでのアムジャド・アリー・ハーン（ムスリム、男性）へのインタビュー（1989年4月、東京・大阪でのコンサートのために来日）に基づく。今日、最も成功したサロード奏者の一人。国内外のコンサートやレコード録音を精力的にこなしている。現在は二人の息子をサロード奏者として育て、その後押しをしている。

に変化する。私の演奏をとやかく言う者もいるかもしれないが、誰も私のようには弾けないだろう。

　1970年前後以降に生まれた系譜関係や婚姻関係に縛られないヒンドゥーの「新しい世代」は、さらに異なった価値観を有している。音楽学校やラジオやレコードをはじめとするメディアの普及は、音楽家の認識やガラーナーのあり方にどのような変化を与えたのであろうか。プラッテューシ・バネルジー（1969年生まれ）は、新しい視点から今日の音楽環境を以下のように肯定している[286]。

　　昔はレコードやカセットなどなかったから、自分のガラーナーのスタイルしか学べなかったが、現在では録音された音楽を分析してよりよいものを自分の演奏に取り込むことができる。他の人間の技術・スタイルを取り入れてアレンジすることによって自分のスタイルができあがる。ガラーナーの世界は狭い。音楽の世界はすでにオープンになっている。今日の世界の方が自由な音楽活動に適している。

　このプラッテューシと同じガラーナーに属し、彼の師匠の兄弟弟子にあたるカリヤーン・ムケルジー（1943年生まれ）は今日の音楽環境と「新しい世代」の登場について次のように述べている[287]。

　　（かつての音楽環境がいいか、今の方がよいか）それはなかなか答え

---

[286] カルカッタのバネルジー（ヒンドゥー、男性）の自宅におけるインタビュー（1997年12月）に基づく。
[287] カルカッタのムケルジー（ヒンドゥー、男性）の自宅におけるインタビュー（1997年12月）に基づく。

られない問題だ。私もピットゥー（前出のプラッテューシ・バネルジーの愛称）も両親が音楽家だったわけではないし、私自身が音楽のみで暮らしてきたわけではない。……しかし、ピットゥーに、音楽の仕事がうまくいっているかどうかを尋ねた時のことだ。彼は企業スポンサーを見つけるのがなかなか大変だと答えた。その時、私は不思議な感覚にとらわれた。時代が変わったと感じた。かつて音楽で生計を立てる者たちのパトロンはマハーラージャやザミーンダールだったが、今やテニスやゴルフ・プレーヤーと同じように音楽家も企業や団体のスポンサーを探す時代なのだ。（括弧内筆者注）

　このように、インド独立と藩王・領主制の終焉とともに、ヒンドゥスターニー音楽の舞台は宮廷から劇場へ、その聴衆は王侯貴族から一般の音楽愛好家へと劇的な変化をみた。そして今や、企業やメディアがかつての藩王や領主のようなパトロンの立場にある。
　1960年代まで、著名な音楽祭は州政府などの援助とチケット販売によって成り立っていたが、以後そのコストは急上昇していく［McNeil 2004:205］。1960年代と言えば、ラヴィ・シャンカルなどの演奏が海外で評価され、インドの音楽家が欧米を中心に演奏に招かれるようになった時代である。このようにして、海外で評価された著名人の1ステージの出演料は、1990年代末には日本円に換算すれば約190万円にもなっていたという[288]。この額は、インドの物価からすれば驚異的な額である。地方の音楽祭で著名人を何人か招聘すれば、その金額は地方自治体の予算やチケット収入ではとても賄えない額となる。必然的に、企業などのスポン

---

[288]　McNeil［2004:230-n2］より。80万ルピー、米ドル換算で18,500ドルと記述されていたものを、1ドル約100円換算で計算。この額は、インドの物価、例えば当時、筆者が教えてもらった大学教員の月給が3〜4万円であったことからすればかなりの額である。

サーが必要となるが、そのような音楽祭・演奏会はスポンサーの意向を無視できない。企業がスポンサーとなる演奏会のチケットの大部分がスポンサー側に回ることも多く、一般生活者がよいチケットを手に入れにくいという状況が起こる。日本などに比べてチケットの価格が格段に安いインドにおいて、その収入は微々たるものでしかなく、演奏会を支える主たる費用とはなり得ないのである。そしてそのような演奏会の主役は、その音楽活動というよりはメディアによって全国的に知られたイメージのよい「著名人」が選ばれ［McNeil 2004:205］、広告塔の役割を果たすことになる。このような状況は、何もインドに限ったことではなく、欧米や日本では今や日常的な活動のようにも思える。問題となるのは、そのような企業スポンサーおよび企業と音楽家を仲介しイベント等の人選に関わるプロデューサー（イベント・マネージャー）との関係がものをいい［McNeil 2004:206］、そのネットワークの外にいる音楽家は、人前での演奏機会が減り、商業的な成功も困難になることである。

　このように、今日的な状況下で"音楽すること"を模索しているのは、音楽演奏を生業として生きてきたムスリム音楽家だけでない。系譜関係や婚姻関係などの親族ネットワークによらないガラーナー・アイデンティティを有するヒンドゥーの「新しい世代」もまた、メディアを媒介とした音楽的想像力と社会環境に対する適応的戦略によって新たな社会空間の創造に参加しており、それは"音楽すること"のみならず"音楽そのもの"をも変化させる可能性を秘めているのである。

　それでは、ガラーナーの「形成期後期」から「ポスト形成期」に至る今日の音楽社会環境の中で、伝統的なガラーナーに属する音楽家たちはどのように今日を迎え、音楽と社会の近代化に対処して生きてきたのか。第Ⅲ部では弦楽器サロードのガラーナーを事例とし、インド史における集団としての彼らの位置づけ、共同体における社会関係の変化、音楽家の主体的行為という異なる水準の相互作用、すなわちマクロ、メゾ、ミクロという異なるパースペクティブとの関係から音楽と社会の再生産について具体的

検討を試みる。

❀ 第Ⅲ部　サロードのガラーナーをめぐって ❀

| 第10章 |

サローディヤーの歴史と伝承

系譜関係としてのガラーナー

　第I部においては、ガラーナーの定義、成員性、そして音楽家の言説と歴史との接合性について検討し、第II部においてはインド独立前後から今日に至る社会経済環境の変化と音楽家の社会的世界および彼らの状況認識について、定量的・定性的なデータに基づいて明らかにした。第III部においては、第I部および第II部での議論を土台とし、弦楽器サロード *sarod* のガラーナーを中心に検討する。本章ではサロード演奏を世襲とする4つのガラーナーの口頭伝承および歴史資料から彼らの出自と系譜関係についてマクロ・レベルの視点から、続く第11章ではそれらのガラーナーの婚姻関係と師弟関係の相関についてメゾ・レベルの視点から明らかにする[289]。そして第12章においては、師弟関係の連鎖における音楽的実践知の学習過程に注目することで、ミクロ・レベルでの音楽スタイルの再生産と音楽家のアイデンティティ形成のあり方について検討する。

10-1. サロードおよびサローディヤーとは何か？

　サロードはシタール *sitār* と並び、インド音楽を代表する弦楽器である。この楽器を世界的に著名にしたのは、アリー・アクバル・ハーン（ラ

289　本章は、田森［2004a］と Tamori［2008］を大幅に加筆修正したものである。

ヴィ・シャンカルの義理の兄弟[290]）とアムジャド・アリー・ハーンの1970年代以降の活躍によるものと言ってよいであろう。異なるガラーナーに属するこの二人に共通しているのは、父親が20世紀前半の巨匠として名声を得た音楽家の二世であり、その長寿の父親から十分な"教え（ターリーム）"を得ることができたこと、そして海外コンサート経験も豊富で外国人の弟子も多いことである。彼らを含むサロードのガラーナーを事例として探求するにあたり、最初にサロード〔写真1〕という楽器自体とこの楽器の演奏を専門とする音楽集団の概略について述べておきたい。

写真1：サロードを演奏する、ナレンドラナート・ダル　　　　　　　　　　筆者撮影（1998年7月）

　サロードは全長1〜1.2メートルほどの縦長で、ギターのように横に抱え、左手の指先で弦を押さえ、右手に持ったピックで弦を弾く撥弦楽器である。この楽器の起源および名前の由来については、古代インドやペルシャ、そしてギリシャに求めるものなど諸説ある[291]。今日用いられている典型的なサロードは[292]、主要演奏弦4本、伴奏弦2本、リズム弦2本の合

290　ラヴィ・シャンカルの最初の妻は師匠の娘アンナプルナ（アリー・アクバルの実の兄弟）であったが、後に二人は離婚した。

291　アフガーニ・ラバーブおよびサロードの起源に関する諸説については、Chakravarti［1991］、McMeil［2004:24-30］、Rani［1992:4-7］などを参照のこと。

292　今日用いられているサロードには、トラッドとモダンの2種類がある。前者はアムジャド・スタイル、後者はアリー・アクバル・スタイルなどと呼ばれることがある。本章で示したのは前者のトラッド・スタイルの特徴である。

第10章　サローディヤーの歴史と伝承

写真 2：
正面：ラバーブ（左）と
サロード（右）

写真 3：
側面：ラバーブ（左）と
サロード（右）

計 8 本からなり、他に 7〜15 本程度の共鳴弦が張られている。サロードの外観を最も特徴づけるのは、皮が張られた半楕円の胴体（白く見える部分）と金属製の指板が取り付けられた広い棹、そして胴体と棹の間の「くびれ」[293]である〔写真 2：正面右〕。また、側面から見ると胴体が厚く船形をしているのが特徴である〔写真 3：側面右〕。

　このような形態的・構造的特徴から、サロードの直接の祖先はアフガニスタン東部からパキスタン北部にかけて分布するアフガーニ・ラバーブ *Afgāni rabāb*、あるいは今日のアフガニスタンの首都であるカーブルの名にちなんでカーブリ・ラバーブ *Kābuli rabāb* とも呼ばれる撥弦楽器と考えられている[294]〔写真 2：正面左 & 写真 3：側面左〕。そもそもラバーブという名前の楽器は南アジア北西部のみならず、中央アジアからアラビアにかけて広く分布しており[295]、地域によってレワーブ *rewāb*、ラバー

---

[293] この「くびれ」は、このタイプのラバーブがかつて弓で弦を擦る擦弦楽器（弓奏楽器）であったことを示しているかもしれない。実際にほぼ同型のラバーブが弓奏楽器として演奏されている地域もある。

[294] 後に示すように、ラクナウ・ガラーナーの説明によれば、サロードはアフガーニ・ラバーブと同型だが、全く同じというわけではなく、その機能が異なり、別々に存在していたとしている。

[295] アラビアでラバーブと呼ばれる楽器は、ほぼ同型だが弓で弦を擦る擦弦楽器

バ rabāba、ルボッブ rubob などの名前で呼ばれ、主として民謡の伴奏などに用いられている。ラバーブとその類縁楽器には様々なデザインがあるが、胴体に皮革が張られ、その皮革上に固定された下駒（ブリッジ）に糸蔵（糸巻）から伸びてきた弦をのせ、その弦を小さなピック（撥）で弾くという共通点がある。このような構造により、三味線とも共通するスタッカートの効いた歯切れのよい音が出る[296]。その一方、音の持続と余韻を重視するヒンドゥスターニー音楽には不向きな楽器といえよう。

　アフガーニ・ラバーブとサロードの違いは、前者の木製のネック（棹の上部指板）には3～4本のフレットが巻かれているのに対して後者にはそれがなく金属性の指板で蔽われていること、また前者の主弦が3本のガット弦（腸弦）であるのに対して後者は4本の主弦を含めすべて金属弦であるということである。

　このようなアフガーニ・ラバーブからサロードへの変化は、北インドのヒンドゥスターニー音楽を特徴づける伸びのある音づかいと演奏を可能にするためのインド的な改良あるいは「発明」であり、セーニヤーの直弟子であった宮廷楽師によってなされたと考えられている[297]。したがってサロードを演奏する者は、ラバーブのような地方色豊かな民謡などの民俗音楽の演奏者ではなく、宮廷において演奏された格式の高い古典音楽の継承

（弓奏楽器）である。

[296] アフガーニ・ラバーブと他のラバーブとの違いは、アフガーニ・ラバーブのネックが短く、多数の共鳴弦が張られていることである。中央アジアのレワーブは三味線のような長棹で、復弦3コースの六弦で共鳴弦を持たない。

[297] かつてラバーブという楽器で軍楽に携わる者はサローディ sarodi、民謡などを演奏する者はラバービ rabābi と呼ばれた。これらの呼び名は出身コミュニティを表し、カースト（ジャーティ）を示すものと考えられ、英領インド帝国の国勢調査においてはミーラースィーという同一のカテゴリーに位置付けられた。主として前者の軍楽に携わっていた者の後裔が宮廷楽師となり、ラバーブからサロードを改良あるいは「発明」したと考えられる。

者であることを間接的に示しているといえよう。問題は、誰が、あるいはどのガラーナーがこの「発明」を行ったかということになるが、複数のサロード・ガラーナーの子孫が「発明者」の家系として名乗りを上げている。サロードの「発明」は、ガラーナーの権威および伝統と結びつき、集合的なアイデンティティ形成の際の重要な要素となっているのである。

　このサロードという楽器を演奏する者はサローディ sarodi またはサローディヤー sarodiyā、またその前身と考えられるラバーブの演奏者はラバービ rabābi あるいはラバービヤー rabābiyā と呼ばれてきた。第Ⅰ部第3章でも述べたように、南アジアでは音楽を世襲的職業とする者とそうでない者が区別され、前者は出身コミュニティの名前、すなわちカースト（ジャーティ）名にちなんで呼ばれる。そのジャーティ名は、専門とする音楽のジャンルや楽器名で呼ばれることが多い。サローディやラバービは、英領インド帝国下の国勢調査で用いられたジャーティ名であるのに対し、サローディヤーおよびラバービヤーはそれぞれサロード奏者、ラバーブ奏者を指す今日的で一般的な呼び名である。

　サロードの直接の祖先であるアフガーニ・ラバーブの名前が示しているように、サロードのガラーナーを名乗る中核家族の多くは、ムガル帝国期にアフガニスタンから北インドにやって来た移住者の末裔であることを表明している。そして、彼らは自分たちのルーツをアフガニスタンの支配的部族であるパターン人戦士に求めている。しかしながら次のような疑問が生まれる。それは、彼らはアフガニスタンにおいて、あるいはインドに到達した時点において戦士と楽士のどちらであったのか、あるいは戦士であると同時に楽士でもあったのか、またアフガニスタンの戦士／楽士からヒンドゥスターニー音楽の「楽師」[298]への移行がどのようにしてなされたの

298　本書（本章）においては、軍楽や民俗音楽に関係する世襲音楽家を「楽士」、宮廷における古典音楽の演奏者を「（宮廷）楽師」として区別することにする。

かという疑問である。これらの疑問については、歴史的資料と口頭伝承の双方からの検討がなされるべきであろう。このようなガラーナーのルーツにかかわる問題はインドにおけるカーストの問題などと相まって、今日においても音楽家のアイデンティティ形成に大きな影響を及ぼしている。

さて、それぞれのガラーナーの起源と出自にかかわる口頭伝承について検討する前に、英領インド帝国期の国勢調査・民族誌におけるサロード奏者たちの表象のされ方をみておきたい。イベットソンらの情報に基づき、20世紀初頭に『カースト用語集』[299]をまとめたローズによれば、インド北西部のミヤーンワーリー Miyanwali 地方のミーラースィーは以下のようなグループに分けられるという［Rose 1911:vol.III. 119］。

1. ピーライン *Pīrain* またはピラーヒン *Pirāhin*
2. ミーラースィー *Mīrāsī*、すなわちドゥーム *Ḍūm*
3. カラーワント *Kalāwant*
4. サローディ *Sarodi*
5. ダーディー *Ḍhāḍhi*
6. バーンド *Bhānd*

その解説に従えば、ピーラインは聖者（ピール *Pīr*）と関係するミーラースィー。そしてミーラースィーとドゥームは同じ太鼓叩きのカテゴリーで、結婚式では客の送迎や伝令としても働く者たち。カラーワントはミーラースィーよりも優れた音楽家であり、サローディはカラーワントと同類だがラバーブあるいはサロードを演奏する者たち。ダーディーは系譜家であり語り部であるが、特定の家族やカーストなどのパトロンを持た

---

[299] 『カースト用語集』は、第 I 部第 6 章でも触れたようにイベットソンの 1883 年の国勢調査およびマックラーガンの 1892 年の国勢調査（いずれもインド北西部のレポート）を編集して 1911 年に刊行されたもので、全 3 巻からなる。

ない者たち。バーンドはナッカール Naqqār（太鼓叩き）あるいは道化師（ものまね）であると記述されている［Rose 1911:vol III. 119］。そして、サローディについては、別の項目で次のように説明している。

> サローディ sarodi はパターンのミーラースィーであり[300]、パターン人の出自を主張している。その一方で、預言者の子孫であるという主張もある。彼らは内婚的集団である。［Rose 1911:vol III. 118］

すでに第Ⅰ部第6章でも明らかにしたように、これらの記述は英領インド帝国下で行われた国勢調査のもとになされたもので、特に1881年と1901年の調査結果ではカーストの統計化と階層化が示唆的関係をもって記述されていた。そこでは、音楽演奏にたずさわる世襲音楽家のグループはほとんどすべてがミーラースィーというカースト名によってひと括りにされていた。そのためサロード演奏を生業とするムスリムの音楽家たちは、今日にいたるまで、このような階層的カテゴリー化に対して、時に反抗し、時に"名乗り"と"名付け"によって"われわれ"と"彼ら"の差別化を行ってきたと考えられる。

10-2. サロードにおける「4つのガラーナー」の現況

今日まで続く音楽家の系譜が確認できるサロードのガラーナーは4系統あるが、それぞれのガラーナーの成員（末裔）たちはほぼ全員が北インドの都市部あるいは海外に住んでいる。4つのサロードのガラーナーは、その末裔たちの主張などから以下の名称（括弧内は流祖あるいは中興の祖の名前）のもとに分類が可能である[301]。

300　原文では sardoi と表記されているが、sarodi の誤植と思われる。
301　本書では、今日を生きるガラーナーの後継音楽家がいない場合を除外し、

(a) シャージャハーンプル（エナーヤト・ハーン：1790-1883）

(b) ラクナウ（ニヤーマトゥッラー・ハーン：1809-1911）

(c) グワーリヤル（グラーム・アリー・ハーン：生没年不明）

(d) マイハル（アラーウッディーン・ハーン：1881-1972）

　以上、すべてのガラーナー名に共通するのは、流祖が活躍した宮廷名・都市名をその由来としていることである。ただし、それぞれに別称・他称があることをお断りしておく[302]。

　また4つのガラーナーの中核家系はすべてムスリムで、(a)(b)(c)の3つの末裔はいずれもアシュラーフ ashrāf [303] の一つとされるパターン

「その他のガラーナー」として扱っている。

302　例えば、「サロードにグワーリヤル・ガラーナーやラクナウ・ガラーナーはない」という音楽家もいる。また、ラクナウ・ガラーナーは彼らの祖先ゆかりの地域名からブランドシャハル・ガラーナーと研究者によって記述されることも少なくない。ガラーナーの末裔たちは、自分たちの出身地よりもよりポピュラーな大都市名（ムガル帝国期に音楽の中心として栄えた都市）をガラーナー名に採用する傾向にあるといえるだろう。

303　アシュラーフは、「高貴な血筋の人」を意味するアラビア語のシャリーフ sharīf の複数形である。南アジアにおいては、アラビア、ペルシャ、トルコ・中央アジア、アフガニスタンにそれぞれ起源を有するとされる4貴種、すなわちサイヤド sayyad、シェイフ sheikh、ムガル mughal、パターン pathān を意味する［Ansari 1960:35-8］。前2者はヒンドゥー・カースト（ヴァルナ）のバラモンに、後2者はクシャトリアに比定されることもある［Ansari 1960:40］。また、ヒンドゥー高カーストからイスラームに改宗した場合、例えばカシミールのバラモンがシェイフを、ラージプートがハーン Khān（ムガルあるいはパターンに相当）を名乗ったことが知られている［Omer 1992:66］。一方、イスラームへの改宗者あるいは「下層の人」を意味する言葉としてアジュラーフ ajirāf があり、ベンガルなどではヒンドゥー低カーストからの改宗者に用いられることもある［大塚和夫ほか 2002:15］。ムスリム音楽家の「カースト」とそのカテゴリー化の問題については田森［2011］などを参照。

人[304]起源を表明し、特に（c）はそのうちのバンガシュ・クラン[305]を強く主張している。一方、(d) は流祖の祖先がヒンドゥー教からの改宗者の家系であるとされ [Bhattacharya 1979:2]、20世紀に入って成立した比較的新しいガラーナーといえよう。なお、(a)（b）および (c) の子孫はアフガーニ・ラバーブを改良して今日のサロードを発明したのは自分たちの祖先であることを別個に主張し、(d) の子孫は初期のサロードにより価値ある改良を加えたのは自分たちの祖先であることを主張している [Bhattacharya 1979; *Ashish* 1991]。これらの点は、ガラーナーの威信にかかわる問題であり、第13章においてあらためて検討する。

　流祖から続くそれぞれのガラーナーの直系構成員（*gharānedār*）のうち、2010年1月時点で40歳以上の生存者は[306]、

304　パターン Pathān は、主にアフガニスタン全域からパキスタンの北西部にかけての地域に住むアーリヤ系の民族とされ、主に軍事・商業・遊牧などに従事する。アフガニスタンのカンダハルを中心とするパシュトーン Pashtun 族と、パキスタンのペシャーワルを中心とするパクトゥーン Pakhtūn 族に大きく分けることができる [Ahmed 1980]。アフガーン Afghān を自称し、パターンと他称されるが、インドにおいては自他ともにパターンを名乗る者が多いことから、本書ではパターン人と総称することにする。

305　アフガニスタンのパターン人社会およびそのクラン・リネージについては Ahmed［1980］などを参照。

306　筆者の調査時点（2001年1月まで）における、(c) グループの代表的な生存者はアムジャド・アリー・ハーンの兄のレフマト・アリー・ハーン (b.1940)、非世襲の音楽家としてはブッダデーブ・ダースグプタ (b.1933)、カリヤーン・ムケルジー (b.1945)、ナレンドラ・ナース・ダル (b.1956) であった。また (d) グループの代表者はアーシシ・ハーンの父親で世界的に著名なアリー・アクバル・ハーン (b.1922) のほか、非世襲の音楽家としてはラヴィ・シャンカル (b.1920) やシャラン・ラーニー (b.1929) らがいた。本書のインフォーマントの一人であるアニンディヤ・バネルジー (b.1958) はアリー・アクバルの弟子の一人である。その後、2007年にレフマト・アリー、2008年にシャラン・ラーニー、2009年にアリー・アクバル、

(a) シャーヒド・ハーン（b.1940）、イルファーン・ハーン（b.1954）、イドリース・ハーン（b.1955）＊、アキール・ハーン（b.1966）＊

(b) ヌールッラー・ハーン（b.1938）＊、グラーム・サビール（b.1948）、グルファーム・ハーン（b.1956）

(c) アムジャド・アリー・ハーン（b.1945）

(d) アーシシ・ハーン（b.1939）

である（＊印はシタール奏者）。なお、(c)(d)には非親族の著名な音楽家が多い。

本章では、上記4つのサロード・ガラーナーの系譜を中心に、その歴史と伝承のあり方について検討する。次章においては、ガラーナー内およびガラーナー間の婚姻のあり方に着目し、内婚的な婚姻関係により一つのガラーナーになったと主張する(a)と(b)の2つのサローディヤーの系譜を中心に取り上げる。同じくパターン人起源を主張する(c)のガラーナーについては、その末裔の主張にもかかわらず系譜関係と婚姻関係に不明瞭な点が指摘されている。そこで、他のガラーナーの音楽家の言説に基づきシャージャハーンプル・ガラーナーの考察の中で取り上げることとし、アイデンティティ化の際のポリティクスの問題として第13章において検討する。このような探求の方向性は単に歴史的事実に基づいて彼らの出自や系譜関係を明確にしようとすることではなく、彼らが社会音楽的アイデンティティの問題として何にこだわり続け、ガラーナーという用語・概念を用いて"われわれ"を語ることで何をなそうとしているのかという本書のテーマと直結している。

なお、本書ではサローディヤー *sarodiyā* を単にサロード演奏者を意味する言葉としてではなく、世襲的な職能カテゴリー（カースト）として表象されてきたサローディ *sarodi* から、職業選択の自由に基づく職業音楽

2010年にはカリヤーン・ムケルジー、2012年にはラヴィ・シャンカルが他界した（2013年1月時点）。

家としてのサローディスト（Sarodist, Sarod-player）に至る歴史的職業概念として用いることにする。

　以下は、パターン人起源を主張するサローディヤーの口頭伝承に基づくガラーナーの起源である。

10-3. アフガニスタンから北インドへ：
パターン・サローディヤーの来歴

　サロードの原型ともいえるアフガーニ・ラバーブを北インドにもたらしたのは、今日アフガニスタンとパキスタンの北西部に住むパターン人あるいはその従者と考えてよさそうである。それでは彼らの祖先はいつごろ北インドにやってきたのであろうか。その来歴についてはいくつかの説がある。

　北インドに初のムスリム王権を成立させたのはトルコ系ゴール Ghor 朝に仕え、インド領の支配をまかされていたアイバク Qutb ad-Dīn Aibak (d.1210) であった。12世紀末にラージプートの連合軍をタレーインの戦いで打ち破ったゴール朝のムハンマドが暗殺されると、アイバクはインド領での独立を宣言し、奴隷王朝（1206-1290）を成立させた。この王朝名は、アイバクが奴隷出身者であったことから名づけられたものである。以後、デリーを中心とする北インドにはいわゆるデリー諸王朝 Delhi Sultanate と呼ばれる5つのムスリムの王朝が続くことになる[307]。このデリー諸王朝の初期3王朝の大臣を務めたアミール・フスローのころにヒンドゥー教とイスラームの音楽の融合が始まり、ヒンドゥスターニー音楽

---

[307] 5つの王朝とは、奴隷王朝（1206-1260）と、その後に続くハルジー朝（1290-1320）、トゥグルク朝（1320-1413）、サイイッド朝（1414-1451）、ローディー朝（1451-1526）である。最後のローディー朝のみがアフガーン系の君主で、他の4王朝の君主はすべてトルコ系である。

の基礎が築かれたと言われている。

　一方、北インドに初のパターン人王朝を成立させたのは、デリー諸王朝の4番手となるサイイッド朝のパンジャーブ総督バフルール・ローディー Bahlul Lodi（在位1451-1489）であった。ローディーはサイイッド朝の宰相を投獄し、1451年にローディー朝初代スルターンとして即位した。彼は、パターン人貴族が伝統的にもつ部族的平等と独立の観念に気をつかい、ヒンドゥーの戦士諸侯であるラージプートとパターンとの融和をはかったが、次のスルターンはラージプートを敵に回してローディー朝を崩壊させる要因をつくった。このような混乱に乗じて、現在のアフガニスタンの首都カーブルから北インドに転戦し、1526年のパーニーパットの戦いで数倍の軍勢を誇るローディー軍を破って滅亡させたのがバーブル Babur である。

　バーブルは、ムガル帝国初代皇帝（在位1526-30）を宣言するがアーグラーで死亡。後を継いだフマーユーン Humayun（在位1530-40,55-56）は兄弟たちとの抗争などによってシェール・シャー Sher Shah Sur に敗北し、一旦はペルシャに逃亡した。フマーユーンをインドから追い出し、ローディー朝に次ぐ第二のパターン人王朝であるスール朝をデリーに樹立したシェール・シャー（在位1540-45）は、アフガニスタンから北インドへ移住したパターン人一族の三代目であった。彼の祖父はアフガニスタンでは馬商をしていたがうまくいかず、北インドに転出しローディー朝の地方領主に仕えた。そしてその孫のシェール・シャーは、地方領主の側近から頭角を表し、北インドの支配者にまでなったのである。しかし、シェール・シャーの不慮の死後、スール朝はまたたくまに崩壊し、北インドは再びフマーユーンの手に落ちる。

　サローディヤーたちの語りにしたがえば、彼らの遠い祖先が最初にインドにやってきたのはまさにこのような混乱の時代であった。シャージャハーンプル・ガラーナーのウマル・ハーンは、自分達の遠い祖先について次のように記述している [Umar 1976:95]。

バーブルの軍隊には軍楽を演奏し、軍隊を先導する人々がいた。彼らはミール mīr と呼ばれた。彼らはかつてラバーブとダフ（タンバリン状の打楽器）を演奏し、勇者の賛歌を歌った。ミールは軍隊の中でも尊敬される地位にあった。フマーユーンがシェール・シャーに敗れてペルシャに逃れたとき、何人かのミールはフマーユーンと行動をともにしたが、何人かのミールはインドに留まった。シェール・シャー自身もアフガーン出身であり、ミールたちにジャーギール jāgīr [308] を与えたからだ。ミールたちはパターン人の家族が住む地域に住んだ……。（括弧内筆者注）

　また、シャージャハーンプル・ガラーナー内の別の系譜に属するアキール・ハーンも、彼の親族から聞き集めた情報をもとにまとめた手稿のなかで、自分たちのルーツを次のように既述している［Aqueer n.d.:1］[309]。

　　我々の遠い祖先は、バーブルの軍隊とともにインドにやってきた。彼らはラバーブを演奏した。彼らは極めて尊敬され、ミール・ジュング Mīr Jung と呼ばれた。そして、シャー・ジャハーンの統治のときに報償としてジャーギールを与えられた。パターン人が住む場所にはサローディヤーがやって来て住み着いた。彼らの住み着いた場所は、ブランドシャハル Burandshahr、ファルーカバード Farrukhabad、カーイムガンジ Kaymganj、ラーンプル Rampur、ジャララバード Jalalabad そしてシャージャハーンプル

---

[308]　旧ムスリム支配体制下の給与地。
[309]　この文章はヒンディー語の手書きであり、アフタル・ハーンの息子でありシタール演奏家であるアキール・ハーンが保持していたものである。1950年代生まれ以降の子孫について触れられていないことなどから、1960年～70年代前半までにまとめられたと推測される。

Shahjahanpur である。

　このように、彼らもまた自分たちのルーツを、バーブルの軍隊とともにアフガニスタンからやってきたミール *mīr* に求めている。ミールは、狭義にはサイイド *sayyid* やシャリーフ *sharīf* などのように預言者ムハンマドの子孫や出身部族であるクライシュ Quraysh 族の子孫を指すアラブ世界の尊称であるが、広義には首長や頭目に対する一般的な尊称や称号として用いられるなど地域や部族、年代によって用いられ方の違いが大きい。しかし、中世のインド・イスラームにおいては、軍隊の上級士官を表す言葉としても用いられたことから［ニコル 2001(1993):49］、アフガーニ・ラバーブの演奏よって軍隊を鼓舞し先導する役割を担う者に与えられた称号として、楽士というより戦士の一員であることが強調されていると考えられる。その理由は、第Ⅰ部第6章で明らかにしたように、インド・ムスリムの「芸能カースト」である今日のミーラースィーとの差別化が強く意識されているためであろう。

　ラクナウ・ガラーナーのグルファームは、サロードとラバーブは同時に存在し形も似ていたがその用途は異なり、サロードが戦場で演奏されたのに対して、ラバーブはアフガニスタンの宗教遊行者（*sūfī fakīr*）や音楽芸能者（*mūsīqār mīrāsī*）によって演奏されたとしている［Gulfam n.d.:3］。したがって、彼らの言説にはサロードを用いて軍楽にたずさわるミール、すなわちパターン・サローディヤーと、ラバーブを演奏する芸能者、すなわち社会的底辺に置かれていたミーラースィーとの差別化が強く意識されていることが読み取れるのである。第Ⅰ部第3章で明らかにしたように、インドにおいて楽器はそれぞれの職業カーストの象徴となっており、演奏する音楽ジャンルとともに社会音楽的地位とも密接に結びついているのである。

　これまでの伝承においては、インドにおけるパターン・サローディヤーの歴史がムガル帝国成立以前に遡る一方、直接の祖先が北インドにやって

第10章　サローディヤーの歴史と伝承　303

来た時期はシャー・ジャハーンの時代であることが示されており、彼らの遠い祖先がインドにやって来た時期と、直接の祖先がインドに定住した時期には隔たりがあることがわかる。ラクナウ・ガラーナーのカラーマトゥッラーが1908年に著した『奇跡の秘密、祝福の音楽』によれば、サロードは約250年前にアフガニスタンからインドにもたらされたことが記述されている［Karamatullah 1908］。1908年から遡ること250年前と言えば、シャー・ジャハーンの時代であり、彼らのインド定住の時期と一致する。

　なお、彼らの口頭伝承によれば、インド定住化の理由は当時の支配者からジャーギールを受けたことに求められている。ジャーギールとは、主に軍役提供を条件に貴族や戦士に与えられた給与地で、ジャーギールを与えられた者は常時一定数の兵馬を維持して戦闘にそなえる義務を負った。サローディヤーの祖先がジャーギールを有していたのであれば、当然のことながら騎馬を維持する必要があったであろう。先に示したスール朝初代皇帝シェール・シャーの祖父が馬商であったことからもわかるように、馬商やブリーダーは中世のパターン人社会においては一般的な職業であり、パターン・サローディヤーの祖先に馬商が登場するのは、これらの理由によるとも考えられる[310]。

　ウマル・ハーンの次男であるイルファーン（b.1954）は、パターン人の出自を主張する3つのガラーナーの起源について次のようまとめている［Irfan 1991:43］。

---

[310] 英領インド帝国期の植民地官僚であり民族誌家でもあるイベットソンは、パキスタンとインド西部にまたがるシンド地方の音楽職能者であるミーラースィーもしくはドームの職業について「彼らは現在でも馬の飼育を続けている」［Rose 1911:vol.II,107］としているように、ガラーナーが成立する以前のサローディヤーは、軍事・軍楽と関係し、騎兵隊に兵馬を供給するブリーダーを兼業していた者たちがいたことがわかる。

地図：ウッタル・プラデーシュ州と各県の1911年の配置（中央にラクナウとローヒールカンド）

Robinson［1997(1993)：9］より

① ブランドシャハル
② シャージャハーンプル
③ ファルーカバード
④ ラーンプル
⑤ ベナレス

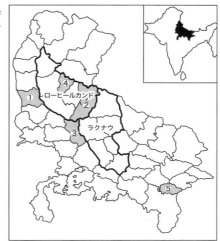

　バンガシュに属する3人のアフガニスタン人がインドにやってきた。その3人とはナジャーフ・アリー・ハーン、マダール・ハーン、モハンマド・ハーシミ・ハーンである。ナジャーフ・アリーとモハンマド・ハーシミは馬商であり、マダール・ハーンは騎兵隊の将校であった。彼らはパターン人であったため、パターン人が多く住むローヒールカンドやアワドに定住するようになった。

　ちなみに、ナジャーフ・アリーはシャージャハーンプル、マダール・ハーンはラクナウ、モハンマド・ハーシミはグワーリヤルのそれぞれのガラーナーの祖先と考えられている。また、彼らの定住の地はかつてローヒールカンド Rohilkhand やラクナウを含むアワド Awad と呼ばれた一帯であった〔**地図参照**〕。シャージャハーンプルはパターン人が支配的なローヒールカンド（その中心はラーンプル）に含まれ、ラクナウにアワド王朝の王都があった。このように定住地は異なるが、3つのガラーナーの祖先は同じ時期にインドにやってきたパターン人と考えられている。そこ

でまず、シャージャハーンプル・ガラーナーの系譜と伝承について検討してみたい。

10-4. シャージャハーンプル・ガラーナーの系譜と伝承

　シャージャハーンプルは北インド中央部に位置する現在のウッタル・プラデーシュ州の州都ラクナウの北西約 160km にある同県名の県都である。第4代皇帝シャー・ジャハーンの統治時代（在位 1628-58）に、パターン人藩主バハードゥル・ハーン・ローヒーラによってその基礎が築かれた。北インドの傭兵に関する民族史をまとめたコルフによれば、彼は新しく建設した 52 のモハッラー mohallā すべてに 9,000 人からなるアフガーン人キャラバンを入植させたという [Kolff 1990:13]。モハッラーとは一般にはひとまとまりの居住地域を表し、近隣集団とも訳される一方、「単なる地理的単位ではなく、社会的空間を形成するもの」とされる [Vatuk 1972:149]。

　このような 52 のモハッラーのうち、サローディヤーの家族がいたのは 11 のみであったという [Mukhopadhyay 1977:109]。このことは、シャージャハーンプル・ガラーナーに伝わる口頭伝承とも一致する。すなわち、

> シャージャハーンプルには 11 のサローディヤーのモハッラーがあったが、4 つのガラーナーのみが有名になった。[Aqueer n.d.:1]

というものである。ここで言うガラーナーとは家系・家族を意味するハーンダーンと理解しておいてよいであろう。その4つのハーンダーン名は、それぞれのモハッラー名にちなんで、

　　1) シンザイー sinzaī
　　2) ジャラールナガル jalār nagar
　　3) パール pār

4）ビジリープラ *bijlīpura*

と記述されており、それぞれの祖先名は、

　　　1）グル・ムハンマド・シャー・ハーン（ハサン・ハーン Hasan Khan）
　　　2）ゴウス・ムハンマド・シャー・ハーン（フサイン・ハーン Hussain Khan）
　　　3）グラーム・アリー・ハーン Ghulam Ali Khan
　　　4）ムラード・アリー・ハーン Murad Ali Khan

ということになる[311]。彼らが同時代の人間かどうかは必ずしも明らかではないが、18世末頃から19世紀にかけて生きた人々であると推測される。

　このうち、ハサン・ハーンとフサイン・ハーンは兄弟（または従兄弟）であり同じ系譜に属していたと考えられるが［Aqueer n.d.:3］、後述するように今日まで続く音楽家の直系子孫がいるのはハサン・ハーンのシンザイーの系統だけである。シンザイーの直系子孫はシャージャハーンプル・ガラーナーを名乗り、ジャラールナガルの弟子筋の子孫はジャラールナガル・ガラーナーを名乗っている。そこで、以後は便宜的に二者を統一的に示す場合にはシャージャハーンプル・ガラーナーとし、その区別を際だたせる場合にはアキールの記述に基づき、前者をシンザイー派、後者をジャラールナガル派と便宜的に呼ぶことにする。

10-4-1. シンザイー派の人々

　シンザイー派〔図1〕の流祖はハサン・ハーンの息子、エナーヤト・アリー・ハーン（1790-1883）と考えられる。彼はベンガル地方の地方領主の宮廷楽師を務めていたという［Aqueer n.d.:1-2］。彼はセーニー・ビーン

---

[311] 括弧内は、同一人物と推測され、筆者が付け加えたものである。イルファーンはグル・ムハンマドをハサン・ハーン［Irfan 1991:44］としており、本書もそれに準じる。

カールのウムラオ・ハーン（アラーウッディーの師匠であったワズィール・ハーンの祖父）の弟子であり、ヴィクトリア女王の統治時代にベンガル・ザミーンダール協会によって英国に派遣された最も初期のインド人音楽家の一人と考えられる［Irfan 1991:45］。彼の息子、シャファーヤト・ハーン Shafayet Khan（1838-1915）も〔**写真4**〕、ベンガル地方の領主の宮廷楽師として一生を終えた［Aqueer n.d.:2］。このガラーナーを著名にしたのは彼の息子のサカーワト・フサイン・ハーン（1875- 1955）である〔**写真5-1, 5-2**〕。

サカーワト・フサインは、1919年にベナレスで行われた第3回・全インド音楽会議（AIMC: All India Music Conference）の公開演奏において、参加音楽家の中で最も多くのメダルを獲得し［AIMC 1919:161-2］、それらの評判によりバートカンデー音楽大学の前身であるマリス音楽大学（1926年創立）の初代サロード科教授となった。

しかし、マリス音楽大学は設立してまもなく破産の危機に陥る。バートカンデーは、大学のあるラクナウに住んではおらず、大学の経営については適切に把握していなかったようである。この当時の状況について、サカーワト・フサインの逸話が残されている［Misra 1985b:34-5］。

　　バートカンデーからの要請は恐れ多いと感じたが、提示された月給は60ルピーだった[312]。その当時（1926-29）の通常の月給としては悪くなかったが、それまで得ていた宮廷楽師の報酬からは程遠いものだった。しかし、"我々の音楽を貴族の宮廷や女性歌手のサロンから解放しなければならない。音楽を愛する大衆に受け入れられなければ、ガラーナーの音楽は死に絶える。我々は、これから若い

---

[312] ちなみに、1955年にサカーワト・フサインが亡くなったときの月給は250ルピーだったという。なお、1998年に同大学でインタビューしたサロード科の助教授の月給は11,000ルピーに達していた。

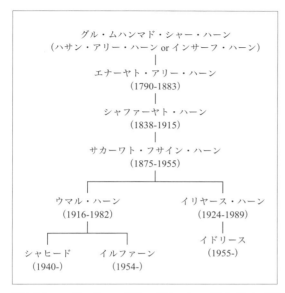

写真4：シャファーヤト・ハーン

イルファーン・ムハンマド氏蔵

図1：シャージャハーンプル・ガラーナー（シンザイー派）の系譜

写真5-1：サカーワト・フサイン・ハーン。
全インド音楽会議での記念撮影［AIMC1919］。

写真5-2：サカーワト・フサイン（右）。今日では珍しい、パカーワジ（打楽器）の伴奏。

イルファーン・ムハンマド氏蔵

第10章　サローディヤーの歴史と伝承　　309

世代の男女にとって魅力のある音楽学校を目指し、知性と教養のある家族の若い子弟がこの学校に学びに来るようにしなければならない。給料は十分といえないかもしれないが、我々とともに努力してほしい"と懇願するバートカンデーに説き伏せられた。そして教師になり、家族が増える一方で、大学の財政状態は悪化していった。そのため、生活費の穴埋めをするために商人から借金しなければならないことも度々だった。

ほぼ同時期のベンガルのザミーンダールが抱える楽師の月給がおおよそ100〜250ルピーであったことを考えれば［Neuman 1990(1980):170-1］、60ルピーという月給は確かに不十分なものであったに違いない。そのような状況も手伝ってか、彼は1930年代になると大学に籍をおいたまま海外演奏に出かけるようになる［Sharma 1993:199］。1934年から1939年にかけてマダム・メナカ Madame Menaka が率いる舞踊団の楽団長としてヨーロッパに渡り〔**写真6**〕、1936年に開催されたベルリン・オリンピックの関連音楽会ではヒトラーやムッソリーニの前でサロードを演奏しメダルを受けたという［Chaubey 1958b; Irfan 1991:45-6; Misra 1985b:35］。

彼の息子たちが、ウマル・ハーン Umar Khan（1916-1982）とイリヤース・ハーン Ilyas Khan（1924-1989）である。当時、彼らのガラーナーでは長男がサロードを次男がシタールを習う傾向があり、ウマルはサロードの、イリヤースはシタールの演奏家となった。彼らは20世紀前半の音楽シーンを知る人物として多くの研究者のインフォーマントとなった。

ウマル〔**写真7**〕は父の海外演奏に随行し、父の代行としてバートカンデー音楽大学でも教鞭をとった。イリヤース〔**写真8**〕は、幼少の頃は父から教えを受けたが、その後別のガラーナーのシタール演奏家でありマリス音楽校（後のバートカーンデー音楽大学）の初代シタール科教授の弟子となった。海外での演奏活動が多くなったサカーワト・フサインが、親友の同僚に息子を預けたのである。その結果、イリヤースは自分のガラー

写真6：ヨーロッパ演奏時代（1930年代）のサカーワト・フサイン（左端）　　イルファーン・ムハンマド氏蔵

写真7：ウマル・ハーン

イルファーン・ムハンマド氏蔵

写真8：イリヤース・ハーン

自己紹介用パンフレットの表紙より

写真9：シャーヒド・ハーン

筆者撮影（1998年7月）

写真10：イルファーン・ムハンマド・ハーン　　筆者撮影（1998年12月）

第10章　サローディヤーの歴史と伝承　　311

ナーとは異なるアーラープの展開技術やガットの変奏方法を学ぶことができた。そのような事情のせいか、1950年以降に生まれたガラーナーの多くの若手が彼に弟子入りした。

ウマルはシャーヒド（b.1940）〔写真9〕とイルファーン（b.1954）〔写真10〕の二人の息子を、イリヤースは一人息子のイドリース（b.1955）を残した。シャーヒドはラクナウのテレビ局のスタッフ・アーティストとして勤務し、イルファーンは私立高校の音楽教師として勤務しながら数人の弟子（シタールのみ）を教えている。

10-4-2. ジャラールナガル派の人々

一方、ジャラールナガル派〔図2〕を著名にしたのはフィダー・フサイン・ハーン Fida Husain Khan（1855-1927）である〔写真11〕。彼は、ラーンプルでセーニー・ビーンカールのアミール・ハーンの弟子となり［Roy Choudhury n.d.:33］、第2回（1918年、デリー）および第3回（1919年、ベナレス）の全インド音楽会議の公開演奏会においてゴールド・メダルを獲得し［AIMC 1919:161-2］、高い評価を得た。彼はマイハル・ガラーナーのアラーウッディーンやグワーリヤル・ガラーナーのハーフィズ・アリーなど巨匠と言われる多くのサローディヤーが理想とする存在であったという［Chaubey 1958a:24］。しかし、後継者として寵愛していた息子が早折し、直系の後継者を失った。

彼の高弟の1人がムシャッラフ・フサイン・ハーン Musharraf Husain Khan〔写真12〕である。彼には子供がいなかったために弟の息子3人を養子としてシタールを教えた[313]。その一人がアフタル・ハーン Akhtar Khan（d.1989）である。アフタルもまた母方の叔父にあたるイリヤース・ハーンの弟子となってシタールを習い、さらにドゥルパド様式の音楽を

---

[313] カルカッタの自宅におけるイルファーンへのインタビュー調査（1999年1月）に基づく。

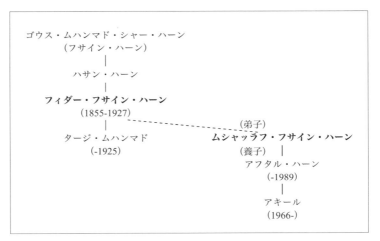

図2：シャージャハーンプル・ガラーナー（ジャラールナガル派）の系譜

写真11：フィダー・フサイン・ハーン
全インド音楽会議での記念撮影
［AIMC1919］

写真12：ムシャッラフ・フサイン・ハーン
イルファーン・ムハンマド氏蔵

第10章　サローディヤーの歴史と伝承　　313

モヒーウッディーン・ダーガルから学んだ［Sanyal 1986:45］。このように20世紀に入ってからは一族以外の者から音楽を学ぶ者や、器楽に声楽から学んだ様式を取り入れるなど、新しいバージを習得する音楽家が生まれていったのである。アフタルの息子がジャラールナガル・ガラーナーを名乗るアキール・ハーンである[314]。彼はアッサム州の中心的都市であるガウハティ Gauhati のラジオ局（AIR）に所属しつつコンサート活動を続けている。

10-4-3. パール派とビジリープラ派の人々

　パール派のグラーム・アリー（生没年不明）は隣県のファルーカバード宮廷と関係が深く、ビジリープラ派のムラード・アリーは隣州ビハールのダールバンガ Darbhanga 宮廷との関係が深いことがジャラールナガル派の伝承に残されている。

　ファルーカバードは、ムガル帝国第9代ファッルフ・シャル Farrukh Siyar（在位 1713-19）の王位獲得のために 12,000 人のパターン戦士を率いて戦ったムハンマド・ハーン Muhammad Khan が 1714 年に建設した都市で、今日の同県の県都となっている。彼は、シャージャハーンプルに近いカーイムガンジを支配するバンガシュ・パターンの族長であった。しかし、パールの一族の末裔と考えられ、バンガシュ起源を主張するアムジャド・アリーは、自分の祖先とシャージャハーンプルあるいはファルーカバードとの関係については具体的に触れておらず[315]、ローヒールカンドやラクナウから遠く離れ、ヒンドゥーの藩王が支配したレーワーやグワーリヤルとの結びつきを強調している［Malhotra 1973］[316]。

---

[314]　アキール・ハーンの自己紹介パンフレットより。

[315]　グラーム・アリーとファルーカバードとのつながりは Chaubey［1958a:23］にも記述がある。

[316]　彼はこの理由を、父と祖父がグワーリヤルを拠点とし、この一帯を支配した

一方、ムラード・アリーの孫にあたるアミール・ハーン Mohammad Amir Khan（1873-1934）の弟子であったラディカ・モーハン・モイトラ Radhika Mohan Maitra（1917-1981）からサロードを学んだブッダデーブ・ダースグプタ（b.1933）もまた、近年では自分が属するガラーナーのことをセーニー・シャージャハーンプル・ガラーナーと呼んでいる。その理由は、アミール・ハーンとその父がシャージャハーンプルの住人であったことにその根拠を求めている。

　このように、このガラーナーはナンネー・ハーンからハーフィズ・アリーを経てアムジャド・アリーに至るグワーリヤル派と、ムラード・アリーからアミール・ハーンを経てその弟子のラディカ・モーハン・モイトラに至るシャージャハーンプル派の別れがある。

　なお、グラーム・アリーとムラード・アリーは親子あるいは兄弟とされるが、ジャラールナガル派の伝承においてはこの二人の親族関係に言及されておらず、定かな情報も少ない[317]。そこで、本書においてはグラーム・アリーからアムジャド・アリーに至る家系をシャージャハーンプル・ガラーナーとは別個に扱い、本章6節（10-6）グワーリヤル・ガラーナーの項で短く紹介し、その詳細については、すでに言及したようにアイデンティティ・ポリティクスとの関係から第13章で考察する。

10-5. ラクナウ・ガラーナーの系譜と伝承

　ラクナウは現在のウッタル・プラデーシュ州の州都であり、アワド王朝（1720-1856）の王都であった。第I部第4章でも示したように、ラクナ

　　　シンディア家から住居を与えられたことに求めている。
[317]　グラーム・アリーとこのガラーナーについての情報は Chaubey［1958a］、Imam［1959(1856)a］、Miner［1997(1993):123-4, 135, 140］、Roy Chowdhury［1929:48-9］などを参照のこと。

ウはムガル帝国が勢力を失って主だった宮廷楽師がデリーを離れるようになった後に、北インドの有力な音楽センターの一つとなった。

サロードにおけるラクナウ・ガラーナーの名称は、流祖のニヤーマトゥッラー・ハーン（1809-1902）[318]がセーニー・ラバービヤーのバーサト・ハーンの弟子になり、アワド王朝最後の太守（nawāb）であるワージド・アリー・シャー（1823-87, 在位1847-56）の宮廷で活躍したことに由来が求められている〔図3〕。しかしながら、後に明らかにするように、ニヤーマトゥッラーがバーサト・ハーンの直弟子となって活躍したのは、ワージド・アリー・シャーがラクナウからカルカッタ近郊のマティヤ・ブルジに移閉されてからのことであり、ラクナウ宮廷ではなかったと推察される。また、アフガニスタンからやって来た一族がジャーギールを得て今日まで本拠地としてきたのは、ローヒールカンドとデリーに挟まれたブランドシャハル県のバグラーシ Bagrasi であった。前出のウマル・ハーンは、このガラーナーについて次のように述べている［Miner 1997(1993):141］。

　　ブランドシャハルには独自のサロード演奏家の家系があった。……彼らの直接の祖先は戦士であると同時に音楽家であり、ムガル帝国の初期にアフガニスタンからインドにやってきた。そのうちの1人、グル・ハーン（1728-1779）は軍隊に馬を供給する馬商であったが、ブランドシャハルに土地を与えられた。

このような歴史からこのガラーナーはブランドシャハル・ガラーナーとも言われる。このガラーナーについてはより詳細な記述がある［Aqueer n.d.:5-6］。

318　ただしイルファーンによれば、ニヤーマトゥッラーの没年は1911年であるという。

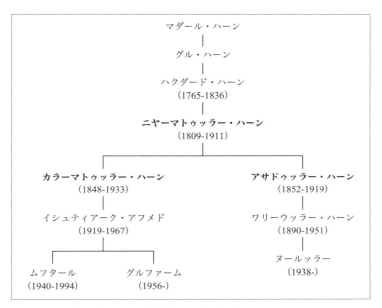

図3：ラクナウ・ガラーナー（バグラーシ派）の系譜

　有名なサロード奏者ハクダード・ハーン（1765-1836：グル・ハーンの息子）は、軍人であり、ブランドシャハル地域のバグラーシに住んでいた。彼の長男が非常に有名なニヤーマトゥッラー・ハーンであり、ミヤーン・ターンセーンの子孫であるバーサト・ハーンからサロード演奏を学び、インド音楽に関する広範な教育を受けた。ニヤーマトゥッラーは、ラクナウのワージド・アリー・シャーの宮廷に仕え、後にネパールに行った。彼の二人の息子は、サロード演奏で非常に有名になった。長男のカラーマトゥッラーは、アラーハーバードとカルカッタに暮らし、弟子を育てた。

　（途中略）……カラーマトゥッラーの息子、イシュティアーク・アフマド・ハーン（1919-1967）は非常に著名なサロード奏者でデリーのラジオ局（AIR）付きの演奏家として働いたが、若くして他界し

た。彼の子供が、ムフタール・ハーン（1941-1994）で、彼もまたラジオ局で働いている。彼の弟はグルファーム・ハーンである。

　カラーマトゥッラーの弟、アサドゥッラー・ハーン・カウカブは音楽学者としても知られ尊敬を受けた。彼にはワリーウッラー（シタール）、サナーウッラー（サロード）、バブーウッラー・ハーンの3人の息子がいた。

　ハクダード・ハーンの弟カラム・ハーンもまた優れたサロード奏者だった。彼はアールワールの宮廷に仕えた。彼の息子キファーヤット・ハーンには、シャフィークッラー（シタール）とラフィークッラー（ハルモニアム）の2人の息子がいた。シャフィークッラーにはグラーム・サビールというサロード演奏家の息子がいる。（括弧内筆者注）

　この記述からは、ラクナウ・ガラーナーはハクダード・ハーンの系譜とその兄弟であるカラム・ハーンの系譜の二つの別れがあることがわかる。ハクダード・ハーンはバグラーシに定住し、カラム・ハーン（1787-1850）の一族は、タージマハルで有名なアーグラーに近いラージャスターンのアールワール宮廷で活躍したが、彼らの本拠地はブランドシャハルにもそう遠くないドールプル Dholpur であった。そこで、本稿においては、流祖ニヤーマトゥッラーからグルファームにつながる系譜をバグラーシ派（本家）、ニヤーマトゥッラーの兄弟であるカラム・ハーンからグラーム・サビールにつながる系譜をドールプル派（分家）と呼んで便宜的に区別する。

10-5-1. バグラーシ派の人々

　このガラーナーを著名にしたのは、ニヤーマトゥッラー〔**写真13**〕とその2人の息子、カラーマトゥッラー・ハーン（1848-1933）〔**写真14**〕とアサドゥッラー・ハーン（1852-1919）〔**写真15**〕である。カラーマ

写真13：
ニヤーマトゥッラー・ハーン
グルファーム・アフマド氏所蔵

写真14：
カラーマトゥッラー・ハーン
グルファーム・アフマド氏所蔵

写真15：
カラーマトゥッラー（左）と
アサドゥッラー（右）の兄弟
グルファーム・アフマド氏所蔵

トゥッラーは、『奇跡の秘密、祝福の音楽』というサロードとその音楽伝統に関する書物を1908年に出版したことはすでに述べた［Karamatullah 1908］。

その書物の中の「サロードの発明について（*Bayne īzāde Sarod*）」と題された章で〔写真16〕、当時の状況等について次のように記述している[319]。

　　亡き父ニヤーマトゥッラーがカルカッタのマティヤ・ブルジにやって来たのは今から50年前である。ニヤーマトゥッラーはターンセーンの子孫であるバーサト・ハーンの弟子であった。バーサト・ハーンはとても有名な音楽家で、ワージド・アリー・シャーが

---

[319] 本書はペルシャ語の語彙が多い古ウルドゥー語で書かれている。英語への翻訳はジャワハールラール・ネルー大学のマンジュシュリー・チャウハーン教授にお願いした。

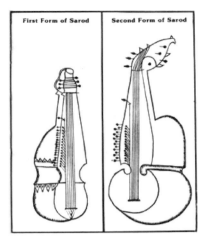

写真16：19世紀前半までの初期のサロード（左）と、19世紀後半以降に改良が加えられたサロード
Karamatullah（1908）より

（ラクナウからカルカッタ近郊の）マティヤ・ブルジに暮らすようになってからも宮廷楽師を務めていた。サロードはこの時代にも重要な変化がもたらされた。

　ニヤーマトゥッラーは、11年間ワージド・アリー・シャーに仕えた後、ネパールに行ってマハーラージャの宮廷に30年間奉仕した。父がネパールを離れ、デリーに戻ってきたのは1903年のことで、その後まもなく亡くなった。

　（途中略）……私はそれらの演奏、例えばドゥルパドやハヤールのトレーニングを受け、サーランギーやシタール、ラバーブの演奏法も習得した。私は父の希望で、アラーハーバード音楽学院で音楽を教え、ナッカス Nakkas のモハッラー（近隣集団）に暮らしている。人々は多くの楽器の先生として私を受け入れてくれている。私は多くの楽器の演奏技術を知り教えているが、私が実際に演奏するのはサロードだけである。私はサロード演奏においては頂点を極めており、私の音楽演奏の基盤はここにある。その結果、私と弟はインドの代表として1900年のパリ万博で演奏した。（括弧内は筆者注）

　また、ニヤーマトゥッラーの曾孫であり、カラーマトゥッラーの孫にあたるグルファームは、自らのガラーナーを紹介する冊子の中で、曽祖父ニヤーマトゥッラーが本格的なインド音楽家を志し、セーニヤーに弟子入りするまでの経緯を次のようにまとめている［Gulfam n.d.:3-4］。

サルカール・ニヤーマトゥッラー・ハーンの義父は著名なサロード奏者であった。ニヤーマトゥッラーはその当時、馬と象をインドからアラビアに運ぶ貿易を行っていた。彼の義理の父はあるときニヤーマトゥッラーに、"いつも馬の臭いをさせ馬の世話に時間を使っている馬商が、どうやって音楽を理解し音楽をものにできるだろう"と告げた。その言葉が、ニヤーマトゥッラーの人生を根本から変えた。そして彼は著名な音楽家になるという願いが叶えられるまで、実家にはもどらないという決意を固め、ワージド・アリー・シャーの宮廷に入りターンセーンの子孫であるバーサト・ハーンの弟子となった。彼は、10万シルバー・コイン one lakh silver coins を師匠に捧げ、インドのラーガを学び始めた。彼は熱心で献身的な弟子だった。（個人名を一部省略）

　これら二つの文章からはニヤーマトゥッラーがいかに音楽を志し、セーニヤーの弟子になったかという経緯とその後のおおよその足取りを知ることができる。同時に、セーニヤーの弟子になることの困難さやそのためのおおよその対価を知ることができる。
　ニヤーマトゥッラーの二人の息子のうち、兄のカラーマトゥッラーが主としてアラーハーバードの音楽学校で教えたのに対して、彼の弟アサドゥッラーはカルカッタの音楽学校で校長を務めるなどプロフェッサー・カウカブとして知られていた。カウカブとはいわゆる雅号である。彼は英領インド帝国期のアワド王朝（ラクナウ）を知る上での貴重な資料であるシャラール（1860-1926）が残した『ラクナウ――東洋文化の最期』にも登場し、当時の音楽状況について解説を加えている［cf. Sharar 1994 (1975):137-141］。また、海外公演の際にサロードが壊れたために、アメリカ製のバンジョーを改良してインド音楽を演奏し、評判を得たという。その後、この楽器はカウカブ・バンジョーとして知られるようになり、この

写真17:イシュティアーク・アフメド・ハーン
グルファーム・アフメド氏所蔵

楽器の演奏によるレコードも残されている[320]。この兄弟は〔写真15〕、上記の文章にもあるようにネルーに伴われて、1900年のパリ万博に参加しその音楽を披露した[Umar 1976:95]。

兄のカラーマトゥッラーは長寿であったにもかかわらず子宝には恵まれなかったようである。その生年月日から逆算すると、イシュティアーク・アフメド・ハーン Ishtiaq Ahmed Khan（1919-1967）〔写真17〕が生まれたのはカラーマトゥッラーが何と71歳の時であったことになる。カラーマトゥッラーはイシュティアーク・アフメドが14歳の時に85歳で他界した。若くして父を亡くした後に、彼は父の弟子であったドールプル派の親戚たちに音楽を習い、成人してデリーのラジオ局の専属音楽家となった。カラーマトゥッラーの演奏の録音はこれまで発見されていないため、彼の音楽がどのようなものであったかは知ることができないが[321]、息子のイシュティアーク・アフメドのコンサート録音は残されている[322]。その録音によれば、

---

320 録音されたラーガは、マンジ・カマージ Manj Khāmaj、ピールー Pīlū などである（1912年頃の録音と推定される）。

321 筆者は彼の演奏の音源を探していたが、このガラーナーの子孫たちも所持していなかった。また、彼のレコーディングが残されているという話も明確には聞くことができなかった。「パキスタンのカラチに住む富豪がプライベートな録音を有しているかもしれない」という不明確な情報のみである。

322 おそらくは1960年代前半の録音と思われる。マールコウンス Mālkauns、ジョーギヤー Jogiyā、バイラヴィー Bhairavī の3つのラーガが知られている。マールコウンスでは独特のアーラープを聞くことができる。

写真 18：ムフタール・アフメド・ハーン（バンジョーを演奏）
グルファーム・アフマド氏所蔵

写真 19：グルファーム・アフメド・ハーン
筆者撮影（1994 年 7 月）

　その演奏は今日のどのサロード演奏家とも異なるものであり、演奏の最後は驚異的なスピードのエンディングで締めくくられている。

　彼の二人の息子が、ムフタール・アフメド・ハーン Mukhtar Ahmed Khan（1941-1994）〔写真 18〕とグルファーム・アフメド・ハーン（b.1956）〔写真 19〕である。グルファームは、この家系の音楽を継ぐ唯一の末裔であるが、11 歳の時に父親のイシュティアーク・アフメドを失い、ガラーナーの十分な音楽教育を受けることができなかった。そのため、兄のムフタール・アフメドからガラーナーの音楽を学び、その後にシャージャハーンプル・ガラーナーのイリヤースの弟子となった。1980 年代にはカタック舞踏団の伴奏者として来日し、レコード録音も残している[323]。今日も演奏活動を続けており、その演奏技術には目を見張るものがあるが、北インドでの知名度はいま一つで、商業的な成功を収めているとは言い難い。

　弟のアサドゥッラー（1852-1919）には、3 人の息子がいたが、そのうちシタール奏者のワリーウッラー Waliullah Khan（1890-1951）のみが有

---

[323] 舞踏の伴奏ではなく、個人として録音されたラーガはガーラー Gārā であった。

写真20：
ワリーウッラー・ハーン
ヌールッラー・ハーン氏
所蔵

写真21：ヌールッラー・ハーン

筆者撮影（1999年1月）

名になった〔写真20〕。彼はセーニー・ラバービヤーのモハンマド・アリーの弟子となり、レコード録音も残している[324]。通常、シタールは左手で弦をおさえ右手で弦を弾くが、彼はクリンタンという一種のハンマーリング技法の応用（左手の人差し指で弦を抑えると同時に薬指で弦を弾く奏法）により、左手のみで演奏を続けることができたという[325]。彼の息子の一人が、シタール奏者のヌールッラー・ハーン（b.1938）である〔写真21〕。彼は商業的なコンサート活動は積極的には行っておらず、今日でもシーア派ムスリムの多いマティヤ・ブルジに住み、むしろソーズ *soz* と呼ばれるイスラームの哀歌の作詞・作曲で知られているという[326]。

---

324 録音されたラーガは、マンジ・カマージ Manj Khamāj とピールー Pīlū などである（録音データ不明）。
325 カルカッタのイルファーン宅におけるヌールッラー・ハーンへのインタビュー（1999年1月）に基づく。
326 カルカッタのイルファーン宅におけるヌールッラー・ハーンへのインタビュー（1999年1月）に基づく。イスラームの哀歌についてはミスラ［Misra 1991:53-55］などを参照のこと。

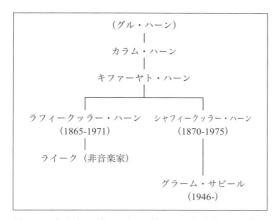

図4：ラクナウ・ガラーナー（ドールプル派）の系譜

写真22：グラーム・サビール
本人所蔵

10-5-2. ドールプル派の人々

　一方、ドールプル派に関する情報は多くはない〔図4〕。キファーヤト・ハーンはサロード奏者であったが、その二人の息子であるラフィークッラー・ハーン Rafiqullah Khan（1865-1971）とシャフィークッラー・ハーン Shafiqullah Khan（1870-1975）は、それぞれハルモニアム（手動オルガンの一種）とシタールの演奏家になった。二人は100歳を超える長生きをし、シャフィークッラーは特に子宝に恵まれていたが、そのうちでサロード奏者になったのはグラーム・サビール（b.1948）ただ一人である〔写真22〕。彼は、現在ウッタル・プラデーシュ州のビジノール県の県都にあるカレッジでシタール（1年から3年までの15名）を教えている[327]。学校以外での個人レッスンも行っているが、シタールの生徒ばかりである。彼には4男3女の子供がいるが、サロード演奏を職業とする後継者はいない。

---

[327] デリーでのグラーム・サビールのインタビュー（1999年1月）に基づく。当時の調査によれば（FI-Q9）、学校からの月給は5500ルピーとのことだった。

10-6. グワーリヤル・ガラーナーの系譜と伝承

　グワーリヤル Gwalior は、インド中部マディヤ・プラデーシュ州北部にある同名県の県都で、ヒンドゥスターニー音楽の中心的権威ミヤーン・ターンセーンの出生地である。今日でも毎年 12 月前後にターンセーン祭が開催され、著名な音楽家が招聘されることで知られている。

　このグワーリヤルは、古代より栄えたヒンドゥー世界の中心都市の 1 つであったが、ヒンドゥスターニー平原とデカン高原とを結ぶ要衝の地であったことから抗争が絶えず、13 世紀前半にはムスリム勢力の支配地となった。今日、町の中央丘陵に残る城趾は、藩王マーン・シング・トーマル Man Singh Tomar（1486-1517）が築いたものである。彼は多くの音楽家のパトロンであり、音楽を愛する王であった。マーン・シングの死後、グワーリヤルはムガル帝国などのイスラーム支配下に置かれ、著名な音楽家の多くはアクバルの宮廷音楽家として帝都デリーに移動していった。第 I 部第 4 章の『アーイーニ・アクバリー』で示されたアクバルの宮廷音楽家 36 人の約半数がグワーリヤル出身の音楽家だったのはそのような背景によるものである。しかしながら、アウラングゼーブ以降のムガル帝国の衰退とともにグワーリヤルはヒンドゥー勢力に攻略され、1771 年にはシンディア家の統治によるグワーリヤル藩王国となり、最終的には 1804 年には東インド会社の支配下に入った。

　すでにシャージャハーンプル・ガラーナーのパール派とビジリープラ派の節でも触れたように、このガラーナーの末裔であり、ハリーファ（家元）を自認するアムジャド・アリーは[328]、このグワーリヤルのシンディア家と祖父のナンネー・ハーンとの関係を強調する一方、シャージャハーン

---

[328] 1989 年に来日した際のインタビューでは、当時存命していた二人の兄（二人ともサロード演奏者）ではなく自分がガラーナーのハリーファであると認識していた。

プルやファルーカバードとのつながりを必ずしも明確にしていない。近年では、バンガシュ・ガラーナーあるいはセーニー・バンガシュ・ガラーナーを名乗っているが[329]、本書ではグワーリヤル・サロード・ガラーナー（略してグワーリヤル・ガラーナー）の名称のもとに扱うことにする[330]。

10-7. マイハル・ガラーナーの系譜と伝承

　マイハルはインド北部中央に位置するマディヤ・プラデーシュ州に属し、かつてはマイハル藩王国の王都であった。近郊には世界的に著名なカージュラーホの寺院群がある。中世においてこの一帯はブンデールカンド Bundelkhand と呼ばれ、ラージプートのブンデーラー Bundela 氏族が支配していたが、英国植民地期には藩王国が分立した。マイハルはそれらの藩王国の一つであり、1778 年にアールワールから移住してきたラージプートのカチワッハ氏族により統治されてきた。ラヴィ・シャンカルの師匠であるアラーウッディーン・ハーン（1882-1972）[331] は、1918 年にマイハル藩王の首席宮廷楽師となりこの地で一生を終えたため、彼とその子孫、弟子たちはマイハル・ガラーナーと呼ばれている。

　今日、世界的に最もよく知られたインド音楽のガラーナーの流祖であるアラーウッディーンは、ビルマ（現在のミャンマー）にも近い東ベンガルのトリプラ州に生まれた。その「カースト」については、ダク *dhak* と呼ばれる両面太鼓の演奏を世襲とするダキ *dhaki* のコミュニティの出身と言う者もいれば、そのような職業音楽家の家系ではないという者もいる

329　詳細は第 13 章を参照。
330　本ガラーナーをグワーリヤル・ガラーナーとするのは［Sharma 1993:90-3］などに従った。通常グワーリヤル・ガラーナーというと声楽のハヤールのガラーナーをさすのが一般的であるため、グワーリヤル・サロード・ガラーナーとして扱った。
331　1862 年生まれという説もある［Singh 1995:459］。

[McNeil 2004:157]。彼の弟子であり伝記をまとめたバッタチャーリアによれば、アラーウッディーンの祖先はヒンドゥーのバラモンであり、5代前にイスラームに改宗した中規模の土地所有農家であったという。いずれにせよ、彼の家系で著名な職業音楽家になったのはアッラーウッディーンが最初であることから、ガラーナーの三代理論からすると20世紀に成立した新しいガラーナーということになるだろう。以下は、特に出典を入れない限り、バッタチャーリア [Bhattacharya 1979] の記述に基づくものである。

アラーウッディーンの家族それほど裕福とは言えなかったが、父はシタール、兄はタブラーに親しんでいたこともあってか、幼少のころから音楽に並々ならぬ興味があったという。当時は本格的なラーガ音楽を習えるのは特定の職業音楽家の家系、すなわちガラーナーに属する血縁関係者か、音楽家のパトロンや裕福な新興中産階級に限られていた。そこで彼は音楽を習いたい一心から10代前半で家出をする。放浪の末にカルカッタで高名な声楽家に認められ、タブラーなどの打楽器やヴァイオリンなど様々な楽器を習い、最終的には自分が極めるものとしてサロードを選んだ。彼は、一度聞いたメロディーを忘れない優れた記憶力をもち、またインド式の文字による記譜法に長けていたという。

彼は、ある地方領主に気に入られ、その推薦によって次の節で触れるラーンプルのアフマド・アリー・ハーンの弟子となる。アフマド・アリーは彼のヴァイオリンの才能を認めて北インドの演奏旅行に同行させたが、その間の4～5年というものサロードを直に教えることはほとんどなかった。ガットにおける変奏法の何がしかを示したことはあっても、少なくともアーラープとジョールは意図的に教えることを避けていたという [McNei l2004:158]。しかし、アラーウッディーンは師匠の練習をただ聴くことによってその音楽を学び、自分のものとしていった。演奏旅行の最期に、師匠の家族の住むラーンプルで過ごし、様々な音楽家の演奏に触れ、ターンセーンの子孫であるワズィール・ハーンに弟子入りすることを決心する。当然のことながら、彼の弟子になることは容易なことではなく、

何度も断られたあげくにワズィール・ハーンが乗る馬車の前に身を投げて直訴し、周囲の助けもあって弟子入りを許される。しかし、正式な入門儀礼によって弟子になったにもかかわらず、やはりサロードは十分には教えてもらえなかった。

職業音楽家にとって音楽財産は一族に伝わる独占化された"秘伝"であり、それを分け与える生徒にも成員性に応

写真23：ラヴィ・シャンカルとアリー・アクバルに稽古をつけるアラーウッディーン・ハーン
[Rani 1992] より

じたカテゴリーがあったことは、第Ⅰ部第2章で明らかにした通りである。ワズィール・ハーンは後になって、彼の田舎から来た手紙の内容（許嫁の自殺未遂）を知り、それでも帰省しないで音楽を習得しようとするなみなみならぬ決意に感動し、音楽を教えるようになる。その後、ワズィール・ハーンは手塩にかけて教え込んだ長男を亡くしたこともあり、アラーウッディーンを息子同様に扱いビーン以外のセーニヤーに伝わるラバーブやスルスィンガールなどの演奏技術をすべて教えたという。

アラーウッディーンは音楽家として成功し、息子のアリー・アクバル（b.1922-2009）や娘婿のラヴィ・シャンカル（1920-2012）など多くの弟子を育てた〔写真23〕。娘のアンナプルナ・デーヴィー（ラヴィ・シャンカルの妻になるが後に離婚）やシャラン・ラーニーなどの女性や非血縁者にも分け隔てなく自分の学んだ知識と技術を分け与えたこともあって、他のガラーナーからも師匠としたう弟子が集まった。またアリー・アクバルとラヴィ・シャンカルはインド人以外の弟子も多く育てたこともあり、サロードのガラーナーとしては最も知名度が高く、弟子の数において最大の

第10章　サローディヤーの歴史と伝承　　329

ガラーナーとなって今日に至っている。

　なお、アラーウッディーンはドゥルパド様式の本格的なラーガ・アーラープをサロード演奏に取り入れる一方、その演奏に適した楽器の改良を行った。今日、そのサロードはアラーウッディーン・モデルと言われ、いわゆるトラッドなサロード・モデルと人気を二分している。

10-8. 歴史に埋もれたガラーナー

　これまでサロードの４つのガラーナーを中心に、その起源と系譜、そして音楽家たちについて記述してきた。しかし、今日を生きる音楽家の子孫がいないためにその詳細は明らかではないが、かつてはこの４つのガラーナー以外にもサロード演奏家の系譜があった。

　第Ⅰ部のガラーナーの定義と適用範囲において検討したニューマンの定義に従えば、そのガラーナーを代表する音楽家の直系子孫が生存していることがガラーナーの成立要件の一つとなっていた。その意味で、インド独立前には著名な音楽家を輩出していたにもかかわらず、後継者を失い"歴史に埋もれたガラーナー"もある。例えば、アラーウッディーンのサロードの最初の師であったアフマド・アリー・ハーン Ahmad Ali Khan (d.1919) の系譜である［Sen 1992:124; Umar 1976:95］。この音楽家の家系が続いていれば、おそらくその子孫はセーニー・ラーンプル・ガラーナーを名乗った（あるいは呼ばれた）ことであろう。彼らはムガル帝国とアワド王朝の崩壊後に音楽センターの一つとなった、ラーンプルを本拠地としていたからである。

　アラーウッディーンによれば、このガラーナーの流祖はムガル帝国最後の皇帝バハードゥル・シャーⅡ（在位1837-58）の宮廷楽師で、ムガル帝国およびアワド王朝崩壊後にラーンプルに移住したという［Bhattacharya 1979:24］。その流祖はタッパーという声楽様式に通じ、バンスリーという竹製のフルート奏者でもあった［Sen, S. 1992:124］。その孫のムドゥルー・

ハーン Mudru Khan（d.1895）とアビド・アリー・ハーン Abid Ali Khan の二人がサロードで有名になった。

そのうち、ムドゥルー・ハーンの息子がチュンヌー・ハーンで、商業レコーディングを行った最初のサローディヤーの一人である。第8章でも触れたが、彼の演奏は10インチ盤78回転片面レコードとして1906年にグラモフォンから6枚が発売された［Kinnear 1994; 1994:205-6］。その一部は現存しており、1 ラーガあたり約3分間の演奏ではあるが、当時のサロード演奏の技術を知ることができる貴重な資料である[332]。そして、アビド・アリーの息子がアフマド・アリーで、アラーウッディーンの最初の師匠になったことは既述の通りである。しかし、その息子は11歳の時に父のアフマド・アリーに先立たれ、音楽家にはならずに仕立屋になったという。その本人によれば祖父のアビッド・アリーとその従兄のムンドゥルー・ハーンがアフガーニ・ラバーブとサロードの両方を演奏し、今日のサロードを発明したと主張している［McNeil 1992:217, 2004:122］。

なお、次章の婚姻関係と師弟関係の相関分析で言及するように、ラクナウ近郊のマリハバードにも、別のサロードのハーンダーンがあった。このような歴史に埋もれてしまったハーンダーンの存在は、職業音楽家の婚姻関係に関するフィールド調査によって、音楽家の妻や母親の家族を追跡する中で明らかになったものである。おそらくは19世紀後半から20世紀前半にかけては、ガラーナーという定義で一括される以前の様々な出自とカテゴリーのサロード奏者の家系があったと推測される。

このような"歴史に埋もれたガラーナーの発掘"あるいは"ガラーナーの考古学"によって、ガラーナーの社会関係とも言えるビラーダリー（婚

---

[332] ラーガはバイラヴィー Bhairavī、カーフィー Kāfī、カムボーディ Kambodi、ティラック・カーモード Tilak Khāmod、ジンジョーティー Jhinjhotī、パハーリー Pahārī の6曲で、レコード番号は "e" suffix matrix series の 4299e-4304e である［Kinnear 1994:205］。

姻関係を有する同質的社会集団）のあり方、すなわち、"かつて"のガラーナー間の婚姻関係とその外縁が見えてくる。その詳細は次章で扱うが、ムガル帝国後期から英領インド帝国期にかけてのガラーナーの発展においては、ビラーダリーの形成とガラーナー間の婚姻連帯が重要な役割を果たしていたと考えられる。それが一転して、インド独立期以降の「ポスト形成期」においては、ガラーナー間のビラーダリー関係は不明瞭になってゆく。

サロードのガラーナーが、今日の4つのガラーナーに「淘汰」されたのは、変化する音楽環境のなかでの新たな社会関係の構築や後継者育成の問題と無関係ではないだろう。すなわち、伝統的な作曲部分を音楽財産として保持・伝承しつつ、あらたな音楽財産を生み出すガラーナーの発展過程においては、音楽財産の贈与交換と後継者の育成の基盤となる婚姻関係と師弟関係のあり方が重要な役割を果たしていたと考えられるが、そのようなネットワークは「ポスト形成期」に入って急速に失われて行ったことが、"歴史に埋もれたガラーナーの発掘"によって見えてくるのである。

10-9. サローディからサローディヤーへ

パターン・サローディヤーの伝承によれば、彼らの起源はデリー諸王朝からバーブル（在位1526-30）の時代、すなわちガラーナーの「プレ形成期」にインドにやってきたミールに求められていた。しかし、彼らの直接の祖先がインドに定着した時期は、フマーユーンからシャージャハーン（在位1628-58）にかけてのガラーナーの「形成期前期」の時代であった。そして、彼らの流祖がセーニヤーの弟子となってラーガ音楽を学ぶようになったのは、ムガル帝国末期のバハードゥル・シャー Bahadul Shah（在位1837-58）の時代以降、すなわちガラーナーの「形成期後期」のことであったことがわかる。

18世紀以降、戦争形態の変化とともに、戦意を鼓舞し伝令を担う特殊

な軍楽家、すなわちミールとしてのサローディの役割は形骸化していったと推測される。また、ムガル帝国の権威が衰退し、ジャーギールを維持できなくなったサローディたちは、馬商やブリーダーなどとして生計をたてるか音楽によって生計をたてるかその選択に迫られていったと考えられる。ラクナウ・ガラーナーの流祖であるニヤーマトゥッラー・ハーンの父ハクダード・ハーンは軍人であって職業音楽家ではなかった。また、ニヤーマトゥッラー・ハーン自身も青年時代を馬商として送った。この時点においては彼らにとってアフガーニ・ラバーブの演奏は副業あるいは趣味にすぎなかったと考えられる。

したがって、ガラーナーの定義を構成する「三代継承条件」からすると、サロードのガラーナーが成立したのは19世末から20世紀に入ってからの時代とみなすことができる。このようなガラーナーの形成とともに、パターン人（戦士）あるいはその「楽士」とも言えるサローディが、ヒンドゥスターニー音楽を演奏する「宮廷楽師」のサローディヤーとして認知されるようになっていったのであろう。この時代は英領インド帝国期とほぼ重なっており、本書の時代区分ではガラーナーの「形成期後期」に相当する。

ムガル帝国やアワド王朝が崩壊した後、宮廷楽師たちは音楽に理解のあるパトロンを求めて、東のベンガル地方や西のラージャスターン地方の王侯貴族や領主（ラージャやザミーンダール）たち、あるいはかつてのローヒールカンドの中心に位置し、親英的な立場をとったラーンプルのナワーブなどに庇護を求めて移動しなくてはならなかった。このような地理的に広汎な移動を可能にしたのは、19世紀後半からの鉄道を中心とする交通手段の発達であったことは言うまでもない。インドに対する経済支配をスムーズに行うためにイギリスが促進した交通網は物資だけではなく、人々の交流をも促進したのである。

後の章において明らかにするように、サロードのシャージャハーンプル・ガラーナーとラクナウ・ガラーナーの流祖たちが、ベンガルの地に幽

閉されたワージド・アリー・シャーの宮廷を媒介として出会い、婚姻連帯によってラクナウ=シャージャハーンプル・ガラーナーとして１つになったのは、ムガル帝国やイスラーム諸王朝およびヒンドゥー王権が崩壊し、英領インド帝国期（ガラーナーの形成後期）からインド独立（ガラーナーのポスト形成期）へと向かう激動の時代であった。そして、インド独立後の「ポスト形成期」にいたって、サローディにつきまとうカースト概念を払拭した新たなカテゴリー、すなわちガラーナーの語りとともに、サロード演奏家一般を意味するサローディヤーが誕生するのである。

　次章においては、英領インド帝国期におけるラクナウ・ガラーナーとシャージャハーンプル・ガラーナーの内婚関係と師弟関係の相関、およびインド独立期おける親族共同体の変化について分析する。

| 第11章 |

婚姻関係と師弟関係の相関とその変化

婚姻連帯としてのガラーナー

　本章では、前章でその歴史と系譜を検討した4つのサロード・ガラーナーのうち、パターン人起源を主張する異なる二つのガラーナーの婚姻関係と師弟関係との相関、およびその変化について分析する。その目的は、"親族を中心とする親密性の高い関係性（親族共同体）の中で音楽財産がどのように伝承されてきたのか"、また"婚姻連帯としてのガラーナーがどのような広がりと外縁を有するのか"、そして"そのような親族共同体あるいは婚姻連帯が、ガラーナーの「形成期後期」から「ポスト形成期」にかけてどのように変化したのか"という、これまで具体的に明らかにされることが少なかったメゾ・レベルの社会的再生産の問題について探求することにある。

11-1. 音楽財産の移動と婚姻関係

　インド独立・印パ分離以前のガラーナー形成期において、北インド古典音楽の演奏と伝承を担ったのはムスリムであった。しかし、すでに第Ⅰ部の第2章（2-4）及び第4章（4-4）で明らかにしたように、彼らの多くはムガル帝国期にヒンドゥー教からイスラームに改宗したバラモンやラージプート（王族・戦士）の子孫であった。セーニー・ガラーナーの流祖である楽聖ミヤーン・ターンセーンの出自はヒンドゥー・バラモンであり、そ

の娘サラスヴァティーと結婚してセーニー・ビーンカールの流祖となったナウバート・ハーン（ヒンドゥー名：ミシュリー・シング）はヒンドゥー・ラージプートであった。彼らはムスリム支配者がパトロンとなる宮廷社会において改宗し、自分たちの祖先が継承してきた音楽、すなわちインド古来のラーガ音楽を温存させることに成功した。そのような改宗の一方で、ナウバート・ハーンからセーニヤー最後の音楽家となったダビール・ハーン（1905-1972）に至るまでの約350年間、彼らはムスリムの名前とは別にヒンドゥー名を有していたと言われる[333]［Bhattacharya1979:226］。

　一方、イランやアフガニスタンなどからインドに移住した外来起源のムスリム音楽家がムガル宮廷で成功するためには、セーニヤーからラーガを基調とする伝統的声楽様式や器楽演奏法を修得する必要があった。19世紀以降に主流となった主奏弦楽器のシタールやサロードのガラーナーの多くは、流祖がターンセーンの末裔、すなわちセーニヤーからラーガ音楽を学んだことにその発生起源を求めている。セーニヤーの弟子となりその演奏で名をなした宮廷楽師を流祖とし、第1章3節（1-3）のガラーナーの成立要件の1つにあったように、その子孫が三代以上にわたってその音楽財産を継承・発展させてはじめて主奏者のガラーナーとして認められるのである。

　このような音楽財産の管理を担ったのは、ガラーナーの中核にあるハーンダーンの男系子孫であったことはすでに述べた。その一方、系譜関係に現れずにガラーナーの形成と発展に重要な役割を果たしたのが女性の移動、すなわち婚姻関係である。

　ここでサロードのガラーナーにおける婚姻関係の事例を検討する前に、イスラームおよびインド・ムスリムの婚姻と贈与交換について概観してお

---

[333]　第2章（2-4）でも示したように、ワズィール・ハーンのヒンドゥー名はチャットラパル・シング、ダビール・ハーンのヒンドゥー名はダヤル・シングとされる［Bhattacharya 1979:226］。

きたい。ガラーナーの発展・拡大には婚姻関係と師弟関係の二重の結びつき、すなわち女性の婚出に伴う音楽財産の贈与・教授が重要な役割を果たしたと考えられるからである。オーウェンスがいうように、父系男子中心に組織されるガラーナーにおいて、女性は家族の構成員ではあったが、ガラーナーの構成員（正統な音楽家）ではなかった［Owens 1983:160］。しかしそうではあったとしても、異なるガラーナーの女性を娶ることは義理の父（母方交差イトコとの婚姻の場合は母方の叔父でもある）から音楽財産の贈与がなされ、音楽家個人の創造力や演奏技術に大きな影響を及ぼすのみならず、実践共同体としてのガラーナーに新たな「血」を導入することにつながる。すなわち女性の婚出に伴う音楽財産（バンディッシュとその演奏技術および特定ラーガに関する音楽的知識など）の贈与はガラーナーの音楽的スタイルに変化を与える重要な役割を担っていたと考えられるのである。

　カースト内婚・ゴートラ外婚（クラン＝リネージ外婚）を特徴とするヒンドゥー教とは異なり、イスラームの婚姻法では一定の禁婚範囲を除いて血族を含むすべての人と婚姻可能とされている［湯浅 1986:37-8］。また、婚姻に際しての贈与交換で規定されているのは花婿側から花嫁への婚約金としてのマハル *mahr* のみである。しかしながらインド・ムスリムにおいては、地域性や「カースト」[334]の多様性があるものの、内婚的なバーイー・バンド *bhāī-band* 婚あるいはビラーダリー *birādārī* 婚が行われ[335]［Ahmad, I. 1976:337-8; Alavi 1976］、上昇婚的志向とともに花嫁側から花婿

---

[334] インド・ムスリムの「カースト」についてはさまざまな議論がある［e.g. Ansari 1960; Ahmad 1973,1976; Faridi & Siddiqi 1992］。また、ムスリムの音楽家の「カースト」については、第6章を参照のこと。

[335] 内婚システムにおけるバーイー・バンドやビラーダリーはザート *zāt* 名を有し、ザート名はサーネームとして当該地域的において用いられるが、ザート名の存在は現代社会におけるカースト *jātī* の存在を意味するものではないとされる［Ahmad, I. 1976:321, Alavi 1976(1972):26］。

側へのダウリー dowry 的な持参財 *jahez* を伴うのが一般的である［e.g. 小牧 1997］。バーイー・バンドおよびビラーダリーとは、第 2 章で既述したように出自・職業・地位などに基づく同質的あるいは連帯的な婚姻サークルである[336]。このようなヒンドゥー的慣習は、インド・ムスリムの大部分がヒンドゥー教からの改宗者であり、改宗後においてもカーストの特徴と婚姻習慣を実践し続けたことに理由が求められている［e.g. Omer 1992］。

　このような、インド・ムスリムのカーストや婚姻慣習を扱った研究の蓄積に比し、ムスリム音楽家の婚姻関係や贈与交換について具体的に焦点を絞った研究は希少である。限られた文献［e.g. Neuman 1978, 1990（0980）］および音楽家たちのインタビューからわかることは、女性の婚出にともない音楽財産が「ダウリー」として贈与されていたケースが見られることである。既述のように、ターンセーンの娘サラスヴァティーと結婚したミシュリー・シングは、ターンセーンから 200 種のドゥルパド作品（バンディッシュ）を「ダウリー」として贈与されたといわれる［Singh 1995:181］。また、その子孫は、ターンセーンの作品が納められた秘本を伝承してきたと言われており[337]、そのためには一族の女性は"外部の者"と結婚しないことが重要だった［Neuman 1978:218, n24］。ここでいう"外部の者"とは親族関係にない者を意味しており、第 2 章 3 節（2-3）で検

---

[336] ビラーダリーという用語は、職業名を有しカースト・パンチャーヤット *panchāyat* のようなフォーマルなカースト組織を有する場合に通常用いられる傾向にあり、村落においては機織人、油絞り、床屋などがそれに相当する。それに対してバーイー・バンドは職業名というよりは社会的起源を指し示し、カースト・パンチャーヤットのような中心となるフォーマルなカースト組織を欠いているような場合で、ハーンザーダ（パターン人起源）やシェイフがそれに相当する。さらにバーイー・バンドあるいはビラーダリーとザートは異なって用いられる。前者は話者が自分のカーストを指し示す時に用いられ、後者は自分以外のカーストを指し示す時に用いられる［Ahmad, I. 1976:326］。

[337] ただし、この「秘本」の存在が確認されたという報告は筆者が知る限りない。

討したように、狭義には父方親族内でのハーンダーン内婚（ガラーナー内での近親婚）が、広義には母方親族を含むビラーダリー内婚（ガラーナー間での婚姻連帯）が実践されてきたことである。

以下の節においては、サロード・ガラーナーの「形成期後期」から「ポスト形成期」にかけての婚姻関係と師弟関係の相関、および音楽財産の移動について具体的に明らかにしてみたい。

11-2. シャージャハーンプル・ガラーナー内の婚姻関係と師弟関係

前章で明らかにしたように、シャージャハーンプルには少なくともシンザイー派とジャラールナガル派と呼べる二つのサローディヤーの系譜があった。まず、シンザイー派内の婚姻関係からみてみよう。

サカーワト・フサインの2人の息子は彼の弟（非音楽家）の2人の娘とそれぞれ結婚した[338]。すなわち、最も身近な父方の平行イトコとの婚姻（FBD婚）が成立している〔図5〕。また、ジャラールナガル派のフィダー・フサインは、シンザイー派のエナーヤト・アリーの娘（シャファーヤト・アリーの妹）と結婚した[Miner 1997:141]。彼らの祖父が兄弟であったという伝承にしたがえば、この婚姻もまた父方の平行イトコとの婚姻（FFBSD婚）ということになる〔図5〕。

一方、フィダー・フサインの弟子ムシャッラフ・フサインは[339]、シンザイー派のシャファーヤト・アリーの娘（サカーワト・フサインの妹）を嫁にもらったが[340]、子供に恵まれず、弟のムサッワル・ハーンの子供3人を

---

338 イルファーンによれば（1998年8月のインタビュー調査）、サカーワト・フサインの弟スジャート・ハーンは、音楽家にはならずにシャージャハーンプルの祖先の家と財産を管理する役割を担っていたという。

339 フィダー・フサインとムッシャラフ・フサインの血縁関係は不明である。また、ムッシャラフ・フサインに関する詳細な情報は得られていない。

340 カルカッタのイルファーンの自宅におけるインタビュー（1997年12月）に

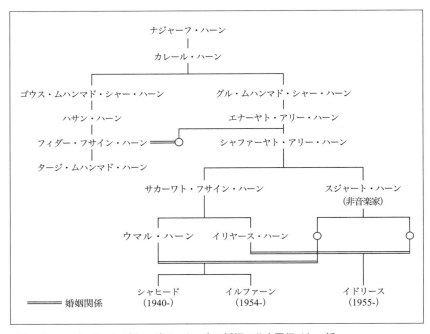

図5：シャージャハーンプル・ガラーナー内の婚姻：父方平行イトコ婚

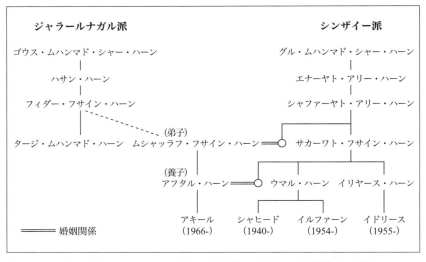

図6：シンザイー派とジャラールナガル派（弟子筋）の婚姻：母方交差イトコ婚

養子にしてシタールを教えたとされる［Aqueer n.d.:4］。

そして、その3人の養子のうちの1人であるアクタール・ハーン（d.1989）もまた、シンザイー派のサカーワト・フサインの娘（ウマル・ハーンの異母妹）を娶った。すなわち、シンザイー派を与妻者（WG）とし、ジャラールナガル派とその弟子筋を取妻者（WT）とする、母方交差イトコとの婚姻（MBD婚）が成立しているのである〔図6〕。

この文脈におけるMBD婚とは、師匠からみれば弟子である甥をさらに義理の息子（娘婿）とし、師弟間の絆をより深める婚姻関係に他ならない。興味深いことに、イルファーンは、「アクタール・ハーンの家系はカッワールであり、父（ウマル・ハーン）は自分の妹を嫁に出すことに迷いがあった」という[341]。このことからも、パターン人起源を主張する音楽家のビラーダリーは、英領インド帝国期には第I部第4章でも検討したカッワールという音楽家のカテゴリーにも広がっていたことが理解できる。

一方、ガラーナー内における師弟関係はどのようなものであったろうか。まず、シンザイー派においても、ジャラールナガル派においても、師匠は第一に父および祖父、次に父方の叔父であり、逆に弟子はそれぞれ息子、孫、甥となり、男系子孫に「音楽財産」が伝授されてきたことは明らかである。ただし、イルファーンが「父親とはガンダーを結ばなかったが、叔父（父の弟）のイリヤース・ハーンに弟子入りする前にはガンダーを結んだ」というように、父と子、祖父と孫という関係を別とすれば、たとえ血縁関係にあっても入門儀礼が行われていたケースも見られる。ガラーナーの伝統においては、幼少のころに父や祖父から基礎トレーニングを受け、後に叔父などの親族や同じガラーナーの別の師匠の元に弟子入りすることも少なくなかったようである。

基づく。

[341] 以下、特別に脚注をほどこしていないものは、カルカッタのイルファーンの自宅におけるインタビュー（1997年12月）に基づく。

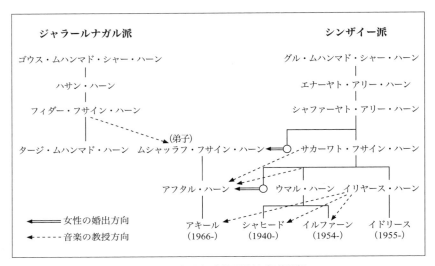

図7：シンザイー派とジャラールナガル派の婚姻関係と師弟関係

　そこで、より具体的にシャージャハーンプル内におけるシンザイー派とジャラールナガル派の弟子筋との間の師弟関係を見てみよう。ジャラールナガル派のアフタル・ハーンは、養父であり師匠であるムシャッラフ・フセイン亡き後、母の兄たちであるシンザイー派のウマル・ハーンとイリヤース・ハーンからシタールを、その子アキール・ハーンもイリヤース・ハーンからシタールを習っている。すなわち、シンザイー派（WG）がジャラールナガル派（WT）の師匠筋となっているのである〔図7〕。

　以上のようなシンザイー派とジャラールナガル派の弟子筋との婚姻関係および師弟関係を重ね合わせてわかることは、女性が婚出する方向と音楽財産が贈与される方向（この場合はシンザイー派からジャラールナガル派）に相関が見られることである。

11-3. ラクナウ・ガラーナー内の婚姻関係と師弟関係

　ラクナウ・ガラーナーにも、バグラーシ派とドールプル派の二つのライ

ンがあった。バグラーシ派の口頭伝承によれば、アフガニスタンから北インドに定住したのはマダール・ハーン（1704-1752）、あるいはその息子のグル・ハーン（1728-1779）であった[342]。

　前章で既述したように、一族は軍事関係あるいは貿易にたずさわり音楽を趣味としていたが、ニヤーマトゥッラー・ハーン（1809-1911）がセーニヤーの弟子となり本格的なサロード奏者として成功し、ラクナウ・ガラーナーの流祖となって以来、バグラーシ派がハリーファ[343]の家系として認識されている。一方、ドールプル派の末裔グラーム・サビール（b.1948）が記憶しているのは曾祖父（カラム・ハーン：1787-1850）までで、その先の祖先の名前およびバグラーシ派との関係については、「女性を通しての関係（silsila）がある」というだけで具体的な系譜関係は記憶に残っていない[344]。

　バグラーシ派の流祖ニヤーマトゥッラーは2度結婚している[345]。最初の妻からカラーマトゥッラーが、二人目の妻からアサドゥッラーが生まれた。長男のカラーマトゥッラーは3度結婚している。最初の妻（カラム・ハーンの孫娘）はサロードのドールプル派から（婚姻その1）、二人目はアラーハーバードの女性歌手（ニカー形式による略式結婚）、そして三人目の妻はデリーにあるイスラーム聖者廟の管理をするサイヤドの家系からであった。そしてカラーマトゥッラーの三番目の妻の息子であるイシュティアーク・アフメド（1919-1967）はドールプル派のラフィークッラー

---

[342]　前章の図3、図4参照。

[343]　第Ⅰ部第1章でも触れたが、ハリーファをあえて訳出すると日本の芸道組織における「家元」に相当するであろう。グラーム・サビールもバグラーシ派をハリーファの家系と考えていた（1999年1月のインタビューより）。

[344]　ニューデリーのネルー大学キャンパスにおけるグラーム・サビールへのインタビュー（1999年1月）に基づく。

[345]　本節におけるバグラーシ派の婚姻関係に関する既述は、特に出典を示さない限り、すべてグルファームへのインタビュー（1998年8月）に基づく。

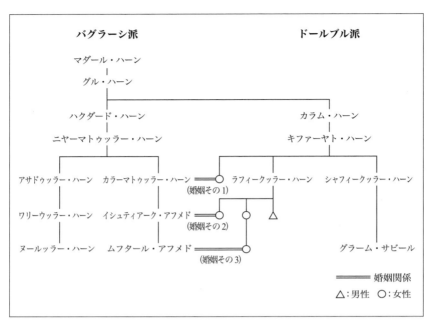

図 8：ラクナウ・ガラーナー内の婚姻関係

(1865-1971) の娘を嫁にもらい（婚姻その 2）、その息子ムフタール・アフメド（1941-1994）は母親（ラフィークッラーの娘）の妹の娘を嫁にもらった（婚姻その 3）。

　このように、バグラーシ派とドールプル派の間には少なくとも三世代に渡って婚姻関係が結ばれていた〔図 8〕。これらの婚姻形態は母方交差イトコとの婚姻（婚姻その 2）および母方平行イトコとの婚姻（婚姻その 3）であるが、バグラーシ派とドールプル派が同一祖先から分かれたリネージであることから [Aqueer n.d.; Mukhopadhyay 1977; Miner 1993:140-1]、婚姻その 1、婚姻その 2、婚姻その 3 のそれぞれは父方平行イトコ婚によって構造化された体系内での母方のイトコとの婚姻、すなわち最小諸分節の一時的な統一に貢献する二次的な父方平行イトコ婚として捉えることも不可能ではないだろう [cf. Murphy & Kasden 1959]。しかし、ニューマンがム

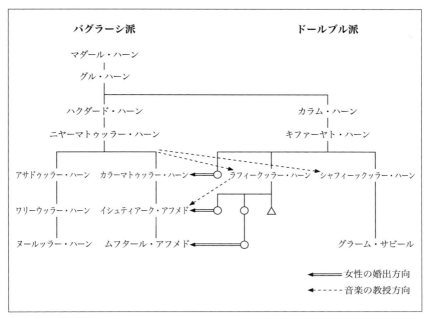

図9：バグラーシ派とドールプル派の婚姻関係と師弟関係

　スリム音楽家のイトコ婚について確認しているように、ガラーナー内のイトコとの婚姻は規定的なものではなく、あくまで選好的なものである[Neuman 1990(1980):126]。したがって、ここで確認できるのは、バグラーシ派からみて母方イトコとの婚姻が三世代に渡って選好されたという点と、女性の婚出方向が弟子筋であるドールプル派から師匠筋のバグラーシ派に向いているという点である。そして、ここで注目されるのは、婚姻関係と師弟関係の相関、すなわちガラーナー内のハーンダーンに非対称性を生み出す要因としての師弟関係であり、音楽財産の移動の方向である。
　ドールプル派のラフィークッラー（ハルモニアム奏者）とシャフィークッラー（シタール奏者）の兄弟は、義理の兄（姉の夫）であるバグラーシ派（家元筋）のカラーマトゥッラーから音楽を学んだ。すなわち、ここでは、女性の婚出方向と音楽財産の移動方向は逆である〔図9〕。

その一方、14歳で父のカラーマトゥッラーを亡くしたイシュティアーク・アフマドは、父の弟子（叔父）であったラフィークッラーから音楽を学ぶという現象もみられた。

　それでは、ドールプル派はどのような家族から妻を娶っていたのだろうか。グラーム・サビールによれば[346]、彼の母の家族はマリハバード Malihabad というラクナウとシャージャハーンプルのほぼ中間に位置する都市に住むサローディヤーであったという。また、彼の妻は、「夫の家系はハーンダーニ・サローディヤー（khāndāni sarodiyā）で、自分の家系は代々ハルモニアム（ふいご付きリード・オルガン）やタブラー（二つ一組の太鼓）の演奏を専門とするミーラースィーのガラーナーだ」と答えている[347]。ここでは、ハーンダーニ・サローディヤーはサロードを演奏する主奏者の家系、ミーラースィーは伴奏者の家系と考えてよいだろう。もしそうであるとしたなら、かつてサローディヤーの家系は、今日まで存続する４つのガラーナーの中核家系以外にも未知のハーンダーンが存在していたことになり、前章でも触れたように、それらの多くがガラーナーの「形成期後期」から「ポスト形成期」にかけて、歴史的「淘汰」の対象となったと考えられる。

　これまでのことから、ラクナウ・ガラーナーの「形成期後期」の婚姻関係においては、同一ガラーナー内での婚姻が少なくとも３世代に渡って行われ、そのことによってハーンダーン間には婚姻関係と弟子関係の二重の結びつきが生まれると同時に、家元筋（師匠筋）と弟子筋という姻族間における地位の非対称性が生じていたことが明らかになった。師匠筋のバグラーシ派の流祖ニヤーマトゥッラーはセーニヤーの直弟子であり、その

---

[346] ニューデリーのネルー大学キャンパスにおけるグラーム・サビールへのインタビュー（1999年１月）に基づく。

[347] ビジノールの自宅でのグラーム・サビールの妻へのインタビュー（1998年12月）に基づく。

音楽財産の一部が女性の婚出方向とは逆にドールプル派に一方的にもたらされていたと考えられる。その一方で、そのような師匠筋と師弟筋は恒久的な関係ではなく、状況によって柔軟に変化すること（弟子筋の長老が師匠筋の子弟に教授するという現象）も確認された。

また、師匠筋の権威の源が、第Ⅰ部第3章で多くの音楽家が主張するようにセーニヤーに行き着く一方、婚姻関係の外縁は第Ⅰ部第6章で検討したミーラースィーというカテゴリーで一括されてきた多様な音楽家集団に連続していたことも明らかになった[348]。

11-4. 異なるガラーナー間の婚姻関係と師弟関係

さて、シャージャハーンプルとラクナウは19世紀までは別のガラーナーであったにもかかわらず、ラクナウ＝シャージャハーンプル・ガラーナーとして"一つ"になったとされ [Irfan 1991:43; Misra 1985:34; Miner 1993:140-1]、それぞれのガラーナーの子孫は互いの家系図を自己紹介用のパンフレットに載せている。

この理由は、アワド王朝の最期の太守となったワージド・アリー・シャーの宮廷で出会ったラクナウ・ガラーナーの流祖ニヤーマトゥッラーとシャージャハーンプル・ガラーナーの流祖エナーヤト・アリーが意気投合し[349]、ニヤーマトゥッラーの娘とエナーヤト・アリーの息子シャファーヤト・アリーを結婚させたことに始まる[350]。そして、さらにシャファーヤ

---

[348] 英領インド帝国期の国勢調査においてはサローディヤーもまたミーラースィーやドームと同じカテゴリーとして論じられている。国勢調査におけるカーストのカテゴリー化およびムスリムの扱いについての問題点については第6章を参照のこと。

[349] この出会いが、ワージド・アリー・シャーがカルカッタのマティヤ・ブルジに幽閉されてからのこと（1856年以後）であったのかどうかは不明である。

[350] カルカッタのイルファーンの自宅におけるインタビュー（1997年12月）に

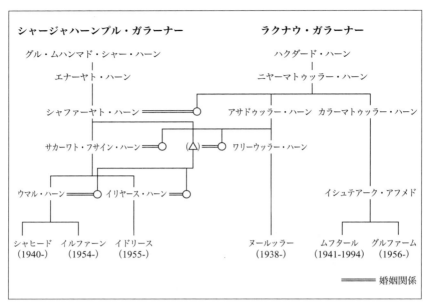

図10：シャージャハーンプルとラクナウ・ガラーナーの婚姻関係

ト・アリーの息子サカーワト・フサインは、ニヤーマトゥッラーの息子でありサロード奏者として有名であったアサドゥッラーの娘と結婚した。また、同時にサカーワト・フサインの弟スジャート・ハーンもアサドゥッラーのもう1人の娘と結婚した。すなわち、二つのガラーナーの間で同時に兄弟と姉妹の二つの婚姻（MBD婚）が行われたのである。これらの婚姻においては、女性の婚出方向はラクナウからシャージャハーンプルに向いている〔図10〕。

このようにラクナウ（L）とシャージャハーンプル（S）の間で婚姻関係が結ばれる一方、音楽の教授方向はニヤーマトゥッラー（L）からシャファーヤト・アリー（S）、カラーマトゥッラー＆アサドゥッラー（L）

基づく。

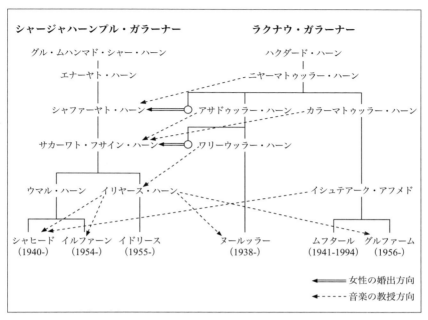

図11：シャージャハーンプルとラクナウ・ガラーナーの婚姻関係と師弟関係

からサカーワト・フサイン（S）、ワリーウッラー（L）からイリヤース（S）となっており、ラクナウがシャージャハーンプルの師匠筋であることがわかる。すなわち、女性の婚出方向のみならず音楽財産の贈与もラクナウからシャージャハーンプル（L → S）に向いているのである〔図11〕。

イルファーンによれば、「この二度のガラーナー間の婚姻により、ラクナウの音楽がシャージャハーンプルに流れ込んできた」という[351]。ここでいうラクナウの音楽、すなわちその核心にある音楽的実践知あるいは音楽財産とは具体的にどのようなものであったのだろうか。

---

[351] 以後のコメントはすべてカルカッタの自宅でのイルファーンへのインタビュー（1997年12月）に基づく。

彼は、「インドのダウリーはアフガニスタンのパターン人のマハルとは逆で、妻方（WG）から夫方（WT）に支払われる。同様に、ラクナウから妻をもらうと同時に、ダウリーとして各種のバンディッシュが伝えられた」という注目すべき発言をしている。すなわち、サロードのガラーナーにおいても音楽財産とは、ヒンドゥスターニー音楽の権威であるセーニヤーや代々の巨匠により作曲され伝承されてきたバンディッシュ（小作品）であることがわかる。もちろん、異なるガラーナーのバンディッシュを修得するに際しては、ガラーナー独特の音楽スタイルを生み出すサロード演奏のための特徴的な運指法や修行方法が必要であったことは言うまでもない[352]。また彼は、婚姻給付（婚約金か持参金か）の方向がアフガニスタンと北インドのパターン人とで逆になっている理由、すなわち女性が婚出する方向に音楽財産が伝授される理由について、「インドのムスリムはヒンドゥー教からの改宗者が多く、改宗後もヒンドゥー教の習慣に従ったため、（かつてアフガニスタンからやって来てインドに腰を下ろした）パターン人も自然とそうなった」（括弧内筆者注）と述べている[353]。

　このような婚姻関係と師弟関係に基づく音楽財産の移動については、

352　バンディシュや変奏パターンの表現は、音階のフレーム（記譜法によって記述可能な情報）によってのみ成り立つものではない。どの音にどのような装飾をつけるか、またそのためにいかなる技法を用いるかは声楽と器楽では異なっている。また器楽においては、それぞれの楽器特有の構造を生かした左右の手技（一般に左手においては弦を押さえる指の運指法、右手においてはストロークおよびピッキング）のバランスにもガラーナーごとの特色が表れる。例えば、左手のどの指を用いるか、人差し指と中指のみの場合と薬指を加える場合とでは運指法のみならず、音の装飾法が異なる。このあたりの詳細については、暗黙知の身体化という視点から、次章の第12章で検討を試みる。なお、サロード・ガラーナーの音楽的特色の分析例についてはMcNeil［1992:291-319］などを参照のこと。

353　カルカッタのイルファーンの自宅でのインタビュー（1997年12月）に基づく。

ターンセーンの娘サラスヴァティーと結婚しイスラームに改宗したミシュリー・シングが、ターンセーンから200種のドゥルパド作品を「ダウリー」として贈与されたという既述の逸話と符合するものである。ただし、その一方で婚姻関係に基づかない、師弟関係のみに基づく音楽財産の伝授があったことも指摘しておかなければならない。詳細は第12章で明らかにするが、サカーワト・フサインの次男のイリヤースは、当初はラクナウ・ガラーナーのワリーウッラーからシタールを学んだものの、後にまったく婚姻関係のないガラーナーの巨匠の弟子となった。そして、インド独立後のガラーナーの「ポスト形成期」に入って生まれたラクナウ＝シャージャハーンプル・ガラーナーの構成員の多くが、異なるガラーナーの音楽的実践知を修得したイリヤースの弟子となったのである。

さて、それでは、異なるガラーナーから贈与された音楽財産（バンディッシュとその学習）がもたらす影響あるいは音楽スタイルの変化とはどのようなものであろうか。ガラーナーの音楽スタイルを生み出す基盤となる運指法や修行方法に注目し、その一端について考察しておきたい。

11-5. 新たな婚姻連帯がもたらす演奏技法と音楽の変化

サロードは一般に、ギターと同様に左手指で弦をおさえ、右手に持ったピック（ジャヴァ *Java*：多くの場合はココナツの外皮や木片を加工したもの）で弦を弾く。したがって、弦を押さえる左手指の運指と右手のピックさばきの技術のバランスが演奏の際の重要なポイントとなる。

サロードのガラーナーには、弦を押さえる左手指のうち人差指と中指の二指のみを用いるガラーナーと、さらに薬指を加えた三指を用いるガラーナーがある。今日においても、二指を用いるガラーナーと三指を用いるガラーナーとが拮抗している。このことは、最大のサロード奏者人口を誇るマイハル・ガラーナーなどが三指による演奏法であることに理由がある。二指のみを用いるイルファーンによれば、「シャージャハーンプル・

ガラーナーの場合、エナーヤト・アリー（1790-1883）の代までは、他のガラーナーと同様に三指でサロードを演奏していた。しかし、シャファーヤト・アリー（1838-1915）の時代以降、二指による演奏法になった」という[354]。さらにこの理由を、イルファーンは、「シャージャハーンプルはそれまでマディヤ・ラヤ madhiya laya（中くらいのテンポ）の演奏を最も得意としていたが、ブランドシャハル・ガラーナーのドゥルト・ラヤ drut laya（早いテンポ）での演奏技術が、シャージャハーンプル・ガラーナーに入って来たことによる」と説明している。

　ちなみに、ラクナウ＝シャージャハーンプル・ガラーナー以外は三指を用いるが、グワーリヤル・ガラーナーのハリーファ（家元）であるアムジャド・アリーは、それまでの父や祖先の演奏法と異なり三指ではなく二指による独特の演奏を行い、弟子にも二指による演奏指導をしている。彼は、独自の修練の結果、独特の運指法を編み出した。彼によれば、「ゆっくりしたテンポでは三指による演奏が適しているが、早いテンポの演奏には二指が適している。早いテンポの演奏では薬指の動きが遅れじゃまになる」として結果的にラクナウ＝シャージャハーンプル・ガラーナーとほぼ同様の見解を示している[355]。

　筆者は当初、ラクナウ＝シャージャハーンプル・スタイルの二指によるサロード演奏の基礎を日本で学び、インドではグワーリヤル・ガラーナーの流れに属するシャージャハーンプル派の師匠から三指による演奏法を教わった。その後、グワーリヤル・ガラーナーのアムジャド・アリーからはラクナウ＝シャージャハーンプルとはやや異なったスタイルで二指を用

---

[354]　カルカッタのイルファーンの自宅でのインタビュー（1997年12月）に基づく。

[355]　東京港区の宿泊先でのアムジャド・アリーへのインタビュー（1989年4月）に基づく。

いて演奏するようにアドバイスを受けた複雑な経験がある[356]。総合すると、アムジャド・アリーが言うように三指はゆっくりとした演奏に向き、二指は早い演奏に向くほか、インド音楽では重要な装飾音の技術に違いが出るなど一長一短があると思われる。例えば、人差し指で押さえている弦を薬指で弾くと同時に人差し指を瞬時に移動させて音を変化させるという左手の運指技術（ムルキ murki）は、人差し指と中指のみではなかなか困難な技術である。その一方、演奏スピードが速くなると薬指の動きが負担になるため、人差し指と中指の動きで賄える技術を用いる方が効率的である。

　このような運指技術やピックによる弦さばきのバランスは練習の積み重ねによって身体に刻まれる実践知であるため、一端体に浸み込んでしまうとその矯正は容易ではない。実際、筆者がインドにおいて、日本で学習したガラーナーとは異なるガラーナーの師匠についたことにより、運指を矯正された経験がある。日本で練習していた二指での奏法を、インドにおいて三指の奏法に矯正され、一度も訓練したことのない薬指の扱いにかなり苦慮した。当然のことながら、このような技術の身体化ができなければ、ガラーナー独特のスタイルの習得と演奏は困難となる。ガラーナーごとに特有な音楽的スタイルを支えてきたのは、声楽であれば発声の技術であり、器楽であればそれぞれの楽器を扱う伝統的な実践知なのである。そして、このような技術や知識は師弟関係の連鎖に基づく学習過程の中で習得・継承されてきた。そして、ムスリムが中心となったヒンドゥスターニー音楽のガラーナー形成期においては、婚姻関係と師弟関係の相関が音楽財産の移動とその財産に新たな命を吹き込む演奏技術の維持と変化に重要な役割を果たしていたと考えられる。

　同じガラーナー内の親戚関係にある師匠のもとに修行に出て学ぶことは、同じガラーナー内での音楽解釈や演奏技術の相同性あるいは同質性を確認し体感することでもある。一方、他のガラーナーから音楽を学ぶことは、

356　東京港区の宿泊先での運指に関するレッスン（1989年4月）に基づく。

それまでのガラーナーの音楽および音楽スタイルに新たな革新をもたらす原動力となっていたと推測される。

11-6.「形成期後期」から「ポスト形成期」にかけての社会環境と伝承形態の変化

　ラクナウとシャージャハーンプルという二つのサロード・ガラーナーの祖先がアフガニスタンを後にし、北インドに定着した18世紀の「形成期中期」においては、彼らの主たる収入源は限られたジャーギールや貿易（馬商）による利益であった。それが19世紀に入り、音楽に秀でた一族の者がセーニヤーの直弟子になり、ラーガ音楽を習得して宮廷で活躍しガラーナーの流祖となった。流祖が修得し発展させた音楽が、三代に渡って伝承されていく過程において土地財産等に代わる無形の財産となっていったのであろう。この英領インド帝国期と重なるガラーナーの「形成期後期」の時代が、サロードやシタールをはじめとする器楽のガラーナーの最盛期であったと言えよう。本章においては、このような音楽財産の管理・伝承と密接に結びついたガラーナー内およびガラーナー間の婚姻関係と師弟関係の相関関係、おおびその変化を中心に分析した。

　アフガニスタン東部・パキスタン西部におけるパターン人の婚姻に関する特徴は、クラン＝リネージ内婚・父方平行イトコ婚・上昇婚の選好であり、独特の土地所有制度とリネージ・家族の地位および個人の威信と結びついていることである［Ahmed 1980］。このような婚姻形態は、土地財産の同一クラン＝リネージへの囲い込みに機能する一方、同一父系出自集団内の婚姻でありながらリネージ間に非対称性を生じさせ、マハルの額にも変化を与えてきたとされる。

　一方、北インドのヒンドゥー社会におけるダウリーの贈与はカースト内における上昇婚と深く結びついて発展したとされる［Srinivas 1989］。北インドの上層カーストではカースト内婚・ゴートラ外婚（クラン＝リネージ

外婚)、そして上昇婚が選好され、取妻者（WT）が与妻者（WG）より社会的優位に立つ。その結果、劣位に置かれた与妻者は一方的に取妻者にダウリーを贈与することになるというものだ。インド・ムスリムもまた上昇婚的婚姻とそれにともなう贈与交換の形態を共有していると言われる。そして、ガラーナーの婚姻関係においても音楽財産は贈与交換の対象になっていた。しかしながら、WGが師匠筋（社会音楽的上位者）となるガラーナー間の婚姻関係には既述の原理は当てはまらない。

ニューマンも指摘していたように、かつてもそして今日においてもガラーナーの中核家系は常にムスリムであり、特にムガル帝国後期から英領インド帝国に移行するガラーナーの「形成期後期」においては、音楽財産の管理と伝承に内婚的な集団形成が重要な役割を果たしたこと考えられる。しかしながら、婚姻関係と師弟関係がどのように結びつき、音楽財産の管理・伝承を可能にしていたかという点について、具体的な事例に踏み込んで明らかした研究は非常に少なかったと言えるだろう。

本章の事例においては、ガラーナー内の婚姻関係では父方平行イトコとの婚姻が、ガラーナー間の婚姻関係においては母方交差イトコとの婚姻が行われる傾向にあったことが明らかになった。このうち、ガラーナー間における母方交差イトコとの婚姻は、集団間併合をすることなくより大きな社会的結合、すなわち父系的なハーンダーン（系譜関係）に表れない紐帯を可能にするビラーダリーの構築＝婚姻連帯としてとらえることが可能であろう。この場合、女性は一定方向に婚出するという傾向がみられ、それとほぼ平行して師弟関係が結ばれており〔図12〕[357]、婚姻関係と師弟関係という二重の社会関係あるいは親密性が"秘伝"の贈与、すなわちダウリーとしての音楽財産の分与を円滑にしたと推測される。そして、音楽財産の核心はサロードにおいてもガラーナーに蓄積されてきたバンディッシュであることが明確になった。ただし、そのバンディッシュに生命を吹

---

[357] 図中の生存者は2000年1月時点。

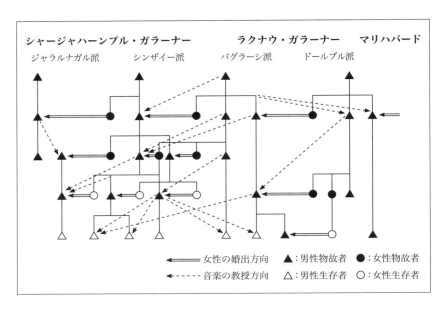

図12：シャージャハーンプルとラクナウ・ガラーナーの婚姻関係と師弟関係の相関

き込むのは理にかなった運指方法や音の装飾技術を含む適切な演奏表現であり、それまでのガラーナーの音楽財産に新たな実践知の導入と革新をもたらすことになる。

　本章では、親族共同体における人員（成員）およびその社会関係の再生産というメゾ・レベルの社会過程に注目し、婚姻関係と師弟関係の相関とその変化について検討してきた。

　サロード・ガラーナー内の父方平行イトコとの婚姻と、ガラーナー間における母方交差イトコとの婚姻が頻繁に行われた英領インド帝国期は、ラクナウ＝シャージャハーンプル・ガラーナーの全盛期でもあった。しかしながらこのような婚姻関係はインド独立・印パ分離以降、すなわちガラーナーの「ポスト形成期」に入って生まれた音楽家の間ではほとんど見られなくなった。今日のガラーナーの子孫は音楽演奏を生業としない家系に属

する妻を娶ることが多くなっている。これらの婚姻関係の変化、すなわち世襲音楽家のビラーダリーの変化はガラーナーの発展および後継者育成にも少なからぬ影響を与えていると考えられる。このようなメゾ・レベルの変化は、20世紀に入ってからのマクロな政治経済的環境の変化と無関係ではないだろう。さらには、ガラーナーの婚姻関係と師弟関係のみでは説明できない変化もある。第14章で考察するアムジャド・アリーやアリー・アクバルのケースのように、それまでの伝統を継承しつつも個人の創意工夫によって独自の演奏スタイルが生み出されるケースもあるのだ。

次章においては、ガラーナーの「形成期後期」から「ポスト形成期」にかけての師弟関係の連鎖、そして実践共同体としてのガラーナーにおける学習の問題に焦点をあてて、ガラーナーという共同体の歴史性とそこに属する音楽家のアイデンティティ形成についてミクロな視点から考察する。

| 第 12 章 |

実践共同体における学習とアイデンティティ

師弟関係としてのガラーナー

　第Ⅰ部の第1章と第2章において検討したように、ガラーナー（組織性）とガラーネーダール（成員性）の定義は、社会的正統性と音楽的正統性という二つの視点からの議論が有意義であった。社会的正統性は生物学的あるいは儀礼的親子関係によって獲得され、音楽的正統性はガラーナーのスタイルを形成する実践知の継承によってなされる。言い換えれば、前者は系譜関係（ハーンダーン）と婚姻関係（ビラーダリー）、そして師弟関係（グル・シシャ・パランパラー）によって担保され、後者はそれらの社会関係に基づく学習過程の中で修得されるのである。

　第10章においてはサロード・ガラーナーの出自と系譜関係、すなわちハーンダーンとしてのガラーナーに、前章においては婚姻関係、すなわちビラーダリーとしてのガラーナーに焦点を当てて検討した。その結果、ガラーナーの「形成期後期」におけるムスリム家族の婚姻関係のあり方、とくに近親婚と婚姻連帯が音楽財産の分与に重要な役割を果たしていたことが明らかになった。しかし、その一方、「ポスト形成期」においては、音楽家のハーンダーン内での近親婚は減少し、ビラーダリー間における婚姻連帯の意義も希薄となり、音楽を中心とする親族ネットワークは弱まっていったと考えられる。

　このようなガラーナーにおける社会関係の変化は、第Ⅱ部で検討したパトロン＝クライアント関係などマクロな社会経済的環境の変化とリンク

しつつ、実践共同体としてのガラーナーの再生産に大きな影響を及ぼしていると考えられる。本章においては、ガラーナーにおける師弟関係を相互行為の連鎖としてとらえ、そこにおける音楽的実践知の学習過程と音楽家のアイデンティティ化についてミクロな視点から検討する。

12-1. 音楽的実践知の詳述困難性

それぞれのガラーナーは、他のガラーナーとは区別されるレパートリー（演目[358]や演奏スタイルなどの音楽的実践知）を有する伝統的な音楽の実践共同体であると定式化するとき、その音楽的実践知の核心が音楽家の間でどのように認識されているかという点、すなわち音楽的価値観あるいは美的アイデンティティの問題は非常に興味深い問題である。

すでに第Ⅰ部第3章の冒頭で音楽家たちが語っていたように、それぞれのガラーナーには独特の音楽スタイル（バージ）があり、そのバージは師弟関係の連鎖の中でターリーム *tālīm* として教授・学習され継承されていく。すなわち、ターリームこそがバージを成立させる音楽的な「教え・学び」の根本であり、その核心には独占と秘匿の対象となったハースル・ハース・ターリーム（秘中の秘の教え）があると考えられた。より具体的には、婚姻の際にダウリーとして分与されたバンディッシュとその演奏技法・展開方法がそれである。

しかし、第Ⅱ部第7章でも明らかにしたように、ムガル帝国期のムスリム中心の宮廷音楽が英領インド帝国期を経てヒンドゥー中心の「国民音楽」へと変貌を遂げる「ポスト形成期」への移行過程において、ガラー

---

[358] すべてのガラーナーにすべてのラーガが伝承されているわけではない。それぞれのガラーナーは、得意演目とするラーガや珍しいラーガ、あるいは同じラーガでもアーラープの展開の仕方や、独特な音構成とリズムのバンディッシュを有している。

ナーごとに異なるラーガの解釈の問題が全インド音楽会議などで話し合われ、記譜法を用いた学習カリキュラムが学校教育に取り入れられ、レコードやラジオの発達によって演奏のコピーが可能になるに至って、音楽財産の独占や秘匿は困難になっていく。近代インド音楽のパイオニアであるバートカンデーがそうしたように、事前に作曲された小作品としてのバンディッシュは採譜・模倣の対象となり、その音楽の再現は表面的・形式的には誰にでも可能になったのである。

とはいえ、ガラーナーの即興演奏を完全にコピーすることは困難である。理解（わかること：knowing that）と実践（できること：knowing how）は同じ次元にあるものではない［ライル1987(1949)］。すなわち、どんな演奏をしているのかを直感的に把握できたとしても、それを実践的に再現してみせることは容易なことではない。仮に、1時間以上にわたる即興演奏のコピーを実践できるようであれば、その音楽家はすでに一流の域を超えている。その一方、即興全体をコピーしたとしてもその演奏は即興とはいえず、他のガラーナーの"まね"であり、ヒンドゥスターニー音楽の魂を失っていると言わざるを得ない。ただし、部分的に他ガラーナーの特徴や技巧を個人的な"味付け"として取り込むことは可能であり、今日においても実際に行われていることである。

それでは、バンディッシュが記述と分析の対象となる近代の社会環境においてもなお、あるガラーナーと別のガラーナーを音楽的に区別できるもの、あるいは美的差異とでも呼べるものがあるとしたら、それはどのようなものだろうか（FI-Q5）[359]。

> ガラーナーには確かに独自の演奏のスタイルがあるが、それが他のガラーナーとどのように異なるかとなると、それを口で説明する

---

[359] FI-Q5 はフォーマル・インタビューの質問項目の5番目を意味する。詳細は巻末資料 B を参照のこと。

のは難しい。それを語るには、師匠や師匠の音楽について語ることになる。〔プラッテューシ・バネルジー〕[360]

　それは非常に答えにくい問題だ。ラーガを演奏する際の全体的な構成や展開はほぼ同じだが、どれ1つとっても同じ演奏はなく、最終的には音楽家の想像力にゆだねられている。とはいえ、われわれのガラーナーの特徴は、まずバンディッシュに現れている。それはラーガの純粋性を凝縮したものであり、右手の技術によるものである。それはガラーナーの流祖[361]から私の師匠であるラディカ・モーハン・モイトラへと受け継がれてきた。最初は師匠から受け継いだバンディッシュを学習し、最終的には自らがバンディッシュを創作し、弟子たちに伝承してきた。それらは作曲者によって異なっているが、指使いや装飾の付け方には共通点がある。〔ナレンドラナート・ダル〕[362]

というように、ガラーナーの音楽的スタイルあるいは美的差異については、最初に言語表現の困難さを口にする。彼らは技術的なデモンストレーションによって自分たちの特徴や他のガラーナーとの差異をある程度示すことができるが、それを言語表現によって明らかにすることには戸惑いを覚えるのである。すなわち、「語ることができるより多くのことを知ることができる」［ポラニー 1980(1966):15］というポラニー Michael Polanyi（1891-1976）の著名な表現を持ち出すまでもなく、暗黙知の詳述困難性がそこに

---

[360] カルカッタのバネルジーの自宅でのインタビュー調査（1997年12月）に基づく。
[361] 実際には、ムラード・アリー・ハーン、アブドゥッラー・ハーン、アミール・ハーンという実名を挙げている。
[362] ラクナウのダルの自宅でのインタビュー（1998年7月）に基づく。

ある。

　そこで彼らは、ガラーナーの音楽スタイルや美的価値観を表現するに際し、自らの学習歴や師匠の音楽性などについて語ることから始めるのである。これらの語りは、内弟子時代の修行法の回想やいわゆる芸談にも及び、ヒンドゥスターニー音楽の学習プロセスとガラーナー・アイデンティティについて検討するための重要な視点を提供してくれる。しかしここではまず、ダルが指摘する「それらのバンディッシュは作曲者によって異なっているが、指使いや装飾の付け方には共通点がある」という、暗黙知の技術的側面に注目したい。この技術的側面の根底にあるものこそが、共通の音楽スタイルを生み出す身体化された音楽的実践知[363]であり、詳述困難性の対象と重なるものだからである。

12-2. 音楽的実践知の身体化と音楽スタイルの再生産

　古来、インドのサンギート *saṅgīt* という概念は、声楽・器楽・舞踊を含む総合パフォーミング・アーツに近いものであり、旋律に関する法則である「ラーガ」と拍節に関する法則である「ターラ」によってそのアウトラインが規定されていることは既述の通りである。その一方、声楽、器楽、舞踊というそれぞれのジャンルの特徴と差異を端的に述べるとすれば、それぞれが声、楽器、身体という個別の表現媒体を有しているということになろう。

　声楽は言語（歌詞）と音声技法によって、舞踊は文字通りの身体技法によって表現がなされることにその特色が求められる。一方、器楽においては楽器自体の扱いに習熟することが重要な課題となる。すなわち、声楽と舞踊が表現媒体として身体そのものを用いるのに対して、器楽は身体の外

---

[363] ここで言う音楽的実践知とはレイヴら［1993(1991)］のいう知性的技能（knowledgeable skill）に近いものである。

あるいはその延長にある楽器＝道具を表現媒体として用いるのである。そのためその音楽表現は身体と道具の相互作用的な暗黙知に多くを負うことになり、道具としての各楽器の特徴に応じた演奏技法を身体化していく必要がある。したがって、器楽におけるガラーナーの音楽的スタイルは、ラーガの解釈における固有性・歴史性にあると同時に、それぞれの楽器が有する諸特性に応じた技法を身体化するプロセスのなかで再生産されてゆくものであるともいえよう。

前章においては、ガラーナー間の婚姻連帯による音楽財産の移動が、演奏技術（運指など）に変化をもたらすことを明らかにした。音楽財産としてのバンディッシュは作曲されたものであるが、その演奏法は師弟関係の中で正統的なターリームとともに修得されなければならない。バンディッシュは記譜化可能だが、文字化されたものは衣装をまとわない裸（骨格）のようなもので、演奏全体のバランスや細かいニュアンス、より具体的には、装飾の付け方や音の強弱は示されないものがほとんどである。

シャージャハーンプル・ガラーナーのイルファーンは、サロードという楽器の身体化のプロセスについて次のように述べている[364]。

> 最初の1年間はサルガム sargam（音階練習）や指づかいのみ。次の1年間はパルター paltā（変奏のための基礎練習）のみを習った。私たちのガラーナーでは右手と左手のコンビネーションが非常に重要である。そのため、個別のラーガを習う前に正しい運指と正しい音出しができていないといけない。ラーガのバンディッシュやガット（定まったリズム周期のもとに演奏を伴うパート）を学んだのは10歳くらいからである。その後、アーラープを習いはじめた。（括弧内筆者注）

---

[364] カルカッタのイルファーンの自宅でのインタビュー（1998年12月）に基づく。

さらに、彼はサロードの初期の学習ステップについて次のように述べている。

(1) サルガム、パルター、ムールチャナー mūrćanā などの基本音階練習
(2) 練習用のバンディシュや簡単な変奏パターンの学習
(3) ジャーラー（4拍子系の早いテンポの変奏部分）などの基本パターンの学習
(4) アーラープ（リズム・サイクルを持たない即興的部分）の展開モデルの学習

上記のステップ（1）以前の最も初期の学習ステップにおいて重要なのは、「楽器に慣れること」と「正確な音を出せること」である。まず、サロードの構え方は、右足を上、左足を下に組むヨーガのポーズをとり、右太股の上に楽器をのせる〔写真1〕。背筋をまっすぐにし、楽器の胴体を腹にしっかりつけ、右脇で楽器の胴体を上から押さえて抱え、左手で下から棹を押さえる。そして、左手でフレットのない広い金属指板（棹）上の弦を指先でおさえ、右手に持ったピック（ジャヴァ Java: 多くの場合、コナツの外皮を加工した小型の撥）で羊皮を張った胴体上の弦を弾くというのが演奏の基本である。

ちなみに、弦をおさえるのは指の腹ではなく指の先、すなわち爪の先でもある。金属製の指版と金属弦は、弦上の指先が滑りやすくするための工夫であり、インド音楽特有の連続的に変化する音や微分音の表現を可能にする。例えば、ガマク gamak という2音間

写真1：サロード演奏の姿勢とチューニング。イルファーン・ハーン　　筆者撮影（1998年12月）

を激しく往復しながらラーガを展開する技法があるが、これをサロード上で行おうとすると金属指版上に張られた金属弦の二つのポジションを何度も指（爪先）で滑らせる必要がある。この技法の練習は過酷である。爪が摩耗し、金属弦が指肉に食い込み、ときに苦痛を伴う。そのため、弟子のなかには義爪を用いたり、足の親指の爪を切って瞬間接着剤で爪先に貼りつけて補強するという手段を用いる者もおり、プロの演奏家も様々な工夫によって爪の強化や補強を行っている。

　また棹を支える左手の親指のポジションと、弦を押さえる左手の人差指と中指のバランス、左手首の返し、そして、弦のどの部分を押さえるとどのような音が出るかを正確に知らなくてはならない。さらに、弦を小さなピック（撥）で上から弾く時と下から弾く時、トレモロのように素早く弦を上下に弾く時などでは、右手首およびピックをもつ指の力の入れ具合によって音色がどのように異なるかなど、楽器の特性と音との関係を身体に刻み込んで行かなければならない。ピックは今日でもココナッツの固い外皮から削り出したものなどを使用することが多く、その品質は一様ではない。ココナツ・ピックは内側と外側で強度が異なり、若干湾曲している。この湾曲が親指と人差し指での掴みを容易にする一方、弦を弾く先端部分の表裏に不均衡を作り出す。そのため、演奏者自らが演奏しやすいように、身体化しやすいように最終的な形状に整える必要があるのである。

　このような楽器やピックの扱いをある程度修得したあとは、基本的なラーガの音階練習に移行する。この、ともすると味気のない音階練習にはサロード演奏を行うための基本パターンが含まれている。伝統的なガラーナーでは、音階練習のパターンが豊富で、即興演奏にも応用可能な実践性をも兼ね備えている。すなわち、新参者は音階練習に取り組みつつ楽器の操作法を学んでいくのだが、その段階からすでにガラーナーのスタイルを形成する音楽的実践知のプロトタイプが埋め込まれているのである。ただし、このことは新参者に明確に認識されるわけではない。この基本訓練の根底には、ポラニーが盲人の探り杖の事例などを用いて説明しようとする

暗黙知の原理があると考えられる。

　サロードで言えば、探り杖は弦を弾くためのピックに比定される。右手にもつピックで弦を弾いたとき伝わる指の感覚は、ピックが弦に当たる触覚、左手の弦を押さえる際のポジショニングと運指、そして最終的には楽器から発せられる音感へと変化していく。すなわち、「**意味をもたぬ感覚（＝触覚）**が、解釈の努力によって意味のある感覚（＝**聴覚・音感**）へと変化する過程であり、またその意味のある感覚が、もとの感覚からはなれたところ（＝**美感・音楽スタイル**）に定位される過程である」［ポラニー 1980（1966）:27］（括弧内筆者）といえるだろう。ポラニーの理論によれば、触覚という暗黙知を成立させる近位の条件は、聴覚・音感という遠位[365]の条件を介して認識できるが、その詳述は困難となるのである[366]。

　本書に即して言えば、サロードいう楽器と一体化した身体技法によって得られた音楽的効果や演奏の出来栄え（遠位条件）に注意を向けることで、音楽スタイルの"在りか"を知覚することはできるが、それがどのような要素の総体（近位条件）によって成立しているのか言語化できないことになる。しかし、インド音楽のみならず、芸道的徒弟世界においては、近位と遠位を結びつける回路が皆無というわけではない。芸道世界において特有な「わざ言語」が用いられるのは、近位と遠位のギャップを橋渡しするための工夫とも考えられ、ヒンドゥスターニー音楽の器楽で言えば"ボル *bol*"と呼ばれる音楽言語がその一部にあたる（後述）。ここでの音楽言語は身体活動に"気付き"、すなわち意味を与えるものとして活用され、ターリーム（教え）を構成する重要な要素となっていることに注目したい。

365　音楽概念（聴覚を介しての音感・美感）はわれわれの身体（触覚）から離れたところにあるという意味で、「遠位」という言葉を用いることも可能であろう。

366　ポラニーはこれを、暗黙知の意味論的側面と呼びつつ、「すべからく意味は私たち自身から遠ざかっていく傾向」にあるとしている［ポランニー 2003（1966）:32］。

ここに、ポラニーが「暗黙知の意味論的側面」［ポラニー 1980(1966):28］と呼ぶものとの接点を見出すことができる。そして、このような暗黙知の身体化を促進させるガラーナーごとのターリームが、師弟関係の連鎖のなかで、学習者の意味をめぐる「折衝（能力）negotiability」と交錯しつつ、共同体の成員意識へと向かう「アイデンティティ化 identification」［cf. Wenger 1998:207-8］に寄与すると同時に、音楽スタイルの再生産を支えてきたと考えられるのである。

12-3. 音楽的実践知の学習プロセス：いつ、誰に、どのように学んだか

　それでは、詳述困難性を伴う音楽スタイルあるいは音楽的実践知はどのようなプロセスのなかで経験され、修得＝継承されるのであろうか。音楽の学習歴に関する回答の中にその端緒を見いだしてみたい（FI-Q1）[367]。

　　6歳の時にシタールの基礎を、8歳のときからサロードを、父のウマル・ハーンから習い始めた。当時は長男がサロードを、次男がシタールを習うことになっていたが、次男である私もサロードを学ぶことを許された。……高校を卒業するまでは父のもとで、その後は大学に籍を置きつつ、叔父のイリヤース・ハーンの元で音楽を習った。叔父はセーニー・ガラーナーの流れをくむカールピー・ガラーナーのシタール音楽をユースフ・アリーから学んだ。父は自分のガラーナーの音楽を習得すると同時に、叔父からシタールのビーンカール・バージを習う必要があると考えた。そのため、私は叔父

---

[367] FI-Q1 はフォーマル・インタビューの質問項目の1番目を意味する。詳細は巻末資料 B を参照のこと。

とガンダー（公式の師弟関係）を結んだ。〔イルファーン・ハーン〕[368]

　6歳のとき、父のワリーウッラーからシタールを習いはじめた。その後、11歳の時から母方の叔父のウマル・ハーンに弟子入りしガンダーを結んだ。その後シタール独特の技術を学ぶために、イリヤース・ハーンとその師匠であるユースフ・アリー・ハーンからシタールを学んだ。〔ヌールッラー・ハーン〕[369]

　このように、世襲音楽家の多くが6歳前後から、まず自分の父から、そして後に自分の叔父から音楽教育を受けている。ガラーナーにおける教授－学習の特徴は、他の伝統芸道と同じようにマンツーマンの師弟関係の中で行われることにある。弟子にとって、師匠は絶対的な存在であり、師匠に対してそれぞれの練習の意味を質問することはほとんどの場合許されない。弟子は、師匠からの教えを模倣し、繰り返すことによって身体に刻みつけ、徐々にその意味を発見していくしかない。ここで教授－学習がどのように行われるのか、一つの場面を想定してみよう。

　師匠と弟子が楽器を持って向かい合う。師匠はあるラーガのフレーズを自らが手本となって演奏する。あるいは、サルガム *sargam* とよばれる音階の口唱和によって左手の運指を、またボール *bōl* と呼ばれる口三味線のようなシステマティックな音楽言語によって右手の撥さばきを示す。弟子はそれと同じフレーズを模倣して演奏する。もし、その模倣が正しくおこなわれれば、師匠は新たな別のフレーズを示すだろう。もし、弟子の演奏に少しでも問題があれば、師匠は再び同じフレーズを今度は少しゆっくり

---

[368] カルカッタのイルファーンの自宅におけるインタビュー（1998年7月）に基づく。

[369] カルカッタのイルファーンの自宅に来てもらってのヌールッラーへのインタビュー（1999年1月）に基づく。

と繰り返してくれるかもしれない。あるいは、主としてメロディー（左手の運指）に誤りがあればサルガムによって、リズム（右手の撥さばき）に問題があればボールによって指摘を受ける。これを 4 ～ 5 回繰り返しても再現できない場合は、そのフレーズをより簡単な部分に分解して提示してくれる場合もないとはいえないが、稽古はそこで打ち切られ、次回の稽古までの宿題となる可能性が高い。もし、師弟関係が親子関係と重なり、生活と直結する世襲音楽家の家系の場合などは、さらに厳しい事態が待ち受けている。

　例えばラクナウ・ガラーナーのドールプル派に属するグラーム・サビール（1948 年生まれ）は修行時代の出来事について次のように語っている[370]。

> 　10 歳前から、父のシャフィークラー・ハーンからサロードを学び始めた。父はそのときすでに 60 歳を超えていた。父は 1975 年におよそ 105 歳で他界した。当時の私は毎朝 4 時に起きて練習を開始した。それより遅く起きると父は常に不機嫌だった。たしか、1966 年か 67 年のことだ。早朝、私がラーガ・ジョウンプーリを練習していると、父がやって来て、あるターン（変奏）を教えられた。しかし、私はそれを何度やっても適切に再現することができなかった。父は怒り、次にできなかったらこん棒で殴ると言われた。私は必死でやってみたが、だめだった。そして私は殴られ、背中から血が出た。今でも、その時の傷は背中に残っている。しかし、そのおかげでその難しいターンを演奏できるようになったのだし、現在の私がある。

---

[370] ニューデリーのネルー大学キャンパスにおけるインタビュー（1999 年 1 月）に基づく。

多くの場合、師匠から指摘されるのは、「正しくできていない」という結果、すなわち遠位条件のみである。評価の基準はあくまで師匠の側にあり、しかもどこがどのようにダメなのか、いかにしたら弾けるようになるのかという近位条件については、言語で明瞭に説明されることはめったにない。この場合の手本は師匠によって提示された音あるいは旋律のパターンであって、初心者の外国人でもない限り、具体的な技術にまで立ち戻ってこと細かに教示してくれることはほとんど期待できないのである。この意味で、他の伝統的芸道と同様にサロードの修業も、自分に対して権威を持つ者＝師匠への信頼をベースとしたいモース Marcel Mauss の言う「威光模倣」に近い。師匠というものは「個々の模倣者に対して秩序立ち、権威のある、証明された行為をなす者の威光」［モース 1976(1968):128］を有する者であり、師弟という権力関係のなかで育てられて威光を受け継いだ者である。そしてそのような師弟関係の連鎖がガラーナーの歴史性と正統性を担ってきたとも言えるであろう。

　弟子は示されたモデルと自己の実践ギャップを埋めるため、師匠から一定の評価が得られるまで、想起と反復による解釈の努力を求められる。確かにポラニーがいうように、師匠の教えが身につくか否かは師匠―弟子という２者間の実践的協働を前提としており、言葉では伝えきれずに残されてしまったものを、受け手が発見できるか、あるいは身体化できるかどうかにかかっている［ポラニー 1980(1966):17］。そして、世襲的な芸道世界においては意味の「発見」を急かされ、「しごき」を伴うこともある。それでも一人前になった音楽家にあっては、そのような経験を否定的にとらえる者は少ない。上記のグラーム・サビールだけでなく、第Ⅰ部第２章のアミーヌッディン・ダーガルの例にもあったように、その鮮烈な記憶はさまざまな感情を伴って身体に刻まれると同時に、過去と現在との対話によって再構築を繰り返すアイデンティティ化の再帰的資源となるのである。このような音楽的実践知の学習過程における経験や感情、そして時間とともに醸成される「信念」が結びついて構築されるアイデンティティは、

"美的アイデンティティ"と呼べるものであろう。

　本章は、インド音楽の世界において言語化困難な暗黙知の解明を目指すものではなく、弟子が自らの主体的な実践＝ターリームの身体化と、ガラーナーの成員としてのアイデンティティ化という二つのプロセスの重なり合いに焦点を当てている。ここでは、暗黙知の意味論的側面をめぐる解釈の努力は必ずしも個人に委ねられているものではなく、師弟間の協働作業において達成可能であると同時にアイデンティティ化の資源となることを確認しておきたい。さらに、この学習プロセスは当該師弟間のみで完結するものではなく、相互行為の連鎖の上に成立しているという意味で集団性と歴史性を伴い、音楽の再生産の根幹をなすものと言えるであろう。

12-4. 実践共同体の再生産と変容をめぐって

　ここまで見てきた音楽家になるための学習プロセスは、伝統芸道の学習方法の特徴を「模倣」「非段階性」「非透明な評価」に求める生田久美子の指摘［生田 1987:9-21］と相似的な共通点を有しているように思われる。サロードの修行においても、当初は師匠のモデル演奏の部分的模倣から始まり、その繰り返しを経て習熟と即興の域に至る。ただし、イルファーンがサロードの学習ステップについて示していたように、その学習が必ずしも「非段階」で、師匠の評価が「非透明」というわけでもない。楽器に慣れること、および正しい音出しという最も初期の学習目的、すなわち楽器（道具）の身体化を目指すイニシエーションの後はラーガ音楽の学習へと進み、透明度は増し応用の可能性は広がってゆく。ゴッフマンが指摘するように、身体のルーティーン化されたコントロールは、初期の修得段階を何とか切り抜けてゆく過程の中で得られるもので［Goffman 2010 (1971):248］、その過程の中にこそ音楽的スタイルの基礎となる実践知が埋め込まれているといえるであろう。

　また、生田は内弟子となって師匠の雑事をこなしながら、「わざ」を習

得していく方法、すなわち「世界への潜入」による教育的意義を強調している［生田 1987:77-81］。そして、世界に自らを潜入させることで学ぶべきものは文化遺産としての「わざ」であり、歴史性をもった「わざ」なのだとしているが、生田のいう世界、文化遺産、歴史性の具体的な内容、および共同体と学習者の関係は必ずしも明確ではない。

　生田は、日本の伝統芸道と学校教育を対比させ、「"わざ"の世界における段階は、段階そのものに独自の明確な目標をもたせ、それに向けて学習者を教育するという学校教育的な段階とは異なり、学習者自らが習得のプロセスで目標を生成的に拡大し、豊かにしていき、自らが次々と生成していく目標に応じて設定をしていく段階」［生田 1987:16］としている。このように、生田は伝統芸道における学習を学習者自らの学習能力の拡大による知識の内化過程に近いものととらえているように思われる。生田もまたポラニーが指摘した解釈における学習者の知的協働性に注目しているが、そこでは学習者自身の意味の発見、すなわち個人の認知的プロセス、すなわち「内面化」に力点が置かれているのである。

　しかしながらレイヴらが指摘するように、学習を知識の個人的な内化過程と見なす限り、社会的世界の構造のより広い文脈における学習の在処についての説明は困難となり、人間を認知的存在とする見方を促進させることになる［cf. レイヴ & ウェンガー 1993(1991):21-36］。レイヴらは学習の定義における主体について「脱中心化」しようとする試みと、「全人格 (whole person)」の概念でとらえる試みという、一見すると背反する視点を持ち込み、人間と行為と共同体に関する関係論的な両立を図ろうとした。この点、生田は「形」のハビトゥス化による「型」の習得[371]、あるいは「世界への潜入」という概念を導入することにより、レイヴらの試みに非常に近いところにあるといえるが、「脱中心化」に対する視点は軽視さ

371　ハビトゥスについては Bourdieu［1977, 1990］参照。

れていたのではないか[372]。その結果、学習主体としての共同体という概念は生起せず、集団あるいは組織の再生産や変容の問題については明らかにされぬままであったといえるであろう。

　さて、それでは学習主体としての実践共同体の再生産や変容はどのようにして起こるのであろうか。レイヴらは社会文化的変容の問題を、共有される実践の変化の流れにおける新参者と古参者との関係の変化に結びつけているものの［レイヴ＆ウェンガー 1993(1991):24-5］、やはり具体的な事例や変容の条件等については明示されていない。おそらくは、ハンクス［1993(1991):9］や福島［2001:74］が指摘するように「正統的周辺参加」の概念だけでは実践共同体の変化、たとえば社会経済的環境の変化との関係を視野にいれたマクロな時間軸におけるガラーナーの再生産と変容を説明することは困難であると考えられる。

　本書では、第Ⅰ部の第4章から第6章においてマクロな視点からヒンドゥスターニー音楽とガラーナーの成立過程を、そして第Ⅱ部においてそれらの近代化について検討した。また前章においては、サロード・ガラーナーの「形成期後期」から「ポスト形成期」にかけての、婚姻関係と師弟関係の相関とその変化というメゾ・レベルの視点から共同体の再生産と変容の問題について検討した。一方、本章ではこれまで師弟関係のミクロな相互作用の視点から、サロードにおける音楽的実践知の学習が道具（楽器）を媒介とする暗黙知の身体化プロセスであり、師匠との音楽言語および非言語コミュニケーションを通してなされる実践的協働作業であることを見てきた。そこで次節においては、師弟関係の中での「音楽家個人のアイデンティティ化」と、師弟関係の連鎖における「音楽的実践知の歴

---

[372] のちに生田は「何ゆえに世界に潜入することが学習者の認識変容を生起させるのかについては、その問題性を認めつつ当時は多分に主知的な議論の範囲にとどまっていたと言わざるをえない」［生田 2007(1987):177］と自らレビューしている。

史性」という、ミクロとマクロな時間軸の関係性の探求を視野に入れつつ、ガラーナーの再生産と変容について考察してみたい。

12-5. 師弟関係の連鎖における歴史性と
アイデンティティ化のプロセス

　本節では、ミクロな時間軸としての学習者の全人的参加の過程と、マクロな時間軸と結びあう師弟関係の連鎖による実践共同体の形成について、事例1:「形成期後期」、事例2:「形成期後期」から「ポスト形成期の師弟関係」、事例3:「ポスト形成期」、という3つの時代区分に対応する具体的な事例について検討する。

　前章で明らかにしたように戦後生まれのラクナウ＝シャージャハーンプル・ガラーナーの子孫たちの多くは、バートカンデー音楽大学のシタール科の教授となったイリヤース・ハーンの元に弟子入りをした。その理由はおそらく、彼が自らのガラーナーの音楽のみならず、別のシタール・ガラーナーの師匠から音楽を学んだことにも関係している。

　サロードのラクナウ＝シャージャハーンプル・ガラーナーの特徴は、比較的短いアーラープと早いスピードのガットの演奏に特徴があった。このことは、サロードという弦楽器が誕生する以前のアフガーニ・ラバーブの歯切れのよいスピーディな奏法を継承していたことによる。一方、シタールはビーンと呼ばれるインド古来の楽器の構造と奏法を継承しており、ゆっくりとしたアーラープの演奏にも適した楽器である。ドゥルパド様式に基づく器楽演奏では、リズム周期をともなうガットの演奏とともに、伝統的なアーラープの演奏の修得が求められる。しかもサロードとシタールの演奏技術は相互に置き換え可能である。そのため、サロードとシタールの別なく一族の者はこぞって彼の弟子となったと考えられる。

　イリヤースは、自分のガラーナーとは別の、カールピー・ガラーナーと呼ばれるセーニー・ビーンカールの流れに属する師匠からシタールの演奏

を学んだ。その師匠は、インド音楽の専門教育のためにインドではじめて設立されたバートカンデー音楽大学の初代シタール科の教授となり、パドマ・シュリーという傑出した音楽家に与えられる称号を受けたユースフ・アリー・ハーン Yusuf Ali Khan（1887-1962）という人物である。彼は 1910 年にロンドンで開催されたジョージ五世の戴冠記念博覧会 The Coronation Festival Exhibition に招かれシタールの演奏を行ったことでも知られる［Misra 1985a:52］。イリヤースの父であるサカーワト・フセインは海外での演奏活動で忙しくなったため（第 10 章 10-4-1 参照）、親友であり大学の同僚であったユースフ・アリーを信頼して息子（次男）を預けたのである。

インド独立前において、異なるガラーナーの音楽家に自分の息子を預けることは珍しいことだった。おそらくは長男のウマルに代々の世襲楽器であるサロードを継がせ、次男のイリヤースにはよりポピュラーとなったシタールを別のガラーナーに学ばせるという戦略的な考えがあったのかもしれない。

最初に、イリヤースの師匠となったユースフ・アリーの生前の語りをもとに、英領インド帝国下のガラーナーの「形成期後期」における師弟関係、音楽修行がどのようなものであったのかを明らかにしてみたい。ユースフ・アリーはラクナウにある楽器店の息子に生まれ、その音楽的才能を認められてカールピー・ガラーナー[373]の巨匠であったアブドゥル・ガーニ・ハーン Abdul Ghani Khan の弟子となった。ユースフ・アリーが 13 歳になった時、その師匠は父親の許可を得て彼を養子とした。ユースフ・ア

---

373 カールピー・ガラーナーの流祖は、セーニー・ビーンカールの巨匠ニルマル・シャー Nirmal Shah の直弟子であったバダー・ハーン Bhadah Khan と考えられる［Misra 1985a:51］。彼はジャイプルから移住しカールピーに定住した。その孫がユースフ・アリーの師匠となったアブドゥル・ガンニ・ハーンである。彼らは元々ビーン奏者であったが、ユースフ・アリーには当時メジャーとなっていたシタールを教えた。

リーは、師匠に対する思いと、かつての修行生活について次のように語っている［Misra 1985a:52］。

• 事例 1：アブドゥル・ガーニ・ハーンからユースフ・アリーへ

　たとえ芸術の才能をもって生まれた者であっても、その才能を十分に開花させるためには、長期にわたって自分の師匠に奉仕し、芸術のために深い献身が必要であると私はかたく信じている、とくに音楽においては。師匠というものは、師匠に奉仕しない息子よりも、熱心な弟子に自分の芸術性（*ilm*）を伝達することを好むものだ。ユースフという普通の人間を、ウスタード・ユースフ・アリー・ハーン・シターリヤー（ウスタード *ustād* は巨匠・教師・師匠位を得た者、シターリヤー *sitāriyā* はシタール演奏家のこと）に変身させてくれたのは偉大なる私の師匠に他ならない。

　師匠は私に対して優しかった。私の実父の許可を得て、私を養子にした。このことは 13 歳にして自分の父の家を去り、私の第二の父（師匠）の家で暮らすことを意味した。私は師匠に献身的に仕え、師匠は自分の子供のように私を愛してくれた。師匠と彼の弟は聖者のような人で、音楽に集中することが彼らの人生の目的であった。私は 13 歳から師匠たちと暮らし、私の芸術と人生は彼らによって磨かれた。私の人生といえばまさに師匠に奉仕することであり、音楽の修行をすることがすべてであった。

　私は世間が静まりかえる時間、毎晩 10 時半ころから練習を始め、師匠の目が光るなか、朝の 4 時まで続けなければならなかった。うっかり居眠りしないように、私の髪の毛は束ねられて天井からぶら下げられたロープに結び付けられた。朝 4 時になると休憩し、朝食をとってから午後 2 時半ころまで眠った。師匠は、子供や弟子たちに強靭な運動能力も要求した。このため、毎日バケツ 50 〜 60 杯の水を運ばなければならなかったし、時には運動場（*akhāda*）

に行ってプロのレスラーから格闘技を習わなければならかなった。このような厳しい生活にもかかわらず、師匠の愛と祝福を受けられることが何よりの幸福であった。このような生活は、実の父が死亡してラクナウの家に帰されるまで続いた。（括弧内筆者注）

　このように、弟子が一人前の音楽家になる道のりは単なる音楽的知識と技術の習得過程にとどまるものではなく、師匠たちへの奉仕や献身を伴う全人的な参加の過程であったことは明らかである。
　このユースフ・アリーの一番弟子がイリヤースで、ユースフ・アリーの定年後はバートカンデー音楽大学のシタール科の職位を継いで教授となった。さて、ユースフ・アリーは実に寛容で穏やかな人物であったが、こと音楽のことになると人が変わったという。イリヤースの弟子が、ユースフ・アリーとイリヤース・ハーンに関する逸話を次のように話している[Misra 1985a:53]。

- **事例2：ユースフ・アリーからイリヤース・ハーンへ**
　　ある日、イリヤース・ハーンが大学でシタールを生徒に教えていた。そこに、ユースフ・アリーがやってきた。学校ではイリヤースは先生（*ustād*）と呼ばれ、ユースフ・アリーは大先生（*bade ustād sahib*）と呼ばれていた。イリヤースはすぐさま立ち上がり、教師の座（*gaddi*）を彼に譲った。ユースフ・アリーは、シタールを調弦し直し、授業であることも忘れラーガを演奏しはじめた。そして、彼が演奏した特に難しい部分を模倣して演奏するようにイリヤースに促した。彼は同じように演奏したように思われたが誤りを犯した。すると、ユースフ・アリーは生徒が見ている前でイリヤース・カーンを引っぱたいた！　しかし、次に彼が正しくコピーに成功すると、今度は満面の笑みを湛えて、こう言った。見てごらん、今、彼の頭の中の扉と窓がどのように広く開かれているか。そしてそうするこ

とにより、なんとすばらしい演奏がなされたことか。(括弧内筆者注)

イリヤースの兄、ウマルもまたユースフ・アリーから短期間ではあるが音楽を習った。この時代は、ガラーナーの「形成期後期」から「ポスト形成期」への移行期であった。そして、時を経てウマルの次男のイルファーン（b.1954）が今度は叔父のイリヤースから音楽を習うことになる。インド独立後の「ポスト形成期」に生まれたイルファーンは、修業当時（1970年代初頭）について次のように語っている[374]。

・事例3：イリヤース・ハーンからイルファーン・ハーンへ
　高校を卒業してからは、ラクナウの叔父イリヤースのもとで学んだ。朝4時に起きて、師匠である叔父のためにお茶を入れた。叔父は朝早くに起きないといつも不機嫌だった。そして8時か9時ころまで練習した後に朝食、そしてさらに昼の1時ころまで練習するのが日課であった。昼食が終わってやっと安らかに休むことができた。なぜなら、叔父はバートカンデー音楽大学で教えていたために午後3時前には家を出た。叔父がいればとにかく練習に励まなければなかったし、そうしなければ彼は常に不機嫌であった。そのため叔父がいない間が唯一の休息時間であった。

　叔父が帰ってきて夕食をとった午後8時ころから11時ころまで再び練習。体の調子が悪くても容赦なかった。ある日、熱が出て練習をしなかった。すると、こう言われた。'お前が重い病気なら練習をしてもしなくてもやがて死ぬ。どうせ死ぬのなら、何もしないで死ぬよりは練習して死んだほうがましだ'

　しかし、そうして練習を続けると30分もしないうちに、休んで

---

[374]　カルカッタのイルファーンの自宅におけるインタビュー（1998年7月）に基づく。

いいと言われた。練習の方法も父と叔父とでは異なっていた。叔父のところでは1日にやることはたった1つに限られていた。バンディッシュの練習をするときはそれを1日中、トーラの練習をするときはそれを1日中、ジャーラーの練習をするときはそれを1日中。今の学校の生徒ように、これを30分やって、あれを30分やってと忙しく時間が過ぎるわけではない。1つのことをやり続けることは困難なことでもあり、実に退屈なことでもあった！。しかし、そのおかげで現在の自分がいる。今は定期的にジャーラーの練習をしなくても、演奏できるのはその時の修行があったからだ。

　このように一人前の音楽家になる道のりはたやすいものではない。ユースフ・アリーの言うように「ひたむきな厳しい修行によってのみ芸道は極められる。音楽芸術においては、人を簡単に芸術家に仕立て上げてくれるような、一口で飲み込めるように濃縮された甘いシャーベットはない」［Misra 1985a:53-4］のであろう。
　弟子が一人前の音楽家、そして師匠になる道のりは、個人主義的な知識や技術の獲得過程（内面化）にのみ還元することはできない。なぜなら、師弟関係のなかでの学習／修行は、ガラーナーへの正統的で全人的な参加の過程（ポラニー Michael Polanyi の言葉によれば共同体への「内在化 indwelling」［ポランニー 2003(1966):38］）でもあるがゆえにアイデンティティの変容過程をも含んでいるからである［cf. Lave and Wenger 1991］。すなわち、全人的実践者（熟練者）になるということは、学習者から表現者となり、学び方から教え方を学び、自らの学習経験と社会関係を通して師匠とガラーナーの歴史を語る者となることなのである。
　そして、ガラーナーにおけるこのような学習のあり方は、すでに述べたように師弟関係という二者間でのみ完結するものではなく、婚姻関係や師弟関係の連鎖によって維持・発展し、音楽的実践知が共同体に蓄積されていくという点で集団性と歴史性を有するものであった。それゆえに、前章

で明らかにしたように、婚姻関係／親族共同体と師弟関係／実践共同体とが結びついたガラーナーのあり方に大きな影響を与えることになる。とくに師弟関係における実践的協働作業においては、師匠の権威のもとに弟子の解釈の努力あるいは意味をめぐる「折衝（能力）」が試されるという、暗黙の選別過程をも含んでいる。次節では、このような暗黙の選別過程を学習者の動機と重なる問題として捉え、それが社会経済的変化およびガラーナーの変容とどのように結び付いているのかを考察してみたい。

12-6. 学習者の動機と後継者の問題

　ガラーナー形成期における伝統芸道の実践共同体においては、日常生活と学習の切れ目はなく、日常的実践が生活と仕事に直結していた。学習の場において師匠が必要とされるのは、演奏技術やラーガの解釈を指導してもらうためだけではない。師匠や他の弟子との共同生活や師匠が語るさまざまな言説は個々の音楽家のアイデンティティ化の源泉となり、そこに"音楽家として生きること"のモデルを見出すことになるからである。ガラーナーを語ること、あるいは自分の所属や音楽性を語る場合の主語の多くが"われわれ"であり、師匠や過去の巨匠たちについて語ることによってなされるのは、師弟関係の連鎖が歴史性を有していると同時に、その流れにおける自己存在の正統性すなわち成員性の確立が含意されているからであろう。

　生田はレイヴらの正統的周辺参加に関して、参加は学習に対する動機を保証するのか、学習意欲を促進するのかという問いを立てている［生田1995:429］。この問いに対して福島らは、レイヴらは「参加」に動機の概念を潜在させていると解釈する一方、実は「参加」には「暗黙の選別過程」［福島1995:37］が含まれていると指摘している。すなわち、体罰（しごき）や無視・放置等によって動機の強度が試されているというのである。イルファーンが、「最初にガンダー・バンダン（入門儀礼）があるわけで

はない。まず、教える。そして弟子が基本的なことを学んだ後に、師匠が入門許可するかどうかを判断する。入門を許すかどうかの判断は、生徒の練習態度や熱心さ、習熟度合いなどからなされる」と発言しているように[375]、正統的な師弟関係の締結までには何らかの選別過程が含まれていると考えられる。ただし、このような正式な入門に至るまでの学習期間は正統的で周辺的な参加のあり方と重なるものではあるが、動機の内実についてはさらなる検討が必要であろう。

　すなわち、音楽世界に参入する直接的な動機については大きく二つの方向からの問いのたて方が考えられる。それは、音楽的実践知の修得と音楽演奏それ自体を目的とするのか、その先に生活（経済活動）を抱えているのかという問題である。インド独立以前に生まれ、厳しい修行を積んできた世襲音楽家のほとんどは、この両者が一体となっており、ズレはなかった。カーストが職業と強く結び付いていた時代において、「なぜ音楽を習うのか」という一般的な学習動機を問う余地はない。かつての宮廷楽師は王や領主を頂点とする特定のパトロンに守られて音楽活動に集中し、子弟を一人前の楽師に育てあげて宮廷における自分の地位を継がせるという社会経済的基盤がそこにあった。ところが、今日、都市に暮らす職業音楽家の師弟を取り巻く環境は大きく変化した。「音楽を学習し実践すること」と、「音楽家として生きること」は別の問題なのである。

　今日においては、世襲音楽家とはいえ音楽演奏にだけ集中できる環境にある者はごく僅かである。仮に学校へも行かずに厳しい修行に明け暮れたとしてもかつてのような職位の継承はなく、当然のことながら商業的に成功できる保証もない。変化の激しい社会に適応して生きるために必要なのは、応用の効かない音楽修業ではなく、就職を見据えた学校教育なのである。そして、第Ⅱ部第9章でも見たように大学で音楽を学ぼうとするも

375　カルカッタのイルファーンの自宅におけるインタビュー（1998年12月）に基づく。

のの第一の目標は学位である。学位を修得した者の多くは、高校や大学での音楽教師を目指す。今日、古典音楽を学んだ者が、その知識を確実に仕事に生かし、安定収入を得られる代表的職業は教師なのである。

　ラクナウ＝シャージャハーンプル・ガラーナーの中で、大学を卒業し学位を有しているのはイルファーンのみである。彼は演奏活動だけでは生活を支えることは困難で、高校の音楽教師をしており、自分の状況について次のように語っている（FI-Q9）[376]。

　　　現在の月給は 10,000 ルピー（1998 年時点）。しかし、自分はこの仕事に満足はしていない。学校というところは、音楽に興味のない人間にも教えなければならない。少数のやる気のある人間にだけ音楽を教えたい。しかし、自分はこの給料で母と妹二人、そして妻と子供二人を養っている。家族がいる限りは今の仕事をやめるわけにはいかない。〔イルファーン〕[377]

　一方、後継者の問題も深刻である。今日、音楽演奏を生業としてきたラクナウ＝シャージャハーンプル・ガラーナーの構成員、例えばラクナウ・テレビ局の専属音楽家として勤務するシャーヒド・ハーン（イルファーンの兄）には成人した 1 男 3 女がいるがいずれも音楽とは無縁の生活である[378]。また、ヌールッラー・ハーン[379] やグラーム・サビール[380] の子供た

---

[376]　FI-Q9 はフォーマル・インタビューの質問項目 9 番目を意味する。詳細は巻末資料 B を参照のこと。
[377]　カルカッタのイルファーンの自宅でのインタビュー（1998 年 12 月）に基づく。
[378]　ラクナウのシャーヒドの自宅でのインタビュー（1997 年 8 月）に基づく。
[379]　カルカッタのイルファーンの自宅にヌールッラーを招いてのインタビュー（1999 年 1 月）に基づく。
[380]　ニューデリーのネルー大学におけるグラーム・サビールへのインタビュー

ちも音楽を学ぶことを途中で止めてしまった。その理由は、本人たちの資質・嗜好性のみならず、幼少から学校にも行かず音楽の修行のみに打ち込み、音楽だけで生計をたてていくことへのリスクが大きかったといえるだろう。

　本書における主要インフォーマントの1人であるイルファーンには男児がいない。そこでイルファーンは、二人の幼い娘にそれぞれサロードとシタールを教えることを決心したという[381]。これまでの慣習として、一族の女性が音楽を習うことは禁じられていたのである[382]。今日では、女性が音楽家になることへの違和感は少なくなり、著名な女性サロード演奏家も生まれている[383]。したがってガラーナーの中核家系に生まれた女性が音楽の生産者となることなく、それでいてガラーナー形成に重要な役割を担った時代は一つの終わりを告げたといえるのかもしれない[384]。ラクナウ＝シャージャハーンプル・ガラーナーの若い世代ではグルファームの息子のみがサロードの修行を続けている。

　　　（1999年1月）に基づく。
381　カルカッタのイルファーンの自宅でのインタビュー（1997年12月）に基づく。
382　この理由については田森［2011］などを参照。著名なプロの音楽家の娘への音楽教育の初期の例としては、アラーウッディーンの娘アンナプルナ（ラヴィ・シャンカルの前妻）への教授があげられる。
383　著名な女性サロード演奏家としては、シャラン・ラーニー、シュリー・ガンゴパッディヤイなどがあげられる。
384　このことは、未来における内婚関係の再構築の可能性を否定するものではない。

| 第13章 |

アイデンティティとポリティクス

イデオロギーとしてのガラーナー

　前章では、実践共同体内部における音楽家のアイデンティティ形成についてミクロな相互作用の視点から検討した。音楽的実践知の学習過程は、身体的実践による模倣的反復から音楽的同質性＝音楽スタイルを再生産すると同時にアイデンティティ化のプロセスでもあり、さらには師弟関係の連鎖という歴史性を有していた。しかし、そのアイデンティティ化のプロセスは実践共同体内部における学習と師弟関係によってのみ規定されるものではない。共同体外部からの眼差しへの反応として、また外部に開かれた日常的な言語行為として、"ゆらぎ"を伴いつつ再構築が試みられている。

　アパデュライ Arjun Appadurai は、人間をめぐる古典的な問題として、「社会化の古典的な場である小集団（例えば家族）が、自身を再生産しようとし、それによって偶然にも、文化形式それ自体を再生産しているとき、新しいグローバルな現実にどう向き合っているのか」という問いをたて、それが社会環境の激変する時期における文化適応をめぐる人類学的問題であることを指摘している［アパデュライ 2004a(1990):87］。そして、そのような時代においては、世代を超えて知識が安定しているという前提に立つ社会化論は成り立たない。すなわち、近代化されグローバル化され、外部と接合された社会空間は、ブルデューがハビトゥスと呼んだ暗黙の領域にある再生産可能な実践や性向ではなく、意識的選択や正統化、そして表象

のアリーナとなっていくとしている［ibid:89］。近代インドにおいて、自らのガラーナーに言及する音楽家の語りは行為遂行的であり、政治性を帯び、時に感情的な発露を伴うのはこのような状況と無関係ではあるまい。

　本章では、聴衆やメディアという共同体外部に向けての音楽家の言説と、同業者や批評家という外部からの言説に焦点を当てる。より具体的には、社会的にも商業的にも成功した世襲音楽家の代表としてグワーリヤル・ガラーナーのアムジャド・アリー・ハーンの言語行為に注目し、さまざまな機会での語りを通して自らのガラーナーの過去と現在をどのように再構築しようとしているのか、また社会的アイデンティティと個人的アイデンティティの乖離をいかに管理／操作しようとしているのかを検討する。一方、旧来の実績に比べ、今日においては必ずしも成功を収めているとは言えないガラーナーの子孫たちは、そのような成功者の言説と自分たちの現状をどのように受け止め評価しているのか。"われわれ"と"彼ら"の伝統に対する現在の語り口から、その政治性と再帰的なアイデンティティ化のあり方、そしてガラーナーのイデオロジカルな側面について考察を試みる。

13-1. 出自とガラーナーの言説をめぐって

　20世紀後半から今日にかけて、最も成功を収めたサロード奏者の代表格は、アリー・アクバル（b.1922）とアムジャド・アリー（b.1945）であろう。異なるガラーナーに属し年齢の離れたこの二人に共通点があるとすれば、それぞれの父親がアラーウッディーンとハーフィズ・アリーという20世紀前半までにその名声を確立した巨匠であり、その音楽的社会的遺産を引き継ぐと同時に独自に発展させて、今日の地位を築き上げたことであろう。しかし、際立つのはむしろその相違点の方である。

　アラーウッディーンとハーフィズ・アリーの二人は、最終的にワズィール・ハーンという同じセーニヤーの巨匠から学んだが、その音楽性は全く

写真1：アムジャド・アリー（左）とタブラーのシャファート・アリー（右）

筆者撮影（1989年4月）

異なっていた。同様に、その息子であるアリー・アクバルとアムジャドもまた同じラーガを演奏しても、そのアレンジは全くといっていいほど異なっている。そして、その相違は音楽性のみに留まらない。

アリー・アクバルは何かとマスコミにも取り上げられてきた兄弟弟子であり義兄であったラヴィ・シャンカルとは異なり、寡黙に音楽を追求した音楽家である。1960年代後半以降は米国のカリフォルニアに、自らの名を冠したアリー・アクバル音楽院 Ali Akbar College of Music を設立し、2009年に亡くなるまでそこを拠点として音楽活動を行い、欧米人の弟子を数多く育てた。

一方、アムジャドはインドの首都ニューデリーを拠点として精力的に国内外でのコンサートをこなすだけでなく、レコード・ジャケットやコンサート・パンフレット等を活用して自分の出自や系譜について語り続けてきた。アムジャドは今やインドにおける「著名人」であり、海外での演奏を積極的に行い、1989年に初来日〔写真1〕。2004年には日本の福岡アジア文化賞において大賞を受賞している[385]。本章においては、このアムジャドの"われわれ"と"わたし"に関する言説に注目し、アリー・アクバルについては次章の後半で検討する。

これまでも何回か言及してきたように、アムジャドの一族は世襲のサ

---

[385] ちなみにラヴィ・シャンカルも1991年の第2回において大賞を受賞している。

ロード奏者の家系であり、グワーリヤル宮廷との結びつきが深いことから、グワーリヤル・ガラーナーと呼ばれてきた。しかし、自らはグワーリヤル・ガラーナーを積極的には標榜せず、自分の息子二人のいわゆる家族名（ニスバト nisbat）[386]をハーンから、祖先が名乗っていたというバンガシュに変更し、セーニー・バンガシュ・ガラーナーを名乗らせている。

　セーニーとはこれまで何度か登場した、伝説的楽聖ミヤーン・ターンセーンの末裔たちにちなむ言葉で、彼らから学んだ者たちが自分たちの正統性を示すために好んで用いる名称である。一方、バンガシュとはアフガニスタンとパキスタンの国境付近を中心とし、南アジア北西部から西アジア東北部に暮らすパターン人のクランの一つである。第10章でも触れたように、パターン人の諸部族のなかにはインドがイスラームに支配されるようになったデリー諸王朝期に北インドに侵入して王朝を打ち立てた者たちがいた。また、バンガシュに属する族長のなかにはムガル帝国時代に自らの支配領地を有する者たちもいた。しかしながら、アムジャドが息子たちにバンガシュを名乗らせ、自らもバンガシュ・ガラーナーを名乗ることに首を傾げる音楽家や研究者も少なくない［e.g. McNeil 2004:217］。

　アムジャドは1970年代からすでにパターン人の血統へのこだわりを表出させていた。その片鱗は1976年のレコード・ジャケットの解説からも見て取れる。この時代に彼がプロデュースしたレコードの解説の多くは、

---

[386]　ムスリムの名前は複雑で、現代南アジアにおける男性の名前は通常、ヒターブ khitāb（尊称）―ラカブ laqab（通称）―イスム ism（個人名）―タハッスル takhalluṣ（雅号）―ニスバト nisbat（出自・発祥地など）の順序で形成される［藤井 2002：513］。しかし、すべての男性がヒターブやタハッスルを有するわけではなない。また、ラカブと一体化してイスムに転化した名前、例えばハイダル・アリー、アサド・ウッラー（アサドゥッラー）などが一般に用いられる。ハーン Khān はニスバトに相当すると考えられるが［藤井 2002：513］、南アジアにおいてはヒンドゥー教からイスラームに改宗した音楽家の多くがハーンを名乗っている。

自らが聴衆に語りかけるスタイルで書かれていたが、この時の解説はそれまでとは異なり、「アムジャド・アリー・ハーンの芸術における男性的な力強いタッチと繊細な音づかいは、彼のパターン人の血を物語る」という客観的な文体で表現され、"パターン人の血"が強調されていた[387]。

　ガラーナー名は既述の通り、その地域の統治者の宮廷があった都市名か、流祖の名前[388]で呼ばれることが一般的である。それではなぜ、アムジャドは"バンガシュ"というパターン人のクラン名にこだわるのであろうか。アムジャドは自らのガラーナーの歴史とその権威について、レコードの解説のみならず、コンサート・パンフレットや雑誌のインタビューなどにおいて繰り返し発信し続けてきた。例えば1989年4月に来日し、東京・京都・大阪で演奏公演を行った際のパンフレットの「サロードの歴史」と題された部分では、自らのガラーナーについて以下のように記している[389]。

> 　アフガニスタンからインドに移住したパターン・バンガシュ家は、サロードの改良を手がけ、今日のサロードができるまで力を尽くした人々である。ラバーブの素朴な伝統と、その当時インドで流行していた古典音楽の伝統の二つの要素の合体に大きな力を発揮したのが馬商で度々インドを訪れる機会があり、ついには中部インドのレーワーに定住したモハンマド・ハーシミ・ハーン・バンガシュだった。
> 　ラバーブの演奏にすぐれ、そしてインド音楽に魅せられた彼は、

---

[387] レコード解説：Raga Shree: Amjad Ali Khan,1976, ECSD2542（EMI）, The Gramophone Co. of India Ltd.

[388] ここでは、ラカブ *laqab*（通称）あるいはイスム *ism*（個人名）が用いられるのが一般的である。

[389] プレス・リリースおよびパンフレット［1989年、日本文化財団発行：14-16頁］に掲載された「サロードの歴史」と題された項目の日本語訳を、原文（英文）を元に筆者が修正。

息子のグラーム・バンデギー・ハーン・バンガシュ（以下、ハーン・バンガシュを省略する）にインド古典音楽を演奏する人たちや隣人の音楽を注意深く聞くように進めた。その結果、グラーム・バンデギーは、ほとんどスタッカードの親しみやすいラバーブ音楽とインド古典音楽の根本的な相違を聞き分けるようになった。楽器の改良を更に重ね、最も大きな改良点であるメロディーのための新要素を加え、完成に近づけたのがグラーム・バンデギーである。そしてその楽器にペルシャ語でメロディーを意味する"サロード *sarood*"という名前をつけたのもそのためだった。この改革はグラーム・バンデギーの評判を高め、最終的にはその息子のグラーム・アリーによって完成された。

　グラーム・アリーは、サロードでインド音楽のラーガを演奏する修行を積み、（レーワー地方の）ヴィシュワナート・シングの宮廷楽師に採用されたのもこの修練の賜物であった。（途中略）……その後またたく間にインド古典音楽の世界に君臨するようになり、この新しい楽器を広めるため各地に赴いて演奏を行い、最後はグワーリヤルに住居を定めることになった。言い伝えでは、藩王シンディアが彼に家を贈ったという。

　バンガシュ家の第4代ナンネー・ハーンも、サロードの輝かしい伝統を受け継いだ。（途中略）……ナンネー・ハーンの威光は、息子のハーフィズ・アリー・ハーン（以後、アリー・ハーンを便宜的にA. K.と略する）によって受け継がれ、ハーフィズA. K.はラーンプルに移ってムガル帝国のアクバル大帝の宮廷で活躍した伝説的なミヤーン・ターンセーンの子孫であるワズィール・ハーンに師事した。（途中略）

　サロードにおけるハヤールおよびトゥムリー・ガヤキの形式は1950年代前半にアムジャドA. K.によって導入され、サロードの演奏法を大きく進化させた。アムジャドA. K.の二人の息子アマー

ンとアヤーンもサロード名家の伝統を担う修行を積み、第7代目を目指している。グワーリヤルのジワジガンジにある藩王シンディアからグラーム・アリーに与えられたという家は、バンガシュ家の音楽、特にサロード音楽への輝かしい貢献の証のように建っている。

　この文章には、ガラーナーの正統性を示す際に用いられる要素がほぼ完璧に盛り込まれている。まず、祖先がムガル帝国時代にインド外のアフガニスタンからやってきたパターン人であり、バンガシュ氏族に属していたこと。このことは、自分の祖先が、ヒンドゥー教からの改宗者ではなく、外来イスラームの支配部族あるいは戦士階級であることを含意している。また、祖先は軍事関連の馬商であって、もともとは世襲の音楽家ではなかったが、ラバーブという弦楽器を趣味で演奏し、インドに来てからヒンドゥスターニー音楽を習ったという。このことは、ヒンドゥー社会においてラバーブに類する民俗楽器の演奏者は、カーストの底辺に置かれた芸能者であることを意識し、彼らとの差別化を図っていると解釈できる。そして、民俗音楽の伴奏楽器であるラバーブから、古典音楽の主奏楽器であるサロードを発明したことが宣言されている。さらに、祖先は各地で宮廷楽師として採用され、インド古典音楽の権威であるセーニヤーからラーガ音楽を習い、今日まで6代以上続く音楽家の家系であることが示されている〔図1〕[390]。

　これらの内容は、第10章と第11章で示したラクナウ＝シャージャハーンプル・ガラーナーの口頭伝承や歴史資料の内容と非常によく似た構造を有しており、その要点は以下の4つに集約されるであろう。

　　1)　由緒正しい出自と系譜関係の明示
　　2)　サロードの発明とヒンドゥスターニー音楽への貢献
　　3)　音楽的権威セーニヤーとの師弟関係

---

[390]　ほぼ同様の家系図は、近年でも用いられている［e.g. Amjad 2002］。

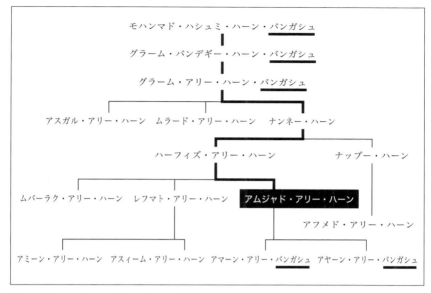

図1:グワーリヤル・ガラーナーの系譜　　　　アムジャド［1989:10］を参考に作成

　4）　一族の列伝と個人の貢献
　これらの要素は、1つの理想の上に創られた連帯と忠誠との自己完結的な状態、何らかの起源の認識や共通の特徴を背景にしているという点で、「アイデンティティの自然主義的な定義」［ホール 2001(1996):9-10］に適っているようにも見える。しかし、これらの要素は語りによって紡ぎだされたものであって、政治的・イデオロギー的な色彩を帯びていると言わざるを得ない。1) の出自と系譜に関しては、第10章で挙げた4つのサロード・ガラーナーのうち、アムジャドのガラーナーを含む3つのガラーナーがパターン人出自を表明しており、今日に続く系譜関係を示している。また、2) のサロードの発明に関しても、それぞれのガラーナーの子孫が自分たちの祖先の功績であることを宣言し、3) の音楽的権威セーニヤーと一族の師弟関係についても師匠の名前を挙げて明らかにしており、インドにおけるサロード音楽の発展が自分たちのガラーナーの主導であったとい

う主張がなされている。

　これまでの章で見てきたように、系譜関係の明瞭さやサロードの発明に関しては、歴史的記述の豊富さという点においてラクナウ＝シャージャハーンプル・ガラーナーに分がありそうだが、自らのガラーナーへの言及機会と一般社会への影響力という点からはアムジャドの言説の方がはるかにポピュラーで浸透力があると言えよう。

　さて、アムジャドの家系図において注目されるのは、7代続くとされる音楽家の家系のうち3代目まではバンガシュの表記があるものの、第4代のナンネー・ハーン以降には用いられていないことである〔図1〕。もちろん、初代から3代目までの人物が実際にバンガシュを名乗っていたかどうかは不明である。それが、この文章の記述主体である6代目のアムジャドの代になって、彼は二人の息子のためにバンガシュというクラン名を"復活"させたのである。ちなみに、彼の兄のレフマットの二人の息子の名前にバンガシュは表記されていない。

　このようなバンガシュの主張にもかかわらず、「サロードの歴史」と題された既出の解説には不明瞭な点も多く、ガラーナーの「形成期後期」から「ポスト形成期」にかけての音楽事情を知るパトロンや批評家、またパターン人起源を主張する他のサロード・ガラーナーの音楽家たちから疑問視されている点も少なくない［e.g. McNeil 2004:217］。実際、音楽家たちやその家族とのインフォーマルな会話の中で耳にしたのは、「アムジャドはなぜそうまでしてバンガシュにこだわるのか？」という疑問の声である。さらには「彼らはドームの子孫である。有名になれば真実が曲げられてよいものか」といった、他ガラーナーの一部の同業者たちからの感情的な声もある。

13-2. バンガシュとドームの間：社会的カテゴリーと社会関係

　アムジャドが、インドにやってきた祖先かつ流祖として名を挙げるモ

ハンマド・ハーシミ・ハーン・バンガシュは、シャージャハーンプル・ガラーナーのイルファーンが第 10 章（10-3 節）で言及したモハンマド・ハーシミ・ハーンと同一人物であることはほぼ間違いない。しかし、その息子のグラーム・バンデギー・ハーン・バンガシュについて記述された歴史的資料や、信頼に足る口頭伝承は得られていない。一方、ハーフィズ・アリーが亡くなった翌年の 1973 年に行われたインタビューにおいて、アムジャドは「アフガニスタンからインドにやって来た最初の人物はグラーム・バンデギーである」［Malhotra 1973:17］と答えていた。すなわち、1973 年時点では、モハンマド・ハーシミについては触れられておらず、グラーム・バンデギーがインドにおける初代として語られていたのである。

　一方、このガラーナーのインドにおける流祖をアフガニスタンのカーブルからやって来たハイダル・アリーという人物とその息子のグラーム・アリーとする説があり［e.g. Chakravarti 1991 :12; SGA 1982:267-8］[391]、アムジャドが提示してきたものとはやや異なる家系図も残されている〔図 2〕。

　さらに混乱を招くのは、アムジャドの父ハーフィズが、「グラーム・バンデギーとアワドのラクナウ宮廷でラバーブとサロードで有名だったグラーム・アリーは同一人物であった」［Roy 1988:20-1］と生前に言及していたことである。そうであるとすれば、グラーム・バンデギーの名前が歴史資料や音楽家たちの口頭伝承に登場しないことには合点がいく。すなわち、イスラーム社会で見られるように同一人物が異なる呼称を持っていた可能性は否定できないものの、グラーム・バンデギーという人物は実在し

---

[391]　グラーム・アリーをグラーム・バンデギーの孫とする説がある［Mukhopadhyay 1977:130］。この説を考慮すれば、グラーム・バンデギー→ハイダル・アリー→グラーム・アリーという系譜も考えられる。なお、アスガル・アリー・ハーンの娘婿はアブドゥル・アズィーズというサロード奏者で［SGA 1982:267］、アムジャド・アリーの最初の妻は彼の孫娘にあたる（イルファーンとの 1999 年 1 月の会話より）。

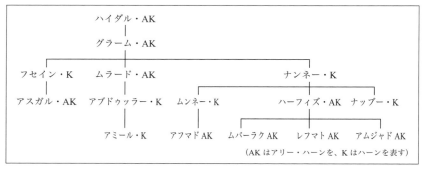

図２：もう１つのグラーリヤル・ガラーナーの系譜　　SGA［1982:267］を参考に作成

ないか、実在したとしてもこのガラーナーとは縁の薄い別人である可能性も考えられるのである。一方、ラクナウ宮廷と結びつきのあるグラーム・アリーという人物については、断片的ではあるが文字資料にその名前が残されている。19世紀前半のラクナウの音楽状況について記録したイマームは、次のような記録を残している[392]。

> 器楽奏者の中でもダハジュッドゥッラー・ダーリーとグラーム・アリー・ドームの二人のサローディヤーはその時代の名手であった。しかしその両名はすでに故人である。[Imam 1959a(1856):24]

この記述で問題となるのは、グラーム・アリーという人物の出身コミュニティすなわちカーストが、ドームと明示されていることである。第６章で詳述したように、南アジアにおいてドームとして一括されるカースト

---

[392] この文章はその内容から1850年代前半に書かれたものと推定される。この文章はサーランギー奏者の項目の中で書かれていること。その直前の文章が舞踊の記述であることからすると、ここで言うサローディヤーが伴奏者と推定され、ダーリーやドームという「カースト」との関連性が理解できる。

は宗教や地域によって偏差がありその職能は一様ではないが、概して社会の底辺に置かれてきた人々の職能と重なり合っている。アムジャドが流祖として名前を挙げているグラーム・アリー・ハーン・バンガシュと、文字資料に残されたグラーム・アリー・ドームが同一人物かどうかは必ずしも明確ではないが、そのような記録は彼らの出自および社会音楽的アイデンティティ形成のあり方に大きな影響を及ぼすことは間違いないだろう。

　1929年にH. K. ローイ・チョウドリー Harendra Kishore Roy Chowdhury によって書かれた『インドの音楽家たち The Musicians of India』にはハーフィズ・アリーの項目が設けられており、その中にはグラーム・アリーに関する以下のような記述も含まれている［Roy Chowdhury 1929:48-9］。

　　グラーム・アリーは（今日のアフガニスタンの）カーブルに住んでいた。彼はカーブルでよく行われるように、**声楽の伴奏としてサロード**（ラバーブの誤り？）**を演奏していた。**しかし、インドに来てグラーム・アリーはサロードの演奏も習うようになった。彼はバゲールカンドにあるレーワーの藩王ラグナース・シングに仕えた後、グワーリヤルの藩王シンディアに仕え、そこで亡くなったらしい。（途中略）

　　グラーム・アリーの息子の中でも、ムラード・アリーは偉大な演奏者で、サロード演奏家の中でも抜きんでた存在であった。**ナンネー・ハーンはグラーム・アリーのもうひとりの妻から生まれた**[393]。

393　一方、地方領主であり音楽家のパトロンであり、そして音楽研究者であったタークル・ジャイデーブ・シング（1893-1986）によれば、ナンネー・ハーンの父親はサーダト・ハーン Sadat Khan というサロード奏者で、グワーリヤルのシンディア家の宮廷楽師だったという［Singh 1995:299］。ただし、ナンネー・ハーンの父とされるグラーム・アリーとサーダト・ハーンが同一人物かどうか、その関係は不明である。

ナンネー・ハーンはニカー *nikāh* 様式[394]により、ドームニ *domni* であったハーフィズ・アリーの母と結婚した。それはハーフィズ・アリーが3歳の時だった。そのドームニはハルモニアム奏者としてラーンプルのナワーブに仕えていた。ハーフィズ・アリーの父親はパターン人だったと言われている。
　ハーフィズ・アリーは1888年に生まれた。（途中略）……ハーフィズは現在では、インドにおけるサロードのベストプレーヤーの一人であるが、ワズィール・ハーンの芸術的スタイルはアラーウッディーン・ハーンに受け継がれている。
　以上の話は、彼の数少ない弟子のうちのビシャンチャンド・バラル《カルカッタで有名だったベンガル歌手、故ラルチャンド・バラル[395]の息子》が語ってくれたものである。（文中の括弧内および強調は筆者による）

　この記述は、文末に記されているようにハーフィズ・アリーのカルカッタにおけるパトロンの一人であり弟子でもあったバラル兄弟の証言に基づくものである〔写真2〕。そして、この記述からすると、グラーム・アリーはインドでサロードを演奏するようになる前は、アフガニスタンの

---

[394] 北インドにおけるニカー様式は、イスラーム法に則らない婚姻契約である。いわゆるお披露目の役割を果たす婚姻儀礼や贈与交換を伴わないものである［小牧 1997:200］。

[395] ラル・チャンド・バラル Lal Chand Baral（1870-1907）は富豪の家庭に生まれた弁護士でベンガルにおけるハーフィズ・アリーの有力なパトロンの一人であった［Sharma 1993:244-5］。彼の息子であるライ・チャンド・バラル Rai Chand Baral（1904-1981）はハーフィズ・アリーから音楽を学んだ。この話を語ったのは彼の兄のビシャン・チャンド・バラル Bishan Chand Baral（生没年不明）である。

カーブルで歌の伴奏をしていたことがわかる[396]。パキスタンや東アフガニスタンのパターン人社会などにおいて、職業世襲の音楽芸能コミュニティ出身者はひと括りにドムあるいはドームなどと呼ばれてきたことからも［e.g. Barth 1971:115; Sakata 2002(1983):80-1; 村山 1998:93］、イマームの記述に登場するグラー・アリー・ドームはアムジャドが祖先としてあげるグラーム・アリー・ハーン・バンガシュと同一人物である可能性が高くなる。そうすると、グラーム・アリーはドームであると同時にバンガシュであったか、それともその一方であったのかという問題が生じることになる。

写真2：若き日のハーフィズ・アリー・ハーン（右）と彼のベンガルにおけるパトロンの一人ライ・チャンド・バラル　　　　1940年前半の撮影（Amjad [2002]より）

さらに、興味深いのは、ハーフィズ・アリーはナンネー・ハーンの後妻の連れ子であり、母親はドームニであったと記述されていることである。すでに第Ⅰ部の第5章および第6章で検討したように、ドームニとはドームの女性形であり、当時の社会音楽的カテゴリーにおいては芸妓（女性の歌手・踊り子）を指す。ハーフィズ・アリーがラーンプルから来た女性の

---

[396] 20世紀前半の著名音楽家について記録した『私が会った音楽家 Musician I have met』によれば、グラーム・アリーはカーブル出身の器楽奏者であったがインドに移住しカーブルの楽器をインドに持ち込んだこと、インドを広範囲に旅して最終的にはファルカバードの宮廷楽師となり、そこからグワーリヤルも訪れていたこと、その息子の一人ナンネー・ハーンはグワーリヤルからラーンプルに移住したことなどが記されている ［Chaubey 1958a:23-6］。

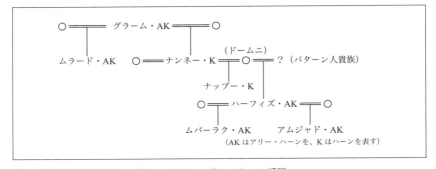

図3：婚姻関係を考慮したグワーリヤル・ガラーナーの系譜
（Roy Chowdhry, H. K.［1929:48-49］などを参考に作成）

連れ子であったことはシャージャハーンプル・ガラーナーのウマル・ハーンも記述している［Umar 1976:95］。これまでの資料に加え、現地における婚姻関係の聞き取り調査をもとに作成したこのガラーナーの家系図は複雑である〔図3〕。

　これら複数の要素が、「ドームの家系」と噂される根拠となっているのであろう。一方、そのドームニはラーンプルのナワーブに仕え、彼女のパトロンはパターン人であったという。このコンテクストにおける当時のパターン人とはナワーブあるいはそれに準じる貴族のことを指していると思われる。すなわち、前出の H. K. ローイ・チョウドリーなどの記述に従えば、ハーフィズ・アリーはアフガーン貴族のいわゆる非嫡出子であり、ナンネー・ハーンにすれば後妻の連れ子ということになる。ただし、インド・ムスリムの婚姻慣習、また当時の宮廷社会の状況からすると、これらの婚姻関係は何ら特殊なものではなかったと推測される。また、かつての文献に残された社会関係の既述やその真偽といったものがハーフィズ・アリーの音楽的秀逸さを何ら辱めるものではないことは言うまでもない。

13-3. スティグマとアイデンティティ・ポリティクス

これまでに明らかにされたグワーリヤル・ガラーナーあるいはセーニー・バンガシュ・ガラーナーの系譜に関する疑問点を整理してみると以下のようになるだろう。

1) 初代モハンマド・ハーシュミと、2代グラーム・バンデギーおよび3代グラーム・アリーとの系譜関係は不明瞭である。
2) サローディヤーとして登場するグラーム・アリーに関する歴史資料や口頭伝承では、その社会的カテゴリーはパターン人（バンガシュ）ではなくドームと結びつく。
3) 5代のハーフィズ・アリーは4代のナンネー・ハーンの実子ではなく、ドームニと呼ばれた後妻（芸妓）の連れ子であり、パターン人とされるのはその実父である。

これらの疑問点の真相はともかく、自らの祖先や親族がドームやドームニとして記述され、言及されてきた事実を消すことはできない。

このような記録・記述・言及がある種のスティグマ stigma となり、「烙印を押されたアイデンティティ」［ゴッフマン 2003(1963)］として操作／管理の必要性に迫られる可能性は否定できない。ゴッフマン Erving Goffman によれば、個人の「即自的アイデンティティ an actual identity」と「対他的アイデンティティ a virtual identity」との間に乖離がある場合、この乖離が他人に知られたり、顕わになったりすると、その人の社会的アイデンティティは傷つき、その統合を図るための管理／操作に迫られることになる［ゴッフマン 2003(1963):43］。ゴッフマンは自然主義的な還元論を排し、社会的アイデンティティ[397]という概念を用いることでスティグ

---

[397] ゴッフマンは、社会的身分という言葉ではなく、社会的アイデンティティという言葉を用いることにより、職業のような社会構造上の属性のみならず、人柄を表わす属性を包括することができるとしている［ゴッフマン 2003

マの成立過程を、個人的アイデンティティという概念を用いることで、スティグマの管理／操作に際して情報制御がどういう役割を果たしているかを考察できると考えた［ゴッフマン 2003(1963):180］。そもそも社会的アイデンティティと個人的アイデンティティは相互補完的な関係にあるが、その関係は葛藤や緊張をも孕んでいる。前者は歴史的過去にその起源を見出そうとするのに対して、後者はそのような歴史的・言説的資源をどのように使うかという問題と関係している。前者は他者＝外部からなされた過去の記録や言説と交わり、後者はそれらを時に援用し、時に差異化し排除することによって前者を管理／操作の対象とするのである。

　このガラーナーの社会的カテゴリー（出自と系譜・婚姻関係）についてなされた複数の言説にもかかわらず、アムジャド自身はスティグマとなりえる言説にはまったく触れることなく、パターン・バンガシュという音楽とは直接関係のないアフガニスタンやパキスタンにおいて支配的な民族カテゴリーと、セーニヤーという音楽的権威との結びつきを反復的に「語りかける」ことによって個人的アイデンティティの構築を試みてきた。社会的アイデンティティは社会的カテゴリーと結びついており、優位のカテゴリーに属すことが自明な者はその証明を求められることがないのに対して、劣位に置かれた者は反証を迫られることになる。しかし、正面からその反証を行うことは、スティグマの存在をも顕在化させることになる。したがって、その証明／反証はスティグマそれ自体に触れることなく、優位なカテゴリーとの関係にのみ触れることによって操作／管理されていく必要があるだろう。したがって、アムジャドがこれまで繰り返し行ってきた事実確認的ともとれる語りは、暗黙の領域にある再生産可能な実践や性向（ハビトゥス）に基づくものではなく、「意識的選択や正統化、表象のアリーナ」［アパデュライ 2004a(1990):89］にある行為遂行的な発話と言えるであろう。ここでの行為遂行的な発話とは、先行する文脈・言説との差

　　(1963):14］。

異化(断絶・排除)を反復性によって成し遂げようとする試みに他ならない[398]。

　パターンの出自を主張する他のサローディヤーたち、また音楽家たちのパトロンや批評家たちによって記述され語られてきたグワーリヤル・ガラーナーの社会関係に対する疑問について、ハーフィズ・アリーは公の前では多くを語らなかった。しかし、彼が亡くなった翌年の1973年、「私の父、私の師匠」と題して発表されたアムジャドのインタビュー記事では[Malhotra 1973]、前出の「サロードの歴史」のコアとなる部分がすでに語られており、数多くの論文等に引用されてきた。そして、それらの主張に対して表立って異議を唱える者はいないにもかかわらず、アムジャドは国内外のコンサート・パンフレットや記念出版物、レコードやCDジャケット、最近ではWebにおいても彼の出自と祖先の系譜関係、一族の偉業について繰り返し表明し続けてきたのである。その間、彼は同業者の言及や過去の記述に対して反証することはなかった。言ってみれば、他者からの事実確認的な"呼びかけ"に応じることなく、別の他者に行為遂行的に"語りかけて"きたのである。

　アムジャドが主に語りかけるのは、自分たちの歴史や一族についてとやかく言う古参の同業者や批評家ではなく、彼のコンサートに足を運び、レコードやCDを購入するいわゆる一般の聴衆である。彼がその演奏とともに語りかける対象はそのような新しい世代であり、スティグマの管理／操作についての未来志向的な情報制御と個人的アイデンティティ構築における「ライフ・ポリティクス(再帰的に秩序づけられた環境での自己実現の政治)」[ギデンズ 2005(1991):242-4]のあり方の一端を示していると言え

---

[398]　この点については、行為遂行性の「力」をめぐるブルデュー[Bourdieu 1977, 1990, 1991]とデリダ Jacques Derrida [2002(1988)]を対照しつつ、発話行為特有の社会的反復性と社会的時間性の考察を試みるバトラー Judith Butler の議論[バトラー 2004(1997):219-46]が参考になった。

よう。

13-4. 再帰的世界において"音楽すること"

　アムジャドにはサロード奏者の二人の兄がいたが[399]、1970年代以降マスコミの表舞台に立つのは常にアムジャド一人であり、彼がガラーナーのスポークスマン的な役割を担ってきた〔写真3〕。アムジャドの父親と同世代の同業者や批評家の多くが他界し、二人の兄も亡くなった今日において[400]、バンガシュの名を継ぐのは彼の二人の息子たちである。彼は、父親の名声と音楽的遺産、そして自らが構築してきた物語を息子たちと次世代の聴衆に引き継ごうとしているようにも見える。2002年に出版された『家族のプライド Family Pride』〔Amjad, Aman and Ayan 2002〕では、二人の息子のアマーン・アリー・バンガシュとアヤーン・アリー・バンガシュが、父のアムジャドに捧げるという形式をとって、自分たちのガラーナーの歴史とアムジャドの半生や国内外での受賞歴、国内外の要人たちとの親交などがまとめられている。そこでは、それまで自分が語って来た「ガラーナーの歴史」が二人の息子によって反復的に語り継がれているのみならず、父のアムジャドがインド音楽とサロードのガラーナーに新たな息吹を吹き込んだ歴史的人物として"すでに"位置づけられているのである。

　一方、アムジャドと同様にムスリムの世襲音楽家の家系に生まれ、教師などを主たる職業として生活し、アムジャドが得た社会経済的成功からは

---

[399]　異母兄弟である長兄のムバーラク・アリー・ハーン（d.1998?）は、将来を期待されたサロード奏者であったが、麻薬 opium の常習者となり、その後のキャリアを棒に振ったという。また、次兄のレフマト・アリー・ハーン（1945-2007）についてもほとんど情報がない。

[400]　アムジャドの兄のレフマト・アリーにはアミーンとアスィームという二人の息子がいるが、バンガシュは名乗っていない、あるいは名付けられていないようである。

遠く離れたところにいる同業者の中には、そのような広報活動を必ずしも快く思わない人たちもいる。それは、サロードの発明やサロード音楽の発展に対する自分たちガラーナーの貢献が軽視されているという感情にとどまらず、社会経済的地

写真3：ハーフィズ・アリー（中央）、アムジャド・アリー（左から二人目）とその兄レフマト・アリー（右端）
1961年の撮影（Amjad［2002］より）

位を築き上げた者のみが語りの機会を創出し、操作的な発言が行われていることに対する憤りがある。そして彼らにとってのスティグマは、自分たちのガラーナーが"語られない"こと、すなわち、現在の自分たちの境遇への不満と結びついているように思われる。しかし、そのような感情の発露における問題点は、ミーラースィー、ドームというカテゴリーを他者に用いて語ることによって自らが「同一性の政治学」にからめとられてしまうことである。

　そのような感情的な言説に対し、アムジャドの主張を否定することなく資源化しようとする戦術もある。「（アムジャドが祖先とする）モハンマド・ハーシミがパターン・バンガシュというのなら、同時期にアフガニスタンからインドにやって来た（自分たちの祖先の）ナジャーフ・アリー・ハーンとマダール・ハーンもパターン・バンガシュということになる。しかし、モハンマド・ハーシミの家系がその後どのようになったかは明らかではない」という言い回しの背後には、「彼の祖先がバンガシュなら、自分たちもバンガシュ」であるという同一性の指摘がある。その一方で、モハンマド・ハーシミ以降の系譜の連続性に疑義を唱えることにより、間接

的に「彼らはミーラースィーであり、ドームの子孫である」という差異化を企図している。ここでは、アムジャドの言説を自分たちの出自を担保する資源として活用すると同時に、差異の生産が行われようとしているのである。

　これまで見てきたように、バンガシュというパターン人のクラン名をいわゆる家族名（ニスバト）、そしてガラーナー名として定着させようとするアムジャドのような例が、ヒンドゥスターニー音楽の世界においてまったく特殊な例かといえばそうではない。今日のヒンドゥスターニー音楽の中で、最も伝統的でヒンドゥー神への讃歌としてのドゥルパドを歌ってきたダーガル一族の例もある。アムジャドがその系譜をインドの外、すなわちイスラーム世界からやって来たパターン人戦士に求めるのに対し、ダーガルはイスラームに改宗する前のカーストをバラモンに求めている［Owens 1983］。しかしながら、ダーガルの出自を知るかつての同業者は、彼らの社会的カテゴリーが"ダーディー（ダーリー）"であることを明らかにしているのである［Azizuddin 2000:65-6］。第4章から第6章において検討したように、"ダーディー"とはかつてのヒンドゥーの英雄讃歌の歌い手・軍楽師・系譜家であったが、英領インド帝国期の国勢調査などではミーラースィーのカテゴリーとほぼ同一視されていた。一方、ダーガルとは、かつては4つあったとされるドゥルパドの歌唱様式（それら4つの様式の流祖はバラモンとラージプート）の1つである。それが、インド独立後のガラーナーの「ポスト形成期」に入って、一族の一人がダーガルをガラーナー名として用いたのを切掛けとして、一族の構成員全員がダーガルを名乗り、今日では一般化されるようになったものである［Mitra 1982:78-9］。

　ゴッフマンが自ら整理しているように、スティグマという言葉で表現しようとしているのは、属性ではなく関係である［ゴッフマン 2003（1963）:16］。自分たちが何と関係し、何と関係ないのかは解釈と信念の問題でもあり、スティグマの社会的構築と情報制御に関する管理・操作の考察のみによっ

て音楽家の社会音楽的アイデンティティ構築が解明されるものではない。ガラーナー・アイデンティティの根底にあるのは、バンガシュかドームか、バラモンかダーディーかという社会的カテゴリーをめぐる出自や系譜・婚姻関係の問題というよりは、誰が誰に対して、どのようなアイデンティティを欲し、それをどのように構築しようとしているかであろう。ホール Stuart Hall が指摘するように、「われわれは誰なのか」「われわれはどこから来たのか」という歴史的ルーツが問題なのではなく、「われわれは何になることができるのか」「われわれはどのように表象されてきたのか」「他者が自分たちをどのように表象し、それによって自分たちがどれほど左右されているか」［ホール 2001(1996):12-3］という再帰的プロセスの問題である。ギデンズの言葉を用いれば、アイデンティティ化とは「時間を超えた恒常性の創出、つまり、過去を予想される未来へと結び付けていくこと」［ギデンズ 1997(1994):151］にある。

　したがって、アイデンティティは表象と言説の内側において構築され、伝統の創造に関係し、自己の物語化によって成立し、そのプロセスにフィクション的な要素が伴っていたとしても、その言説的・政治的な有効性を損なうことにはならない。音楽家もまた変化する社会における行為主体として、新たな形で媒介された経験を背景とし、音楽活動とそれに伴う言語行為を通してアイデンティティの再帰的な組織化を常に試みているのである。

|第14章|

新しい"ガラーナー"の可能性と音楽伝統における創造性

　最終章の本章においては、20世紀初頭から今日に至るガラーナーの変容をテーマに、「ポスト形成期」における社会環境・社会関係の変化と音楽家個人の創造性という異なるレベルの関係について考察を試みる。

　北インド古典音楽（ヒンドゥスターニー音楽）は、歴史的には複数の家系・家族を中心に形成されたガラーナーの音楽として発展を遂げてきた。第Ⅰ部第1章では、そのようなガラーナーの定義とその適用対象となる音楽集団・社会組織（流派）の要件について検討した。

　そもそもガラーナーという概念は、ムガル帝国が弱体化してゆく18世紀後半以降に胚胎し、その概念によって音楽家自身が"われわれ"を語るようになったのは20世紀に入ってからと考えられている。しかしその一方、20世紀後半には、すでに「ガラーナーは没落した」[e.g. Baruah 1983:132; Vyas 1995]という声がある。その声は、マスメディアの発達と市場経済の浸透による伝統的な共同体の喪失を嘆く声のようにも受け取れる。かつて、ガラーナーの下部構造は、藩王・領主とのパトロン＝クライアント関係に依存し、宮廷楽師というポストの獲得は親族と師弟関係のネットワークに依存していた。しかし、第11章でも明らかにしたように、「ポスト形成期」の今日において、そのようなネットワークはほとんど機能していないように思われる。伝統の学習の場であり、創造性の基盤を担った旧来のネットワークが崩壊したとされる今日において、音楽家が音

楽で生活するための新たなネットワークが求められているのである。

今日的な状況下で"音楽すること"を模索しているのは、音楽演奏を世襲的職業として生きてきたムスリム音楽家だけでない。音楽財産の継承の基盤となった親族ネットワークを有しないヒンドゥーの「新しい世代」もまた、企業、メディア、イベント・プロデューサーなどを媒介として新たな音楽世界・社会空間の創造に参加しており、彼らの音楽行動は"音楽すること"のみならず"音楽そのもの"をも変化させる可能性を秘めている。

本章では、「ポスト形成期」における新しいガラーナーとはいかなるものか、また、音楽家の創造性のあり方について焦点を当てて検討してみたい。

14-1. 親族ネットワークの変化と伝統的ガラーナーの衰退

かつて、伝統的なガラーナーの中核を担った宮廷楽師たちは有力なパトロンの庇護のもと、音楽の演奏と修行に打ち込めた。一定水準に達した音楽家の子弟は父兄のポストを引き継ぎ、あるいは親族ネットワークを頼って移動し、新たなパトロンを獲得することが可能であった。しかしながら、今日におけるパトロンは顔の見えない不特定多数の聴衆や音楽とは直接の関係をもたない企業スポンサーたちである。そこで求められる音楽家の社会的能力は音楽プロデューサーや企業とのネットワークを築いていけるある種のビジネス・マインドであり、その音楽的能力は場によって異なる聴衆の嗜好性・傾向性を敏感に感じ取って演奏に反映できる音楽的なアレンジ能力であり、社会的なマーケティング能力である。演奏会やレコード録音で十分な生計を立てられる音楽家の多くは、器楽形式に声楽的特徴（*gayaki-ang*）を取り込み、打楽器とのスリリングなリズム的掛け合い（*sawār-jawāb*）を見せ場とするなど、20世紀前半までの音楽伝統にとらわれない新しい音楽スタイルを個別に導入した者たちであり、その成功は独特の適応戦略の賜物であったと推察される。

一方、このようなコンサート活動で生活できるごく一部の音楽家を除き、音楽にたずさわりながら安定した地位と収入を保証されるのは、今日では学校の音楽教師やラジオ・テレビ局付音楽家という近代的な職業なのである[401]。伝統的なガラーナーに属する世襲のムスリム音楽家たちは、実践的な音楽財産を家族内に止め置くために読み書きや学校教育の時間を犠牲にして音楽に取り組んだが、継承したレパートリーの理論化や音楽的特徴の言語化という点に関しては閉鎖的であり無頓着でもあった。それに対し、音楽を生業としないヒンドゥーの上層家庭の子弟は、伝統音楽を民族的あるいは国民的教養として位置づけ、徒弟的師弟関係というよりは学校教育の制度化されたカリキュラムのもとで音楽を学んでいった。もちろん彼らも高等教育のみで演奏のプロとして通用するなどとは思っていない。大学で音楽を学ぶ第一目標は学位である。学位をとった者の多くは、中学や高校、大学の音楽教師を目指す。いわゆる良家の子女にとって、古典音楽の学習は嫁入り前の習い事（教養）であると同時に、教師という安定した職業の獲得にもつながっているのである。そしてこのような学生や教師の育成が、古典音楽に造詣の深い聴衆の増加に寄与していることも間違いない。

　第11章で明らかにしたように、ガラーナー内の父方平行イトコとの婚姻と、ガラーナー間の母方交差イトコとの婚姻が頻繁に行われた英領インド帝国期は、サロードのラクナウ＝シャージャハーンプル・ガラーナーの全盛期でもあった。しかしながらこのような婚姻関係はインド独立・印パ分離後のポスト形成期にはほとんど行われなくなった。今日のガラーナーの男性子孫たちの多くは世襲音楽家の家系には属さない妻を娶る傾向にあり、女性子孫の婚出先も多様化している。このような婚姻関係の変化、すなわち音楽財産の維持・継承を可能にした婚姻ネットワーク（ビラーダリー）の変化は、ガラーナーの後継者育成にも微妙な影響を与えたと考えられる。ガラーナーにおける徒弟的音楽教育は、父親のみならず、祖父や

401　本書第8章を参照のこと。

叔父などによってなされ、学習者は同門内の微妙に異なる音楽的実践と解釈に触れることによって、音楽スタイルの相同性（歴史性）と個別性（独創性）を認識し、音楽演奏に厚みをもたせていたからである。

このような状況のなか、第12章の最後で示したように、1970年代以降に生まれたラクナウ＝シャージャハーンプル・ガラーナーの子供たちの多くは音楽を学ぶことを途中で止めてしまった。その大きな理由の一つには、本人たちの資質・嗜好性のみならず、幼少から学校にも行かず音楽の修行のみに打ち込むことに対するリスクと不安があったと考えられる。はたして、このような後継者の問題に関連する伝統的ガラーナーの衰退は、音楽を中心とする親族ネットワークの崩壊によるものだろうか、それとも音楽を継承する継承者の技量や文化環境への適応といった個の資質の問題と関係しているのであろうか。

第II部で検討したように、ガラーナーの「形成期後期」から「ポスト形成期」にかけて生じたパトロン＝クライアント関係と聴衆の変化、音楽産業とマスメディアの発達、学校制度による音楽教育の浸透などは、音楽家の活動を支える社会経済基盤と後継者の育成に大きな影響を与えた。またポスト形成期はインド古典音楽が「国民音楽」と同一視されていく時代であると同時に、音楽を職業とする者のマジョリティーがムスリムからヒンドゥーへと移行する時代でもあった。そして今日では、内婚的なムスリムの親族ネットワークに替わる、市場経済と密接な関係を有する新たなネットワークが生まれている。そのネットワークのキーとなるのは、企業スポンサーやイベント・プロデューサーなどである。

問題の1つは、そのような企業スポンサーおよび企業と音楽家を仲介するプロデューサーやイベント・マネージャーとのネットワークの外にいる音楽家は、人前での演奏機会が減り、商業的な成功も困難になることであった。そのため、比較的若い世代の音楽家の中には、そのようなネットワークの構築に成功の活路を見出そうとする者もいる。しかし、そのような傾向は、「音楽の世界にも、市場経済が急激に浸透しつつある。そし

て、老いも若きも、音楽家は今や己の音楽を磨くことよりも、いかに自分を"売る"かが重要になっている」[Vyas 1995:18] という批判を招くことになるのである。

14-2. 非世襲音楽家による、新しい"ガラーナー"の興隆

　インド独立以前において楽師といえば職業世襲の家系であり、各地の宮廷を中心にガラーナーを形成した中核家族のほとんどがムスリムであったことはすでに述べた。サロードの場合もまた、パターン人を起源とする外来のムスリムがほとんどで、インド移住後にセーニヤーなどヒンドゥー高カーストから改宗したムスリム宮廷楽師からラーガ音楽を学んでガラーナーを形成していったのである。その例外が、すでに何度か登場したアラーウッディーン・ハーンである。彼は宮廷楽師の家系には属してはいなかったが、一念発起して音楽修業の旅に出かけ、高名なセーニヤーの弟子になった後にサロード演奏で頭角を現し、マイハル藩王国の宮廷楽師長にまで上り詰め、息子のアリー・アクバルや娘のアンナプルナ・デーヴィー、そしてその娘婿のラヴィ・シャンカルなど数多くの弟子を育て、マイハル・ガラーナーの流祖となった。

　さらに、インド独立と前後して、新しいタイプの音楽家たちが登場するようになってゆく。それは、雇用していたムスリム楽師たちからヒンドゥスターニー音楽を学んだヒンドゥー高カーストのパトロンとその弟子たちである。彼らの多くは地方領主・徴税官や州政府の高官、あるいは商業や貿易において財をなした者たちで、カルカッタを中心とするベンガル地方に集中していた。当初、彼らは趣味や社交的な嗜みとしてヒンドゥスターニー音楽を習っていたが、中には本格的に音楽演奏や音楽研究にのめり込む者もいた[402]。彼らは、必ずしも1つのガラーナーの音楽に縛られること

402　本書で取り上げた、シャーム・ガングリーとラディカ・モーハン・モイトラ

なく、パトロンの特権として複数のガラーナーの師匠から音楽を学び、理論的で客観的な視点をも兼ね備えていた。そして、彼らの中から本格的な音楽演奏家が生まれるようになっていくのである。

第9章でも触れたシャーム・ガングリー（1911-1989）はそのような新しいタイプのサロード奏者の一人であった[403]。彼は裕福で音楽好きのバラモンの家庭に生まれた［Sharma 1993:248-9］。幼少から音楽に親しみ、ラクナウ・ガラーナーのカラーマトゥッラーとその弟子たちからサロード音楽を習った後に、マイハル・ガラーナーのアラーウッディーンの弟子になった。彼は前者のガラーナーからはリズム周期のあるガットを中心に習い、後者のガラーナーからはアーラープの演奏を学んだ。また、さまざまな音楽家を招いての演奏会も頻繁に開催した。

ガングリーの娘のシュリー・ガンゴパッディヤイ（b.1952）は、自分と父親のガラーナーについて以下のように述べている[404]。

> 私は独自のガラーナーあるいは父のガラーナーに属している。父は、カラーマトゥッラーとアラーウッディーンという異なるガラーナーの巨匠たちから音楽を学んだ。父は2つのガラーナーの長所を融合して新しいガラーナーを創始した。

複数のガラーナーに学んだ者は、その帰属表現が複雑になる。そしてその子弟や弟子ともなれば、今までにないガラーナー、あるいは"新しいガ

（ラドゥーバブー）以外の著名なパトロンとしては、以前の章でも取り上げたB. K. ローイ・チョウドリーがいる。彼は、音楽演奏を行う他にも数多くの音楽研究書を残した。

403　彼の家系と一族の音楽歴については、シャルマ［Sharma 1993:248-249］を参照のこと。

404　カルカッタの自宅でのインタビュー（1999年1月）。また、ガンゴパディヤイ［Gangopadhyay 1991:50］も参照。

写真1:ラディカ・モーハン・モイトラ
カリヤーン・ムケルジー氏所蔵

ラーナー"と答える傾向がさらに強くなる。しかしながら、彼女はラクナウ＝マイハル・ガラーナーのような名乗りは行なっていない。彼女自身は大学で生理学を教える傍ら、数名の生徒にシタールを教えているが、本格的な演奏会活動は目立って行ってはおらず、その後継者も育っているとは言い難い。そのため、ガラーナーの要件の1つである「三代理論」においても、ガラーナーの適用は除外されることになるだろう。

シャーム・ガングリーと同世代で、同様にパトロン出身のサロード奏者として最も成功した人物にラディカ・モーハン・モイトラ（1917-1981）がいる（以下、ラドゥーバブーと表記[405]）〔写真1〕。彼は、東ベンガルのラジシャーヒ Rajshāhi 地方に広大な領地を有する領主の長男として生を受けた［Misra 1990:209-216］。ラジシャーヒはインドとバングラディシュの国境地帯にあたり、現在は後者に属している。

ラドゥーバブーの祖父は、古典音楽で用いられる打楽器を自ら演奏し、多くの音楽家のパトロンでもあった[406]。その祖父が雇っていた楽師のなかに、ラドゥーバブーの師匠となるアミール・ハーン（1873-1934）がいた。

---

[405] ラドゥーはラディカの短縮形の愛称、バブーは日本語で言えば「さん」に相当する親しみが込められた言葉である。彼の弟子たちや関係者が用いる略称を本書では採用した。

[406] 以後、本節のモイトラに関する情報や逸話は、特に引用が示されていない場合は、1987年から1999年にかけてモイトラの弟子であったカリヤーン・ムケルジー氏とのコミュニケーションから得られた情報に基づくものである。

彼は、サロードの基本的な学習を終えた後、1928 年からその師匠が亡くなる 1934 年までの約 6 年間、11 歳から 17 歳の間に集中的な特訓を受けた。そして 17 歳になった彼は、1934 年に行われた第 5 回アラーハーバード大学音楽会議のアマチュア器楽部門でトップの成績を得て注目を集めるが、同年に師匠が他界する。彼の初のコンサートもこのころで、先に触れたシャーム・ガングリーによってアレンジされたものだった。

　ラドゥーババーはアミール・ハーン亡きあと、師匠と同じガラーナーに属し、高い名声を得ていたハーフィズ・アリーに相談する。しかし、「最初に領主の収入を示す出納帳を見せてほしい」と頼まれたことから、師事するモチベーションを失ったという。結果的に、最後のセーニヤーとなったダビール・ハーン（1905-1972）から、インド独立までの 11 年間、ドゥルパドとアーラープを学んだ。また、彼はパトロンの特権として、ラヴィ・シャンカルと並び称されたシタール奏者のヴィラーヤト・ハーン Vilayat Khan（1928-2004）の父親からも音楽を学んでいた。このように、彼の音楽にも複数のガラーナーの音楽が融合されていたのである。

　彼はその後カルカッタ大学で法学士と哲学修士の学位を取得、卒業後は出身地の大学で哲学の講師をし、それ以外の時間を音楽修業や演奏に明け暮れるという、領主として何不自由のない生活を送っていた。彼はサロード演奏家として若くして注目されたが、ムスリムの世襲音楽家のように音楽で生計を立てる必要はなく、あくまで極めるべきものとして音楽を追求していたようである。しかしその生活は、インド独立とその後の印パ分離によって一変する。印パ分離によって、領地のラジシャーヒは当時の東パキスタンに編入され、生活の糧である土地を失うことになったからである。そのため、領地を失った後の家族の生活は彼の肩にのしかかり、結果として本格的な音楽家として生きることを選択せざるをえなかったのである。

　その後、ラドゥーババーは演奏会やラジオ放送に出演するだけでなく、数多くのヒンドゥーの弟子たちを育てるようになる。彼は、それぞれの音楽家から学んだ知識や技術を秘匿せず、初心者に対しては記譜化も厭

わずバンディッシュや基本的な変奏パターンを教えた。その高弟の一人が、ブッダデーブ・ダースグプタ（b.1933）である。彼は国内外の演奏会での活動の経験も豊富で、レコードやCDも発売されており、インドの国民的な音楽賞も多数受賞している。ダースグプタは自分たちを「セーニー・シャージャハーンプル・ガラーナー」と名乗り、その理由をラドゥーバブーの師匠であったアミール・ハーンとその父親がシャージャハーンプルの出身であったこと、そして更にセーニヤーから音楽を学んだことに求めている。また、彼によればアミール・ハーンはパトロンの息子であると同時に熱心な弟子であるラドゥーバブーに、「シャージャハーンプル・ガラーナーの特徴であるラバーブ様式の演奏法と、ガラーナーに伝わるバンディッシュなどの秘伝を惜しげもなく教えた」という［Misra 1990:210］。すでに、第10章（10-4-3）でも明らかにしたが、確かにアミール・ハーンとその父親の居住地はシャージャハーンプル（ビジリープラ派）であった。しかしながら、この"名乗り"はグワーリヤル・ガラーナーあるいはセーニー・バンガシュ・ガラーナーを標榜するハリーファ（家元）のアムジャドの主張とは齟齬をきたすものである。

　アムジャドの家系については第13章1節（13-1、**図1**参照）において既述したように、ラドゥーバブーの師匠のアミール・ハーンはアムジャドと同じ、グラーム・アリーの系譜に属している。したがって、アムジャドはアミール・ハーンに至る系譜も自らのガラーナーに含めている。また、晩年のラドゥーバブー自身はハーフィズ・アリーの弟子ではなかったにもかかわらず、律儀にも彼を家元と認めている［Maitra 1987:24-27］。ところが、ダースグプタらは、アミール・ハーンをシャージャハーンプル・ガラーナー、その弟子のラドゥーバブーを「セーニー・シャージャハーンプル・ガラーナー」として、アムジャドのそれとは一線を引いて考えているのである。おそらくは、ダースグプタをはじめとする弟子や孫弟子たちの多くは、ラドゥーバブーがアムジャドの父であるハーフィズ・アリーの直弟子にならなかった経緯などを聞き知っており、またアムジャドの音楽ス

タイルとも異なることから、自分たちのガラーナー・アイデンティティを別のものと考えているのであろう。したがって、ラドゥーババーに始まり、非血縁で非世襲のヒンドゥー高カーストにより維持されてきた師弟関係の連鎖は、第1章で検討したガラーナーの要件には当てはまらない、新しい"ガラーナー"と言えるかもしれない。

　本節では、シャーム・ガングリーとラドゥーババーという、二人のパトロン出身の非世襲音楽家を取り上げ、彼らの世代以降に生まれた新たなガラーナー・アイデンティティに焦点を当ててきた。二人に共通するのは、いわゆる特権階級であり音楽家のパトロンとして複数のガラーナーの中核家族（ムスリム）の巨匠かたちからサロード音楽を学ぶことができたことである。それによって、その弟子たちは、社会的にはムスリムを中心とする世襲的なガラーナーではなく、音楽的には多様な要素を取り入れたヒンドゥー高カーストを中心とする非世襲的な新しい"ガラーナー"への帰属を自認していると考えられるのである。

　しかしこの場合の"ガラーナー"は、第1章3節（1-3）で検討した伝統的ガラーナーの定義である「その音楽伝統を次の世代の弟子へと伝えてゆくための中核となる音楽家の家族がなければならない（系譜条件）」「流祖からの直系子孫で生存する成員によって代表されなければならない（直系条件）」という2つの社会的要件を満たしてはいない。その基盤は、社会関係的な所与のつながりというよりは、「カリスマ性のある流祖がいなければならない（流祖条件）」「他とは区別される独特の音楽スタイルを有している（音楽性条件）」という二つの要件に基づくもので、流祖からの音楽スタイルの継承という美的価値観に関係するものであり、師弟間の連鎖の中で醸成された相互作用的な信念である。本書ではそのような相互作用的な信念を、"再帰的で美的なアイデンティティ"と呼んでみたい。

14-3. 新しい"ガラーナー"と再帰的で美的なアイデンティティ

　かつて、伝統的なガラーナーの世界において"新たなガラーナー"が生まれる発端は、多くの場合、母方の親族や非血縁の弟子の独立および他宮廷への移動に求められていた。高名な音楽家の弟子が独立し、移動先の宮廷で自らの音楽スタイルを確立し、そのスタイルが流祖の子孫たちによって継承され、歴史的時間的な淘汰に耐えて発展することがガラーナー成立の基本であった。

　ガラーナー名は通常、流祖と所縁の深い土地あるいは宮廷の所在地に由来するもので、その土地の統治者の威信や歴史と結びついていた。そのためその名前は、中心となる楽師がその本拠地や所属宮廷を移動することで変化することもあった。ハヤールの巨匠アラーディヤ・ハーンはジャイプル・ガラーナーとされることが多いが、彼自身はアトローリ・ガラーナーの流れに属し、その余生をコルハプルの地で過ごしたため、コルハプル・ガラーナーとも呼ばれる［Meer 1980:131-2］。また、その音楽の独自性から彼の名前にちなんでアラーディヤー・ガラーナーと呼ばれることもある。このように、一人の音楽家が複数のガラーナー名で呼ばれることも少なくない。しかし、藩王・領主制が廃止されて久しい今日にあっては、その地域性と音楽スタイルは結びつくことはなく、ガラーナー名は過去の宮廷での威信と超時間的に結びついたイデオロギー的なものにならざるをえない。

　最初にラドゥーバブーから音楽を習い、彼の死後アムジャドの弟子となり、現在はラクナウのバートカンデー音楽大学でサロード科の教授をしているダル（b.1954）は、自らのガラーナーの帰属について次のように答えている[407]。

　　　私はラドゥーバブーとその弟子からサロードを学んだ。そしてラ

---

[407]　ラクナウのダルの自宅でのインタビュー（1998年7月）に基づく。

ドゥーバブーはアミール・ハーンから（中略）……したがって私は、
　　サロードの発明者であるグラーム・アリーのガラーナーに属してい
　　る。（中略）……ハヤール（声楽）にグワーリヤル・ガラーナーは
　　あるが、サロードにグワーリヤル・ガラーナーはない。アミール・
　　ハーンはシャージャハーンプルに住んでいたためにシャージャハー
　　ンプル・ガラーナーと言われることがあるが、明らかにグラーム・
　　アリーの系譜に属している。

　ダルは、現在の師匠であるアムジャドが標榜するグワーリヤル・ガラー
ナー、そしてかつて同門であったダースグプタのシャージャハーンプル・
ガラーナーの双方の名乗りについて、積極的には肯定してはいないようで
ある。彼は、その系譜というよりは、流祖との音楽的な連続性を強調して
いる。流祖からの直系子孫であり、その中核家族に属する音楽家はかつて
の音楽センターとして名を馳せた宮廷名を名乗る傾向にある。一方、そう
ではない非直系の音楽家は流祖や師匠の名をとったガラーナー名を用いる
傾向にある。グラーム・アリーとの連続性を強調するダルもその例外では
ない。その理由は、複数のガラーナーの師匠から音楽を学び、それらのス
タイルや特徴を融合した者たちの多くは、既存のガラーナー名で呼ばれる
ことに葛藤と戸惑いを覚えるからであろう。それでは、そのような複数の
ガラーナーに学んだ者たちの音楽的スタイル、および彼らの美的価値観と
はどのようなものであろうか。再び、ダルの言説に耳を傾けてみよう[408]。

　　　インド音楽（ラーガ）を演奏する際の全体的な構成はほぼ同じだ
　　が、どの演奏をとっても同じものはなく、最終的には音楽家の創造
　　力および想像力の産物と言える。まず、われわれのガラーナーの特
　　徴はバンディッシュに現れている。ムラード・アリー、アブドゥッ

408　ラクナウのダルの自宅でのインタビュー（1998年7月）に基づく。

ラー、アミール・ハーンそしてラドゥーバブーは、それぞれの師匠が受け継いできたバンディッシュを習い、音楽家として独り立ちした後は自らバンディッシュを作曲するようになり、弟子たちに教えてきた。それらは作曲者によって異なっているが、指使いや装飾音の付け方には共通点がある。

　私は幼少時からラドゥーバブーの音楽に親しみ、後にアムジャドの弟子となった。しかし、アムジャドから音楽を学ぶにあたって1つのことをリクエストした。すなわち、自分はラドゥーバブーの音楽伝統のもとで音楽を学んできたため、そのスタイルを変更することはできないと告げた。幸いなことに、アムジャドはそのことを受け入れてくれて、「スタイルを変える必要はない。例えば、演奏の技術やバンディッシュなど、もし他に必要なことがあるのなら、それを教えることができるだろう」といってくれた。したがって、私はアムジャドから教わった演奏技術や装飾の仕方、バンディッシュも演奏に用いることがあるが、ラーガ演奏の全体構成はラドゥーバブーから習ったものであり、ムラド・アリー〜アブドゥッラー・ハーン〜アミール・ハーンの伝統の中にある。

　アブドゥッラー・ハーンはムラド・アリーの養子であり、声楽家の家系に属していた。自然のことながら彼はムラド・アリーのサロード音楽に声楽の要素を持ち込んで、それまでのサロード音楽に変化を与えたであろう。そして、その音楽は息子のアミール・ハーンに受け継がれた。彼が作曲したバンディッシュは、サロードの歴史の中でも最高のものだ。その調子や音の飛び方には独特のものがある。

　また、ダースグプタ、ダルらと並んでラドゥーバブーの高弟の一人であったカリヤーン・ムケルジー（1943-2010）は〔**写真2**〕、自らのガラーナーの音楽に対する信念、すなわち美的アイデンティティについて次のよ

うに述べている[409]。

写真2：シタールの弟子に教えるカリヤーン・ムケルジー（中央）
筆者撮影（1998年1月）

ラドゥーバブーの音楽の理想は、'ラーガの追求'にあった。ガラーナーによって、あるいは音楽家によってラーガの解釈（音使いや強調するフレーズ）は微妙に異なる。ラドゥーバブーが師匠のアミール・ハーンの死後に、セーニヤーの弟子になったのは、ラーガの追求のためだった。したがって、ラドゥーバブーは二人の師の解釈を自分独自の解釈によってつくりあげたということになる……。しかし、もう少しガラーナーという点に焦点をあてるとすれば、アミール・ハーンからラドゥーバブーへと作曲された作品（バンディッシュ）が受け継がれていることだ。そのバンディッシュの作曲スタイルとそのレパートリーの豊富さが、このガラーナーを特徴づけているといえる。（括弧内筆者注）

このように、ダルもムケルジーも、究極的にはラーガ表現の問題について言及し、より具体的には伝統的なバンディッシュの伝承に焦点を当てている。すでに第2章でも検討したように、"秘伝"あるいは音楽財産の中核にあるのは、ラーガ一曲の段階的な展開方法と作曲された小作品として

---

[409] カルカッタのムケルジーの自宅でのインタビュー（1998年7月）に基づく。

のバンディシュと言ってよいだろう。ラジオやテレビ、インターネット、様々な録画・録音媒体を通して、映像や音が気軽に入手でき録音できる今日において、ガラーナーや個人の演奏の比較分析は容易となった。ただし、同じラーガでもガラーナーによってバンディシュは異なり、また同じガラーナーにおいても、異なるバンディッシュがいくつか存在する。そして、それらのバンディッシュが誰によって作曲されたのか（例えばセーニヤーの誰それ、祖先の誰それの作品）という情報は、師匠から教わらなければわからない。演奏者は、演奏前にラーガの名前は開示することはあっても、その作品が誰の手になるものかはめったに言わないのである。あらゆる演奏が録音可能な今日において、公で演奏する際に用いるバンディッシュと、限られた子孫や高弟に伝承する・秘伝・としてのバンディッシュが異なるのは当然と言えるだろう。その一方、後継者となる子孫や高弟がいない場合、そのような・秘伝・は再生産されることなく、その音楽自体が失われていくことになる。一方、人々に膾炙することにより、原曲のニュアンスを失いつつも一般化された音楽は、その歴史的ルーツを失いながらも、新たなスタイルの音楽として再生し、その命脈を保つことになるかもしれない。

　ラドゥーババーなどはインド独立前に登場した新しいタイプの音楽家と言えるが、インド独立後に生まれた音楽家たちの音楽遍歴とアイデンティティ形成は、さらに複雑になる。例えば、ビスワジット（B）・ローイ・チョウドリー（b.1956）は、最初にマイハル・ガラーナーの教師からサロードを学び、後にアムジャドに見出されて彼の弟子となったが、その後、さらに声楽ハヤールの巨匠に弟子入りした変わり種である[410]。

　　アラーウッディーンとハーフィズ・アリーはセーニヤーの同じ師

410　ニューデリーの音楽院でのB.ローイ・チョウドリーへのインタビュー（1998年8月）に基づく。

匠に学んだにもかかわらず、その音楽は全く異なっていた。はたして二人が同じガラーナーに属していると言えるだろうか。また、アムジャドの音楽は父のハーフィズとも大きく異なっている。彼の音楽は個人的創造力の産物と言ってもよいだろう。すなわち、**ガラーナーの伝統というよりは、個人の独創性に特徴がある**。そして、私の音楽の特徴は、声楽のジャイプル・ガラーナーで歌唱されるラーガを、それまで習得したサロードの技術によって演奏していることにあるといえるだろう。（強調部分筆者）

B. ローイ・チョウドリーの音楽ジャンルは、器楽のサロード演奏であることに間違いないが、彼の美的アイデンティティはむしろ声楽ハヤールの師匠とともにある[411]。B. ローイ・チョウドリーが弟子たちに教える授業では、まずハヤールの旋律が歌われ、その後にその旋律をどのようにサロードで演奏するかの手本が示されるのである[412]。すなわち彼は、声楽の巨匠から教わったバンディッシュとその展開を、アムジャドから学んだ演奏技術によってサロードに置き換えているのである。その彼は、サロードの師匠であるアムジャドの音楽を上記の語りのなかで「ガラーナーの伝統というよりは、個人の独創性に特徴がある」と述べている。彼がアムジャドから学んだのは、声楽を器楽に変換する技術であって、彼の独創性は声楽の器楽的展開にあると言えるかもしれない。

それでは、音楽家たちは音楽的アイデンティティを構成するガラーナーの伝統と個の創造性というものをどのように捉えているのだろうか。まず、B. ローイ・チョウドリーの言う、アムジャド・アリー・ハーンの個人的

---

[411] 「その声楽の師匠の方が、アムジャドよりもヒンドゥスターニー音楽の世界では格上であったために、アムジャドとは疎遠になってしまった」という。

[412] デリーのインド芸術学院（Baratiya Kala Kendra）で行われた授業（1998年8月）での観察に基づく。

独創性についてもう少し追求してみたい。

14-4. 伝統的スタイルと個人の創造性

　アムジャド・アリーは自分のレコード・ジャケットを自らプロデュースすることで知られているが、1976年のレコード解説では、自らの家系や一族の偉業についてのみならず、自らの創意工夫や貢献について、客観的な視点をとって、次のような解説を載せている[413]。

> （ハーフィズ・アリーは）全てを彼の息子であるアムジャドに手渡した。しかしアムジャドは彼自身の才能をもっていた。宗教や哲学においてもそうだが、インド音楽においては師のみが弟子を高みへと導くことができるが、最終段階は弟子自身によって成し遂げられなければならない。彼の精神が彼の音楽を形成し、彼の師とは異なったものを生み出す。彼は彼のイノベーションの中にハヤール様式を導入することによって称賛と認知を得られたのであり、まさに声楽の繊細かつ大胆な装飾を取り入れることにより、また"エカーラ・ターン"やガマク、すばらしいリズム感覚によってサロードの創造範囲を拡大した。（括弧内は筆者による）

　"エカーラ・ターン ekhāra tān"とは、バンディッシュに続く変奏部分（ターン tān）で用いられる演奏技術で、シタールで用いられていたものが1930年代以降になって、サロードの演奏にも取り入れられるようになったものである。このエカーラを取り入れることによって、より声楽的な即興表現が器楽演奏においても可能になったと言えるだろう。

---

[413] レコード解説：*Raga Shree*, Amjad Ali Khan, ECSD2542（EMI）The Gramophone Co. of India Ltd.,1976.

また、アムジャド・アリーは1978年のレコード解説では、三人称による客観的な解説ではなく、一人称による語りによって、同じ内容の詳細を以下のように表現している[414]。

　　私がいつごろからサロードを弾き始めたかを正確には思い出すことができない。父がサロードを弾くのを聞き、その父と同時代の人々の演奏も聞いた。一つ悲しく思えたのはサロードという楽器には明らかな限界があったことだ。それは技術的な問題とは思えなかった。シタールとサロードのデュエットを聞くときはいつも、楽器のもつ限界が故に、サロード奏者の方が少し劣っているように感じられた。私は父に「サロードでターンやガマク、ジャーラーをなぜもっと早く弾くことができないのか」とよく尋ねたものだ。すると父は、「息子よ、それはサロードでは困難なことなんだよ。サロードは非常に難しい楽器だから、シタールと同じように早く弾くことができないんだよ」と答えた。しかし私は、なぜ？と問い続け、自問し続けた。私はあらゆる技術を試し、実験してみた。父は私の試行錯誤をいつも励ましてくれた。「そうしたいなら、やってみなさい」と。私は練習し続けた。そして今ではシタールとのデュエットにおいてさえ、ターンやガマクやジャーラーを何らシタールに劣ることなく演奏することができようになったと自負している。音楽における究極的なものは言うまでもなくその効果である。技術は二次的なものだ。しかし、サロードでどのようにも弾けるということはより良い演奏につながる。
　　とりわけ私がサロードで創造しようと試みた効果とは、声楽、特にバンディッシュに現れる多様な表現様式である。常に偉大な声楽

414　レコード解説：*Music of Love* by Amjad Ali Khan, ECSD2801（EMI）The Gramophone Co. of India Ltd.,1978.

家の音楽を聴くことによって触発され、何かを得てきた。私にとって、声楽の展望と可能性には限界がない。私はそこにたどり着くために、いまだに努力を続けている。

　アムジャド・アリーの音楽的斬新さは、基本的にアレンジ能力であると言われる。そもそも、ガラーナーの「形成期前期」においては、器楽は声楽の引き立て役（伴奏）にすぎなかった。それが「形成期中期」に入ると、セーニヤーによってドゥルパド様式に従う器楽の独奏形式が生み出され、それが今日のシタールやサロードの演奏の基本形となっている。しかし、シタールやサロードが脚光を浴び出した「形成期後期」は、神や英雄への讃歌をルーツとするドゥルパドに代わって、より自由な変奏を伴うハヤールなどの新しいタイプの声楽が主流になっていく時代でもあった。そして今日の「ポスト形成期」は、より伝統的な器楽形式に従う音楽家と、新しい声楽様式を器楽演奏に取り込もうとする音楽家が混在する時代となっている。アムジャド・アリーは、いち早くハヤールなどの声楽表現をサロードに取り込み、自分のスタイルの代名詞とすることに成功した音楽家の代表と言えよう。その成功の陰には、声楽的アレンジを可能にする彼独自の運指に基づく"エカーラ・ターン"の技術の獲得があったことは言うまでもない[415]。

　そもそもこのガラーナーの伝統では、弦を抑える左手の運指は3指（人差し指、中指、薬指）で行われていたが、彼は人差し指と中指の独自のコンビネーションを中心とする新しい運指を編み出したのである[416]。第11

---

415 エカーラはサロードの変奏法 $tān$ の一つで、早いパッセージの演奏に適している。ハヤールなどの声楽的表現をサロード上で表現するには欠かせない奏法で、弦を弾く右手のストロークが鍵となる。

416 筆者は、1989年4月の来日時に、彼が滞在する東京都港区赤坂のホテルを訪ね、運指に関する指導を受けた。

章5節（11-5）では、早いテンポでの効果的な演奏を可能にするラクナウ・ガラーナーの2指（人差し指、中指）による運指との比較を示したが、アムジャドの運指はこのガラーナーとも少し異なっていた[417]。重要なのは彼自身が言及しているように、演奏の技術（早弾き）ではなく音楽的効果である。別のガラーナーに属するある音楽家は、いわゆる早弾きに対して次のように指摘している。

> ラーガの純粋性を伝えるのはガラーナーの伝統である。演奏のスピードは重要ではない。たとえどんなに早くサロードを弾けたとしても、ラーガが正しく表現されていなければならない。ラーガはせいぜい1時間半から2時間で演奏するもの。ラーガの本質がわかっていれば、それを異なったやり方で繰り返し表現するだけだ。

単に早弾きを追求しようとすれば、音楽が雑に聞こえ、正確な音出しもままならなくなる。技術を高めることで、音の緩急や表現の手段が豊富になり、全体の音楽を豊かにすることが重要であることは言うまでもない。もちろん、一部の同業者や批評家の中に、声楽の要素を取り入れ、早弾きにこだわった彼の試みが、伝統的なサロード演奏をだめにしたという批判

---

[417] アムジャドの運指は、指の動作の合理性を追求した結果と思われる。それは単に指の動きを最小限にするというだけでなく、誤った音出しをしない運指の追求を伴っている。例えば、音を段階的に変化させる弦の横方向への運指では人差し指だけでなく、人差し指と中指の2本で弦を抑えることにより、確実な音出しを実現している。ちなみに、サロードに張られている弦の張力はきつめで、弦高も比較的高いため、弦を1本の指の爪先で素早くおさえようとするとスリップする可能性が高くなる。アムジャドの運指は、指の動きを合理化することによって、早弾きを可能にしただけでなく、このようなミスを防ぎ音楽の中断や誤った音だしを防ぐことにも貢献していると考えられる。

あるいは嫉妬があることもアムジャドは知っている。

　彼はそのような批判に対して、「時代が変わればビルの高さが変わり、音楽も変わる」「自分の演奏を批判する者はいるが、自分のように弾ける者はいない」と答えている[418]。そして前章でも見てきたように自らの系譜や一族の貢献といった血統にこだわる一方、自分自身の革新と音楽性についても臆することなく公に語りかけている。彼の演奏は、1960年代後半以降になってインドのより若い人々を中心として受け入れられるようになった。彼の独創性は、時代が求める音楽を敏感に感じ取り、その要請あるいは葛藤の克服を自らの課題として取り組んだ適応戦略といえるものであり、自分の音楽性をどのように伝えるかという一種のマーケティング戦略の賜物であったとも考えられる。このことは、「音楽家の創造性には、自らの音楽を支持する弟子や聴衆に対する役割や、音楽伝統における自分自身の音楽性をいかに理解しているかという点が含まれている」[Wade 1984:47]というウェイドBonnie Wadeの指摘とも重なるものである。そして、前章で明らかにしたように、アムジャドがその創造性とともに、自らのガラーナーをセーニー・バンガシュ・ガラーナーとして繰り返し語りかける対象は新しい世代の弟子たちと聴衆であり、未来志向的な情報制御のあり方に対する感性が感じられる。

　アムジャドは、今や一音楽家を超えたインドにおける「著名人celebrity」であることは間違いない[McNeil 2004:216-7]。音楽家としての「礼儀作法ādāb」の手本となるのみならず、国内外の要人や芸能人・スポーツ選手と対談し、握手する姿が新聞やテレビで取り上げられ、企業スポンサーや音楽プロデューサーとのネットワークも広い。前章でも言及したように、再婚したヒンドゥー女性との間にもうけた二人の息子たちにバンガシュという新しい姓あるいは祖先のクラン名を復活させた姓を与え、彼らを伴って演奏会やマスコミに登場して自らのガラーナーの後継者を世

418　1989年4月、東京都港区赤坂の滞在先ホテルでのインタビューより。

に広めている。サロード伝統の純粋性を主張するラクナウ＝シャージャハーンプル・ガラーナーが、その音楽に係わる親族ネットワークを弱め、それに代わるネットワークを築くことが叶わず、また後継者たちを音楽家として世に送り出せていない状況とは極めて対照的であると言えよう。

14-5. ガラーナーを超えて：
音楽伝統と創造性の狭間で

　伝統的ガラーナーに属する音楽家は概して"われわれ"のガラーナーの伝統を主張する傾向にあることはすでに述べた。その一方、"新しいガラーナー"に属する者たちは、伝統というものが世代によって更新されていくことを強く意識している。例えば、音楽の学習と実際の演奏に際して、「ガラーナーの伝統と個人の創造性のどちらが重要か。また、それはどうしてか」(FI-Q6)[419] という愚直な問いかけを、彼らにすると、

> 　私はラドゥーババーからサロードを学んだ。その音楽は私を無意識に支配している。それと同時に、私は師匠から学んだものを自分の解釈によって置き換えている。だから、私の演奏は師匠とまったく同じというわけではない。今日はガラーナーの伝統で弾いて、明日は個人的な創造力で演奏するというものではない。〔ムケルジー〕[420]

> 　3つの重要な点がある。最初に重要なのは、A）ラーガの純粋性である。例えばラーガ・ヤマンを演奏するなら、最後までラーガ・

---

[419] FI-Q6 はフォーマル・インタビューの質問項目6番目を意味する。詳細は巻末資料Bを参照のこと。
[420] カルカッタのムケルジーの自宅でのインタビュー（1997年12月）に基づく。

ヤマンを維持しなければならない。良く似た他のラーガ、例えばヤマン・カリヤーンと明確に区別された演奏でなければいけない。次に、B）ガラーナーの伝統であり技術、そして、C）個人の創造性である。なぜなら、個人の創造性というものは、A）B）を押さえた上で発揮できるものであって、あるレベルを超えないと生まれてこない。〔ダル〕[421]（A, B, C の記号は筆者）

　私の音楽の中には、私の師匠の師匠であるラドゥーバブーと私の師匠のダースグプタ、さらには同時代の他の音楽家の影響、そして自分自身の創造性もわずかながらではあるが入っている。例えば80％を自分の師匠などから受け継いだとしても、残りの20％は自分の創造性である。最初はガラーナーのスタイルにより訓練されるが、そこから先は自分しだいだ。〔バネルジー〕[422]

　インド音楽の中心はソロ演奏だ。オーケストラのように決められたパートを演奏するのではなく、書かれたものをそのまま再現するのでもない。ラーガの学習の際には、師匠の表現をそのまま真似て覚えていくが、師弟関係とはいえ人間が異なるのだから、演奏に際してはその表現のニアンスは変わってくる。学習に際しては師匠の教えが、演奏に際しては個人の創造性が重要ということになるが、それはあくまでラーガの規則や文法の範囲内で守られていてこそである。本当に個人の創造性が発揮できるのは、ある水準に達してからのことであって、限られた巨匠にのみ可能なことだ。〔B. ローイ・チョウドリー〕[423]

---

[421]　ラクナウのダルの自宅でのインタビュー（1998年7月）に基づく。
[422]　カルカッタのバネルジーの自宅でのインタビュー（1997年12月）に基づく。
[423]　ニューデリーの B. ローイ・チョウドリーの自宅でのインタビュー（1998年

というような答えが返ってくる。すべての回答に共通しているのは、同じ伝統あるいは身体的な暗黙知に支配されていても異なる人間が演奏すれば異なる表現になるということ、学習の場においては師弟関係の連鎖によって蓄積された伝統が重要であるが、実際の即興演奏の場においては個の創造性が試されるということ。そして、個の創造性というものが開花するのは、伝統の型を極めたさらにその先の世界においてであるという認識である。

　それでは、そのような境地に達した名人は今日のヒンドゥスターニー音楽の世界にいるのであろうか。音楽家は果たしてどのような創造性を最上のものととらえているのだろうか。今まで、聞いた音楽家の中で最高と思う音楽家は誰かと注釈なく尋ねると (FI-Q10)[424]、ほぼ間違いなく自分の師匠や同じガラーナーの巨匠の名前が挙がる。その当然とも言える理由をダルは次のように答えている[425]。

> その問いに答えるためには、まずインド音楽の学習システムについて言及しておく必要がある。生徒は自分の師匠 *guru* 以外には何もないし、師匠を差し置いては何も言うことができない。師匠とは、父親のようなものであり、かつては神のよう存在であった。したがって、そのような存在を差し置いて何を言うことができようか。

しかし、このような慣習を踏まえた上で、「自分のガラーナー以外の音楽家を挙げるとすれば」という条件をつけると、回答は異なってくる。ガラーナーの違いを超えて、サロード奏者の大部分がアリー・アクバルの名

　　　8月）に基づく。
[424] FI-Q10 はフォーマル・インタビューの質問項目 10 番目を意味する。詳細は巻末資料 B を参照のこと。
[425] ラクナウのダルの自宅でのインタビュー（1998 年 7 月）に基づく。

を挙げるのである。例えば、ダルは注意深く遠回りしながら、アリー・アクバルについて次のように表現している[426]。

> 私の師匠は最初に音楽を教えてくれた父であり、ラドゥーババーであり、現在の師匠はアムジャド・アリーであり、彼らがベスト・プレーヤーである。しかし、最も尊敬し影響を受けた師匠を一人だけ挙げるとなれば、それはラドゥーババーである。彼は1930年代から1950年代に自分のスタイルを確立させて活躍したが、彼が生きた時代の社会環境を無視することができない。一方、私の現在の師匠であるアムジャド・アリーは、1970年代以降に名声を獲得した音楽家であり、その時代の社会環境の影響を受けている。二人は異なった社会の中でそのスタイルを確立させた。かつての音楽家の活動の中心は宮廷であり、それがラジオ放送となり、今日ではテレビ、カセットやCDに変わってきた。かつての巨匠たちは、決してホテルや宴会で演奏することはなかった。さて、このようなことを十分に考慮した上で、私の師匠たちを別とすれば、ベストのサロード奏者はアリー・アクバル・ハーンである。彼の想像力と創造力は彼自身のものであり、彼の人生そのものである。

前章第13章の冒頭で、アムジャド・アリーとアリー・アクバルという二人のサロード奏者を比較する形で取り上げた。そこでは、彼らの父親たちはワズィール・ハーンという同じセーニヤーの巨匠から音楽を学んだにもかかわらず、その音楽性は全く異なっていたことについて言及した。同様に、アムジャド・アリーとアリー・アクバルの音楽もまた互いに、そして彼らの父親ともかなり異なっている。二人の音楽の独創性の違いを思い切って挙げるとすれば、アムジャドがヒンドゥスターニー音楽のアレンジ

---

[426] ラクナウのダルの自宅でのインタビュー（1998年7月）に基づく。

とサロードの演奏技術において革新的であったのに対して、アリー・アクバルは"音楽そのもの"が革新的で規格外のものであったと言えるかもしれない。

　ムケルジーによれば、アリー・アクバルのかつての音楽は1930年代までに確立されたサロードの音楽スタイルを全くと言っていいほど継承していない新しいものだったという。1940年代に録音された78回転の3分半の彼のレコード（ラーガ・アヒルバイラブ）を聴いたとき、それまでの他の演奏家にはないゆっくりとした情感たっぷりのラーガの展開に心を奪われる一方、ラーガの規則にとらわれない音づかいに驚き、それ故にその音楽がその後50年間にわたり心に残ったという[427]。その一方で、彼の演奏は期待に反して不出来なこともあったらしい。ところが、そのような演奏に対する不満を師匠のラドゥーバブーに告げてもアリー・アクバルに対する評価は揺るがなかったという。ラドゥーバブーもまたアリー・アクバルを高く評価していた一人であったのだ。

　ムケルジーは、「ヒンドゥスターニー音楽は即興であると言われるが、真の即興部分は50％未満である」と感覚的に指摘した上で、アリー・アクバルの次のような逸話を語っている[428]。ある音楽愛好家が、アリー・アクバルの家を訪ね、あるラーガの演奏を頼んだ。彼は気軽にそのリクエストに答え、そのラーガの演奏をしてみせた。しかし、そのラーガには、本来そのラーガを特徴づけるはずの音が1つだけ抜けていた。そこで、その音楽愛好家は、「あなたのガラーナーでは、その音を用いずに演奏するのか」と彼に尋ねた。アリー・アクバルは、「そのようなことはない。そ

---

[427] カリヤーン・ムケルジー氏の遺稿となった、"Remembering Ali Akbar Khan"（2008年8月、http://dabatesangeet.blogspot.com/2009/08/remembering-ali-akbar-khan-i-/html）を参照した。

[428] "Remembering Ali Akbar Khan"（2008年8月、前注と同様のWebサイトより）。

の音（*dhaivat*＝西洋音階のラの音に相当）を弾こうとしたのだが、どうしてもその音が拒んで弾けなかった」と答えたという。すなわち、何らかの感覚により、あるラーガの定まった音階から1つの音だけを全く弾かずに演奏を終えたというのである。これは、元のラーガの法則あるいは特徴を無視していることにもなるのだが、ある意味、全体が真の即興であり神業的としか言いようがない。

　このような音楽と音楽家を、同業者はどのように評価するのであろうか。本書の基礎調査の一環として行った音楽家へのインタビュー（FI-Q10）で、「自分のガラーナー以外で最高と思われる音楽家」という注釈をつけると、10人中8人までがアリー・アクバルの名を素直に挙げた。そのうちの半数以上は、アリー・アクバルとは異なるガラーナーの音楽家である。ダルが用いた「彼（アリー・アクバル）の想像力と創造力は彼自身のものであり、彼の人生そのものである」という先の言葉は異なるガラーナーの音楽家への最高の賛辞であろう。

　おそらく、ガラーナーを超える音楽あるいは創造的な音楽とは、ラーガの規則に縛られながら、それを時に感覚的に超越しつつ、それでいてその音楽スタイルが必ずしも異端視されることのないものと推測される。アリー・アクバルの逸話は、アドルノ Theodor W. Adorno の言葉を借りれば、「個人的な努力、つまりは個人的にかくあるということの偶然性が、事柄の必然性の中で消えてしまう作品、これが成功した作品である。それらの作品の成功した特殊化が、普遍的なものに一変」［アドルノ 1999 (1962):346］する可能性を秘めた一例と言えるのかもしれない。そして、そのような音楽は同業者や批評家、音楽愛好家たちの複雑な感情が入り混じった世界においてさえ、彼らの"再帰的で美的なアイデンティティ"を揺るがし、社会音楽的世界における新たなる価値と伝説を生み出していくのであろう。

| 結 論 |

近代インドにおいて"音楽すること"

　本書は南アジアを代表する北インド古典音楽（ヒンドゥスターニー音楽）の社会組織・流派であるガラーナーとその概念の変化に焦点をあてつつ、近代インドにおいて"音楽すること"、すなわち音楽で生きる人々の日常的実践とその社会空間を探求しようとする人類学的試みであった。日常的実践とは、個人的経験と社会的相互作用のなかで遂行されるすべての人間的営みであり、社会空間は日常的実践が遂行される場とその歴史的広がりを意味する。そして、そのような"音楽すること"の人類学的研究において明らかにされるべきは、現代のインドに生きる音楽家たちの再帰的なアイデンティティ化の過程であり、ガラーナーという概念を用いて"われわれ"を語る音楽家の主体的行為とその歴史的背景、個人や集団の意識が形成される土台となった社会関係の構築とその変化のあり方であった。

　本書の序論（1）では、"音楽すること"にまつわる音楽家の日常的実践と社会空間を考察するにあたり、メリアムの「音楽の再生産モデル」を再評価しつつ、ギデンズの「社会の再生産モデル」を援用してリモデリングを試みた。概念に基づく音楽行動の結果としての楽音が、概念それ自体を再生産あるいは変化させるというメリアム・モデルの一方向的な循環的図式を、音楽形成の歴史、共同体における社会関係、音楽家の主体的行為という異なる水準の相互作用として捉えなおす必要があった。そこで、ギデンズが社会的再生産を論じる際に設定した3つの時間性、すなわち制

度の再生産、人間の再生産、相互行為の再生産という分析的視点を導入した。音楽も社会も時間の流れのなかで再生産される他はないが、その流れは重層的であり、構造と行為は相互に規定しつつ変化を生み出していく。このような時間性の導入により、構造の現れとしての制度が維持ないし変化するマクロな歴史的過程、共同体における学習過程と社会関係が結び合う過程、そして人々の相互行為が織りなすミクロな実践的過程という3つのレベルでのガラーナーの検討を可能にする。しかも、マクロとメゾとミクロの各レベルでの社会過程がいかに関連し合って社会空間を構成しているか、という重層的関係性の考察をも視野に入れることができる。

　本書との関係で言えば、マクロ・レベルはヒンドゥスターニー音楽とガラーナーの歴史を宗教・政治・経済・教育などの制度の維持あるいは変化との結びつきに、メゾ・レベルは系譜関係・婚姻関係・師弟関係・パトロン＝クライアント関係などによって生産・再生産されるガラーナーの社会関係に、ミクロ・レベルは音楽家が語り、学習し、教え、演奏するという主体的行為とその相互作用に対応するものとして位置づけ、各章に配分して個別に検討した。この結論部においては、このような3つの時間性を柱としてこれまでの議論のまとめを行い、最後に今日における新しいガラーナーの可能性と音楽表現における創造性についての展望を示して締め括りとしたい。

1）歴史の中のガラーナー：マクロ・レベルにおける音楽と社会の再生産

　インド音楽の概説書において、ラーガ音楽の起源は古代のサーマ・ヴェーダの朗唱・歌詠や古代のサンスクリット古典籍に記述された「ヒンドゥー音楽」に求められることが少なくない。しかしながら、今日のヒンドゥスターニー音楽におけるラーガの実践と演奏スタイルは、デリー諸王朝期におけるイスラーム音楽との融合に始まり、ムガル帝国期に宮廷音楽として発展を遂げ、英領インド帝国支配下の地方宮廷において多様化し、"ガラーナーの音楽"として完成をみたものであることは疑いようがない。

今日、ヒンドゥスターニー音楽に関与する音楽家のアイデンティティ構築は、常に"ガラーナーの語り"とともにあるが、その行為遂行的な発話はインドのイスラーム支配および英国支配の歴史と密接な関係を有していると考えられる。

　第4章で明らかにしたように、ムガル帝国前期においては、その領土は拡大の一途で、中央宮廷にインド内外から様々な音楽家たちが集められた。このムガル宮廷においてヒンドゥー音楽とイスラーム音楽の融合が進んで南インドとは異なる北インド独特のラーガ音楽とセーニヤーに代表される音楽的権威が形成されていった。このヒンドゥスターニー音楽の実践と継承を担ったのは、ムガル宮廷においてヒンドゥー教からイスラームに改宗した音楽家たちの後裔であり、セーニヤーもその例外ではなかった。宮廷社会において彼らは、その社会音楽的カテゴリーに応じてカラーワント、カッワーリー、ダーディーなどと呼ばれ、独自の婚姻サークルを形成するようになる。ところが、18世紀以降のムガル帝国後期には目まぐるしく皇帝が入れ替わり、有力諸侯が独立的な地位を得て分立し、ムガル帝国は急速に弱体化していく。それに拍車をかけたのが、インドにおける英国勢力の拡大である。中央宮廷に集められた有力な楽師たちもまた、音楽に理解のある有力な藩王や諸侯に庇護を求めて分散してゆく。この18世紀中葉から19世紀前半にかけての音楽家の有力宮廷への移動と定住、そしてハヤールという比較的新しい声楽ジャンルの地方宮廷での展開がガラーナー成立の基盤となったと言える。多くのガラーナーの名前が宮廷や都市名に由来するのはそのためであった。第5章で検討したようにラージャスターンのジャイプルやジョードプルなどのヒンドゥー諸藩王国の宮廷においては、ムガル帝国の宮廷をモデルとしつつ、楽師と踊り子による独自の音楽文化が形成されていったのである。

　しかし、19世紀中葉に至り、英国が半ば独立的な地位にある王侯のテリトリーに対して組織的な侵略と併合を進めるに至り、地方の有力宮廷もまた勢力を失ってゆく。その結果、1856年にアワド王朝は英国に併合

され、1858年にはムガル帝国は崩壊し、1877年には英領インド帝国が成立する。このような状況のなか、地方宮廷で独自の音楽スタイルを確立しつつあった楽師たちは、新たなパトロンを求めて今度は英国支配のもとで発展した大都市とその周辺地域へと移動せざるをえなくなってゆく。この時、楽師たちの身分証明となったのがガラーナーであったと考えられる。ガラーナーの名前と権威は、ガラーナーの本拠地以外で機能する"ブランド"となっていったのである。

　このガラーナーの「形成期後期」には、宮廷楽師たちの社会的位置づけに影響を与えたと考えられる二つの出来事が進行していた。その一つは英領インド帝国下で本格的に行われるようになった国勢調査における"カースト統計"とその分類・序列化。もう一つは、英語教育を受け、西欧的道徳観念に影響を受けたヒンドゥー・エリート層を中心とする舞踊に対する圧力、すなわち「踊り子 nautch/dancing girl」とその伴奏者であるミーラースィーたちを「売春」を助長させる社会悪として排除しようとする動向の広がりである。

　国勢調査をベースにした地誌・民族誌においては、ヒンドゥーの寺院付き歌詠者であったカラーワント、イスラーム聖者廟付き歌手であったカッワール、系譜語りや英雄讃歌の歌い手であったダーディーなどの多様なルーツを有する宮廷楽師たちが、それぞれの社会歴史的な文脈から切り離され、ミーラースィー＝ドームという集団カテゴリー、すなわち「カースト」として「結晶化」された。一連の国勢調査では、集団カテゴリーの定義やそれらの集団の分類法も微妙に変化してはいたが、こと音楽芸能者のカテゴリーに関する限り、ほぼ一貫してカースト分類の底辺に置かれていたといえよう。このような国勢調査の数十年に渡る積み重ねと報告は、メディアが多様化する20世紀の第2四半期以降、都市を中心とする一般の人々にも還流していく。それと同時に、北インドではミーラースィー＝ドームは「売春」の幇助者とみなされるようになっていく。宮廷楽師の末裔を自認する音楽家たちが、ミーラースィーというカテゴリーあるいは

「カースト」に関連づけられることを忌避するのはこのような動向と無関係ではない。そして、宮廷という庇護者を失った楽師たちは、自分たちをミーラースィーとは異なる新たなカテゴリーで語る必要があったのである。

さて、半独立的な地位を保っていた有力諸侯たちが政治経済的な力を失ってゆくなか、宮廷楽師たちは新たなパトロン探しを強いられていた。従来の諸侯たちよりやや小ぶりのパトロンは、英領インド帝国下で親英的な立場を通した諸侯や徴税をまかされた地方領主、官僚、そして交易等によって財をなした民族資本家・新興富裕層などである。彼らは、特にカルカッタを中心とするベンガル地方やボンベイを中心とするマハーラーシュトラ地方などに集中していた。この二つの地域は、ムガル帝国期においてはヒンドゥスターニー音楽の東と西の周縁であったものが、デリーやジャイプル、ラクナウ、グワーリヤルなど有力宮廷が衰退するなかで、新たに成長を遂げた音楽センターとも言える。19世紀末から1920年代にかけてヒンドゥスターニー音楽とガラーナーの近代化に尽力したS. M. タゴールやバートカンデー、パルスカルがこの二つの地域の出身者であったのも偶然とは言えないだろう。そしてこれらの音楽センターでは、20世紀初頭から音楽振興や音楽教育が盛んとなり、1930年前後からは他の地域に先駆けてラジオ放送をはじめレコードや映画などの音楽産業が発展していった。そして1947年のインド独立・印パ分離と藩王・領主制の終焉後、音楽家のパトロン（雇用先）は学校やラジオ局などへ、音楽の聴衆は都市の知識人へと大きな転換を遂げていく。そして、第9章での定量的および定性的な分析によって明らかにしたように、「ヒンドゥー音楽」の国民音楽化・大衆化により、音楽の生産と消費を担う主役は、音楽演奏を世襲として来たムスリムから人口の多数を占めるヒンドゥーへと変わってゆくのである。

大きく社会が変化するなか、伝統的なガラーナーに属する世襲のムスリム音楽家たちは、実践的な音楽財産を家族内に留め置くために読み書きや学校教育の時間を犠牲にして音楽に取り組んだが、継承したレパートリー

の理論化や音楽的特徴の言語化（暗黙知の形式知化）という点に関しては閉鎖的であり無頓着でもあった。それに対し、音楽を生業としない北インド都市部のヒンドゥー上層家庭の子弟は、ヒンドゥスターニー音楽の修得を国民的教養として位置づけ、住み込みなどを伴わないゆるやかな師弟関係や、学校教育の制度化されたカリキュラムのもとで音楽を学んでいったのである。

　音楽家たちが部外者に向けてガラーナーという用語・概念を用い"われわれ"を語るようになったのは、まさにこのようなガラーナーの「形成期後期」から「ポスト形成期」にかけての時代であった。

2）共同体としてのガラーナー：メゾ・レベルでの社会関係と学習過程

　第Ⅰ部の第1章と第2章において検討したように、ガラーナー（組織性）とガラーネーダール（成員性）の定義は、社会的正統性と音楽的正統性という二つの視点からの議論が有意義であった。社会的正統性は生物学的あるいは儀礼的親子関係によって獲得され、音楽的正統性はガラーナーのスタイルを形成する実践知の継承によってなされる。言い換えれば、社会的正統性は父系的な系譜関係（ハーンダーン）と母系的な婚姻関係（ビラーダリー）によって、そして必ずしも血筋とは結びつかない師弟関係の連鎖（グル・シシャ・パランパラー）によって担保され、後者の音楽的正統性はそれらの社会関係に基づく音楽スタイル（バージ）の獲得と結びついていた。そしてその音楽的正統性の究極的な源泉は、かつても今もセーニヤーとの関係性に求められているのである。

　第Ⅲ部においてはサロード・ガラーナーを事例とし、第10章では現存するガラーナーの系譜関係すなわちハーンダーンとしてのガラーナーに、第11章では音楽財産の移動を可能にする婚姻関係すなわちビラーダリーとしてのガラーナーに、そして第12章では学習の場における師弟関係と音楽的実践知の連鎖すなわちグル・シシャ・パランパラーに焦点を当てて検討した。サロード演奏を世襲とするガラーナーの多くはアフガニスタン

のパターン人を出自とし、ラバーブという民俗楽器を演奏していた流祖が19世紀に入って音楽的権威セーニヤーからラーガ音楽を学び、サロードという楽器を「発明」したことにその起源を求めている。そして、19世紀後半以降になって、セーニヤーからラーガ音楽を学んだ音楽家を輩出したハーンダーンを中心としてサロードのガラーナーが形成されていった。

このようなガラーナーの形成過程においては、親族共同体としてのムスリム家族の婚姻関係のあり方、とくに近親婚と婚姻連帯としてのビラーダリーが音楽財産の贈与・分与に重要な役割を果たしていたことが明らかになった。異なるガラーナーの女性を娶ることは義理の父（母方交差イトコ婚の場合は母方の叔父でもある）からダウリーとしての音楽財産の贈与・教示がなされることでもあり、音楽家個人の音楽性や演奏技術に影響を及ぼすことになる。すなわち女性の婚出に伴う音楽財産の贈与・教示はガラーナーの音楽的スタイルに変化を与えて来たと考えられるのである。

第11章の事例研究では、「形成期後期」の婚姻関係の分析により、ガラーナー内においては父方平行イトコとの婚姻が、ガラーナー間においては母方交差イトコとの婚姻が頻繁に行われていたことを明らかにした。このうち、母方交差イトコとの婚姻は、集団間併合をすることなくより大きな社会的結合、すなわち父系的なハーンダーンに表れない紐帯を可能にする婚姻形態（婚姻連帯）と考えられた。この場合、女性は一定方向に婚出するという傾向がみられ、それとほぼ平行して師弟関係が結ばれており、婚姻関係と師弟関係という二重の社会関係あるいは親密性がダウリーとしての音楽財産の贈与・分与を円滑にしていたと言えるだろう。しかしながらこのような婚姻関係は、ガラーナーの「ポスト形成期」以後に生まれた音楽家の間ではほとんど見られない。今日のガラーナーの男性子孫は音楽演奏を生業としない家系に属する妻を娶ることが多く、女性子孫の婚出先も多様化している。これらの婚姻関係の変化は、世襲音楽家の親族ネットワークを弱体化させ、音楽財産の滞留と陳腐化を招くことになりかねず、ガラーナーの発展にも影響を与えてきたと考えられる。

第12章の事例研究では、ガラーナーの師弟関係を二者間の相互行為の連鎖としてとらえ、そこにおける音楽的実践知の学習過程とアイデンティティ形成についてよりミクロな視点からの検討を行った。そこでは、弟子が一人前の音楽家となり、師匠となる道のりは、個人主義的な知識や技術の獲得過程（知識の内面化）にのみ還元することはできないことが確認された。なぜなら、師弟関係のなかでの学習／修行は、ガラーナーへの全人的な参加の過程（共同体への内在化）でもあるがゆえにアイデンティティの変容過程をも含んでいるからである。すなわち、共同体のなかで全人的実践者（古参者）になるということは、学習者から表現者・教育者となり、学び方から教え方を学び、自らの学習経験と人間関係を通してガラーナーの歴史を語る者へと変貌を遂げることなのである。そして、ガラーナーにおけるこのような学習のあり方は、師弟関係という二者間でのみ完結するものではなく、師弟関係の複数の連鎖によって維持・発展し、音楽的実践知が共同体に蓄積されていくという点で集団性と歴史性を有するものである。例えば、ガラーナーにおける徒弟的音楽教育においては、父親のみならず祖父や叔父などによって、師匠のみならずその師匠の師匠や兄弟弟子によってなされ、学習者は同門内の異なった実践と解釈に触れることもできた。そこでは音楽スタイルの相同性（歴史性）と個別性（独創性）を経験し、自らの音楽実践を再帰的に構築する契機が含まれていたと考えられる。それゆえに、そのような社会関係と結びついた学習関係の変化は、実践共同体としてのガラーナーの変容あるいは栄枯盛衰と関係することになる。

　また、後継者の育成の問題も深刻である。師弟関係における実践的協働作業においては、師匠の権威のもとに弟子の解釈の努力が試されるという、暗黙の選別過程＝動機の強度の問題をも含んでいた。ガラーナー形成期においては、日常生活と音楽学習の切れ目はなく、後継者の育成は共同体レベルの社会的再生産に直結していた。学習の場において師匠が必要とされるのは、ラーガの解釈や実践を指導してもらうためだけではない。師匠た

ちや他の弟子との共同生活、師匠が語るさまざまな言説、体罰を含む諸行動は個々の音楽家のアイデンティティ化の際の原泉となり、そこに"音楽家として生きること"のモデルを見出すことになるからである。

　ガラーナーの形成期に生まれ、厳しい音楽修行を積んできた世襲音楽家の日常においては、生業と全人的参加とが一体となっておりズレはなかった。社会生活が世襲的職業と強く結び付いていた時代において、「なぜ音楽を習うのか、音楽で生きるのか」という一般的な動機を問う余地はほとんどない。音楽家は王や領主を頂点とする特定のパトロンに守られて音楽活動に集中し、子弟を一人前の音楽家に育てあげて宮廷楽師の職位を継がせるというガラーナーの社会経済的基盤が成立していた。ところが、今日、都市に暮らす職業音楽家の師弟を取り巻く環境は大きく変化した。特に学習者の動機と職業選択の在り方は多様である。

　今日においては、世襲音楽家とはいえ音楽演奏にだけ集中できる環境にある者はごく僅かである。仮に学校へも行かずに厳しい修行に明け暮れたとしてもかつてのような職位の継承はなく、商業的に成功できる保証ももちろんない。変化の激しい社会に適応して生きるために必要なのは、応用の効かない音楽修業（暗黙知）ではなく、就職を見据えた学識（形式知）である。その結果、大学で音楽を学ぼうとする者の第一目標は学位となり、学位を修得した者の多くは学校教育制度における音楽教師を目指す。今日、古典音楽を学んだ者がその知識を生活に結びつけ、安定収入を得られる代表的職業は学校教師やラジオ・テレビ局付き演奏家なのである。本書で中心的に論じたラクナウ＝シャージャハーンプル・ガラーナーの子孫の多くは教師や放送局付き演奏家として暮らしており、コンサート活動のみで生計を維持できる者はおらず、次世代の後継者が育成されているとは言い難い。

　このようなメゾ・レベルにおける社会関係の変化と後継者の問題は、第II部で検討した共同体が置かれた社会空間（社会経済環境）の変化とリンクしつつ、ガラーナーの再生産に影響を及ぼしてきたと考えられる。第

7章および第8章でも明らかにしたように、ムガル帝国期にイスラームに改宗した楽師たちによって継承されたラーガ音楽が、英領インド帝国期を経てヒンドゥー中心の「国民音楽」へと変貌を遂げる過程において、音楽財産の独占や秘匿は困難になっていく。ガラーナーごとに異なるラーガの解釈と偏差の問題が全インド音楽会議（AIMC）などで話し合われ、記譜法を用いた学習カリキュラムが学校教育に取り入れられ、レコードやラジオの発達によって演奏のコピーが可能になったからである。近代インド音楽のパイオニアであるバートカンデーがそうしたように、歴代の巨匠たちが作曲した小作品としてのバンディッシュは採譜・模倣の対象となり、その音楽の再現は表面的・形式的には誰にでも可能になった。ただし、このような音楽財産の「公共化」がガラーナーの社会関係に変化を与えたのか、あるいはこれまでも検討したように共同体としてのガラーナーの社会関係の変化によって音楽財産の更新と継承が困難になったのか、という問題設定は一方向的であり、相互作用的な影響下にあると考えるべきであろう。

3）アイデンティティ化の源泉としてのガラーナー：ミクロ・レベルでの実践と再帰性

　一方、音楽を生業とする人々は、この世界において"音楽すること"をどのように認識し、語り、行動しているのだろうか。

　インド古典音楽の最終目標はラーガの表現にあると言っても過言ではないが、音楽家自身が様々な形式の談話において強調するのは個人の演奏技術や熟練度よりも、ガラーナーの伝統と権威であった。そこで、今日を生きる音楽家の自己と他者に関する語りを手がかりとし、"われわれ"の語りが前近代（ムガル帝国期）から植民地近代（英領インド帝国期）に至るガラーナー形成の歴史といかなる接合関係を有しているのか、ミクロな言説（第3章）とマクロな歴史（第4章〜第6章）との接合性について検討した。

　その結果、「カースト」と結びつく社会的カテゴリーが、今日なお世襲

音楽家のアイデンティティ形成に多大な影響を及ぼしていることが、"われわれ"の語りによって明らかになった。そのようなカテゴリー化は、第6章で示したように、植民地支配下において本人たちの生活世界とは別のところでマクロな管理／操作の対象となっていたが、ポスト植民地近代における再帰的な状況の中で彼らの生活世界に還流し、アイデンティティ化に際しての参照枠であり資源となっているのである。

　第3章における今日の音楽家の"われわれ"の語りでは、宗教・出自・カースト等が異なり、別のガラーナーの構成員を自認していても、究極的にはセーニー・ガラーナーであることを主張するという点で共通点がみられた。また、セーニー・ガラーナーの"名乗り"は、サロード奏者のみならず、シタールなどの主奏弦楽器奏者の多くからもなされている。このように宮廷社会における音楽的権威との関係を表すガラーナーの"名乗り"は、セーニー・ガラーナーではない者たちとの差別化が企図されている。さらには、サロード演奏を世襲とするムスリム音楽家は、「宮廷楽師の家系であること」や「何代にもわたって著名な演奏家を輩出してきた家系であること」はもとより、「(ヒンドゥー教からの改宗者ではなく) アフガニスタンから移住してきたパターン人で、もともとは戦士・軍楽士の家系」であることや「一族の女性は音楽に関係しない」ことなどを積極的に語る傾向にある。

　一方、このようなガラーナーの"名乗り"とは別に、他ガラーナーへの"名付け"ともいえるインフォーマルな言説が存在する。例えば、世襲音楽家の婚姻関係についての聞き取り調査の際に、他のガラーナーについて言及されたものとして、「彼らはミーラースィーであり、ドームである」という言明があった。ここでいうミーラースィー＝ドームとは、音楽的には主として伴奏者の家系を、社会的には下層の職業カースト (ジャーティ) を意味しており、そのようなカテゴリーあるいは「カースト」で呼ばれることは古典音楽のガラーナーの成員を自認する音楽家にとって侮蔑的な扱いとなる。したがって、ガラーナーを名乗るという行為は、ミーラー

スィーとの決別を意味する行為遂行的な実践と言えよう。

　そして、"彼ら"に対するそのような"名付け"は自分たちとの差異化を企図する表現となる一方、"われわれ"の"名乗り"はその名を用いる者たちへの反復的な自己同一性の確認となり、それによって"名乗り"の基底にある「名」をいっそう価値あるもの、すなわち"ブランド"にするための不断の行為となる。それでは、このような"われわれ"のガラーナーの"名乗り"や、"彼ら"への"名付け"とも言える物言いはいつごろからなされるようになったのであろうか。本書においては、ガラーナーの「形成期後期」から「ポスト形成期」への移行期、すなわち1930年代以降の時代を想定した。

　第4章の冒頭でのB. K. ローイ・チョウドリーの指摘にもあったように、有力なパトロンや音楽学者の尽力で1910年代後半から開催されるようになった全国規模の音楽会議や演奏会に参加した職業世襲の音楽家たちの中から、第1章で検討した定義と重なる「ガラーナー」を名乗る者が表れるようになり、彼らがそのような用語・概念によって"われわれ"を語り始めたのは1920〜1930年代以降のことであった。そして、このような"われわれ"の語りの背景には、専門家の言説が一般の人々の生活世界に還流する「制度的」再帰性の問題、すなわち音楽的ヒエラルキー（音楽のジャンル）と社会的ヒエラルキー（音楽家のカテゴリー）という"二重の階層化"の問題が想定された。前者の音楽的ヒエラルキーは、序論（2）や第7章で検討した西洋における古典音楽／民俗音楽（民謡）という音楽ジャンル、および音楽学／比較音楽学という学問体系の分類と関係し、インドにおけるマールガ／デーシーからシャーストリーヤ／ロークへという二分法モデルの展開とパラレルな問題である。このような展開は、西洋の分類概念に対する反応と自文化（ヒンドゥー音楽）の再構築という植民地近代における「制度的」再帰性のあり方と無関係ではない。このことは、第7章で検討したラーガ音楽の古典音楽化・国民音楽化に向けての理論構築や学校教育におけるカリキュラム作成過程、第8章で検討したラジ

オ放送などメディアの発展と結びついている。また、後者の社会的ヒエラルキーの問題は、第6章で検討した英領インド帝国期の"カースト統計"や"ナウチ関連問題"と密接な関係があることは既述の通りである。

　このような"二重の階層化"の日常的な社会空間への環流により、セーニヤーとミーラースィーの距離もまた、古典音楽（宮廷において庇護されてきた楽師による芸術音楽）と民俗音楽（地域の芸能者が日銭をかせぐため芸能音楽）との距離に等しいものと見なされるようになる。かつてその距離は相対的で人的・音楽的な往来が認められたはずのものが、一方では文化的制度としての古典音楽の成立、一方では音楽芸能カーストの「結晶化」などとともに、両極的な音楽ジャンルの社会集団とみなされるようになってゆくのである。問題は、すでに序論でも指摘したように、大都市に居住する音楽家もまたこのような音楽分類の議論あるいは「制度的」再帰性の枠外にいることはできず、"二重の階層化"の中で社会音楽的アイデンティティの模索を余儀なくされているということである。

　そのため、ラーガ音楽の演奏と教授を生業としてきたムスリムの宮廷楽師の子孫たちは、自分たちの過去からミーラースィーという「ナウチ（踊り）」の伴奏者・教師、あるいはミーラースィー＝ドームという村落における低カーストの音楽芸能者・民俗音楽家というイメージの払拭を迫られ、自分たちの血統を過去の民俗的音楽伝統およびカースト・カテゴリーとは別なものに結びつけて語る必要が生じた。ここでは、音楽的権威セーニヤーとの関係を明確にし、音楽研究者やパトロンたちから認知された「ガラーナー」を改めて名乗ることが古典音楽家（特に器楽奏者）としての正統性を知らしめるのに欠かせない行事となった。すなわち、"カースト統計"においてミーラースィー＝ドームとして一括されたカラーワント、ダーディーなどという、かつての宮廷楽師のカテゴリーは使用されなくなる一方、実際はカラーワントとダーディーという社会音楽的カテゴリーの差異をより明確に意識したセーニー・ガラーナーとミーラースィーという新たな分類がガラーナーの「形成期後期」から「ポスト形成期」に至る過

程で強く意識されるようになってきたのである。そして、このような動向は、職業世襲のムスリム音楽家が自らのガラーナーの音楽的正統性をセーニヤーに結びつけ、またその社会的正統性（出自）をインド外部からやって来たムスリムの支配階級の一つ（パターン人）に求める語りが再生産される背景となっている。この点、音楽演奏を世襲としないヒンドゥー高カースト出身の音楽家には社会的なアイデンティティ化に際しての葛藤はほとんど見られない。

　S. M. タゴール、バートカンデー、パルスカルという3人のパイオニアの革新性は、音楽に関する科学的な調査と過去の古典籍の検証に基づく音楽理論の再活性化にあり、古典音楽の根底にある法則の発見・再発見によって、芸術とその実践を担う音楽家に押された「烙印（スティグマ）」を払拭するための戦いと評される。その「スティグマ」とは、「踊り子」とその伴奏者や教師たちに対する一般の人々の蔑視に他ならない。ラジオ放送などの広域的なマスメディアによる「国民音楽」キャンペーンが展開される以前の20世紀前半のインドにおいて、歌舞音曲は一部の権力者や金持ちの道楽・娯楽であり、女性が主体となる芸能は売春と結び付けて考えられていたからである。

　第13章の事例で検討したように、自らの祖先や親族がドームやドームニなどの「踊り子」と関連づけて言及された場合、その言説はある種のスティグマとなり、「烙印を押されたアイデンティティ」として操作／管理の必要性に迫られる。すなわち、個人の「即自的アイデンティティ」と「対他的アイデンティティ」との間に乖離がある場合、この乖離が他人に知られたり、顕わになったりすると、その人の社会的アイデンティティは傷つき、その統合を図るための管理／操作に迫られることになるのである。第13章では、スティグマの歴史的な成立過程を検討することで社会的アイデンティティのあり方を、スティグマの管理／操作に際して情報制御がどういう役割を果たしているかを検討することで個人的アイデンティティのあり方を探求した。そもそも社会的アイデンティティと個人的アイデン

ティティは相互補完的な関係にあるが、その関係は葛藤や緊張をも孕んでいる。前者は歴史的過去にその起源を見出そうとするのに対して、後者はそのような歴史的・言説的資源をどのように使うかという、いわば「ライフ・ポリティクス（自己実現をめぐる政治）」の問題と関係している。前者は他者＝外部からなされた過去の記録や言説と交わり、後者はそれらを時に援用し、時に差異化し排除することによって前者を管理／操作の対象とするのである。

　社会的アイデンティティは社会的カテゴリー（出自や系譜、婚姻関係）と結びついており、優位のカテゴリーに属すことが自明な者はその証明を求められることがないのに対して、劣位に置かれた者は反証を迫られることになる。しかし、正面からその反証を行うことは、スティグマの存在をも顕在化させる。したがって、その反証はスティグマそれ自体に触れることなく、優位なカテゴリーとの関係にのみ触れることによって操作／管理されていく必要がある。そこでは、自分たちの過去に関係する社会的カテゴリーについての事実確認的な発話が反復されることになるが、それは、共同体内外に向けた行為遂行的な発話に他ならない。そして、このような日常的実践は言語化困難で慣習的な暗黙知の問題のみならず、意識的選択と言説化を伴う再帰的な分析知と、直感と感情を伴う生活知のあり方、そして社会制度に潜む権力関係の問題としても捉えるべきであろう。

　音楽家の社会音楽的アイデンティティ化の問題について検討することで析出されるのは、誰が誰に対して、どのようなアイデンティティを欲し、それをどのように構築しようとしているかという戦略性の問題だけではない。自分たちが何と関係し、何と関係しないのかは解釈と信念の問題でもあり、スティグマの社会的構築と情報制御に関する管理・操作の考察のみによって音楽家のアイデンティティ化の過程が解明されるわけではないからである。より重要なのは歴史的ルーツの真偽というよりは、"われわれ"はどのように表象され、それによってどれほど"われわれ"が左右されてきたか、そして"われわれ"は何になることができるのか、を問い続ける

再帰的モニタリング（思考と行為の反照性に基づく絶えまない評価）の問題であろう。アイデンティティ化の核心が、時間を超えた恒常性の創出にあるとしても、それは決して完遂されることのない試みなのである。

実践共同体としてのガラーナーの学習過程は、師弟関係の連鎖によって形成された場において、身体的実践知の模倣的反復から歴史的文化遺産を再生産する「文化化」の過程であると同時にアイデンティティ化の過程でもあった。しかし、その過程は共同体内部における学習と師弟関係によってのみ規定されるものではない。共同体外部の権力関係と接合された反復的な言語実践と、約分不可能な感情的"ゆらぎ"を伴いつつ再構築が試みられている。そこでは、音楽家もまた変化する社会における行為主体として、新たな形で媒介された経験を背景とし、日常的実践を通してアイデンティティの再帰的な自己組織化を行いながら、変化の原動力として音楽と社会の創造と再生に参加しているのである。

4）結語にかえて：再帰的世界における音楽の創造性

ここまで、音楽と社会の再生産に関する3つの時間性を導入し、音楽で生きる人々の日常的実践とその社会空間について整理・検討してきた。最後に、これまでのガラーナーの定義に囚われない、新しい"ガラーナー"の可能性と、伝統音楽における創造性について整理・補足して締め括りとしたい。

そもそもガラーナーの定義の出発点は、「音楽家の家系（ハーンダーン）」と「音楽スタイルを有する流派（バージ）」という二つの側面に置かれた。音楽家たちはその二つの側面について意識的であったが、その強調の仕方は宗教やカーストなどによって異なっていた。また、音楽家の自己と他者に関する言語行為は極めて状況依存的であり、時に戦略的であり、時に感情的であった。ここで近代インドにおける新しい"ガラーナー"の可能性と伝統音楽の創造性について言及する前に、ポスト形成期におけるガラーナーに関する言説とその変遷について整理しておきたい。

婚姻関係と師弟関係、社会生活と学習が一体となった親族共同体を中心とするガラーナーの形成期においては、父系親族を中心とするハーンダーンに音楽財産が蓄積される一方、母系的紐帯としてのビラーダリーのあり方が音楽財産の管理・伝承に変化を与えていた。家元や巨匠と言われた職業世襲のムスリム音楽家たちは、先代から音楽財産を受け継ぎつつ新しいバンディッシュの創作も行い、ガラーナーに新たな音楽財産を蓄積させて来た。しかし、音楽家のプールとしての親族共同体が弱体化し、音楽財産の伝承の場としての実践共同体から秘伝が消失した後のガラーナーは、どのように維持され再生産されてゆくのだろうか。おそらく、その鍵は、ハーンダーンやビラーダリーによらない、ゆるやかな師弟関係の中で育まれた次世代の音楽家たちの創造性に依存することになるかもしれない。最終章で取り上げたセーニー・シャージャハーンプル・ガラーナーは、音楽演奏を世襲としないヒンドゥー高カーストの3代に渡る師弟関係の連鎖により生まれた、新しい"ガラーナー"の一例と言えるであろう。

　これまで見てきたように、地方宮廷で独自の発展をみた音楽スタイルとしてのガラーナーの成立は18世紀後半に求められるが、ガラーナー名で呼ばれる集団の存在とガラーナーの概念が一般の人々に明らかになるのは、20世紀に入ってからのことであった。インド独立と国民統合の象徴が模索されるなか、北インドでは全国的な音楽会議が盛んとなり、大学での音楽教育がカリキュラム化されていく。そのような時代に職業世襲の音楽家たちは自分たちの権威をガラーナーという音楽社会的・歴史的概念に託して自らを語るようになっていったと考えられるが、音楽学者やパトロンたち以外の人々には馴染みの薄い用語・概念であった。

　第8章で検討したように、ガラーナーという言葉が人々の間に浸透し始めたのは、全インド・ラジオ放送（AIR）が1950年代前半から開始した「音楽の国民プログラム」によるもので、このプログラムによってガラーナーと「国民音楽」が結び付いたのである。しかし、第1回全インド音楽会議（AIMC）でバートカンデーが提唱した「国民音楽」とは、北

インドと南インドの二つの古典音楽の理論的・歴史的な統一あるいは補完的な関係を意味していたが、「音楽の国民プログラム」は北と南に分かれた古典音楽の存在を明確にし、ガラーナーによって異なるラーガの解釈や演奏スタイルの違いを浮き彫りにすることになった。すなわち、「国民音楽」はインド古典音楽の統一性というよりは多様性を示すことになったのである。そして結果的にではあるが、かつての AIMC において専門家の間で議論されたヒンドゥスターニー音楽におけるガラーナーの存在とラーガ演奏における解釈や演奏スタイルの違いが、AIR によって一般の聴衆にも知られるようになって行ったのである。

　その一方、ラジオ局付演奏家の採用システムは、ガラーナーの古い伝統を崩壊に導いたといわれる。すなわち、音楽家の生活に直結するグレード判定ではパフォーマンスの内容が重視され、ガラーナーの歴史や権威といったものは考慮されなくなったというものだ。しかし、より注目すべきは、ガラーナーの音楽が「公共化」され、マスメディアを通して異なるガラーナーの演奏を聴く機会が増え、ガラーナーの特徴を示す演奏技術やフレーズのコピーやアレンジなどが可能になり、独自の音楽スタイルを有する「流派」としてのガラーナーの存在が希薄化したという言説であろう。すなわち、伝統的な演奏スタイルのユニークさよりも聴衆に受け入れられるアレンジ能力が求められ、異なるガラーナーの特色を取り込んだスタイルが標準的になり、そのような音楽が日々再生産されるようになっているというものである。したがって、この言説に従えば、実に皮肉なことではあるが、「国民音楽」とともにガラーナーという言葉・概念が一般に周知されるようになったその時には、すでにガラーナー固有の伝統的スタイルは不明瞭になっていたと言わざるをえない。

　このようにかつての宮廷音楽の「公共化」は、ヒンドゥスターニー音楽の古典音楽化（標準化）と国民音楽化（大衆化）と共にあり、ラジオ放送を中心とするマスメディアや音楽産業がその進展に不可欠の役割を果たしてきたといえるであろう。一方、この過程においては、ガラーナー間の音

楽的差異は朧げになる一方、演奏実践における独創性や演奏技術の革新性は個人のアレンジ能力（個人化）に求められてきたと言えよう。そして、今日では、親族ネットワークに変わる、市場経済と密接な関係を有する新たなネットワークが生まれてきている。そのような傾向に対しては、マスメディアの発達と音楽世界への市場経済の浸透により、伝統的な学習の場としてのガラーナーの衰退を嘆く声がある。

　しかしながら、最終章でも検討したが、再帰的世界における音楽の創造性は、ステレオタイプな伝統の再生産能力ではなく、極端な言い方をすれば環境への適応能力や、一種のマーケティング能力にも支えられている。顔の見えない不特定多数の聴衆や音楽とは直接の関係をもたない企業スポンサーたちの前で求められる音楽家の社会的能力はある種のビジネス・マインドであり、その音楽的能力は場によって異なる聴衆の嗜好性を敏感に感じ取り演奏に反映させられるアレンジ能力と言えよう。演奏活動のみで十分に生計を立てられる音楽家のほとんどは、伝統的な師弟関係のもとに音楽を学んだ者たちであったが、その演奏実践については20世紀前半までの音楽伝統にとらわれない音楽スタイルを発展させた者たちであり、彼らの成功は社会音楽的な適応戦略の賜物であったと推察される。音楽家たちはパトロンと聴衆の変化、および社会経済的な環境変化に翻弄されてきたとも言えるが、彼らの中にはラーガの解釈や展開、演奏技法などに新たな革新を持ち込んで生き残ってきた者たちがおり、"音楽そのもの"にも変化を与えてきたのである。

　その一方、音楽の創造性は社会関係や社会環境への感受性とは別のところでも作動している。音楽家は社会関係と結びついた学習過程のなかで、言語化困難な音楽的実践知を修得し再生産／差異生産していくが、その知識は音楽経験に基づく美的価値観あるいは信念へと変化していく。最終章では、そのような音楽的実践知の深化と結びつく信念形成のあり方を"美的アイデンティティ"と呼んだ。そして、ガラーナーを超える音楽とは、ラーガの規則に縛られながらそれを時に感覚的に超越しつつ、それでいて

その音楽スタイルが異端視されることのないものと推定した。そのような音楽は同業者や音楽愛好家たちの伝統的で慣習的な知識（信念）と複雑な感情が入り混じった世界においてさえ、彼らの・再帰的で美的なアイデンティティ・を揺るがし、グローバル化された伝統的世界に新たなる価値を生み出していく。この地平においては、「われわれ」と「彼ら」は地続きであり、その音楽は「われわれ」をも揺り動かすに違いないのである。

| 巻末資料A |

ラーガ音楽の楽曲構造と演奏形式

　本書は、序論でも述べたように"音楽すること"の人類学的研究であって、"音楽そのもの"の内的原理の探求を主眼とする理論的・美学的研究書ではない。しかしながら、それぞれのガラーナーが独自の音楽的スタイルの維持と発展を担う実践共同体としての側面を有し、その変化を"音楽すること"との関連で考察するにあたっては、インド音楽の一般的特徴とガラーナーの音楽的実践知のあり方など"音楽そのもの"にかかわる情報について記しておくことも有意義であろう。

　オーウェンスやミールなどの言う「伝統の真髄ともいえる知識」「排他的家族財産」「音楽財産」とは（第2章1節参照）、"特別な弟子（*khāsul-khās*）"に対してのみ伝授され、そのガラーナーにのみ独占化された"秘伝（*khāsul-khāṣa tālīm*）"に他ならない。そのような"秘伝"の内容を明らかにするためには、インド古典音楽の神髄であるラーガの概念と特徴、その演奏形式と楽曲構造などについて明らかにしておく必要がある。以下は、各種のテキストと筆者の音楽経験に基づく、北インド古典音楽（以下、単にインド音楽）の非常におおまかな概説である。

1）インド古典音楽の一般的特徴

　インド音楽は、ラーガ *rāga* という旋律に関する理論とターラ *tāla* とい

う拍節に関する理論のもとに演奏される即興的な音楽であることは本編においても述べた。当然ながらラーガは音の連なりによって時間的に表現され、それぞれのラーガで用いられる旋律型はあらかじめ決められている。このラーガの概念と特徴を示す前に、インドにおける音の構成 *swara* について触れておこう。

まず、インド音階の基本は1オクターブ7音からなり、以下のように、それぞれには名前（音名）がつけられている。

  サ（S or Sa: *Ṣadja*）
  レ（R or Ri: *Ṛṣabha*）
  ガ（G or Ga: *Gāndhāra*）
  マ（M or Ma: *Madhyama*）
  パ（P or Pa: *Panchama*）
  ダ（D or Dha: *Dhaivata*）
  ニ（N or Ni: *Niṣāda*）

これら7音はシュッダ・スワル *śuddha swara*（基幹音）と呼ばれ、西洋音楽の7つの全音符（ドレミファソラシ）におおよそ対応している[429]。しかし、決定的に異なるのは西洋音楽においては基準ピッチ（周波数）がA＝440kHz（国際標準）[430]と定められている絶対音階（固定ド）を用いるのに対し、インド音楽は基準ピッチを固定しない相対音階（移動ド）を用いるということである。声楽においても器楽においても、音楽家の声あるいは楽器の特性によって基音が決められ、サロードという弦楽器であれ

---

[429] なお、1オクターブ高いSの音はṠ、1オクターブ低いSの音はṢと表記される。通常は3オクターブがカバーされ、低音域のオクターブ *saptaka* はマンドラ・サプタク *mandra saptak*、中音域のオクターブはマディヤ・サプタク *madhya saptak*、高音域のオクターブはタール・サプタク *tār saptak* と呼ばれる。

[430] ただし、絶対音階といっても基準ピッチが常に国際標準とは限らない。例えば、現代クラシックでは440kHzを上回る周波数が用いられることがある。

ば、「サ（S）」の音が B♭ から C♯ あたりに設定されることが多い。

　インド音楽で西洋音楽の半音、すなわちシャープ（♯）とフラット（♭）に相当するのはティーヴラ *tīvra* とコーマル *komala* であり、それぞれ縦線と下線とをつけて R̄、Ḡ、M̄、D̄、N̄ のように表記する。これらの 5 音はビクリット・スワル *vikṛit swara*（変化音）と呼ばれ、これらを含めると西洋の音階と同じように 1 オクターブ 12 音になるが（ただし、今日の西洋音階は和音と転調を前提とした 12 平均律である）[431]、インド音楽で 12 音すべてが使われるラーガを筆者は知らない。また、微分音に相当するシュルティ *śruti* も用いられる。シュルティはピアノなどの鍵盤楽器では表現することのできない音であり、聞きなれないと調子外れのような不安定な音として感じられることが多い。また微分音など音の変化と連なりを重視したインド音楽においては、和音（和声）を重視していない。18 世紀末にインドを訪れたデュボアは、その著作『カーストの民――ヒンドゥーの習俗と儀礼』の中で「彼らの鈍感な耳には和音が全然理解できないからだ。彼らの好みは騒音と鋭い高音だけである」［デュボア 1988（1906）:86］と記述しているのは、このような理由によるものだろう。ただし、インド音楽においても変化音や微分音は常に用いられるのではなく、ラーガごとにその音使いは定められている。

　それぞれのラーガは、特徴的な音階と音使いを有している。S からオクターブ高い Ṡ の音に上がっていく上行音階のアーローハ *āroha* と、オクターブ高い Ṡ から降りてくる下行音階のアヴァローハ *avaroha* とを区別する。また、上行音階で 1 オクターブ 7 音を使う場合をサンプールナ *sampūrṇa*、6 音使う場合をシャーダヴァ *ṣāḍava*、5 音使う場合をアウダヴァ *auḍava* と呼んで区別する。下行音階も同様である。もちろん常に上行と下行は同音とは限らず、上行 6 音下行 7

431　西洋における 12 平均律に代表される音の近代化についてはマックス・ウェーバーの『音楽社会学』参照のこと。

音、上行5音下行7音などの組み合わせがあり、常に5～7音がストレートに上行・下行するわけではない。すなわち、下降音階で同じ7音を用いても、例えば「Ṡ→N→D→P→M→G→R→S」と「Ṡ→D→N→P→G→M→R→S」では音の連なり方（パターン）が違い、異なるラーガと認識されるのである。

このようなラーガの分類は古代より行われてきたが[432]、今日ではあらゆるラーガは10の基本音階（thāt）に整理・分類されている[433]。ラーガにはそれぞれ主音（vādī）と副主音（samvādī）や、パカル pakaḍ と呼ばれるそのラーガに特徴的な短いフレーズや、音の連なり・動き（ćaraṇ）などがある。そして、そのような音楽的な規則の他に、それぞれのラーガは演奏すべき季節[434]や時間帯、適切な感情（rasa）[435]、そしてその本質（prakritī）などの観念的なヴィジョンというべきものも有している[436]。ただし、筆者は音楽テキストはもちろん、学習の場において、ラーガの主音・副主音とその扱い方を理論的に教示されたこともなければ、それぞれのラーガの感情や本質というものが具体的にどのように示されるのかなどについては納得できる説明に出会ったことがないことを付け加えておく[437]。

---

[432] 中世においては、男性（父）ラーガと女性（母）ラーガ、息子ラーガのようなラーガ・ラーギニ・プトラ法などの分類などがあった。

[433] このようなラーガの整理・分類は20世紀に入ってからバートカンデーによってなされたものである（第7章参照）。

[434] 7つの全音の動きは、7つの惑星、1週間の曜日などに結び付けられていることから、古代においては音の動きが天体（自然界）の動きに関連づけられていたと推測される。

[435] 9つの感情（nav rasa）があると言われる。これは舞踊におけるラサと対応するものと思われる。

[436] 例えばラーガ・メーグを正しく演奏すると雨が降り、ラーガ・ディーパクは灯をともし、ラーガ・トーリーは動物を集めるというものである。

[437] なお、ラーガのより詳しい説明は、Gangoly［1989(1935)］や Jairazbhoy

2）ラーガの演奏形態と楽曲構造

・インド音楽の演奏形態

　インド音楽の一般的特徴は和声を中心とするハーモニーよりもメロディライン、すなわち音の連なりと装飾の仕方を追求し、その表現方法を高度に発展させたものである。演奏形態としてはオーケストラのような合奏は比較的稀であり、独奏が中心である。インド音楽は、和音にせよ合奏のような複数の楽器の演奏にせよ、一度に異なる音が重なるような音楽表現の追求には向かわなかったと言えるであろう。

　そのためか、特殊なケースを除き、演奏形態はメロディ（ラーガ）を担当する主奏者1名、リズム（ターラ）を担当する伴奏者1名、それに通奏低音（ドローン）を流すタンブーラー *tambūrā* 奏者が加わった3名が基本である。主奏者は声楽の場合は歌手、器楽の場合は今日ではシタール、サロードなどの弦楽器が最もポピュラーである。ただし、主奏者が二人というジュガルバンディという形態もあるが、同時に二人の歌唱・二人の演奏が行われることはなく、交互に繋ぎ合い掛け合いながら二人でひとつの演奏を形成しているといってよい。伴奏に欠かせないのがタブラーなどの打楽器で、リズム周期を提示するのが主たる役割である。タンブーラーは、メロディとは直接的には関係のない定常音を流し続けるもので、主として主奏者の弟子などがまかせられることが多い。なお、声楽の場合は、歌手の補助としてメロディラインを後追いしながらなぞってゆく弓奏楽器のサーランギーや鍵盤楽器のハルモニウムが助奏者として参加する場合がある。

　［1995(1971)］などを参照のこと。

・インド音楽の楽曲構造[438]

ラーガの演奏は、声楽・器楽ともに、

・アニバッダ形式（*anibaddha-krama*）
・ニバッダ形式（*nibaddha-krama*）

という二つの表現様式からなる。アニバッダは「拍節のない」、ニバッダは「拍節のある」音楽形式のことである（以下、主として弦楽器によるラーガ表現 *tantrakārī* を念頭において解説を進める）。このような音楽表現形式の二分類に、さらにテンポやリズム周期を意味するラヤ *laya* やターラ *tāla* の概念が考慮され、

1. テンポやリズム・サイクルを伴わないラーガの提示・発展（*anibaddha-krama*）
2. テンポを加味したラーガの発展（*layabaddha-krama*）
3. あるリズム周期にセットされた作曲部分とその発展（*tālabaddha-krama*）

という3つの表現様式に分類される［Mukherjee 1986:12-15］。イメージ的には、自在な動きのなかに、しだいに規則性と周期性が生成されていくプロセスの表現ととらえることも可能であろう。

今日では上記の最初のパートをアーラープ *ālāp*、二番目のパートをジョール *joḍ* と分けて呼ぶ場合と、1番目と2番目のパートを一緒にしてアーラープと呼ぶ場合があるが、いずれにせよリズム周期を伴ってはおらず、声楽家や器楽奏者などの主奏者の独奏部分で、ラーガの法則を示す部分である。器楽においては2番目のパートであるジョールをより技巧的に発展させたジャーラー *jhālā* という部分が付加されている。

3つ目のパートは、声楽においては歌詞＝作曲部分をともなう部分で、歌唱形式の違いによってドゥルパド、ダマール、ハヤールなどと呼ばれ

---

[438] 本節は、Mukherjee［1986］や Slawek［1987］などの文献を参照しつつ、筆者の経験をもとにまとめたものである。

る。一方、器楽においてはガット *gat* と呼ばれる。このパートは声楽・器楽いずれの場合にも、打楽器奏者が提示する定まったリズム周期（10 拍子、12 拍子、14 拍子、16 拍子などが中心）の中で、作曲部分とその即興的発展形が提示されてゆく。

　このように、今日では器楽におけるラーガの演奏は、

　　　A．アーラープ：リズム周期を伴わないアニバッダ形式に対応
　　　　　1）アーラープ *anibaddha*
　　　　　2）ジョール、ジャーラー *layabaddha*
　　　B．ガット：リズム周期を伴うニバッダ形式（*tālabaddha*）に対応

という 2 部で構成される。

　今日におけるガットの特徴は、打楽器奏者が単に定められたリズム周期を示す伴奏者に徹するのではなく、打楽器的即興部分をも担当することである。このことにより、弦楽器と打楽器の即興の掛け合い形式（サンガット *sungat* と呼ばれる）が成立する。この形式は見せ場が多く、特に海外公演では欠かせない形式となっている。

A）アーラープ

　アーラープはラーガに特有な音と音の連なりを段階的発展的に提示してゆくリズム周期を伴わない旋律提示部分である。この部分は、打楽器との掛け合い部分であるガットへの前奏と捉えられることが多いが、そうではない。ラーガのエッセンスを示す最も重要な部分で、古典的な演奏では、中音域で演奏されるスターイー *sthāyi*、中音域から高音域で演奏されるアーローヒ *ārohi*、中音域から低音域へと下降していくアバローヒ *avarōhi*、全音域を使って演奏されるサンチャーリー *samcāri* の 4 つ[439]

---

[439] 各パートはスターイー、アンタラー、サンチャーリー（ボーグ）、アボーグの 4 つ、あるいはスターイー（主題部）、アンタラー（副主題部）、サン

に分割される［Mukherjee 1986:12］。

　スターイーはラーガによって異なる主音あるいは副主音の装飾の仕方、他の音との繋がりを提示しながら2音間の関係、3音間の関係……というように音域をゆっくりとしたヴィランビト vilambita の状態で展開してゆく。アーローヒとアバローヒは、スターイー同様に音の連なりが提示されてゆくが、ヴィランビトより速さを増したマディヤ madhiya で演奏される。そして、サンチャーリーではより速さを増したドゥルト druta において、音の装飾のさまざまなバリエーション（varṇālankāra）が示され、最終的にジョールと呼ばれるテンポを伴う部分へと進む。ジョールもまた、アーラープと同様な4つの部分に分割される。このようなアーラープの展開方法は、声楽のドゥルパド形式において発達したものであった。ドゥルパドのアーラープは8つのパートからなり、ヒンドゥー教の礼拝（puja）の「8つの階梯（ashtseva）」に対応していると言われる［Joshi 1989:64］。このアーラープとジョールに関して、「アフマド・アリーはアラーウッディーンにアーラープとジョールを教えることは常に避けていた」［McNeil 2004:158］というように、秘匿の対象ともなっていた。

　ヴィーナー（ビーン）やラバーブなどの伝統楽器の演奏は声楽の模倣的伴奏から出発した。かつて器楽奏者は主奏者である声楽家の伴奏者の地位に甘んじており、声楽＝主奏者＞器楽＝伴奏者というヒエラルキーが生じていたのである。ところが、18世紀に入って器楽（弦楽器）独特の演奏形態が生まれることになる。このような声楽の模倣的伴奏からの脱却と器楽奏者の音楽社会的地位向上には、ターンセーンの血をひくサダーラングのムガル宮廷での活躍により、ビーンなどの撥弦楽器が主奏楽器としての認知を得るようになったことが大きい（第5章1節参照）。ドゥルパドのアーラープ＆ジョールが8つのパートから構成されているのに対して、器楽のアーラープにおいては、ジョールの後に器楽独特の発展部分である

　　チャーリー（展開部）の3つで呼ばれることも少なくない。

ジャーラーが付け加えられることによってさらに多くのパート（12 から 16 のパート）から構成されている。

　このような器楽独特の演奏形式は、声楽（特にドゥルパド）のマントラ・バージ mantra bāj に対してタントラ・バージ tantra bāj と呼ばれる。マントラとは「声」「言葉」を、タントラとは文字通り「弦」を意味し、バージは「様式・特徴」を意味する言葉である。

　弦楽器に特有なジョールは不定型な拍節（2～4 拍子系が多い）を伴うラーガのメロディの提示部分で、ジャーラーは多くの場合 4 拍子系のリズムをベースにしたものである。この 3 つの部分は切れ目なく連続して演奏され、アーラープ（無拍節）→ジョール（不定型の拍節）→ジャーラー（4 拍子系の拍節）へと移行するにつれてテンポが早くなり、音域が広がってゆくという特徴を有している。

　ドゥルパド形式の展開法にしたがえば、最初は 2～3 音、次の段階では 3～4 音、そして最終的には 1 オクターブで使用される 5～7 音全体、さらには 3 オクターブ程度にまで音域が広げられてラーガが提示される。各ラーガの音の動きは主音と副主音を中心に展開がなされ、それぞれの音の連なりと装飾の仕方が明らかにされる。音域的にはまず中音部、次に中音部から低音部分、中音部から高音部、全音域へ、そしてテンポはゆっくりから早くへと展開されてゆく。

　アーラープの演奏スタイルは、アオチャール auchār ālāp と呼ばれるラーガの音律特性のみを示した極めて短い演奏のものと、バンダーン bandhān ālāp と呼ばれる比較的長い演奏などの 4 種類があるとされる[440] [Mukherjee 1986:13]。前者は、ラーガによって定められた上行音列と下行音列の特徴的な組み合わせを提示したもので、せいぜい数分以内におさめ

---

[440] 前者は一般にルーパク・アーラープ rūpak ālāp、後者はラーガ・アーラープ rāga ālāp とも呼ばれる。他の 2 つは、カイダ・アーラープ kaida ālāp とヴィスタール・アーラープ vistār ālāp である。

られることが多い。一方、後者はガラーナーごとに定められたラーガの発展方法に則って演奏されるもので、その全体像を提示するには30分から1時間程度の演奏が必要となる[441]。

このようなラーガの演奏会においては、事前にラーガ名が発表されていることは稀である。伝統的な古典音楽を好む聴衆は、アーラープの展開に耳を傾けながら演奏されているラーガを少しずつ推測していくのである。特徴的なラーガであれば最初の数フレーズで推定できるが、多くの場合、似た音階・音使いのラーガの中から異なるラーガを排除し、演奏されているラーガを聴きあてていくことになる。アーラープの音の動きからラーガを聞き分けること、これが二つとして同じ演奏がないインド音楽を聴くことの醍醐味の一つである。

B）ガット

ガットはリズム周期を伴うパートで、打楽器奏者の参加によって成立する。ガットは、旋律を中心にした場合、

（1）バンディッシュ *bandiś*（作曲部分）

（2）トーラ *tōḍa*、ターン *tān* など（変奏・即興部分）

と呼ばれる二つの部分の組み合わせから展開される。バンディッシュ[442]は、一定のリズム周期（シタールやサロードにおいては多くの場合16拍が1周期となるティーンタール *tīntāl* = 16拍子）にセットされた作曲部分として何度も繰り返して演奏され、ラーガの美しさと特徴が凝縮された部分と考えられている。一方、トーラやターンも同様に定められたリズ

441　近年の演奏では、アーラープの演奏時間は短くなり、バンディッシュの取り扱いは軽くなる傾向にある。逆に、ガットの部分のうち、伴奏者である打楽器の役割が重要となり、主奏者（弦楽器）と伴奏者（打楽器）の変奏部分の掛け合いという見せ場の演奏時間が長くなる傾向にある。

442　本編の注92も参照のこと。

ム・サイクルにセットされた変奏部分であり、音楽家のセンスや技術的な側面を発揮できる即興部分である。トーラはあらかじめ作曲されている場合も多く、かつてはガラーナーごとに独自の変奏パターン（スタイル）を有していた。それに対してターンは、ラーガ独自の音のバリエーションを即興的に組み合わせて示すもので、トーラよりもより自由度が高い。主奏者はバンディッシュとトーラあるいはターンを交互に演奏してゆく。ガラーナーのスタイルが最もよく表れるのは、このバンディッシュの作曲法と変奏のパターン、そしてその表現技術である。

　変奏において重要なのは、変奏部分の最後の拍（16拍子であれば17拍目、あるいは33拍目など、16の倍数拍＋1拍目）が次のサイクルの「あたま」＝サム sam で終わることである。とくに同じメロディ・パターン／リズム・パターンを3回繰り返して、その最後の1拍目がサムで終わるように計算されたものはティハーイー tihāī と呼ばれる。長く複雑なティハーイーが成功してサムに戻ってきた場合には、聴衆はハーハ、ボホート・アッチャー（すばらしい！）などの感嘆をもらして音楽家を称賛する。器楽の場合には、主奏者が変奏を行っている場合には伴奏者はテーカー ṭhekā と呼ばれる定まったリズム周期を繰り返し演奏する一方、主奏者の変奏が終わりバンディッシュに入ると打楽器は変奏を始める。

　伴奏者としての打楽器奏者は（特に声楽の場合は）、主奏者が最初の作曲部分と変奏部分を演奏している間、最初から最後までテーカーあるいはそのバリエーションをたたき続ける。変奏は、テーカーのごく一部に「おかず的」に加えられるだけで、この場合の打楽器奏者は主奏者の即興のためのお手伝い役、すなわちリズム周期の提示に徹していることになる。近代における演奏の特徴としては、打楽器奏者の役割が拡大されていることである。主奏者が変奏している間はテーカーをたたいているが、主奏者が変奏からバンディッシュに戻ると、今度は自らが変奏を行うことにより主導権をにぎる。すなわち、主奏者が伴奏者のためにメロディによってリズム周期を示すのである。

このような演奏形式は器楽に特有で、弦楽器奏者と打楽器奏者の掛け合いが続く見せ場を構成することになる。また、ガラーナーによっては（特に海外演奏において）、弦楽器奏者が弦楽器上で演奏したリズムを打楽器奏者が追従して即座に演奏するサワール・ジャワーブ *sawār-jawāb* というスリリングな展開を折り込むこともある。ちなみに、打楽器（特にタブラー）のガラーナーの成立には、このような演奏形式の発展および打楽器奏者の地位と技術の向上が密接に関係していると考えられる。

　器楽におけるガット（16拍子の場合）の演奏様式は、今日ではマスィートハーニー・ガット *Masītkhānī gat*（以下 MG）とレーザーハーニー・ガット *Rezākhānī gat*（以下 RG）の二つが主流となっている。この二つのガットのバンディッシュにおいては、弦を弾く右手のストローク・パターンがあらかじめ決まっており、前者がゆっくりとしたテンポの演奏に、後者は比較的早いテンポの演奏に用いられる。現実的には、アーラープに続いて MG のみの演奏で終わる場合、MG のあとに続いて RG も演奏する場合、RG の演奏のみで終わる場合がある。RG が演奏される場合には、アーラープのところで示したジョールとジャーラーが再び演奏される場合が多い。アーラープのジョール・ジャーラーと、ガットにおけるジョール・ジャーラーの相違は、打楽器の伴奏を伴っているかどうか、すなわちリズム周期の制約があるかないかの違いである。ガットにおいても、アーラープと同様に、時間的な経過の中でテンポが次第に早まってゆき、ジョール・ジャーラーにおいては、極限にまでそのスピードは高められる。したがってアーラープにおいてはラーガの解釈が示される一方、ガットのバンディッシュにおいてはガラーナーに伝承されてきた作品の美しさ、ジョール・ジャーラーにおいては個人の技巧の見せ場ともなる。

　ガットの部分の醍醐味はまずターラを聞き分けることである。1つのリズム周期が何拍で、どのように分割されているか、すなわち拍節法を知ることである。この周期の特長を知ることにより、演奏が作曲部分を離れて変奏・即興に移行し、その変奏・即興がティハーイー等の締めくくり部分

を経て次のリズム周期の1拍目にもどってきているかどうかを認識できるのである。ゆっくりした16拍子のようにサイクルの長いターラの場合は、手の親指先で他の4本の指の4つの関節（指先を1つの関節と見なすと全部で合計16か所ある！）を、人差し指の指先、人差し指の第2関節・第3関節・第4関節、中指の指先……というように順に押さえていくことを繰り返し、リズム周期のどこにいるかを確認し、変奏・即興を楽しむのが現地のスタイルである。

3）表現様式：ドゥルパドからハヤールへ

　さて、以上が（器楽における）アーラープとガットの概要であるが、次に表現様式について触れておく。北インド古典音楽の声楽には、主としてドゥルパッド、ハヤール、トゥムリーという主として3つの表現様式がある。器楽はこのような声楽の模倣から出発して、器楽独自の演奏を完成させていったものである。

　すでに何度か触れたが、ドゥルパドに代表される古代からの声楽形式（ヒンドゥー寺院音楽）を引き継いだ古典音楽は歌詞の内容は神や英雄への讃歌であることが多い。ヴェーダなどの朗唱と異なるのは、歌詞それ自体よりもラーガとターラによる音楽的展開が重視されることである。広義のドゥルパドはアーラープ部分とドゥルパド部分を含み、狭義のドゥルパドは歌詞とリズム周期を伴うニバッタ形式の部分のみをさす。この形式において真に即興的なのはメロディ表現を主体とするアーラープの部分であって、狭義のドゥルパドにおいては即興の余地が少ない。したがって、狭義のドゥルパドにおいては同じ歌詞、すなわちあらかじめ作詞作曲されリズム周期が定められたバンディッシュが何度も繰り返し歌唱されることになる。そのため、流祖や代々の巨匠によって生み出され、メロディとリズム周期と歌詞が一体となったバンディッシュが、いわゆる「聖宝」となり、実際的な音楽財産となるのである。それに対し、ラーガの規則を示すアーラープは定まった歌詞もリズム周期も伴わない。この部分は各ガラー

ナーに伝わる音楽的解釈、より具体的には師匠の演奏展開をモデルとして模倣し、暗黙知として定着させていくしかない。

　ヒンドゥー教的宗教性が色濃いドゥルパドに対し、ハヤールは主としてイスラーム宮廷で発展を遂げたものである。ハヤールはドゥルパドと同じく、広義にはアーラープ部分とハヤール部分を含むが、狭義のハヤールは歌詞とリズム周期を伴う部分のみをさす。しかし、ハヤールがドゥルパドと大きく異なるのは、全体的にアーラープが短く、バンディシュの取り扱いも軽く、宗教性も薄められていることである。バンディシュはドゥルパドよりかなり短いが、その分リズム周期を伴う部分での変奏部分が大きく膨らみ、その即興的展開が聴く者にとっての醍醐味となっている。ハヤールはそもそもイマジネーションという意味があり、ドゥルパドの形式性と比べるとかなり自由度が高い。特にハヤールを模倣した器楽形式においては、リズム周期を伴う部分での即興や伴奏打楽器タブラーとの掛け合いが醍醐味となっており、今日でも主流の様式となっている。

　演奏時間はドゥルパドであれば1時間以上の演奏が通常であるのに対し、ハヤールは1時間未満のことが多く、ガラーナーによっては十数分のこともある。ドゥルパドではリズム周期を伴わないアーラープ部分の演奏時間が長いのに対し、ハヤールでは歌詞とリズム周期を伴う部分の方が長い。そして、ハヤールの方が即興的で、感情を込めた展開に醍醐味がある。今日、ドゥルパドを伝統的な様式で歌唱するのはダーガル一族などほんの僅かであり、声楽の主流はハヤールである。一方、器楽においては、インドではドゥルパド形式での演奏がより古典的とされるが、海外では打楽器との掛け合い的な即興演奏を強調するハヤール形式での演奏が好まれる傾向にある。

4）秘伝と即興性：何が秘匿されたのか？

　これまで見てきたように、ラーガの特徴は上行音階と下行音階、主音・副主音、パカルと呼ばれるラーガ独自の短い音列の適切な使用、微分音を

含むそれぞれの音の装飾の仕方などによって表現される。逆に言えば、これらの規則要素を守り、他のラーガとの区別、別の言い方をすればラーガ固有の純粋性が保たれていれば問題はないことになり、あとは音楽家のラーガの展開力、演奏技術、一言でいえばいわゆる「即興能力」によって聴衆へのインパクトが決定される。

　それでは、このような音楽構造上のどこにガラーナーの特徴が現れるのであろうか。また、何が秘伝の対象となり秘匿されたのか。まず、ガラーナーごとに伝承されているラーガのレパートリーに相違点がある。ポピュラーなラーガは別としても、あるガラーナーにしか伝承されていない珍しいラーガもある。次に同じラーガであってもその解釈が微妙に異なっていることもある。一つのラーガで用いられる音の種類や上行音階と下行音階は同じでも、主音・副主音の扱いや装飾の仕方、パカルの種類と使用の頻度などが違っているのである。また、ラーガの展開、特にアーラープの展開方法が異なる。どのような手順と手法でアーラープを発展させていくのかは、秘伝の対象とされたのである。また、ガットにおいては、あらかじめ作曲された小作品のバンディッシュは秘曲となり、定型化された変奏部分のトーラのパターンも秘技とされた。また、アーラープを重視するガラーナー、ガットの中でも早いテンポのレーザーハーニー・ガットを得意とするガラーナーなどがあり、それぞれのレパートリーは独占化の対象となったのである。

　かつてサロードの伝統的なガラーナーにおいては血縁関係者以外には特殊な場合を除いてアーラープやジョールが教えられなかったこと（特殊な場合とは、音楽のパトロンである藩王や領主）、また珍しいラーガやある種のバンディッシュは秘曲とされ男系血縁関係者あるいは婚姻関係を通してのみ家族外に伝達されたことを考えると、アーラープの展開方法とバンディッシュが秘伝のコアであり、ガラーナーを音楽的に特徴づけるものとみなすことが可能であろう。さらに付け加えておくなら、楽器それぞれに特有な演奏技法があげられる。例えば、第2章で示したビーンやラバー

ブの演奏技法がそうである。

　以上のことから、ラーガ表現上のガラーナーのオリジナリティは、

　　　A）　ラーガのレパートリー
　　　B）　アーラープとジョールの展開方法
　　　C）　バンディッシュとそのデータ（由来・作曲者など）
　　　D）　トーラやターン、ティハーイーなどの変奏パターン
　　　E）　音楽の修行方法（変奏のバリエーションを生み出す練習方法）

という5つの点に集約されるように思われる。そしてこれら5つの点は互いに結びついている。ラーガの解釈は主にアーラープの音楽的展開の中に音の連なりの規則性と装飾法によって表現され、バンディッシュをベースに展開される変奏のさまざまなパターンの模倣、楽器の特性を生かした運指や演奏技術の基礎となる練習法など、ガラーナーの演奏技巧や演奏スタイルを学んでゆくのである。とりわけ、C）のバンディッシュは婚姻に際して分与される"音楽財産"として扱われた。

　1つのラーガに対して複数のバンディッシュがあるだけでなく、ガラーナーごとにも複数のバンディッシュがある。それは、巨匠と呼ばれるようになった者の中には、自ら作曲したバンディッシュを残す者もいるからである。その中には、先代によるもの、先先代によるのもの、流祖によるもの、流祖が直接セーニヤーから習ったものなどが含まれる。ほとんどの音楽家は、演奏時に用いるバンディッシュが、もともとは誰の作曲によるものかを明かさない。また、息子や中核となる弟子以外にその由来を教えない場合も少なくない。それぞれのバンディッシュの由来を知っておくこともガラーナーの構成員としての重要な要素となるのである。

　なお、巨匠の中には、バンディッシュの作曲のみならず、「新しいラーガ」の創作に取り組む者もいる。ただし、創作とはいっても、既存のラーガを特徴的に変化させたものか、二つのラーガの特徴を融合させたものの場合がほとんどである。例えば、ミヤーン・ターンセーンの作曲によるラーガ・トーリーを意味する、ラーガ・ミヤーンキ・トーリー Raga

Miyan-ki Toḍī のように、既存のラーガ・トーリー Raga Toḍī をベースに創作されたものがそれだ。現代の巨匠の中にも「新しいラーガ」に取り組む者もいるが、そのラーガが後世に残っていくかどうかは別の問題である。

| 巻末資料 B |

フォーマル・インタビューの概要

1）調査概要

　本資料は、北インド古典音楽における弦楽器サロードのガラーナー研究のために行ったフィールドワークのうち、定型的な聞き取り調査（以後フォーマル・インタビュー）の概要をまとめたものである。フォーマル・インタビューは、インフォーマントに対して、あらかじめ質問項目を設定した質問用紙を用意して読み上げ（末尾の【質問項目】参照）、同意を得た上でテープレコーダーを回して記録した場合の聞き取り調査をいう。質問の主旨等に関しては本人から確認を求められた場合を除いては、できるだけ自由な発想で語ってもらった。そのため、詳細な回答もあれば紋切り型の回答もあった。なお、フォーマル・インタビュー前後には質問用紙には含まれないインフォーマルな会話や情報提供、具体的な演奏デモンストレーションとその解説をお願いしたケースがほとんどである。

　情報提供に応じてくれたインフォーマント 16 人のうち、定型化したフォーマル・インタビューを 1 回にまとめて行うことができたのは 10 人であった【序論 (2) の表参照】。ただし、他のインフォーマントともインフォーマルな聞き取り調査や会話を行った場合がほとんどであり[443]、そ

---

[443] ただし、ゴウハーティ在住のアキール・ハーンは文字資料による情報提供の

の一部が資料として用いられている。

　フォーマル・インタビューは1997年12月〜1998年1月、1998年7月〜8月、1998年12月〜1999年1月の三期に集中的に行ったものである。以前から音楽を教わり、すでに複数回にわたって訪問し、親族関係や家族史に関する聞き取り調査や演奏実践をしてもらうなど、すでにインフォーマルな関係を築き上げた旧知の音楽家にあらためてフォーマル・インタビューを行った場合（例えば、この中には、1987年のインド滞在以来の音楽の師匠であったカリヤーン・ムケルジー氏や、数年に渡って交流を深めたイルファーン・ハーン氏などが含まれている）と、初対面でフォーマル・インタビューを行ない、その後にインフォーマルな質問や会話、情報交換に移行した場合の両方が含まれている。

2）インフォーマントの属性等について

　次に調査時におけるインフォーマント16人の属性について明らかにしておく。まず、性別は男性14人、女性2人である。インドにおける女性サロード演奏家は珍しく、2000年までの期間を限定すると、名の知られた演奏家は筆者が知る限り3人。本調査にはそのうちの2人が含まれている。年齢階層は、1920年代生まれ1人、30年代生まれ2人、40年代生まれ4人、50年代生まれ7人、60年代生まれ2人となっている。彼らの現在の居住地は、デリー4人、カルカッタ7人、ラクナウ3人、ビジノール1人、ゴウハーティ（アッサム）1人で、その多くが北インドの大都市に暮らしている。

　宗教はムスリム8人、ヒンドゥー8人。ムスリムの8人すべてはサロード演奏を世襲とする職業音楽家の家系の出身者であり、ガラーナーの中核となる構成員（ガラーネーダール）である。ただし、そのうち3人は

　　みであった。

シタール奏者である。一方、ヒンドゥーの8名は、音楽演奏を世襲としない家系の出身者で、そのカーストの内訳はバラモン6人（推測を含む）、バイディヤ1人、カヤースタ1人で、その多くがベンガル地方出身者である。彼らの家系あるいは師匠をマーカーとしたガラーナー名（以降省略）は以下の通りである。

- A. シャージャハーンプル　4人（いずれもムスリム）
- B. ラクナウ／ブランドシャハル　3人（いずれもムスリム）
- C. グワーリヤルあるいはグラーム・アリー　5人
- D. マイハル　2人
- E. 複合ガラーナー　2人

ただし、現実的に本人たちが主張するガラーナー・アイデンティティは、このような分類よりも複雑である。例えば、グワーリヤルのアムジャド・アリー・ハーンは、本編中でも触れているようにセーニー・バンガシュを名乗っている。また、グワーリヤル（流祖はグラーム・アリー）のうち、ヒンドゥーの音楽家たちはセーニー・シャージャハーンプル（A.とは別のハーンダーン）を名乗る傾向にある。

ちなみに、それぞれのガラーナーのガラーネダールかつ独り立ちした音楽家で、2001年1月時点での生存者は、シャージャハーンプル4人、ラクナウ3人、グワーリヤル2人（アムジャド・アリーとレフマト・アリー）、マイハル2人（アリー・アクバルとその息子アーシシ・ハーン、ただしアッラーウッディーンの娘アンナプルナとそのかつての夫であるラヴィ・シャンカルを加えると4人）であった。その後2013年1月時点での追加情報としては、レフマト・アリーは2004年に、アリー・アクバルは2009年に、ラヴィ・シャンカルは2012年に他界した。また、16人のインフォーマントのうち、シャラン・ラーニーは2008年に、カリヤーン・ムケルジーは2010年に他界した。

このうち、本書ではシャージャハーンプルとブランドシャハルのガラーネダール7名全員とグワーリヤルのガラーネダール1人（アムジャド・

アリー）がインフォーマントとして含まれている。なお、ガラーネダール以外のガラーナーの弟子あるいは生徒が最も多いのはマイハル、次にグワーリヤルであると考えられる。シャージャハーンプルとラクナウには今日活躍する非血縁の高弟（著名な演奏家）が不在であるのに対して、マイハルからは宗教・血縁の別なく国際的な演奏家が生まれ、外国人の弟子が多いことでも知られる。

　最後に16人の主たる職業（経済活動）は、学校（大学、音楽専門学校、高校）で音楽を教える者5人、テレビ・ラジオのスタッフ・アーチスト2人、コンサート活動を主とする者4人、その他の音楽活動2人、音楽活動を行いつつも音楽家以外の職業を有している者3人（そのうち2人が音楽以外の大学教師）となっている。なお、彼らの多くが、プライベート（自宅）で音楽を教えている。

3）質問項目（質問項目順）

1) まず、どのようにサロードを学習するようになりましたか。いつ、誰から、どのように習うようになったのか、あなたの音楽史を短く教えてください（FI-Q1*）

2) あなたにとって、ガラーナーとはどのようなものですか（FI-Q2）

3) あなたは、どのようなガラーナーに属してしますか（FI-Q3）

4) あなたのガラーナーのハーリファー（家元）は誰ですか（FI-Q4）

5) あなたのガラーナーの特徴あるいは他のガラーナーと異なる点はどのようなところですか（FI-Q5）

6）音楽の学習・演奏に際しては、1．ガラーナーの伝統と技術、あるいは、2．個人的創造性のどちらが重要と考えますか。またそれはどうしてですか（FI-Q6）

7）宗教が音楽性に関係することはありますか。例えば、ヒンドゥーかムスリムかで音楽表現や音楽に対するアプローチに違いはありますか（FI-Q7）

8）（時代は変わり、人々の音楽に対する理解の仕方も変わってきた。音楽家をとりまく社会的・経済的・政治的環境も変化してきている）音楽家にとって現代とそれ以前の時代とでは、どちらの方が適していると思いますか（FI-Q8）

9）最近の主たる収入はどのようなものから得ていますか
（例：1．学校教師、2．個人教授、3．コンサート活動、4．テレビ・ラジオ局のスタッフ・アーチスト、5．その他の音楽活動、5．音楽以外の仕事）。
また、主たる収入が給料の場合、月収換算でどのくらいですか（FI-Q9）

10）いままで、あなたが知っている（聞いた）なかで、最高のサロード演奏家は誰ですか（FI-Q10）

　　　　　　　　＊ FI-Q1 は、フォーマル・インタビュー項目の1番目を表す

| 巻末資料C |

ヒンドゥスターニー音楽のガラーナー形成史

時代区分		概　要
プレ形成期 (デリー諸王朝期)		**ヒンドゥスターニー音楽の形成、音楽家の改宗** 北インドにおけるイスラーム王朝の誕生により、古来の「ヒンドゥー音楽」とペルシャ音楽の融合が始まり、ヒンドゥスターニー音楽の基礎が築かれる。ヒンドゥーの寺院付音楽家、王室付司祭、系譜家、英雄語り、軍楽家などの多様な諸集団の一部がイスラームに改宗するようになる。
形成期	前期 (ムガル帝国前期)	**音楽家の中央宮廷への集中、音楽的権威の形成** インド内外からすぐれた音楽家がムガルの中央宮廷に集められ、声楽のドゥルパドを中心とする宮廷音楽が成立し、第3代皇帝アクバルの時代に絶頂期をむかえる。宮廷楽師の筆頭はヒンドゥー教からイスラームに改宗したとされるミヤーン・ターンセーン。その子孫はセーニヤーと呼ばれ音楽的権威として君臨するようになる。
	中期 (ムガル帝国後期)	**音楽家の地方宮廷への分散、声楽のガラーナー形成** 第6代皇帝アウラングゼーブ以降のムガル帝国の衰退により、中央宮廷の音楽家が地方宮廷に流出するようになる。古典的なドゥルパドに代わり、新しい声楽様式であるハヤールが宮廷音楽の中心となっていく。セーニヤーはドゥルパドを直系男子にのみに教え、他の弟子にはハヤールを教えたとされる。有力地方宮廷においてハヤールが独特の発展を遂げ、声楽のガラーナーが形成されてゆく。また、ビーンなどの弦楽器が伴奏から主奏に転じ、器楽が発展する。
	後期 (英領インド帝国期)	**宮廷の弱体化、器楽のガラーナー形成** ムガル帝国および地方の有力地方宮廷の更なる弱体化により、音楽家が新たなパトロンを求めて移動を活発化する。セーニヤーなどからシタールやサロードなどの楽器によってラーガ音楽を習う者たちが増加し、器楽のガラーナーが形成される。
ポスト形成期 (独立期～現代)		**宮廷音楽から国民音楽へ、新たなるパトロンと聴衆の形成** インド独立と印パ分離、旧来の藩王・領主制の廃止により、宮廷楽師の子孫たちは新たなパトロンの獲得に迫られる。かつてヒンドゥー教からイスラームに改宗してラーガ音楽を維持して

ポスト形成期 (独立期〜現代)	きた宮廷楽師、そして彼らからラーガ音楽を学んだ外来のムスリム音楽家たちから、裕福なヒンドゥー高カーストの子弟らがラーガ音楽を学ぶようになる。その結果、かつての宮廷音楽として発展を遂げたラーガ音楽が、インド古典音楽すなわち国民的音楽とみなされ、教育制度にとりいれられる。音楽学校やマスメディア、音楽産業などが音楽と音楽家の新たなパトロンとなってゆく。

(筆者作成)

主要用語集

アーラープ Ālāp
インド古典音楽に特徴的な、定まった拍節やリズム周期を有しないラーガの表現部分。

カッワール／カウワール Qawwāl
イスラームの預言者や聖者への讃歌カッワーリー／カウワーリー *Qawwālī* を歌う者あるいはそのような人々のコミュニティの出身者。

ガラーナー Gharānā
音楽スタイルと社会システム（親族関係・師弟関係・パトロンクライアント関係など）の二つの側面から定義される北インド古典音楽の音楽集団・社会組織・流派。

カラーワント Kalāwant
文字通りには「芸術の保持者」の意味。もともとはムガル帝国（第3代皇帝アクバル）の優れた宮廷楽師に与えられたタイトルが、世襲的に用いられるようになったものと考えられる。

サーランギー Sārangī
北インド古典音楽や民俗音楽の演奏で用いられる擦弦楽器（弓奏楽器）。北インド古典音楽では、主としてハヤール（声楽）の伴奏に用いられる。

サロード Sarod
シタールと並んでインドを代表する撥弦楽器。アフガニスタンや中央アジアで演奏されていたラバーブ Rabab の一種が北インド古典音楽の演奏用に改良されたもの。

セーニヤー Seniyā
ターンセーンの子孫とその直弟子の末裔たちのこと。本書では、ターンセーンの子孫をセーニヤー、彼らの非血縁の弟子を含めた音楽集団をセーニー・ガラーナーと呼んで区別する。

タブラー Tablā
主として北インド古典音楽の伴奏に用いられる一対の打楽器（太鼓）。弦楽器がラーガの旋律を担うのに対して、タブラーなどの太鼓はリズム周期を表現すると同時に、即興演奏の一翼を担う。

ダーディー Ḍhāḍhi／ダーリー Dhārī
宮廷楽師のカテゴリーあるいは地方の音楽芸能カースト（ジャーティ）の一つ。かつては英雄叙事詩、系譜語りや軍楽に携わっていた集団。今日のラージャスターンでは音楽芸能者のコミュニティの一つ。

ターラ Tāla
インド古典音楽で用いられるリズム周期および拍節に関する理論。北インド古典音楽では、主として7拍子、10拍子、12拍子、14拍子、16拍子などが用いられる。

ターンセーン Miyan Tansen
第3代皇帝アクバル（在位 1556-1605）の「9宝」の一つに数えられ、宮廷楽師の筆頭であった伝説的楽聖。出自はヒンドゥー・ブラーマンとされ、イスラームに改宗したと言われる。

ドゥルパド Dhrupad
北インド古典音楽の声楽のジャンルのうち、今日最も伝統的な歌唱スタイル。ヒンドゥー教の神々や英雄神（王などの権力者を含む）への讃歌から発展したと考えられている。

ドーム／ドム Ḍom、ドゥーム Ḍūm など
北インドの職能カースト（ジャーティ）の一つ。地域や時代によって、その職能や社会的位置づけは異なる。不浄とかかわるコミュニティ出身者への蔑称としても用いられることああある。ドームの女性形としてドームニ Ḍomni が用いられる。

ナウチ Nautch, Nāch
一般に「踊り」を意味し、ナウチ・ガール nautch girl のように女性の「踊り子（歌手を含む）」の総称として用いられる。タワーイフやドームニも同義に用いられ、売春が含意されて用いられる場合が多い。

ハーンダーン Kh̲āndān
ペルシャ語に起源を有する、家系・系譜・出自を意味するウルドゥー語。

ハヤール Kh̲ayāl／カヤール Khyāl
北インド古典音楽の声楽のジャンルのうち、今日最もポピュラーな歌唱スタイル。ドゥルパドをベースに、18世紀ころからポピュラーになった。

主要用語集　479

バンディッシュ Bandish
北インド古典音楽において作曲された小作品の一般的呼び名。スターイー、アンタラーなどいくつかの部分に分かれている。声楽のハヤールなどでは歌詞を伴う部分は、チージ chīj と呼ばれる。

ヒンドゥスターニー音楽 Hindustānī Saṅgīt
北インド古典音楽を意味する現地語。インド古典音楽は、その地理的歴史的な発展の違いと音楽的特色から北インド古典と南インド古典とに分かれる。南インド古典音楽はカルナータカ Karnataka 音楽と呼ばれる。

ビラーダリー Birādarī
出自や職業などによって形成された同質的集団および婚姻サークル。

ミーラースィー Mīrāsī
相続・世襲を意味するアラビア語のミーラース mīrās を語源とする音楽家のカテゴリー。地域や時代によってその職能や位置づけは異なる。地方の音楽芸能者や古典音楽の伴奏者に対しても用いられる。

ラーガ Rāga
インド古典音楽の旋律に関する理論。一曲を通して一貫して流れる旋律型。それぞれのラーガには呼び名があり、使用される音列や特徴的な音づかいなどが決められている。

ラバーブ Rabāb
中央アジア起源の弦楽器。地域によって様々な形状があるが、胴体部分に音響効果のための皮革が貼られているという共通点がある。三味線と通じる歯切れのよい音の響きがある。

参照文献

【辞典・事典】

大塚和夫ほか編集 2002『イスラーム辞典』岩波書店。

辛島昇ほか監修 2002『新訂増補・南アジアを知る事典』平凡社。

Monier-Williams 1995(1899) *A Sanskrit-English Dictionary*. Delhi: Motilal Banarsidass.

Platts, J.T. 1997(1884) *A Dictionary of Urdu, Classical Hindi and English*. New Delhi: Munshiram Manoharlal.

Sadie, Stanley(ed.) 2001(1980) T*he New Grove of Music and Musicians* (second edition). London: Macmillan Publishers.

【日本語文献】

アドルノ、テオドール・W.
  1999 (1962)『音楽社会学序説』(高辻和義・渡辺健訳)、平凡社。

アパデュライ、アルジュン
  2004a (1990)「グローバル文化経済における乖離構造と差異」『さまよえる近代：グローバル化の文化研究』(門田健一訳)、58-95頁、平凡社。
  2004b (1993)「植民地的想像力における統計」『さまよえる近代：グローバル化の文化研究』(門田健一訳)、207-244頁、平凡社。

アムジャット・アリー・カーン
  1989「サロードの歴史」『アムジャット・アリー・カーン、サロード演奏会』、14-16頁、日本文化財団。

新井裕子
  1989「アラブの音楽」『岩波講座　日本の音楽・アジアの音楽 別巻2 手引きと資料2 成立と展開』、岩波書店。

粟屋利江
　1994「デーヴァダースィー（神の婢女）と司法」『西欧近代との出会い』（小谷汪之編）、349-380頁、明石書店。

生田久美子
　1987『「わざ」から知る』（認知科学選書14）東京大学出版会。
　1995「「わざから知る」その後（レクチャーと討論）」『身体の構築学』（福島真人編）、415-456頁、ひつじ書房。
　2007「解題「わざ」から「ケア」へ──「知識」とは何かを問いつづけて」『わざから知る（新装版）』（コレクション認知科学6）、東京大学出版会。

井上貴子
　1998「南インドのデーヴァダーシー廃止制度──英領期の立法措置と社会改革を中心に」『史学雑誌』107(3):1-34。
　2006『近代インドにおける音楽学と芸能の変容』、青弓社。

ウェーバー、マックス
　1967『音楽社会学』、創文社。

ヴェーグナー、マックス
　1985『人間と音楽の歴史Ⅱ　古代音楽・第4巻　ギリシャ』音楽之友社

内堀基光
　1989「民族論メモランダム」『人類学的認識の冒険──イデオロギーとプラクティス』（田辺繁治編著）、27-43頁、同文館。

大谷紀美子
　1984「インド古典舞踊の伝承と学習──バーラタ・ナーティヤムの事例」『口頭伝承の比較研究1』（川田順造・徳丸吉彦編）、195-225頁、弘文堂。

沖浦和光
　1985a「アジアにおける賤民芸能の位置──芸能は、なぜ賤民によって担われてきたのか」『部落解放』225:14-27。
　1985b「ボーパ──砂漠の英雄をたたえる絵とき歌」『部落解放』225:72-79。

奥中康人
　2008『国家と音楽：伊澤修二がめざした日本近代』、春秋社。

小田　亮
　1996「ポストモダン人類学の代価──ブリコルールの戦術と生活の場の人類学」『国立民族学博物館研究報告』21(4):807-875。

小幡正敏
　1993「再帰性と近代」『近代とはいかなる時代か？──モダニティの帰結』（松尾

精文・小幡正敏訳)、243-251頁、而立書房。
川島武則
　1957『イデオロギーとしての家族制度』岩波書店。
ギアツ、クリフォード
　1987(1973)『文化の解釈学』I・II（吉田禎吾・柳川啓一・中牧弘光・板橋作美訳）、岩波書店。
　1991(1983)「文化システムとしての芸術」『ローカル・ノレッジ：解釈人類学論集』（梶原景昭・小泉潤二・山下晋司・山下淑美訳）、163-209頁、岩波書店。
吉川英史
　1984『日本音楽の美的研究』音楽之友社。
ギデンズ、アンソニー
　1989(1979)『社会理論の最前線』（友枝敏雄・今田高俊・森重雄訳）ハーベスト社。
　1992(1976)『社会学の新しい方法基準——理解社会学の共感的批判』（松尾精文・藤井達也・小幡正敏訳）、而立書房。
　1993(1990)『近代とはいかなる時代か？——モダニティの帰結』（松尾精文・小幡正敏訳）而立書房。
　1997(1994)「ポスト伝統社会に生きるということ」『再帰的近代化』（松尾精文・小幡正敏・叶堂隆三訳）105-204頁、而立書房。
　2005(1991)『モダニティと自己アイデンティティ——後期近代における自己と社会』（秋吉美都・安藤太郎・筒井淳也訳）、ハーベスト社。
クリフォード、ジェイムズ
　2003(1988)『文化の窮状——二十世紀の民族誌、文学、芸術』（太田好信ほか訳）、人文書院。
クリフォード、ジェイムズ＆ジョージ・E.マーカス
　1996(1986)『文化を書く』（春日直樹ほか訳）紀伊国屋書店。
ゴッフマン、アーヴィン
　2003(1963)『スティグマの社会学——烙印を押されたアイデンティティ（改訂版）』（石黒毅訳）、せりか書房。
小牧幸代
　1993「インド・イスラームの聖者信仰——ニザームッディーン廟の事例から」『民族学研究』58(2):198-210。
　1997「北インド・ムスリム社会の婚姻儀礼と贈与交換——ウッタル・プラデーシュ州C町のサイフィー・ビラーダリーの事例から」『アジア・アフリカ言

語文化研究』54:195-214。
サイード、エドワード・W.
　　1992「知の政治学」(大橋洋一訳)『みすず』377:2-16 、みすず書房。
　　1993(1978)『オリエンタリズム（上）』(今沢紀子訳)、平凡社。
　　1995(1991)『音楽のエラボレーション』(大橋洋一訳)、みすず書房。
坂田貞二
　　1994「宗派を担った人々――ヒンドゥー教ヴァッラバ派の初期における主要人物の役割と出身階層」『カースト制度と被差別民・第 1 巻　歴史・思想・構造』(山崎元一・佐藤正哲編)、283-306 頁、明石書店。
佐々木重洋
　　2008「感性という領域への接近――ドイツ美学の問題提起から感性を扱う民族誌へ」『文化人類学』73(2):200-219。
佐藤正哲
　　1998「ムスリム王権の成立と展開」『世界の歴史 14　ムガル帝国から英領インドへ』(佐藤正哲・中里成章・水島司著)、11-204 頁、中央公論社。
スモール、クリストファー
　　2011(1998)『ミュージッキング――音楽は〈行為〉である』(野澤豊一・西島千尋訳)水声社。
関根康正
　　1997「不可触民はどこへいったか？――南アジア人類学における「植民地主義と文化」という問題」(山下晋司・山本真鳥編)『植民地主義と文化――人類学のパースペクティヴ』、307-347 頁、新曜社。
関本照夫
　　1994「序論」『国民文化が生まれる時――アジア・大平洋の現代とその伝統』(関本照夫・船曳建夫編)、5-32 頁、リブロポート。
田中多佳子
　　1990「カッワーリー：南アジアのスーフィー音楽」『儀礼と音楽 1：世界宗教・民族宗教編』(水野信男・責任編集)、57-90 頁、東京書籍。
　　2002「音楽」『新訂増補版・南アジアを知る事典』(辛島昇ほか監修)、119-122 頁、平凡社。
　　2008『ヒンドゥー教徒の集団歌謡――神と人の連鎖構造』世界思想社
田中雅一
　　1997「カースト社会に生きる」『講座　差別の社会学　第 3 巻　現代世界の差別構造』(栗原彬編著)、329-345 頁、弘文堂。

田中雅一・渡辺公三
　2001「訳者あとがき」『ホモ・ヒエラルキクス──カースト体系とその意味』(田中雅一・渡辺公三訳)、575-588頁、みすず書房。

田辺繁治
　2002「序章　日常的実践のエスノグラフィ：語り・コミュニティ・アイデンティティ」『日常的実践のエスノグラフィ』田辺繁治・松田素二編著、1-38頁、世界思想社。

田森雅一
　1998「都市ヒンドゥー命名儀礼における主体構築と命名慣習の変容」『民族學研究』63(3):302-325。
　2000「カーストからガラーナーへ：近代・北インド古典音楽における社会音楽的アイデンティティの変容」『超域文化科学』5:152-167、東京大学(駒場)。
　2001「宗教・ガラーナー・師弟関係：*Who's Who of Indian Musicians* にみる北インド古典音楽の社会的世界」『インド音楽研究』7:123-136。
　2002「ルイ・デュモン著『ホモ・ヒエラルキクス──カースト体系とその意味』」(書評論文)『南アジア研究』14:202-207。
　2004a「近代北インドにおける音楽財産の伝承形態と社会関係の変化：サロード・ガラーナーを事例として」『国立民族学博物館研究報告』28(3):377-418。
　2004b「ルイ・デュモンのインド文明とわれわれ」『文化人類学文献事典』、522頁、弘文堂。
　2011「近代北インド古典音楽における社会音楽的アイデンティティの構築──英領インド帝国期の"カースト統計"と"ナウチ関連問題"を中心に」『国立民族学博物館研究報告』35(4):583-615。

柘植元一
　1988「音楽に反映する文芸構造(西アジア)」『岩波講座　日本の音楽・アジアの音楽　第2巻　成立と展開』、279-302頁、岩波書店。
　1996「西アジア」『アジア音楽史』(柘植元一・植村幸生編)、141-185頁、音楽之友社。
　2007「「民族音楽」から世界音楽へ」『CMC Information』vol.45、13-17頁、(財)音楽文化創造

デュボア、J.A.
　1988(1906)『カーストの民──ヒンドゥーの習俗と儀礼』(ビーチャム編・重松伸司訳注)、平凡社。

デュモン、ルイ
 1993(1983)『個人主義論考——近代イデオロギーについての人類学的展望』(渡辺公三・浅野房一訳)、言叢社。
 1997(1975)『インド文明とわれわれ』(竹内信夫・小倉泰訳)、みすず書房。
 2001(1980)『ホモ・ヒエラルキクス——カースト体系とその意味』(田中雅一・渡辺公三訳)、みすず書房。

デリダ、ジャック
 2002(1988)「署名 出来事 コンテクスト」『有限責任会社』(高橋哲哉・増田一夫・宮崎裕助訳)、7-56頁、法政大学出版会。

ド・セルトー、ミシェル
 1987(1980)『日常的実践のポイエティーク』(山田登世子訳)、国文社。

名和克郎
 2002『ネパール、ビャンスおよび周辺地域における儀礼と社会範疇に関する民族誌的研究——もうひとつの〈近代〉の布置』三元社

ニコル、デヴィッド
 2001(1993)『インドのムガル帝国史——1504-1761 火器と戦象の王朝史』(桂令夫訳)、新紀元社。

西山松之助
 1959『家元の研究』、校倉書房。

バトラー、ジュディス
 2004(1997)『触発する言葉——言語・権力・行為体』(竹村和子訳)、岩波書店。

ハンクス、ウイリアム
 1993(1991)「ウイリアム・F. ハンクスの序文」『状況に埋め込まれた学習——正当的周辺参加』(レイヴ, J & E. ウェンガー著、佐伯絆訳)、5-20頁、産業図書。

福島真人
 1998「文化からシステムへ——人類学的実践についての観察——」『社会人類学年報』24:1-28。
 2001『暗黙知の解剖——認知と社会のインターフェイス』、金子書房。

藤井毅
 1988「インド国制史における集団——その概念規定と包括範囲——」『南アジア現代史と国民統合』(佐藤宏編)、23-103頁、アジア経済研究所。
 1993「植民地期インドにおける社会認識と地方史編纂」『歴史学研究』641:10-16。

2002「名前」『新訂増補・南アジアを知る事典』(辛島昇ほか監修)、511-514頁、平凡社。
2003『歴史の中のカースト――近代インドの〈自画像〉』、岩波書店。

ブーロー、バーン & ボニー・ブーロー
1991(1987)『売春の社会史――古代オリエントから現代まで』(香川檀ほか訳)、筑摩書房。

フリス、サイモン
2001(1996)「音楽とアイデンティティ」『カルチュラル・アイデンティティの諸問題』(スチュアート・ホール、ポール・ドゥ・ゲイ編、宇波彰監訳)、187-224頁、大村書店。

ブラハスパティ、K.C.D.
2002(1979)「ターンセーン」『楽聖たちの肖像：インド音楽史を彩る11人』(V. ラーガヴァン編著、井上貴子・田中多佳子訳)、221-249頁、穂高書店。

ブルデュー、ピエール
1988(1980)『実践感覚1』(今村仁司ほか訳)、みすず書房。

ホール、スチュアート
2001(1996)「だれがアイデンティティを必要とするのか？」『カルチュラル・アイデンティティの諸問題』(スチュアート・ホール、ポール・ドゥ・ゲイ編、宇波彰監訳)、7-33頁、大村書店。

ポラニー、マイケル
1980(1966)『暗黙知の次元――言語から非言語へ』(佐藤敬三訳)、紀伊國屋書店。

ポランニー、マイケル
2003(1966)『暗黙知の次元』(高橋勇夫訳)、ちくま学芸文庫。

マーカス、ジョージ & マイケル・フィッシャー
1989(1986)『文化批判としての人類学』(永淵康之訳)、紀伊国屋書店。

前田専学
2002「ヒンドゥー教」『新訂増補・南アジアを知る事典』(辛島昇ほか監修)、608-616頁、平凡社。

松田素二
2006「セルフの人類学に向けて――偏在する個人性の可能性」『ミクロ人類学の実践――エイジェンシー／ネットワーク／身体』(田中雅一・松田素二編著)、381-405頁、世界思想社。

三瀬利之
2004「カーストの周辺概念としてのトライブ・レイス」『国勢調査の文化人類学

――人種・民族分類の比較研究』(青柳真智子編)、203-230 頁、古今書院。

宮本孝二
　1998『ギデンズの社会理論――その全体像と可能性』、八千代出版。

村山和之
　1998「バローチスターン音楽概観――クエッタ県、カラート県の事例から――」『和光大学人文学部紀要』33:89-103。

メリアム、アラン
　1980(1964)『音楽人類学』(藤井知昭・鈴木道子訳)、音楽之友社。

モース、マルセル
　1976(1968)「身体技法」『社会学と人類学Ⅱ』(有地亨・山口俊夫共訳)、121-152 頁、弘文堂。

山田陽一
　2004「メリアムの音楽人類学」『文化人類学文献事典』、235L 頁、弘文堂。

湯浅道雄
　1986『イスラーム婚姻法の近代化』、成文堂。

ライル、ギルバート
　1987(1949)『心の概念』(坂本百大ほか訳)、みすず書房。

ラッシュ、スコット
　1997(1994)「再帰性とその分身――構造、美的原理、共同体」『再帰的近代化』(松尾精文・小幡正敏・叶堂隆三訳)、205-315 頁、而立書房。

レヴィ=ストロース、クロード
　2006(1964)『神話論理Ⅰ 生のものと火を通したもの』(早水洋太郎訳)、みすず書房。

レイヴ, ジーン & エティエンヌ・ウェンガー
　1993(1991)『状況に埋め込まれた学習――正当的周辺参加』(佐伯胖訳)、産業図書。

ロバートソン、ローランド
　1997(1992)『グローバリゼーション――地球文化の社会理論』(安部美哉訳)、東京大学出版会。

【外国語文献】

Adler, G..
　1885 "Umfang, Methode und Ziel der Musikwissenschaft". *Zeitschrift fur Musikwissenschaft* 1:5-20.

Ahmad, Imtiaz (ed.)
　1973　*Caste and Social Stratification among the Muslims*. New Delhi: Manohar Publications.
　1976　*Family, Kinship and Marriage among Muslims in India*. New Delhi: Manohar Publications.

Ahmad, Najma P.
　1984　*Hindustani Music: A Study of Its Development in Seventeenth and Eighteenth Centuries*. New Delhi: Manohar Publications.

Ahmed, Akbar S.
　1980　*Pukhtun Economy and Society: Traditional Structure and Economic Development in a Tribal Society*. London, Boston and Henley: Routledge and Kegan Paul.

[AIMC] All India Music Conference
　1918　The Report of 2nd AIMC in Delhi.
　1919　The Report of 3rd AIMC in Benares.

Alavi, Hamza A.
　1976 (1972)　"Kinship in West Punjab villages". In T. N. Madan (ed.) *Muslim Communities of South Asia: Culture and Society*, pp.1-27. New Delhi: Vikas Publishing House.

Allami, Abu l-Fazl
　1994 (1873)　*Ā'īn-i Akbarī*, translated by H. Blochmann (vol.1) and H. S. Jarrett (vol.2&3). Delhi: D.K. Publishers.

Allauddin Khan
　1982　*Meri Katha*. New Delhi: Rajkamal Prakashan (for Allauddin Khan Music Academi).

Amjad Ali Khan, Aman Ali Bangash and Ayan Ali Bangash
　2002　*Family Pride*. New Delhi: Roli Books.

Anandhi, S.
　1991　"Representing Devadasis:'Desigal Mosavalai' as a Radical Text". *Economic and Political Weekly*, Annual Number (March) :739-747.

Ansari, Ghaus
　1960　*Muslim Caste in Uttar Pradesh: A Study of Culture Contact*. Lucknow: Ethnographic and Folk Culture Society.

Appadurai, Arjun
> 1993 "Number in the Colonial Imagination". In Carol A. Breckenridge and Peter van der Veer(eds.) *Orientalism and the Postcolonial Predicament: Perspectives on South Asia*, pp.314-39. Philadelphia: University of Pennsylvania Press.

Aqueer Khan
> n. d. *Sarod nawazon ke maśhūr chār gharāne: Sarod kis tarah Bhārat men āyā.* (Hindi manuscript).

Asad, Talal (ed.)
> 1973 *Anthropology and the Colonial Encounter.* London: Ithaca Press.

Ashish Khan
> 1991 "The contribution of Maihar Gharana to the evolution and technique of sarod". In *Seminar on Sarod*, pp.17-24. Bombay: Sangeet Research Academy.

Avtar, Ram
> 1987 *History of Indian Music and Musicians.* New Delhi: Pankaj Publications.

Azizuddin Khan
> 2000 *My Life : Khansahib Alladiya Khan.* Calcutta:Thema.

Awasthy, G.C.
> 1965 *Broadcasting in India.* Delhi: Allied Publishers.

Babiraki, C.M.
> 1991 "Traibal Music in the Study of Great and Little Traditions of Indian Music". In B. Nettl and P. Bohlman(eds.) *Comparative Musicology and Anthropology of Music*, pp.69-90. Chicago: The University of Chicago Press.

Bakhle, Janaki
> 2005 *Two Men and Music: Nationalism in the Making of an Indian Classical Tradition.* New York: Oxford University Press.

Banerjee, Sumanta
> 1989 *The Parlour and the Streets: Elite and Popular Culture in Nineteenth Century Calcutta.* Calcutta: Seagull Books.
> 2000 *Dangerous Outcast: The Prostitute in Nineteenth Century Bengal.* Calcutta: Seagull Books.

Bahura, Gopal N.
　1976　*Literary Heritage of the Rulers of Amber and Jaipur*. Jaipur: City Palace.

Barnard, Alan and Jonathan Spencer (eds.)
　2002(1996)　*Encyclopedia of Social and Cultural Anthropology*. London and New York: Routledge.

Barth, Fredrik
　1971　"The System of Social Stratification in Swat, North Pakistan". In E. R. Leach(ed.) *Aspects of Caste in South India, Ceylon and North-West Pakistan*. Cambridge Papers in Social Anthropology No.2, pp.113-46. Cambridge: Cambridge University Press.

Baruah, U.L.
　1983　*This is All India Radio: A Handbook of Radio Broadcasting in India*. New Delhi: Ministry of Information and Broadcasting.

Basham, A.L.
　1981(1954)　T*he Wonder that was India: A Survey of the History and Culture of the Indian Sub-continent before the Coming of the Muslims*. Calcutta: Rupa & Co.

Bateson, Gregory
　1972　*Steps to an Ecology of Mind*. New York: Ballantine Books.

Benson, J.E.
　1983　"Politics and Muslim Ethnicity in South India". *Journal of Anthropological Research* 39:42-59.

Béteille, André
　1979　"Homo Hierarchicus, Homo Equalis". *Modern Asian Studies* 13:529-548.
　1986　"Individual and Equality". *Current Anthropology* 27(2):121-134.
　1991　*Society and Plitics in India: Essays in a Comparative Perspective*. London: The Athlone Press.

Bhanu, Dharma
　1955　"Promotion of Music by Turko-Afghan Rulers of India". *Islamic Culture*, Vol.XXX (1):9-31.

Bharucha, Rustom
　2003　*Rajasthan: An Oral History (Conversations with Komal Kothari)*. Delhi:

Penguin Books.

Bhatkhande, Vishnu N.

1990(1916) *A Comparative Study of Some of the Leading Music System of the 15th ,16th,17th and 18th Centuries*. Delhi: Low Price Publications.

1974(1916) *A Short Historical Survey of the Music of Upper India (A Reproduction of a speech delivered by Pandit V. N. Bhatkhande at the first All-India Music Conference in Baroda in 1916)*. Baroda: Indian Musicological Society.

1994-1995(1920-1937) *Hindustānī Saṅgīt-paddhatī Kramik Pustak Mālikā*. Vol.1-6. Hatlas: Sangeet Karyalay.

Bhattacharya, Jotin

1979 *Ustad Allauddin Khan and His Music*. Ahmedabad: Shah Prakashan.

Bhattacharya, Sudhibhushan

1968 *Ethnomusicology and India*. Calcutta: Indian Publications.

1970 "The Role of Music in Society and Culture". *Sangeet Natak* 16:65-72.

Blacking, John

1973 *How Musical Is Man?*. Seattle: University of Washington Press.

Blunt, E. A. H.

1969(1931) *The Caste System of Northern India*. Delhi: S. Chand & Co.

Bohlman, Philip V.

1991 "Of Yekkes and Chamber Music in Israel: Ethnomusicological Meaning in Western Music History". In Stephen Blum, Philip V. Bohlman and Daniel M. Neuman (eds.), *Ethnomusicology and Modern Music History*, pp.254-267. Urbana and Chicago: University of Illinois Press.

Bor, Joep

1987 *The Voice of the Sarangi: An Illustrated History of Bowing in India*. Bombay: National Centre for the Performing Arts.

Bourdieu, Pierre

1977 *Outline of a Theory of Practice*. Cambridge: Cambridge University Press.

1990 *The Logic of Practice*, translated by Richard Nice. Stanford, California: Stanford University Press.

1991 *Language and Symbolic Power*. Cambridge, Mass: Harvard University

Press.

Bourdieu, Pierre and Loic J.D. Wacquant
  1992 *An Invitation to Reflexive Sociology*. Chicago: The University of Chicago Press.

Brihaspati, Acharya and Sumitri Kumari
  1966 *Sangit Chintamani*. Hathras: Sangeet Karyalay.

Capwell, Charles
  1986 *Music of the Bauls of Bengal*. Kent: Kent University Press.
  1991a "Marginality and Musicology in Nineteenth-Century Calcutta: The Case of Sourindro Mohun Tagore". In B. Nettl and P. Bohlman(eds.) *Comparative Musicology and Anthropology of Music*, pp.228-243. Chicago: The University of Chicago Press.
  1991b "The Interpretation of History and the Foundation of Authority in Vishnupur *Gharānā* of Bengal". In Stephen Blum, Philip V. Bohlman and Daniel M. Neuman (eds), *Ethnomusicology and Modern Music History*, pp.95-102. Urbana and Chicago: University of Illinois Press

Chakravarti, I.
  1991 "Sarod: Its origin and evolution" . In *Seminar on Sarod*, pp.2-16. Bombay: Sangeet Research Academy.

Chatterjee, P.C.
  1987 *Broadcasting in India*. New Delhi: Sage Publications.

Chaubey, S. K.
  1958a "Ustad Hafiz Ali Khan". In *Musicians I Have Met*, pp.23-26. Lucknow: Prakashan Shakha (Information Department, U.P.).
  1958b "Ustad Sakhawat Khan". In *Musicians I Have Met*, pp.64-67. Lucknow: Prakashan Shakha (Information Department, U.P.).

Chauhan, I.E.N.
  1973 "Ethnomusicology and Kinnaur: A Suggested Methodology". *Sangeet Natak* 27:27-48.

Cohn, Bernard
  1987 "The Census, Social Structure and Objectification in South Asia". In *An Anthropologist among the Historians and Other Essays*, pp.224-254. Oxford and New York: Oxford University Press.

Crooke, W.

    1896   *Tribes and Castes of the North-Western Provinces and Oudh*. Calcutta: Office of the Superintendent of Government Printing.

Deodhar, B.R.

    1973   "Pandit Vishnu Digamber in His Younger days". *Journal of the Indian Musicological Society* 4(2):21-51.

Deshpande, Vamanrao H.

    1973.   *Indian Musical Tradition: An Aesthetic Study of the Gharanas in Hindustani Music*. Bombay: Popular Prakashan.

    1989   *Between Two Tanpuras*. Bombay: Popular Prakashan.

Dhar, Sunita

    1989   *Senia Gharana: Its Contribution to Indian Classical Music*. New Delhi: Reliance Publishing House.

Dirks, Nicholas B.

    1992   "Introduction". In N. B. Dirks (ed.) *Colonialism and Culture*, pp.1-25. Ann Arbor: The University of Michigan.

    2001   *Castes of Mind: Colonialism and the Making of Modern India*. Princeton: Princeton University Press.

Dumont, Louis

    1980(1966)   *Homo Hierarchicus: The Caste System and Its Imprecation*. Chicago: University of Chicago Press.

Enthoven, R.E.

    1920-22   *The Tribes and Castes of Bombay*, from header of fiches reproduction in microfiches. (originally published) Bombay : Printed at the Government Central Press.

Erdman, Joan L.

    1978   "The Maharaja's Musician: The Organization of Cultural Performance at Jaipur in the 19th Century." In S. Vatuk (ed.) *American Studies in the Anthropology of India*, pp.342-367. New Delhi: Manohar Publications.

    1985   *Patrons and Performers in Rajasthan: The Subtle Tradition*. Delhi: Chanakya Publications.

Faridi, F. R. and M. M. Siddiqi (eds.)

    1992   *The Social Structure of Indian Muslims*. New Delhi: Institute of Objective Studies.

Farrell, Gerry
    1997   *Indian Music and the West*. Oxford and New York: Oxford University Press.

Faqirullah (Nawab Saif Khan)
    1996   T*arjuma-i-Mānakutūhala & Risāla-i-Rāgadarpaṇa*, edited and annotated by Shahab Sarmadee. New Delhi: Indira Ghandhi National Centre for the Arts.

Feld, Steven
    1990   *Sound and Sentiment: Birds, Weeping, Poetics, and Song in Kaluli Expression* (2nd ed.). Philadelphia: University of Pennsylvania Press.

Fuller, C.J. (ed.)
    1996   *Caste Today*. Delhi: Oxford University Press.

Fyzee-Rahamin, Atiya Begum
    1990(1925)   *The Music of India*. Delhi: D.K. Publishers.

Gaisburg, Frederick W.
    1942   *The Music Goes Round*. New York: Macmillan Co.

Gangoly, O.C.
    1989(1935)   *Rāgas and Rāginīs: A Pictorial and Iconographic Study of Indian Musical Modes based on Original Sources*. New Delhi: Munshiram Manoharlal Publishers.

Gangopadhyay, Shree
    1991   n. t. In *Seminar on Sarod*, pp.50-57. Bombay:Sangeet Research Academy.

Gaston, Anne-Marie
    1997   *Krishna's Musicians: Musicians and Music Making in the Temples of Nathdvara Rajasthan*. New Delhi: Manohar Publications.

Gautam, M.R.
    1980   *The Musical Heritage of India*. New Delhi: Abhinav Publications.

Geertz, Clifford
    1973   *The interpretation of Cultures*. New York: Basic Books.

Gell, Alfled
    1998   *Art and Agency: An Anthropological Theory*. Oxford and New York: Oxford University Press.

Giddens, Anthony
    1984   *The Constitution of Society: Outline of the Theory of Structuration*. Cambridge: Polity Press.

Goffman, Erving
    2010(1971) *Relations in Public: Microstudies of the Public Order*. New Brunswick:Transaction Publications.

Gonda, Jan
    1969(1966) *Ancient Indian Kingship from the Religious Point of View*. Leiden: E. J. Brill.

Goswami, B.N.
    1996 *Broadcasting: New Patron of Hindustani Music*. Delhi: Sharada Publishing House

Gulfam Ahmed Khan
    n. d. *History of Sarod*. New Delhi: Private Publishing.

Gulzar, G. Nihalani and S. Chatterjee (eds.)
    2003 *Encyclopedia of Hindi Cinema*. New Delhi: Encyclopedia Britannica (India).

Gupta, P.S.
    1995 *Radio and the Raj, 1921-1947*. Calcutta: Center for studies in Social Science, by K.P. Bugchi and Co.

Halim, A.
    1945 "Music and Musicians of the Shāh Jahān". *Islamic Culture* XIX(1):334-360.

Hardgrave Jr. Robert L. and Stephen M. Slawek.
    1997 *Musical Instruments of North India: Eighteenth Century Portraits by Baltazard Solvyns*. New Delhi: Manohar Publications.

Hasan, Amir
    1983 *Palace Culture of Lucknow*. Delhi: B.R.Publishing Corporation.

Ibbetson, Denzil
    1974(1916) *Punjab Caste*. Delhi: B.R. Publishing Corporation.

Ikram, S. M.
    1964 *Muslim Civilization in India*. New York: Columbia University Press.

Imam, Hakim Mohammad Karam
    1959(1856)a "Melody through the Centuries", translated by G. Vidyarthi.

  Sangeet Natak Akademi Bulletin (11-12): 13-26.
 1959(1856)b "Effect of Ragas and Mannerism in Singing", translated by G. Vidyarthi. *Sangeet Natak Akademi Bulletin* (13-14):6-14.

Irfan Muhammad Khan
 1991 n. t. *Seminar on Sarod*, pp.43-49. Bombay: Sangeet Research Academy.

Jairazbhoy, Nazir A.
 1983(1975) "Music". In A. L. Basham (ed.) *A Cultural History of India*, pp.212-242. Oxford and New York: Oxford University Press.
 1993 "India". In H. Myers (ed.) *Ethnomusicology: Historical and Regional studies*, pp274-293. London: The Macmillan Press.
 1995(1971) *The Rags of North Indian Music: Their Structure & Evolution*. Bombay: Popular Prakashan.

Jeffrey, R.
 2009 "The Mahatma Didn't Like the Movies and Why it Matters: Indian Broadcasting Policy, 1920s-1990s". In A. Rajagopal (ed.) *The Indian Public Sphere: Reading in Media History*. New Delhi: Oxford University Press.

Jones, Kenneth W.
 1981 "Religious Identity and the Indian Census". In N. G. Barrier(ed.) *The Census in British India: New Perspectives*, pp.73-101. New Delhi: Manohar Publications.

Jones, William
 1990(1792) "On the Musical Modes of the Hindoos: Written in 1784, and since Much Enlarged, by the President". In S. M. Tagore(ed.) 1990(1882) *Hindu Music from Various Authors*, pp.123-160. Delhi: Low Price Publications.

Jordan, Kay K.
 2003 *From Sacred Savant to Profane Prostitute: A History of the Changing Legal Status of the Devadasis in India,1857-1947*. New Delhi: Manohar Publications.

Joshi, Rita
 1989 "The Dagars and Dhrupad". *Indian Magazine*, vol.9:60-64.

Karamatullah Khan
 1908. *Isrār-i karāmat urf naghmat-i na'mat*. (Urdu) Allahabad: Janaki Press.

Kersenboom, Saskia C.
   1987   *Nityasumangali: Devadasi Tradition in South India.* Delhi: Motilal Banarsidass.

Keskar, B.V.
   1967   *Indian Music: Problems and Prospects.* Bombay: Popular Prakashan

Kinnear, Michael S.
   1994   *The Gramophone Company's First Indian Recordings 1899-1908.* Bombay: Popular Prakashan.

Kippen, James
   1988   *The Tabla of Lucknow: A Cultural Analysis of a Musical Tradition.* Cambridge: Cambridge University Press.

Kolinski, M.
   1967   "Recent Trends in Ethnomusicology". *Ethnomusicology* 11(1):1-24.

Kolff, Dirk H.A.
   1990   *Naukar, Rajiput and Sepoy: The Ethnohistory of the Military Labour Market in Hindustan*, 1450-1850. Cambridge: Cambridge University Press.

Koskoff, Ellen(ed.)
   1989   *Women and Music in Cross-Cultural Perspective.* Urbana and Chicago: University of Illinois Press.

Kothari, Komal
   1973   "The Langas". *Sangeet Natak* 27:5-26.
   1994   "Musicians for the people: The Manganiyars of Western Rajasthan". In K. Schomer, J. Erdman, D. Lodrick and L. Rudolph (eds.) *The Idea of Rajasthan: Explorations in Regional Identity*, pp. 205-237. New Delhi: Manohar Publications.

Kshirsagar, D.B.
   1992   *Jodhpur Riyasat ke Darbari Sangeetagyo ka Itihas* (A History of the Court Musicians of the Jodhpur State). Jodhpur: Maharaja Mansingh Pustak Prakash.

Kunst, Jaap
   1959   *Ethnomusicology: A Study of Its Nature, Its Problems, Methods and Representative Personalities to Which is Added a Bibliography* (third edition). The Hague: Martinus Nijhoff.

Lelyveld, D.
  1995 "Upon the Subdominant: Administering Music on All India Radio". In C. Breckenridge (ed.) *Consuming Modernity: Public Culture in a South Asian World*, pp. 49-65. Minneapolis: University of Minnesota Press.

Lave, Jean and Etienne Wenger
  1991 *Situated Learning: Legitimate Peripheral Participation*. Cambridge: Cambridge University Press.

Levine, Philippa
  2003 *Prostitution, Race and Politics: Policing Venereal Disease in the British Empire*. New York and London: Routledge.

Lomax, Alan
  1968 *Folk Song Style and Culture*. Washington DC: American Association for the Advancement of Science.

Luthra, H. R.
  1986 *Indian Broadcasting*. New Delhi: Ministry of Information and Broadcasting.

Maitra, Radhika Mohan
  1987 "Khansahib My Khalifa". In *Amjad Ali Khan in Concerts*, pp.24-27. Ustad Hafiz Ali

Khan Memorial Society.

Malhotra, L.K.
  1973 "My Father: My Guru, Ustad Amjad Ali Khan talks to L.K. Malhotra". *Sangeet Natak* 29: 17-26.

Manuel, Peter
  1990 *Thumri in Historical and Stylistic Perspectives*. Delhi: Motilal Banalsidas.
  1993 *Cassette Culture: Popular Music and Technology in North India*. Oxford and New York: Oxford University Press.

Marglin, Frédérique Apffel
  1985 *Wives of the God-King: The Ritual of the Devadasis of Puri*. Oxford and New York: Oxford University Press.

Marriott, Mckim (ed.)
  1955 *Village India: Studies in the Little Community*. Chicago: University of Chicago Press.

McNeil, Adrian
    1992   *The Dynamics of Social and Musical Status in Hindustani Music: Sarodhiyas, Seniyas and the Margi-Deshi Paradigm*. Unpublished Ph.D. thesis, Monash University.
    2004   *Inventing the Sarod: A Cultural History*. Calcutta: Seagull.

Meer, Wim.van der
    1980   *Hindustani Music in the Twentieth Century*. New Delhi: Allied Publishers.

Menon, V.K.N.
    1980   "Radio". In *Mass Media in India 1979-80*. New Delhi: Publications Division, Ministry of Information and Broadcasting, Government of India.

Merriam, Alan P.
    1964   *The Anthropology of Music*. Chicago: Northwestern University.
    1975   "Ethnomusicology Today". *Current Musicology* 20:50-67.

Middleton, L and S.M.Jacob
    1923   *Census of India, 1921. Vol.XV. Punjab and Delhi, Part I*. Lahore: Civil and Military Gazette Press.

Miner, Allyn
    1997(1993)   *Sitar and Sarod in the 18th and 19th Centuries*. Delhi: Motilal Banarsidass.

Misra, Susheela
    1985a   *Music Makers of the Bhatkhande College of Hindustani Music*. Calcutta: Sangeet Research Academy.
    1985b   "The two-sakhas: Ustad Sakhawat Hussain & Pdt. Sakharam". In *Music Makers of the Bhatkhande College of Hindustani Music*, pp. 34-36. Calcutta: Sangeet Research Academy.
    1990   *Some Immortals of Hindustani Music*. New Delhi: Harman Publishing House.
    1991   *Musical Heritage of Lucknow*. New Delhi: Harman Publishing House.

Mitra, Shiv kumar
    1982   "*Dhrupad ke gharāne banām chār vānīyān* (Dhrupad Gharana's 4 Vani)". In *Sangīt Gharānā Ank* [SGA] (Hindi), pp.76-80. Hatharas: Sangīt Karyalay.

Morcom, Anna
    2009 "Indian Popular Culture and Its 'Others': Bollywood Dance and Anti-*nautch* in Twenty-first Century Global India". In K. Moti Gokulsing and Wimal Dissanayake (eds.) *Popular Culture in a Globalised India*, pp.125-138. London and New York: Routledge.

Mujeeb, Mohammad
    2003(1967) *The Indian Muslims*. London: George Allen & Unwin Ltd.

Mukherjea, Kalyan.
    2010 Radhika Mohan Maitra: His Life and Times. *Asian Music* 41(2):180-192.

Mukherjee, Bimalendu
    1986 "A Survey of Presentation of Dhrupad Style of Music through Instruments". *Dhrupad Annual* Vol.I:1-15.

Mukerji, Dhurjati P.
    1948 *Modern Indian Culture: A Sociological Study*. Bombay: Hind Kitabs.

Mukhopadhyay, Dilip Kumar
    1977 *Bhāratiya Sangītey Gharānār Itihas*. (Bengali) Calcutta: A. Mukherjee and Co.

Murphy, R. F. and S. Kasdan
    1959 "The structure of parallel cousin marriage". *American Anthropologist* 61: 17-29.

Nahata, Agarchand
    1961 "*Rajasthan ki Gane-Bajanewali Koumen aur 'Dhadhi'*"(Hindi). *Sangeet* (October):27-8.

Nandy, Ashis
    1983 *The intimate Enemy: Loss and Recovery of Self under Colonialism*. Delhi: Oxford University Press.

Nayar, Sobhana
    1989 *Bhatkahande's Contribution to Music: A Historical Perspective*. Bombay: Popular Prakashan.

Nettl, Bruno(ed.)
    1978 *Eight Urban Musical Cultures: Tradition and Change*. Urbana and Chicago: University of Illinois Press.
    1983 *The Study of Ethnomusicology: Twenty-nine issues and Concepts*.

Urbana and Chicago: University of Illinois Press.

Neuman, Daniel M.

    1974   *The Cultural Structure and Social Organization of Musicians in India: The Perspective from Delhi*. Unpublished Ph.D. thesis. University of Illinois.

    1978   "The Rise of Musical 'House' in Delhi and Neighboring Cities". In B. Nettl. *Eight Urban Musical Cultures*, pp.186-222. Urbana: University of Illinois Press.

    1990 (1980)   *The Life of Music Tradition in North India: the Organization of An Artistic Tradition*. Chicago: The University of Chicago Press.

Neuman.Daniel and Shubha Chaudhuri with Komal Kothari

    2006   *Bards, Ballads and Boundaries: An Ethnographic Atlas of Music Traditions in West Rajasthan*. Calcutta: Seagull Books.

Omer, Mutaharunnisa

    1992   "Conformity to Caste Traditions against Islamic Shariah". In F. R. Faridi and M. M. Siddiqi (eds.) *The Social Structure of Indian Muslims*, pp.64-75. New Delhi: Institute of Objective Studies.

Ortner, Sherry

    1984   "Theory in Anthropology since the Sixties". *Comparative Studies of Society and History* 26(1):126-166.

Owens, Naomi

    1983   "The Dagar Gharānā: A Case Study of Performing Artists". In C. Wade (ed.) *Performing Arts in India: Essays on Music, Dance and Drama*, pp.158-195. Boston: University Press of America.

Pant, Rashimi

    1987   "The Cognitive Status of Caste in Colonial Ethnography: A Review of Some Literature on Noth West Province and Oudh". *The Indian Economic and Social History Review* 24(2):145-162.

Pena, H.

    1985   *The Texas-Mexican Conjunto: History of a Working-Class Music*. Austion: University of Texas Press.

Popley, Herbert T.

    1986(1921)   *The Music of India*. Delhi: Indological Book House.

Prajnanananda, Swami
    1981   *A Historical Study of Indian Music* (second revised edition). New Delhi: Munshiram Manoharlal Publishers.

Qureshi, Muhammad Aslam
    1987   *Wajid Ali Shah's Theatrical Genius*. Lahore: Vanguard.

Qureshi, Regula Burckhardt
    1986   *Sufi Music of India and Pakistan: Sound, Context and Meaning in Qawwali*. Cambridge: Cambridge University Press.
    2007   *Master Musicians of India: Hereditary Sarangi Players Speak*. New York: Routledge.

Ranade, Ashok D.
    1985   "Categories of Music". *Quarterly Journal of the National Centre for the Performing Arts* 14(4):6-19.
    1986   "Perspective Studies in Music". *Sangeet Natak* 80:14-19.
    1990   *Keywords and Concepts: Hindustani Classical Music*. New Delhi: Promilla & Co.

Rani, Sharan (Bacriwal)
    1992   *The Divine Sarod: An Ancient Indian Musical Instrument*. New Delhi: Sangeet Kala Bhawan.

Ratanjankar, S.N.
    1967   *Pandit Bhatkhande*.(National Biography Series). New Delhi: National Book Trust.

Redfield, R.
    1950   *A Village That Chose Progress: Chan Kom Revisited*. Chicago: The University of Chicago Press.
    1956   *Peasant Society and Culture: An Anthropological Approach to Civilization*. Chicago: The University of Chicago Press.

Rice, Timothy
    1987   "Toward a Remodeling of Ethnomusicology". *Ethnomusicology* 31(3):469-488.

Risley, H.H.
    1981(1891)   *Tribes and Caste of Bengal: Ethnographic Glossary*. Calcutta: Irma Mukhopadhyay.

Robinson, Francis
    1997(1993) *Separatism Among Indian Muslims: The Politics of the United Provinces' Muslims 1860-1923*. Oxford and New York: Oxford University Press.

Rose, Horace A.(compiled)
    1911 *A Glossary of the Tribes and Castes of the Punjab and the North-West Frontier Province* (vol.II&III). Lahore: Civil and Military Gazette Press.

Rosenthal, Ethel
    1990(1928) *The Story of Indian Music and Its Instruments: A Study of the Present & A Record of the Past*. Delhi: D.K. Publishers.

Rouget, Gilbert
    1985 *Music and Trance: A Theory of the Relations Between Music and Possession*. Chicago: University of Chicago Press.

Roy, Ajoy.S.
    1988 The Swarode: An Indian Musical Instrument, *Sangeet Research Academy* 9(1):19-21.

Roy Choudhury, Birendra.K.
    n. d. *Indian Music and Miyan Tansen*. Calcutta: Gouripur Music Trust.
    1966 *Hindustani Sangite Tanssener Sthan*. Calcutta: Bodhi Press.

Roy Chowdhury, Harendra.K.
    1929 "Ustad Hafeez Ali Khan". *The Musician of India* (Illustrated), Part1. Calcutta: Kuntaline Press (Ramgopalpur, Mymensingh).

Russell, R.V.
    1975(1916) *The Tribes and Castes of the Central Provinces of India*. Delhi: Cosmo Publications.

Ruswa, Mirza M.H.
    1970 *The Courtesan of Lucknow: Umrao Jan Ada*, translated from Urdu by Khushwant Singh and M.A.Husaini. New Delhi: Orient Paperback.

Said, Edward W.
    1978 *Orientalism*. New York: Georges Borchardt Inc.

Sakata, Hiromi L.
    2002(1983) *Music in the Mind: The Concepts of Music and Musician in Afghanistan*. Washington and London: Smithsonian Institution Press.

Sambamoorthy, P.
    1952   *A Dictionary of South Indian Music and Musicians*, vol.1. Madras: Indian Music Publishing House.

Sanyal, Litwik
    1986   "The Dagar Tradition". *Dhrupad Annual* Vol.I:43-47.

Sarmadee, Shahab
    1996a   "Introduction". In Faqirullah's *Tarjuma-i-Mānakutūhala & Risāla-i-Rāgadarpaṇa*, edited and annotated by Shahab Sarmadee, pp.xxiii-lxv. New Delhi: Indira Ghandhi National Centre for the Arts.
    1996b   "Notes to the translation". In Faqirullah's *Tarjuma-i-Mānakutūhala & Risāla-i- Rāgadarpaṇa*, edited and annotated by Shahab Sarmadee, pp.260-293. New Delhi: Indira Ghandhi National Centre for the Arts.

Seeger, A.
    1987   *Why Suya Sing: A Musical Anthropology of an Amazonian People*. Urbana: University of Illinois Press.

Sen, Sharmistha
    1988   *The String Instruments of North India* (vol.1). Delhi: Eastern Book Linkers.
    1992   *The String Instruments of North India* (vol.2). Delhi: Eastern Book Linkers.

[SGA] Multiple Authors
    1982   *Sangeet Gharānā Ank*. (special issue on Gharana, Hindi). Hatharas: Sangīt Karyalay.

Shankar, Ravi
    1969   *My Music, My Life*. New Delhi: Vikas Publishing House.

Sharar, Abdul Halim
    1994(1975)   *Lucknow: The Last Phase of an Oriental Culture* (translated and edited by E. S. Harcout and Fakir Hussain). Oxford and New York: Oxford University Press.

Sharma, Amal D.
    1993   *Musicians of India, Past and Present: Gharanas of Hindustani Music and Genealogies*. Calcutta: Naya Prokash.

Sharma, Prem Lata (ed.)
    1992   *Bṛhaddeśī of Sri Mataṅga Muni* (vol.I). New Delhi:Indira Gandhi

National Centre of the Arts.

Sharma, Shyamsundar

1982 "Such was the Discipline of *Gharānā*: A Memoir". In *Sangeet Gharana Ank* [SGA] (Hindi), pp.37. Hatharas: Sangīt Karyalay.

Sherring, Mathew A.

1974 (1872) *Hindu Tribes and Castes, as Represented in Benares*. Delhi: Cosmo Publications.

Shringy, R. K. and P .L. Sharma

1991 *Saṅgīta Ratnākara of Śaraṅgadeva: Text and English Translation* (vol.I). New Delhi: Munshiram Manoharlal Publishers.

Silver, Brian

1976 "On Becoming an *Ustād*: Six Life Sketches in The Evolution of a *Gharānā*". *Asian Music* 7(2):27-58.

1984 "*Adab* of musicians" . In B. Metcalf (ed.) *Moral Conduct and Authority*, pp.315-329. Berkeley: University of California Press.

Singer, Milton

1959 *Traditional India: Structure and Change*, Philadelphia: American Folklore Studies.

1972 *When a Great Tradition Modernizes: An Anthropological Approach to Indian Civilization*. Chicago: University of Chicago Press.

Singh, K. S.

1998 *India's Community*. In P*eople of India* (National Series, vol.4-6). Oxford and New York: Oxford University Press.

Singh, M. H.

1990(1894) *The Castes of Marwar, Being Census Report of 1891*, reprint with an introduction by Komal Kothari. Jodhpur: Books Treasure.

Singh, Takur Jaidev

1995 *Indian Music*. Calcutta: Sangeet Research Academy.

Slawek, Stephen

1987 *Sitar Technique in Nibaddh Forms*. Dehi: Motilal Banarsidass.

Small, Christopher

1998 *Musicking: The Meanings of Performing and Listening*. Hanover: Wesleyan University.

Smith, F. B.
  1971 "Ethics and Disease in the Later Nineteenth Century: The Contagious Disease Acts". *Australian Historical Studies* 15(57):118-135.

Sorrell, Neil and Ram Narayan
  1980 *Indian Music in Performance: A Practical Introduction*. Manchester: Manchester University Press.

Srinivas, Mysore N.
  1952 *Religion and Society among the Coorgs of South India*. Bombay: Media Promoters & Publishers.
  1989 "Some Reflections on Dowry". In *The Cohesive Role of Sanskritization and Other Essays*, pp.97-122. Oxford and New York: Oxford University Press.

Srinivas, Mysore N.(ed.)
  1960(1955) *India's Villages* (second revised edition). Bombay: Asia Publishing House.

Srinivasan, Amrit
  1985 "Reform and Revival: The Devadasi and Her Dance". *Economic and Political Weekly* 20(44), November 2:1869-76.

Srivastava, Indurama
  1980 *Dhrupada: A Study of Its Origin, Historical Development, Structure and Present State*. Delhi: Motilal Banarsidass.

Stokes, Martin
  2002(1996) "Music". In Barnard, A & Spencer. J (eds.) *Encyclopedia of Social and Cultural Anthropology*, pp.383-386. New York and London: Routledge.

Tagore, Sourindro Mohun
  1990(1882) *Hindu Music from Various Authors*. 2nd edition. Delhi: Low Price Publications.
  1990(1896) *Universal History of Music: Compiled from Divers Sources Together with Various Original Notes on Hindu Music*. Delhi: Low Price Publications.

Tamori, Masakazu
  2008 "The Transformation of Sarod Gharānā: Transmitting Musical Property in Hindustani Music". In Y. Terada(ed.) *Music and Society in South Asia:*

Perspectives from Japan (Seniri Ethnological Studies 71):169-202. Osaka: National Museum of Ethnology.

Tarlekar, G.H.

1991(1975) *Studies in the Nāṭyaśāstra: With Special Reference to the Sanskrit Drama in Performance* (second revised edition). Delhi: Motilal Banarsidass.

Thurston, Edgar

1909 *Castes and tribes of Southern India.* Madras : Government Press

Tod, James

1971(1920) *Annals and Antiquities of Rajasthan* (vol.1-3). Delhi: Motilal Banarsidass.

Umar Khan

1976 "*Sarodiyon ke Gharane*". In *Bhatkhande Golden Jubilee Souvenir* (Hindi), pp.95. Lucknow: Bhatkhande College

Vatuk, Sylvia

1972 *Kinship and Urbanization: White Collar Migrants in North India.* Berkeley: University of California Press.

Vilayat Hussain Khan

1959 *Sangītagyon ke Samsmān* (Hindi). New Delhi: Sangeet Natak.

Vyas, Vidyadhar

1995 "The decline of Gharanas". In Bimal Mukherjee and Sunil Kothari (eds.) *Rasa: The Indian Performing Arts in the Last Twenty-five Years*, pp.11-18. Calcutta: Anamika Kala Sangam.

Wade, Bonnie. C.

1984 "Performance Practice in Indian Classical Music". In Gerard Behague (ed.) *Performance Practice: Ethnomusicological perspectives*. Westport. CT: Greenwood Press.

1986 "Music as Symbol of Power and Status: The Courts of Mughal India". In J. F. Charlotte (ed.) *Explorations in Ethnomusicology: Essays in Honor of David P. McAllester*, pp.97-109. Detroit: Information Coordinators.

Walkowitz, Judith R.

1980 *Prostitution and Victorian Society: Women, Class and the State.* Cambridge: Cambridge University Press.

Wallis R. and K. Malm
　1984　*Big Sounds from Small People: The Music Industry in Small Countries.* New York: Pendragon.

Wenger, E.
　1998　*Community of Practice: learning, meaning, and identity.* Cambridge: Cambridge University Press.

Willard, N.A.
　1990(1834)　"A Treatise on the Music of India". In S. M. Tagore(ed.) 1990(1882) *Hindu Music from Various Authors*, pp.1-122. Delhi: Low Price Publications.

Woodfield, Ian
　2000　*Music of the Raj: A Social and Economic History of Music in Late Eighteenth-Century Anglo-Indian Society.* Oxford and New York: Oxford University Press.

Yule, Henry and A.C. Burnell
　1996(1886)　*The Concise Hobson-Jobson: An Anglo-Indian Dictionary.* Hertfordshire: Wordsworth Editions Ltd.

あとがき

　この「あとがき」は、個人的な覚書あるいは解題のようなものであって、著者のインドとの出会いから本書出版にいたる足跡について書き記すことをご容赦願いたい。

　インドを初めて訪れたのは1980年の早春。その時のカルカッタやオールドデリーでの異文化体験は強烈だった。当時は生命科学を学ぶ学生だったが、そのインド体験が実験室や教室で展開されるモレキュラーな世界から異なるフィールドへと私を誘う切っ掛けとなった。それは、人間の諸活動の根源たる生命への知的好奇心と、人間が創り出した精神文化の探求という理系と文系、あるいはミクロ―マクロ系の狭間で揺れ動いていた高校時代への揺り戻しのようなものであったかもしれない。

　インド体験に先立ち、私は東京にある演劇集団の脚本・演出助手を務めたり、他の劇団で役者のまねごとをしていた。私たちが生きる世界を何らかの方法で記述・表現すること、あるいは自らがパフォーマーとなって知覚し表現することの可能性を試してみたかったのだろう。今から考えれば、それらは"自分の日常とは異なる世界を生きる"ことへの渇望だったかもしれない。結局、私は理系での研究を続けることなく、出版社に就職した。編集者として企画を考え、時にはライターやカメラマンとアジア諸国を取材し、原稿をチェックし、書籍を出版することが仕事となった。その一方で、学生時代のインド体験は置き火として消えることなく残った。そして、就職してから間もなくインド音楽、正確にいえば北インド古典音楽の基礎を学ぶようになった。

　最初は、タブラーという打楽器を日本で習っていたが、サロードという弦楽器の生き物を思わせる姿形と音の響きに惚れて、デリーに行って現

物を購入した。それが1984年のことだから、本書で取り上げたサロードとの出会いは、今から30年以上前に遡る。実は、ラヴィ・シャンカルやビートルズの名と共に有名になったシタールは知っていたが、サロードという楽器は未知の楽器だった。それまで実践的な音楽活動に無縁だった自分にとって、20本以上ある弦のチューニングすら容易なことではなかったが、一通りの基礎を学んだ後に一念発起、出版社の仕事を辞してインドに音楽修業に出かけた。1987年初夏のことだ。

インド人の友人たちが音楽の師匠として紹介してくれたのが、カルカッタ出身の数学教授であり、サロードの演奏家でもあったカリヤーン・ムケルジー氏で、後に彼の家に住み込んで音楽を習うようになった。実際にサロードを習うにあたって、最初の壁となったのが運指だった。日本で習った奏法は、左手の人差し指と中指の2本で弦を押さえる異なる流派のものであった。ところが、インドの師匠からは薬指を加えての3本での奏法に矯正を迫られた。「3本の指を用いる運指でなければ、私たちのガラーナー（流派）の音楽を学ぶことができない」というものだった。2本か3本かでは、文字通り指の運びや、音の装飾の付け方などに大きな違いが出る。私の貧弱な薬指は一度も鍛えたことがなく、それを人差し指や中指で補うような「誤った」運指では、いわゆるガラーナー独特の音楽を表現できないというのである。私はそれ以来、運指の矯正という暗黙知の意識的な実践を通して、「ガラーナーとはなにか」、そして「ガラーナー間の相違」を意識するようになっていった。

ガラーナーの違いは、最終的には感覚的で美的な「音楽スタイル」として認識されるが、そのような演奏表現の差異を生み出す根底には運指のようなミクロな実践があることに気がついた。そのような実践は、師匠から弟子へと何代にも渡って受け継がれてきた暗黙知の蓄積に基づくものであり、秘伝とされる音楽財産を再生産する際の身体的技術的側面を担っている。一方、ガラーナーによって異なる「音楽スタイル」の起源と伝承の歴史は、どのようにして遡れるのか。そのような疑問が、伝統文化の再生産

に関する問題へと自分を導いた。ガラーナーごとに伝わる音楽財産は口頭伝承として、職業世襲的な共同体の中で変化を伴いつつ再生産されてきたものである。しかも、その継承者は、血族や姻族、あるいは特別な儀礼によって関係が結ばれた弟子たちに限定されていた。また、そのような音楽は宮廷や音楽サロンにおいて限られた聴衆＝パトロンによって消費されていたものである。そのような音楽家の社会的世界を知るに至り、"音楽そのもの"に対する興味と並行し、音楽を学び、演奏し、教え、語るという日常的実践と社会関係・文化環境の変化に着目する"音楽すること"への探求に関心が向いていった。

　日本に帰国してから、自分の学習体験を縦糸としてまとめた『インド音楽との対話』（青弓社、1990年）を出版し、さらに自分が学んだサロードという楽器の起源と伝播を自分なりにまとめた『幻の楽器を求めて』（筑摩書房、1995年）を出版した。しかし、それらはあくまで個人の体験や気付きをまとめた一般書・入門書であって、アイデンティティ・ポリティクスが絡み合う「インド音楽の社会的世界」をより精緻にひも解いて行く必要があると感じていた。ヒンドゥーとイスラームが織りなす音楽伝統の文化社会史、音楽家の宗教やカースト、ガラーナーを成立させる親族関係・師弟関係・パトロン＝クライアント関係などの社会関係、ガラーナーのスタイルを生み出す音楽的実践知の学習と伝承のプロセス、そしてそれらに関する先行研究や調査手法など……独学では追求しきれない世界がある。1995年、私は再就職していた出版社を辞して、研究と仕事という両立のためにフリーランスとなった。そして、大学院に戻って学ぶようになったのが文化人類学である。

　大学院の修士課程においては「音楽と社会」というテーマから一旦離れ、親族論と儀礼論という人類学の古典的なテーマを学びの中心に置いた。そして、人類学の理論と民族誌学から得られた知見を、南アジアという地域研究の中でどのように発展させることができるかを自らに課すために選んだのが「ヒンドゥーの人生儀礼と親族関係」の研究だった。そこでは、形

式化された儀礼行為や慣習化された儀礼伝統のなかでの、祖先と父系男子、母と子の親密性や個人の感情といったものに注目し、カースト・親族・個人という異なる水準でのアイデンティティ形成についての考察をまとめ発表した。

　この間に学んだ、人類学の理論や民族誌学および南アジアのカースト社会論や親族理論は、民族音楽学あるいは音楽人類学の諸学説とととともに、「音楽と社会」について考察するための礎となった。そして、博士課程の具体的なテーマとして選んだのが、北インドの音楽世界であった。音楽というものが社会との関係の中でどのように創造され、消費され、再生産されていくのかを、音楽の文化史やガラーナーの社会関係、そして音楽家個人の実践という異なるレベルの関係性から理解すること。また、伝統を基盤として生まれる個人の創発性が、伝統の再創造・再生産に寄与するプロセスを把握すること。それは、異文化の音楽伝統の研究を通して、"自分の日常とは異なる世界を生きること"から、"異文化が日常となる世界に生きること"への転換をも伴なった。

　本書を書き終え、一区切りがついたという安堵の気持ちはある一方、深化させることができなかった課題も多い。博士論文を書き終えてからは、21世紀に入って芽生えたいくつかの問題意識のもと、インド北西部のラージャスターン地方やフランスを中心とするヨーロッパでのフィールドワークにも取り組んでいる。そこには、「グローバル化が進行する世界における伝統文化の再生産」に関する新たな課題がある。交通や通信、IT産業の発達が著しい1990年代以降は、かつてないほど人・モノ・情報の越境・干渉・環流が激しい時代となっている。インドにおいても、一部の著名な音楽家のみが海外公演を行う時代は終わり、無名の音楽家たちがさまざまなコネクションやネットワークを活用してトランス・ローカル／ナショナルな音楽活動を行っている。インド音楽の消費者は限られたパトロンから、国内の一般大衆そしてボーダレスな音楽愛好家へと広がっている。このような世界において、音楽演奏を世襲とする伝統的コミュニティに生

まれた新世代の音楽家たちは、過去からの遺産を糧としつつ、グローバルな世界とどのように向き合っているのか。生活のため、家族や一族のため、音楽家として注目され生き残るため、その技芸とネットワークを次世代に引き継ぐため 、彼らの生き方や身の処し方は異文化の世界でも他人事でもなく、•地続きの世界•を生きる我々自身の問題であると感じている。

　最後に、インドでの調査や論文作成段階でお世話になった方々については、本書の冒頭の「謝辞」に記させて頂いたが、研究を離れた所でも多くの友人・知人にさまざまな形でお世話になったことに感謝の意を表したい。博士論文を書き上げるための主要調査は20世紀中に済んでおり、本来であれば博士課程在学期間中に書きあげるべきところ、仕事との両立を理由に10年の時を遅らせてしまった。その間、闘病生活を続けていた妹は他界し、急にこの世を去ってしまった父親にも論文と本書の完成を知らせることができなかった。

　本書を妹と父に捧げたい。そして、この間、温かく見守ってくれた家族に心から感謝する。

2015年1月
田森雅一

主要人名索引

海外の「研究者・評論家・作家など」については、本文中・脚注中での言及・参照・引用が複数回に及ぶ人名を中心とし、便宜的にカタカナ表記（ラスト・ネームのみ）とローマ字表記を併記した。

研究者・評論家・作家など

【ア】

アードマン Joan L. Erdman　43, 61, 115, 130, 134, 149, 156-8, 160, 231

アードラー Guido Adler　11

アドルノ Theodor W. Adorno　432

アーナンディー S. Anandhi

アパデュライ Arjun Appadurai　173-4, 181-2, 384, 400

新井裕子　130

アワスティー G.C.Awasthy　230-2, 237, 239-43, 254-5

粟屋利江　184-6

生田久美子　371-3, 380

井上貴子　184-5, 199, 203

イベットソン Denzil Ibbetson　26, 174, 176-81, 295, 304

ウィラード N. Augustus Willard　40, 202-3

ウェイド Bonnie Wade　131, 426

ウェーバー Max Weber　8, 455

ウェンガー Etienne Wenger　22-4, 367, 372-3, 379

内堀基光　66, 119

オーウェンス Naomi Owens　43, 46, 59, 73, 75, 77, 84, 92-4, 97-8, 100, 337, 404, 453

大谷紀美子　184

沖浦和光　135, 162-3

奥中康人　11, 32

小田亮　3, 120

小幡正敏　21

【カ】

ガイズバーグ Frederick W.Gaisberg　234, 235

川島武則　64

ガストン Anne-Marie Gaston

ギアツ Clifford Geertz　7-8, 16-7, 19

吉川英史　32

クルーク W. Crooke　26, 179-81

クンスト Jaap Kunst　13

ギデンズ Anthony Giddens　4, 10-1, 21, 23-5, 50, 401, 405, 433

キッペン James Kippen　43-4, 52, 62, 70, 186-7, 231, 239, 245, 249-50,

258, 275, 277
キャプウェル Charles Capwell　36, 199-201, 215
クレーシー Regula B. Qureshi　41, 61, 68, 126, 145
ゴースワーミー B.N.Goswami　201, 230-2, 238, 243, 246, 248, 251, 253, 256
ゴッフマン Erving Goffman　371, 399-400, 404
小牧幸代　145, 338, 396
ゴンダ Jan Gonda　143-4

【サ】

サイード Edward W. Said　3, 9, 38, 120, 180, 202
坂田貞二　153
佐々木重洋　8
佐藤正哲　141, 144, 149, 152
スリヴァスタヴァ Indurama Srivastava　40-1, 74, 132, 137-9, 142-3, 151
ジェイラーズボーイ Nazir A. Jairazbhoy　33, 40-1, 228, 456
ジェル Alfred Gell　8, 19
ジャイデーブ・シング Thakur Jaidev Singh　82, 395
シャラール Maulvi Abdul Halim Sharar　186, 225-6, 321
シャルマ Prem Lata Sharma　34, 57, 68, 84, 200-1, 310, 327, 396, 411
シュリーニヴァース Mysore. N. Srinivas　26, 37, 184, 354
ジョーンズ Kenneth W. Jones　174, 182, 194

ジョーンズ William Jones　11, 202-3
シルバー Brian Silver　43, 59, 91-3
シンガー Milton Singer　27, 37, 184
スモール Christopher Small　2, 19
関根康正　30, 38, 175
関本照夫　4, 21
ソレル Neil Sorrell　61, 67, 69-70, 82, 91, 104, 190

【タ】

ダークス Nicholas B. Dirks
タゴール Sourindro Mohun Tagore　12, 37, 40, 199-202, 204-5, 207, 213-5, 232, 275, 437, 446
田中多佳子　32, 126, 153
田中雅一　29, 175
田辺繁治　2, 6, 23-4
田森雅一　29-30, 61, 173, 253-4, 259, 290, 297, 383
柘植元一　33, 130
デーシュパーンデー Vamanarao H. Deshpande　40, 43-4, 52, 54, 58, 60, 67-8, 205, 208, 216-7
ディークシタル Subbaram Dikshitar　207, 217
デュモン Luis Dumont　27-31
ド・セルトー Michel de Certeau　30

【ナ】

ナーヤル Sobhana Nayar　44, 73, 82, 96-7, 125, 140, 205-6, 208-9, 216, 227, 232, 241
名和克郎　66
ナンディ Ashish Nandy　187, 215

西山松之助　63
ニューマン Daniel M. Neuman　18-9, 43-5, 52, 60, 62-3, 65, 68, 70, 84-5, 89-90, 115, 117, 121, 124, 134, 160-1, 231, 244-8, 254, 258, 277, 310, 330, 338, 344-5, 355
ネスフィールド J.C. Nesfield　174

【ハ】
ハースコヴィッツ Melville J. Herskovits　14, 22
ハンクス William F. Hanks　24, 373
バクレー Janaki Bakhle　125, 203, 206-8, 212-4, 217, 219-20, 223, 225, 227-8
バッタチャーリア Jotin Bhattacharya　88, 100, 137, 298, 328, 330, 336
バッタチャーリア Sudhibhushan Bhattacharya　35
バートカンデー Vishnu Narayan Bhatkhande　12, 55-6, 125, 205-18, 220-4, 226-8, 231-2, 241, 255, 275, 308, 310, 360, 437, 442, 446, 449, 456
バトラー Judith Butler　401
パルスカル Vishnu Diganbar Paluskar　222-4, 232, 275, 437, 446
パント Rashimi Pant　174-6
ファレル Gerry Farrell　11, 199-201, 203, 233-4, 239
福島真人　4, 24, 373, 380
藤井毅　26, 174-5, 182, 194, 226, 387
プラッツ J.T.Platts　53, 53, 82
ブラッキング John Blacking　8, 18

ブラント E. Blunt　186-7, 189
フリス Simon Frith　19
ブルデュー Pierre Bourdieu　17-8, 22, 372, 284, 401
ブーロー Vern and Bonnie Bullough
ベイトソン Gregory Bateson　19
ベテイユ André Béteille　30-1
ポラニー／ポランニー Michael Polanyi　361, 365-7, 370, 372, 379
ホール Stuart Hall　391, 405
ボー Joep Bor　68, 134, 182-3, 186, 189
ボールマン Philip V. Bohlman　12

【マ】
マクネイル Adrian McNeil
マーグリン Frédérique Apffel Marglin
松田素二　2
マニュエル Peter Manuel　17, 235-6
マリオット Mckim Marriott　27, 29, 37
マリノフスキー Bronislaw K. Malinowski　14
三瀬利之　174
ミドルトン L. Middleton　181
宮本孝二　25
ミール Wim van der Meer　46, 52, 59-61, 73, 81, 416, 453
ムジーブ Mohammad Mujeeb　43, 87
ムケルジー Dhurjati P.Mukerji　44, 192
ムケルジー Kalyan Mukherjea　47,

113-4, 242, 284, 298-9, 412, 418-9, 427, 431, 471-2
村山和之　115, 195, 397
メリアム　Alan P. Merriam　13-6, 21, 50, 98-9, 282, 433
モース　Marcel Mauss　15, 98, 370

【ヤ】

山田陽一　20
湯浅道雄　337

【ラ】

ライス　Timothy Rice　16-7
ラタンジャンカル　Srikrishna Narayan Ratanjankar　55, 210, 241
ラッシュ　Scott Rash　21
ラドクリフ＝ブラウン　Alfred R. Radcliff-Brown　13-4
ラーナデー　Ashok D. Ranade　35, 115-6, 194-5, 256
リズリー　H.H. Risley　26, 174
レイヴ　Jean Lave　22, 24, 53, 362, 372-3, 379-80
レヴィ＝ストロース　Claude Levi-Strauss　6-7, 16
レッドフィールド　Robert Redfield　27-9, 36-7
ローイ・チョウドリー, B.K.　Birendra Kishore Roy Choudhury　61, 77, 101, 124-6, 131, 133, 168, 170, 173, 194, 312, 411, 444
ローイ・チョウドリー, H.K.　Harendra Kishore Roy Chowdhury　395, 398

ローズ　H.A. Rose　176, 180-1, 188, 295-6, 304
ロバートソン　Roland Robertson　11

音楽家

【ア】

アキール・ハーン　Aqueer Khan　47, 299, 302, 306-8, 314, 316, 341-2, 344, 470
アサドゥッラー・ハーン　Asadullah Khan　235, 318-9, 321, 323, 343, 348, 387
アーシシ・ハーン　Ashish Khan　112-3, 298-9, 472
アニンディヤ・バナルジー　Anindya Banerjee　47, 298
アビド・アリー・ハーン　Abid Ali Khan　331
アフタル・ハーン　Akhtar Khan　302, 312, 314, 342
アフマド・アリー・ハーン　Ahmad Ali Khan　328, 330-1, 460
アブドゥル・ガーニ・ハーン　Abdul Ghani Khan　375-6
アミーヌッディーン・ダーガル　Aminuddin Khan Dagar　94, 97-8
アミール・フスロー　Amir Khusrau　127, 130, 145-6, 167, 300
アミール・ハーン　Mohammad Amir Khan　312, 315, 361, 412-4, 417-9
アムジャド・アリー・ハーン　Amjad

Ali Khan 47, 112, 283, 291, 298-9, 314-5, 326, 352-3, 357, 385-93, 395, 397, 400-4, 414, 416-8, 420-6, 430, 472

アムリット・セーン Amrit Sen 157

アラーウッディーン・ハーン Allauddin Khan 47, 93, 100, 102, 112-3, 119, 190-1, 280, 297, 312, 327-31, 383, 385, 396, 410-1, 420, 460

アラーディヤ・ハーン Alladiya Khan 146, 416

アリー・アクバル・ハーン Ali Akbar Khan 47, 102, 112-3, 247, 290-1, 298, 329, 357, 385-6, 429-32, 472

アンナプルナ・デーヴィー Annapurna Devi 102, 291, 329, 383, 410, 472

イシュティアーク・アフマド・ハーン Ishtiaq Ahmad Khan 317, 322-3, 343, 346

イドリース・ハーン Idris Khan 47, 299, 312

イリヤース・ハーン Ilyas Khan 310-2, 323, 341-2, 349, 351, 367-8, 374-5, 377-8

イルファーン・ハーン Irfan Mohammad Khan 47, 89, 91, 93-5, 109, 112-3, 118-9, 279, 281, 299, 304, 304-13, 316, 324, 339, 341, 347, 349-52, 363, 368, 371, 378, 380-3, 393, 471

ウマル・ハーン Umar Khan 301, 304, 310-2, 316, 322, 330, 341-2, 367-8, 375, 378, 398

ヴィラーヤト・ハーン Vilayat Khan 102, 413

エナーヤト・アリー・ハーン Enayet Ali Khan 111

【カ】

グラーム・アリー・ハーン Ghulam Ali Khan 112-3, 297, 307, 314-5, 389-90, 393-7, 399, 414, 417, 472

グラーム・サビール Gulam Sabir 47, 107, 278, 299, 318, 325, 343, 346, 369-70, 382

カラーマトゥッラー・ハーン Karamatullah Khan 218-21, 280, 304, 317-22, 343, 345-6, 348, 411

グルファーム・アフメド・ハーン Gulfam Ahmed Khan 47, 111-2, 218, 299, 303, 318-20, 322-3, 343, 383

ゴウハル・ジャーン Gauhar Jan 234-5

ゴースワーミー、K.M. Ksetro Mohun Goswami 201, 230-2, 238, 243, 246, 248, 251, 253, 256

【サ】

シャーヒド・ハーン Shahid Khan 47, 278, 299, 311-2, 382

シャファーヤト・ハーン Shafayet Khan 308-9

シャフィークッラー・ハーン

主要人名索引 519

Shafiqullah Khan 235, 318, 325, 345

シャーム・ガングリー Sham Ganguly 280, 410-3, 415

シャラン・ラーニー Sharan Rani Backliwal 47, 118-9, 190, 280-1, 298, 329, 383, 472

ジャンキー・バーイー Janki Bai 234

シュリー・ガンゴパッディヤイ Shree Gangopadhiyay 47, 279-80, 383, 411

スワーミー・ハリダース Swami Haridas 102, 137-8, 165

サカーワト・フサイン・ハーン Sakhawat Hussein Khan 236, 308-11, 339, 341, 348-9, 351, 375

サラスヴァティー・デーヴィー Sarasvati Devi 88-9, 93, 139-40, 151, 336, 338, 351

【タ】

ターンセーン Miyan Tansen 56-7, 74, 76, 79, 88-9, 100, 102, 118-9, 124, 131, 136-9, 151, 157, 165, 168, 217, 274, 317, 319, 321, 326, 328, 335-6, 338, 351, 387, 389, 460, 468, 475, 478-9

ターンラース・ハーン Tanras Khan 102-3

ダビール・ハーン Mohammad Dabir Khan（ダヤル・シング Dayal Singh） 79, 88, 141, 336, 413

チュンヌー・ハーン Chhunnu Khan 235, 331

【ナ】

ナウバト・ハーン Naubat Khan（ミシュリー・シング Miśri Singh） 88-9, 139-40, 336, 338, 351

ナシールッディーン・ハーン Nasiruddin Khan 83-4, 97-8

ナレンドラナート・ダル Narendra Nath Dhar 47, 108, 113, 250, 291, 361

ニヤーマト・ハーン Niyamat Khan 151-2

ニヤーマトゥッラー・ハーン Niyamatullah Khan 111-2, 221, 297, 316-21, 333-4, 346-8

ヌールッラー・ハーン Nurullah Khan 47, 299, 324, 368, 382

【ハ】

バーサト・ハーン Basat Khan 89, 200, 316-7, 319, 321

ハーフィズ・アリー・ハーン Hafiz Ali Khan 312, 315, 385, 389, 393, 395-9, 401, 403, 413-4, 420-2

バハラーム・ハーン Bahram Khan 103, 157

ビスワジット・ローイ・チョウドリー Biswajit Roy Chowdhury 47, 109, 282, 420-1, 428

ビラース・ハーン Bilas Khan 139-40

フィダー・フサイン・ハーン Fida

Husain Khan 312-3, 339

ブッダデーブ・ダース・グプタ Buddhadev Das Gupta 47, 298, 315, 414（47以外はダースグプタ）

プラッテューシ・バネルジー Prattyush Banerjee 47, 108, 284-5, 361

【マ】

ムシャッラフ・フサイン・ハーン Musharraf Husain Khan 312-3, 339, 342

ムドゥルー・ハーン Mudru Khan 330-1

ムフタール・アフマド・ハーン Mukhtar Ahmad Khan 318, 323, 344

ムラード・アリー・ハーン Murad Ali Khan 307, 314-5, 361, 395, 417-8

メヘルンニサ Meherunnisa 138-9

モハンマド・アリー・ハーン Mohammad Ali Khan 101, 141, 324

【ヤ】

ユースフ・アリー・ハーン Yusuf Ali Khan 367-8, 375-9

【ラ】

ラヴィ・シャンカル Ravi Shankar 100, 102, 113, 191, 201, 242, 247, 256, 272, 283, 285, 291, 298-9, 327, 329, 386, 410, 413, 472

ラディカ・モーハン・モイトラ（ラドゥーバブー）Radhika Mohan Maitra 47, 274, 315, 361, 410, 412-6, 418-20, 427-8, 430-1

ラフィークッラー・ハーン Rafiqullah Khan 318, 325, 343-6

ラーム・ナーラーヤン Ram Narayan 61, 67, 69-70, 82, 91, 104, 190

ラームタヌー・パンデー Ramtanu Pandey 137

【ワ】

ワーシフッディーン・ダーガル Wasifuddin Khan Dagar 83-4, 140

ワズィール・ハーン Wazir Khan 100, 308, 328-9, 336, 385, 389, 396, 430

ワリーウッラー・ハーン Waliullah Khan

歴史上の人物など

【ア】

アウラングゼーブ Aurangzeb 123, 127-8, 145, 148-53, 157, 164, 169, 172, 221, 326, 475

アクバル Akbar 74, 118, 127-31, 134, 136-8, 141, 145, 151-3, 156, 165-6, 168-9, 326, 389, 475, 477, 479

アブル・ファズル Abu al-Fazr Allami 127, 131, 168

イマーム Hakim Mohammad Karam Imam　76, 128, 134, 164-9, 315, 394, 397

【サ】

シャールンガデーヴァ Sharngadeva　34, 127
シェール・シャー Sher Shah Sur　301-2, 304
ジャハーンギール Jahangir　133, 152
シャー・ジャハーン Shah Jahan　128, 141, 146, 152, 302, 304, 306
ジャイ・シング2世 Sawai Jai Singh II　156-7

【タ】

タクハット・シング Takhat Singh Rathor　160

【ナ】

ニザームッディーン Nizamuddin Auliya　145

【ハ】

バハードゥル・シャー Bahadur Shah I　150-1
バフルール・ローディー Bahlul Lodi　301
バーブル Babur　123, 172, 301-3, 332
ファキールッラー Faqirullah（Saif Khan）　127, 134, 168
フマーユーン Humayun　301-2, 332

【マ】

マタンガ Mataṅga Muni　34, 143
マーン・シング・トーマル Man Singh Tomar　132, 326
マーン・シング・ラトール Man Singh Rathor　160
マフムード・シャー Mahmud Shah　132
ムハンマド・シャー Muhammad Shah　147, 151-2

【ラ】

ラーム・シング Sawai Ram Singh　157
ラーム・チャンド Ram Chand Vaghail　137-8
ラーオ・ジョーダ Rao Jodha　160

【ワ】

ワージド・アリー・シャー Wajid Ali Shah　128, 164, 200, 316-7, 319-21, 334, 347

楽器名

キンガラ kingara　133-4
サーランギー sārangī　61-2, 67-70, 104, 107, 116, 151, 154, 158, 161, 163, 182, 18892, 247, 254, 263, 265-8, 270-2, 320, 394, 457, 478
サーリンダー sārindā　134
サロード sarod　5, 25, 41-2, 46, 48-9, 67-70, 74, 78-9, 91, 100, 107, 111-3, 118-20, 140-1, 190-1, 195,

200, 218, 221, 235-6, 245, 250, 252, 254, 265-6, 268-72, 274, 578-81, 283, 286, 290-300, 303-4, 308, 310, 315-21, 323, 325-36, 339, 343, 346, 348, 350-2, 354-6, 358, 363-7. 369-71, 373-5, 383, 385, 388-93, 395-6, 401-3, 408, 410-3, 415-8, 420-5, 427, 429-31, 438-9, 443, 454, 457, 462, 467, 470-1, 473-5, 478

サローズ saroz　134

シタール sitār　1, 5, 41-2, 46, 56, 67-70, 74, 76, 78-9, 107, 113, 119, 127, 141, 158-9, 191-2, 201, 206, 236, 245, 254, 265-70, 272, 278, 280, 290, 299, 302, 310, 312, 318, 320, 323-5, 328, 336, 341-2, 345, 351, 354, 367-8, 374-7, 383, 412-3, 419, 422-4, 443, 457, 462, 472, 475, 478

スルバハール surbhahār　78, 141

スルスィンガール sursingār　78-9, 100, 141, 329

ダッダ dhadda　133-4, 180

タブラー tablā　1, 43, 61, 67-8, 70, 107, 112, 116-7, 161, 163, 188, 247, 250, 254, 263, 265-8, 270-2, 275, 328, 346, 386, 457, 464, 466, 478

チカーラー chikārā　134

パカーワジ pakhāvaj　154, 158, 179, 247, 265-6, 270-1, 309

ハルモニウム harmonium　120-1, 457

ビーン bīn　69, 74-9, 81, 88, 100, 116, 139-41, 151-2, 154, 157, 159, 265-8, 374-5, 460, 467, 475

ラバーブ rabāb　74-5, 77-9, 81, 100, 139-41, 221, 271, 292-5, 302-3, 320, 329, 388-90, 393, 395, 414, 439, 460, 478, 480

［著者紹介］
田森 雅一（たもり まさかず）

1958年、北海道札幌市生まれ。
埼玉大学理学部生体制御学科および教養学部文化人類学コース卒業。
東京大学大学院総合文化研究科超域文化科学専攻・後期博士課程単位取得満了。
博士（学術）。専門は、社会人類学・音楽民族学・比較文化論・南アジア地域研究。
東京大学大学院総合文化研究科・学術研究員。慶応義塾大学文学部、埼玉学園大学人間学部、埼玉大学教養学部および教育機構、千葉大学文学部、東洋大学文学部、東洋英和女学院大学人間科学部など兼任講師。

主要論文

「都市ヒンドゥー命名儀礼における主体構築と命名慣習の変容」『民族学研究』63(3):302-325、1998年。

「近代北インドにおける音楽財産の伝承形態と社会関係の変化：サロード・ガラーナーを事例として」『国立民族学博物館研究報告』28(3):377-418、2004年。

"The Transformation of Sarod Gharānā: Transmitting Musical Property in Hindustani Music", in Y. Terada(ed.) *Music and Society in South Asia: Perspectives from Japan* (Seniri Ethnological Studies 71):169-202. Osaka: National Museum of Ethnology, 2008.

「近代北インド古典音楽における社会音楽的アイデンティティの構築——英領インド帝国期の"カースト統計"と"ナウチ関連問題"を中心に」『国立民族学博物館研究報告』35(4):583-615、2011年。

近代インドにおける古典音楽の社会的世界とその変容
"音楽すること"の人類学的研究

発行日	初版第 1 刷　2015 年 2 月 18 日
著　者	田森雅一　2015©Masakazu TAMORI
発行所	株式会社 三元社 〒 107-0052　東京都港区赤坂 2-10-16　赤坂スクエアビル 電話／03-5549-1885　FAX ／03-5549-1886
印刷＋製本	モリモト印刷 株式会社

Printed in Japan
ISBN978-4-88303-371-3
http//www.sangensha.co.jp

[新聞ジャーナリズム]

大阪の錦絵新聞
土屋礼子　大衆ジャーナリズムの先駆けとなり、一瞬の輝きの後、時代の波に消え去った錦絵新聞の全貌。　3495円

『新着雑報』1650年、世界最古の日刊新聞
大友展也編著　新聞学・ジャーナリズム発達史の貴重な原資料を写真原版・ラテン文字表記・現代ドイツ語・和訳で完全復元。　10000円

ドイツ新聞学事始　新聞ジャーナリズムの歴史と課題
E・シュトラスナー著　大友展也訳　16世紀から近現代までのドイツ新聞の発達史を詳細に論じ、新聞ジャーナリズムの展望と課題を提示。3200円

[文化人類学・地域研究]

イギリスにおけるマイノリティの表象　「人種」・多文化主義とメディア
浜井祐三子　多言語・多文化社会イギリスにおける「新しい人種主義」のありようを、新聞報道の分析から明らかにする。　2800円

エストニアの政治と歴史認識
小森宏美　独立回復と国民国家の社会統合にいかに歴史認識と言語が重要な役割を果たしたかを検証する。　2600円

エスニシティ「創生」と国民国家ベトナム　中越国境地帯タイー族・ヌン族の近代
伊藤正子　タイー族・ヌン族はいかに少数「民族」となり、ベトナム「国民」となったか。その歴史過程を明らかにする。　4300円〈品切中〉

現代シリアの部族と政治・社会　ユーフラテス河沿岸地域・ジャジーラ地域の部族の政治・社会的役割分析
髙岡豊　部族の政治的・社会的役割がその変化を経ても厳然と存続していることを世論調査等から明らかにする。　2800円

コルシカの形成と変容　共和主義フランスから多元主義ヨーロッパへ
長谷川秀樹　「植民地化なき植民地」として扱われてきたコルシカの視点から、国民国家、ヨーロッパ統合を捉え直す。　3500円

社会の探究としての民族誌　ポスト・ソヴィエト社会主義期南シベリア、セレンガ・ブリヤート人に於ける集団範疇と民族的知識の記述と解析、準拠概念に向けての試論
渡邊日日　経済・言語・儀礼・教育を舞台に、準拠概念を手掛かりにモンゴル系ブリヤート人の社会と知識を問う。　7600円

ネオ・リベラリズムの時代の多文化主義　オーストラリアン・マルチカルチュラリズムの変容
塩原良和　ネオ・リベラリズム、経済合理主義という時代の流れの中で、対抗原理として多文化主義を〈再構築〉する。　2800円

表示価格は本体価格です。

ネパール、ビャンスおよび周辺地域における儀礼と社会範疇に関する民族誌的研究
名和克郎　いま、民族誌を編むことを自らに問いかけながら描き出した、人々の生活と、その指し示すもの。　6000円

民族という政治　ベトナム民族分類の歴史と現在
伊藤正子　ある「民族」であるとは、人々に何を意味するのか。上からの民族政策の問題点を明らかにする。　3800円

リアリティと他者性の人類学　現代フィリピン地方都市における呪術のフィールドから
東賢太郎　呪術への実体論的アプローチによって、呪術と近代、〈我々〉と〈彼ら〉をめぐる。新たな可能性を探る。　5000円

記号の思想　現代言語人類学の一軌跡　シルヴァスティン論文集
M・シルヴァスティン著　小山亘編・ほか訳　社会文化コミュニケーション論による「言語学」の超克、「認知科学」、「人類学」の再構築。　5500円

思想

愛と執着の社会学　ペット・家畜・えづけ、そして生徒・愛人・夫婦
ましこ・ひでのり　人はなぜ愛したがるのか。愛着と執着をキーワードに動物としての人という根源的本質を解剖するあたらしい社会学。　1700円

あたらしい自画像　「知の護身術」としての社会学
ましこ・ひでのり　現代という時空とはなにか？　自己とはなにか？　社会学という鏡をのぞきながら、自己像を描き直す。　1800円

イタリア・ルネサンスの霊魂論　フィチーノ・ピコ・ポンポナッツィ・ブルーノ
[新装版] 根占献一＋伊藤博明＋伊藤和行＋加藤守通　なぜ霊魂は不死なのか。神と人間の関係からヒューマニズムの源をさぐる。　3000円

[増補新版] イデオロギーとしての「日本」　「国語」「日本史」の知識社会学
ましこ・ひでのり　有史以来の連続性が自明視される「日本」という枠組みを「いま／ここ」という視点から解体する。　3400円

岡熊臣　転換期を生きた郷村知識人　―幕末国学者の兵制論と「淫祀」観
張憲生　岡熊臣の思想形成のプロセスとその言説を激動の時代背景から読み解いた斬新で緻密な論攷。　4800円

可視性をめぐる闘争　戦間期ドイツの美的文化批判とメディア
前田良三　変容する社会、「平面化」する視覚体験。視覚の「20世紀化」が孕むトランスカルチュラルな布置を具体的に浮かび上がらせる。　2800円

考えるとは乗り越えることである　好村冨士彦遺稿・追悼集
好村冨士彦著　好村冨士彦遺稿・追悼集刊行委員会編　E・ブロッホ研究者として知られ、反原爆・反核運動を担った氏の遺稿と追悼集。　5000円

キットラー 対話　ルフトブリュッケ広場
F・キットラー＋S・バンツ著　前田良三＋原克訳　数学により可能となったテクノロジーと、それを前提に出現した文化表現を語り合う。　2000円

幻想としての人種／民族／国民　「日本人という自画像」の知的水脈
ましこ・ひでのり　人は血統・文化・国籍等で区分可能であるという虚構・幻想から解放されるための民族学入門。　1600円

時空のゲヴァルト　宗教改革からプロスポーツまでをメディアから読む
M・シュナイダー著　前田良三＋原克＋髙木葉子訳　メディアという視点で思わぬ事象を結合し、そして切り裂く、注目の論者、初の邦訳。　3000円

始原と反復　本居宣長における言葉という問題
友常勉　本居宣長の古学古道論は、いかにして「世界を再―結集する」信条や世界観を創出しようとしたのか。　2400円

死者の追悼と文明の岐路　二〇一一年のエジプトと日本
大稔哲也＋島薗進編著　2011年、危機に直面した両国での死者の追悼の意味を死生学の視座からグローバルに論じる。　1800円

書物の図像学　炎上する図書館、亀裂のはしる書き物机、空っぽのインク壺
原克　「一方通行路」を通って、書かれたものの図像を収集する旅に出かけよう。行く先はカフカである。　2718円

［増補新版］たたかいの社会学　悲喜劇としての競争社会
ましこ・ひでのり　傷ついた自分をみつめ直すために！　「競争」のもつ悲喜劇にたえるための、心の予防ワクチン。　2500円

知の政治経済学　あたらしい知識社会学のための序説
ましこ・ひでのり　疑似科学を動員した知的支配の政治経済学的構造を、社会言語学・障害学・沖縄学をもとに論じる。　3600円

ＤＪカルチャー　ポップカルチャーの思想史
U・ポーシャルト著　原克訳　現代思想の最前線をポップカルチャーに投影した個性的かつ上質の分析。挑発的な文体を絶妙な翻訳で。　2200円

天皇教的精神風土との対決　「討論塾」——その理念と実践
竹内芳郎　討論なしに民主主義はありえない。哲学者・竹内芳郎と「討論塾」塾員の10年の軌跡。　3800円

日本人という自画像　イデオロギーとしての「日本」再考
ましこ・ひでのり　アジア・国内少数派という鏡がうつしだす日本および多数派知識人の「整形された自画像」を活写する。　2300円